개정판

북한인권

이론·실제·정책

서보혁 지음

North Korean Human Right

한울
아카데미

이 저서는 2010년 정부(교육과학기술부)의 재원으로 한국연구재단의 지원을 받아 수행된
연구임(NRF-2010-361-A00017).

이 도서의 국립중앙도서관 출판예정도서목록(CIP)은 서지정보유통지원시스템 홈페이지
(http://seoji.nl.go.kr)와 국가자료공동목록시스템(http://www.nl.go.kr/kolisnet)에서 이용
하실 수 있습니다. (CIP제어번호 : CIP2014035935)

『북한인권: 이론·실제·정책』이 나온 지 7년이 지난 오늘날 북한의 인권 상황이 얼마나 개선되었는지 생각하면 마음이 가볍지 않다. 한국을 포함해 국제사회가 얼마나 실질적인 개선에 이바지했느냐를 생각할 때도 마찬가지다. 그리고 이 책이 그런 고민을 하는 분들에게 어떤 역할을 했는지 의문이 든다. 그럼에도 우리는 국제사회의 일원으로서, 겨레의 당사자로서 북한주민의 인권 개선을 궁리하고 실천하는 일을 포기할 수 없다.

그동안 북한인권에 관련된 개별 주제들에 관한 연구 성과는 많이 나와 있지만 이론, 실제, 정책을 망라한 책은 찾아보기 어려웠다. 이 책은 북한인권에 관한 통합적 이해와 포괄 접근을 시도한 점에 의의를 가져왔다. 이 책의 초판이 출간된 2007년 이후 국내적으로는 노무현 정부 말기였고, 한반도에서는 비핵화 노력과 남북관계가 진전되어가고 있었고, 국제 인권 진영에서는 유엔 인권이사회 설립 1년을 맞이하였다. 이후 남북한에서 각각 정권 변화가 일어났고, 비핵화 프로세스는 중단되었고 남북관계는 악화되었고, 유엔은 북한인권 문제에 보다 강경해졌다. 북한정부의 소극적 태도를 비롯해 북한 안팎의 요인들이 나타났다. 분야별로 북한인권 상황이 진전과 퇴보를 함께 보였지만 전반적으로는 뚜렷한 진전을 보였다고 말하기 어렵다. 북한정권의 입장과 태도 역시 마찬가지다. 그동안 전개된 상황을 반영해 개정판을 내놓았다. 북한인권 상황과 그에 대한 평가, 관련 국내외의 동향, 개선 방향 및 정책 등에 관한 새로운 정보와 필자의 견해를 고치고 보탰다.

필자의 연구를 지켜보며 지지해주시는 서울대학교 통일평화연구원의 박명규 원장께 감사드린다. 같은 연구원에서 함께 지적 여정을 하고 있는 선생님들과의 토론은 많은 자극과 영감을 불러일으켜 준다. 관련 학계와 시민단체에서 연구자들과 활동가들과 나눈 토론도 필자의 연구에 큰 자극을 주었다. 필자의 평화·인권연구를 처음부터 이끌어주신 박경서 유엔 인권정책센터 이사장(전 초대 대한민국 인권대사)께는 늘 존경과 감사한 마음이다. 함께 살아가는 동학 이나미에게는 미안함과 고마움을 함께 갖고 있음을 고백하지 않을 수 없다. 어려운 출판계 환경에서도 졸저를 내주신 도서출판 한울 측과 초판부터 편집을 맡아주신 김경아 선생님에게도 감사드린다. 그렇지만 이 책에 잘못된 부분이 있다면 그것은 전적으로 필자의 책임이다. 독자들의 비판과 토론을 기대한다.

2014년 12월
서울대 연구실에서
서 보 혁

2000년대에 들어 국내외를 막론하고 북한인권 상황에 대한 관심이 높아지고 있다. 탈북자들의 많은 증언과 각종 보고서에 따르면 북한인권 상황은 대단히 열악한 것으로 알려져 있다. 우리가 듣기로 북한주민들은 생존권을 위협받고 있을 뿐만 아니라 자유권도 크게 침해받고 있다. 이에 따라 북한인권 개선을 위한 다양한 접근이 시도되고 있다.

그런데 이상한 일은 북한의 인권 상황이 열악하다는 대체적인 공감대와 여러 방법을 동원한 개선 노력과 달리, 북한인권이 개선되고 있다는 평가를 찾아보기 어렵고 북한정부는 반발하고 있는 점이다. 무엇이 문제인가? 북한인권 상황 판단이 잘못되었다는 것인가? 그것이 아니라면 북한인권 개선 방법에 문제가 있는 것인가? 인권은 원칙적으로 보편타당한 목적이기는 하지만 현실 국제정치적 맥락에서는 권력정치의 도구에 지나지 않은 것인가? 누구나 쉽게 인권을 말하지만 국제사회에서 인권 개념과 그 실현방법에 대하여 얼마만큼 합의되어 있는가?

필자는 위와 같은 문제의식을 독자들과 함께 나누면서 타당하고 실현 가능한 해법을 찾아보자는 뜻에서 이 책을 썼다. 이 책은 기본적으로 북한인권 상황을 분석하고 현장에서 인권개선에 힘쓰고 있는 연구자들과 인권운동가들의 노력을 반영하고자 노력하였고, 거기에 필자의 소견을 덧붙이고 있다. 다만 필자는 이 책을 쓰면서 다음 세 가지를 염두에 두었음을 말씀드리고자 한다. 첫째, 우리가 접하고 있는 북한인권 관련 정보가 인권 상황의 열악한 면을 말해주고 있다고 보면서도, 그 전모를 파악하여 종합적인 평가를 내리기에는 더 많은 조사와 분석이 필요하다는 생각이다. 둘째, 북한인권 관련 국내외 동향에는 순수한 인권운동과 정치적 목적을 띤 움직임이 혼재하고 있기 때문에 사려 깊은 판단이 있어야 할 것이다. 셋째, 그렇게 본다면 실질적인 북한인권 개선을 위해서는 보다 깊은 철학적 사유와 합리적 지혜가 있어야 한다는 반성이 앞선다.

필자가 이 책을 내놓을 수 있게 된 데에는 여러 방면에서 격려와 도움이 있었다. 국가인권위원회에서 북한인권 문제를 2년 6개월간 다룰 수 있었고, 현대북한연구회와 평화네트워크 등 학술단체 및 시민단체에서 여러 분들과 토론할 수 있었다. 이 주제에 관한 많은 통찰력을 일깨워주신 이화여대 박경서 석좌교수(전 인권대사)께 특별한 감사를 드린다. 이 책의 일부 내용은 학술지 등에 미리 발표된 바 있어 해당 대목에서 그 출처를 밝혀두었다. 또 이 책을 완성하는 데 실무적인 도움을 준 김경미와 최원근 그리고 도서출판 한울의 김경아 씨에게도 고마움을 전하고 싶다. 함께 살며 공부하는 이나미에게도 미안한 마음을 전하며 출판의 기쁨을 나누고 싶다. 아무쪼록 부족한 이 책이 북한인권 연구 및 개선에 관심 있는 분들에게 작은 보탬이 되길 바라는 마음 간절하다.

2007년 9월

서 보 혁

서 문

1. 문제제기

2000년대에 들어 북한에 관한 국제사회의 관심 범위가 점점 확대되고 있다. 물론 북핵 문제가 1990년대 초부터 지금까지 계속해서 제일의 관심사지만 후계체제, 경제개혁 문제에다 최근에 들어서는 평화체제 논의까지 나오고 있다. 이런 정치적·경제적 문제들은 모두 북한의 전반적인 체제 안정에 관한 경성이슈(hard issue)에 해당한다. 이런 가운데 북한인권 상황에 대한 우려와 개선의 목소리도 국내외적으로 높아지고 있다.

북한인권 상황에 대한 관심과 우려가 어제오늘의 일은 아니지만 1990년대 후반에 들어 더욱 높아진 배경에는 몇 가지 점이 작용해왔다. 먼저, 국제적으로 냉전이 붕괴되면서 동서 진영 간 대립으로 억제되어 있던 인권의 보편성이 전 세계로 확대·적용되기 시작한 것이다. 그런 과정에서 체제전환 국가와 잔존 권위주의 국가들의 인권 상황이 국제사회의 주목을 받기 시작하였다. 둘째로는 1990년대 중반 이후 북한의 연이은 경제난에 따른 아사자 및 탈북자가 속출하고 탈북자 증언에 기초한 북한인권 관련 정보가 노출된 것도 북한인권 상황에 대한 관심을 높이는 계기가 되었다. 또 남한에서 인권 상황이 개선되는 등 민주화가 진전되자 우리의 관심이 북한인권 상황으로 넓어졌다. 남한의 경제발전 역시 북한에 대한 인도주의적 지원을 통한 생존권 회복 노력으로 나타났다.

그러나 북한인권은 생각보다 단순하거나 쉬운 문제가 아니다. 이와 관련하여 북한인권 문제와 북한인권 상황이란 두 표현이 혼용되는 경우를 볼 수 있는데, 이 두 용어는 서로 관련이 있으면서도 그 뜻이 다르다. 북한인권 문제란 북한인권을 둘러싼 모든 측면을 포함하는 광범위한 용어이다. 여기에는 북한인권에 관한 이론적·실천적 측면을 포함한다. 이론적 측면에서 볼 때 북한인권이란 추상적으로 보편성과 특수성의 관계라고 말할 만큼 난해한 주제이다. 왜냐하면 북한인권은 특수한 역사적·문화적 배경을 가진 대상(북한)에 국제사회가 공유하는 보편적 가치(인권)를 어떻게 적용하느냐 하는 문제이기 때문이다. 오늘날 북한인권 문제에 관한 논란은 근본적으로 이 둘 사이의 관계를 어떻게 보느냐, 구체적으로 보편성과 특수성 중 어떤 점을 중심으로 놓고 보느냐와 관련이 있다.

실천적 측면에서도 북한인권 문제는 다시 객관적·주관적·주객관적 측면으로 나누어 생각해볼 수 있다. 북한인권 문제는 객관적 측면에서 북한의 인권 상황, 주관적 측면에서 북한인권 개선방향, 그리고 주객관적 측면에서 북한의 정책과 국제사회의 동향, 그 둘 사이의 상호작용을 말한다. 여기서 북한인권 문제가 다양한 측면을 포함한다는 것, 다시 말해 북한인권이란 포괄적 주제라는 사실을 알 수 있다. 이런 점을 이해하지 않을 때 북한인권은 동문서답 식 논의로 빠져들 수 있다. 나아가 이들 세 가지 측면 각각에 대한 분석 평가작업 자체가 쉬운 일이 아니다. 가령 북한인권 상황에 대한 정보접근의 한계와 북한에 대한 인식, 그리고 고정관념으로 받아들여질 수 있는 북한인권 상황에 대한 선행 지식 등으로 객관성을 잃을 수도 있다. 북한인권 관련 국제사회의 모든 동향을 북한인권 개선에 기여할 것이라고 보는 것도 관련 동향에 주관성과 객관성이 혼재되어 있다는 점을 무시하는 대신 소망적 사고(wishful thinking)에 의존한 판단이라 할 수도 있다. 주관적 측면인 북한인권 개선 방향 및 방법에서 백가쟁명 식 논의가 전개되고 있다는 것으로도 북한인권 문제가 복잡하다는 것을 알 수 있다. 그리고 북한인권 문제를 구성하는 세 가지 측면 사이의 관계를 파악하는 것도 북한인권을 다루는 데 중요한 부분이다. 예를 들어 북한인권 상황이 심각하다, 그러므로 북한인권 개선을 위해 모든 수단을 강구해야 한다는 논리는 명쾌해 보일 수 있다. 그러나 객관성을 주관성으로 곧바로 연결시키는 논리적 위험을 논외로 하더라도 어떤 접근이 북한인권의 실질적 개선에 이바지할 것인가 하는 전략적 사고가 부재하다는 한계를 가질 수 있다.

북한인권이 이론과 실천 양 측면에서 갖는 복잡성 외에도 북한인권과 관련 있는 다른 가치들이 북한인권 문제를 다루는 데 영향을 주고 있다는 점도 고려할 필요가 있다. 가령 유엔을 비롯한 국제사회가 오늘날 공유하는 보편가치는 인권 외에도 평화·발전을 꼽을 수 있고 화해·민주주의·인도주의도 보편가치에 포함시킬 수 있다. 이런 가치들은 군사적 긴장과 분단 상태에 있는 한반도의 맥락에서 볼 때도 그 의미가 클 것이고, 여기에 남북한의 평화통일도 고려할 문제이다. 이러한 가치들을 무시하거나 인권과 조화시키지 않고 인권만 강조할 경우 '인권근본주의'라는 비판을 살 수 있을 뿐만 아니라, 실질적 인권개선에도 문제가 될 수 있다.

이 책은 이러한 문제의식을 갖고 북한인권 문제에 관한 체계적이고 종합적인 연구의 필요성에 부응하고자 한다. 이 책은 필자의 실무경험과 학술연구 결과를 결합하여 국제인권레짐을 분석 기준으로 삼아 북한인권 상황 및 동향에 관해 평가하고, 그에 바탕을 둔 합리적 정책 대안을 제시하는 것을 목적으로 한다.

2. 국내 논의동향

북한인권에 관해 높아진 관심을 반영하여 국내외 연구자 및 (북한)인권단체[1]는 물론 관련국 정부와 유엔 등 정부 간 국제기구에서도 북한인권에 대한 논의가 활발해지고 있다. 이 책에서는 북한인권 문제의 각 측면을 하나하나 검토함은 물론 관련 행위자들의 입장과 행동도 분석대상에 삼았다. 구체적인 내용은 본론에서 자세히 살펴보기로 하고 여기서는 이와 관련한 기존 연구동향을 소개하고자 한다.

북한인권에 대한 연구는 국내외를 막론하고 '이론의 빈곤과 정책의 과잉' 현상을 보인다. 필자가 보기에 지금까지 북한인권 연구 경향은 북한인권 관련 현상을 북한 혹은 인권 관련 이론의 '성장'을 꾀하는 연구대상으로 삼기보다는 위에서 말한 북한인권 문제의 세 가지 실천적 측면에 높은 관심을 보여왔다. 북한인권에 대한 국내외의 관심이 대부분 그에 관한 상황분석과 정책개발에 집중되어온 점을 고려할 때 이러한 현상은 자연스러워 보이기까지 한다. 물론 북한인권에 관한 이론적 논의가 전혀 없었던 것은 아니다. 예를 들어 국제인권이론이나 분석틀을 적용하여 북한인권을 설명하거나 대안을 모색하는 경우가 종종 있어왔다.[2] 그러나 북한인권과

---

1 (북한)인권단체라 표현한 것은 북한인권에 관여하는 국내외 민간단체들을 분류하면 북한인권만 다루는 단체와 전반적인 인권운동의 한 영역으로 북한인권을 다루는 단체로 나눌 수 있기 때문이다.

2 김윤태, 「1990년대 식량난 이후 북한주민의 생애경험이 인권의식 형성에 미치는 영향 연구: 북한이탈주민을 대상으로」, 연세대학교 대학원 박사학위 논문(2012);

관련한 이론적 논의는 초보 단계인 것이 사실이다. 이를 활성화하기 위해서는 국내의 경우 국제인권 논의를 소개 및 적용하고, 특정 인권 관련 이론으로 북한의 해당 인권분야를 분석하며, 인권에 관해 맥락적 분석과 인권 범주에 대한 확대해석 등이 요구된다. 이론적 측면에서 북한인권 연구를 활성화하려는 것은 비단 북한을 인권 이론으로 설명하는 데 그치지 않고 실천적 연구에 풍부한 영감을 줄 수 있기 때문이다.

다음으로 활발하게 진행되고 있는 실천적 측면에서의 북한인권 연구 동향을 위에서 말한 세 가지 영역별로 간단히 살펴보자. 실천적 측면의 연구 중에서도 가장 활발한 영역이 북한인권 상황 연구이다. 북한인권 상황은 국내에서는 통일연구원의 연간 『북한인권백서』(White Paper on Human Rights in North Korea) 발간을 비롯하여 많은 북한인권 관련 단체의 보고서, 탈북자 증언, 또 해외에서도 주요 국제인권단체의 연례 인권 보고서와 유엔에 제출된 각종 북한인권 보고서 등을 통해 알려지고 있다. 최근에 와서는 구금시설, 부패, 법제 동향 등 분야별 인권 상황 연구로 발전하고 있다.[3] 그리고 '북한인권정보센터'와 같이 북한의 인권침해 상황을 피해자

이화진, 「탈북여성의 북한, 중국, 한국에서의 결혼생활을 통해 본 인권침해와 정체성 변화과정: 탈북여성에 대한 심층면접을 중심으로」, 한양대학교 대학원 박사학위논문(2010); 정태욱, 「북한의 법질서와 인권 개념」, 국가인권위원회 편, 『북한인권법제』(서울: 국가인권위원회, 2006), 1~51쪽; 서보혁, 「북한인권연구에서 내재적 시각의 의의와 한계」, ≪현대북한연구≫, 제9권 제1호(2006), 167~208쪽; 서보혁, 「국제평화권 논의의 추세와 함의」, ≪21세기정치학회보≫, 제22권 1호(2012), 65~86쪽.

3 김수암·이금순·김국신·홍민, 『북한부패와 인권의 상관성』(서울: 통일연구원, 2012); 이금순·김수암, 『북한인권 침해 구조 및 개선전략』(서울: 통일연구원, 2009); 이영환, 『고문의 공화국, 북한』(서울: 북한인권시민연합, 2007); 북한법연구회 편, 『김정일체제하의 북한법령집』(서울: 북한법연구회, 2005); 김수암, 『북한의 형사법제상 형사처리절차와 적용 실태』(서울: 통일연구원, 2005) 등.

의 증언을 바탕으로 묵묵히 기록하고 분석하는 작업도 이루어지고 있다. 이와 같이 북한인권 상황 연구는 사실 확인 및 자료 접근의 제약 속에서도 꾸준히 진행되고 있고 앞으로는 분야별 인권 상황을 보다 구체적으로 조사·연구할 것으로 기대된다. 그럼에도 북한인권 상황에 관한 기존 연구는 상당 부분 탈북자의 증언에 의존하는 한계가 있다. 이는 연구방법의 제약 상황에서 불가피한 것이기도 한데, 바로 그렇기 때문에 그런 한계를 가진 연구결과를 제한적으로 해석하는 자세가 필요하다. 가령 탈북자 증언의 경우 그 신빙성 논란을 떠나서 그들이 직간접적으로 경험한 인권침해를 북한의 전체 인권 상황으로 평가할 수 있는지는 판단하기 어려울 것이다. 그런 점에서 북한인권 상황에 대한 객관적 연구를 위해서도 남북 간 교류협력을 더 증진시켜야 할지도 모른다. 앞으로 북한인권 상황 연구는 객관성 증대를 위해 관련 조사결과와 북한의 법제 및 정책 변화 등을 면밀히 추적하고 교차분석을 통해 전반적인 인권 상황을 평가하는 한편, 분야별 상황 분석을 위해 정밀조사를 강화할 필요가 있다.

북한인권 관련 국내외 동향에 관한 연구는 국제사회의 동향 및 북한의 대응과 국내 시민사회의 관련 동향 및 입장을 분석한 연구들을 포함한다. 이 분야 연구에서 국내 동향 연구는 대북 인식 및 정부의 대북 정책에 대한 입장 차이가 북한인권 문제까지 연결된다는 것을 밝히고 연구자 나름의 평가를 내리고 있다.[4] 국제사회의 동향 연구는 유엔(인권기구)에서의 북한인권 결의안 채택, 북한인권 개선운동, 미국·일본의 북한인권법 제정, 유럽연합의 대북 인권정책 등을 중심으로 논의를 전개해왔다. 국제사회의 북한인권 동향에 관한 연구 역시 연구자의 주관적 시각에 따르는 경우가

---

4 대표적으로 통일연구원이 2006년부터 반년간으로 내놓고 있는 ≪북한인권 국제사회 동향과 북한의 대응≫이 있다.

많아, 동일 현상에 대해 다른 처방이 제시되는 경우도 많다. 북한인권과 관련한 동향에는 관련 행위자들의 이익추구와 북한인권 개선 노력이 혼재되어 있기 때문이다. 따라서 이 분야의 연구는 관련 행위자들이 북한인권을 이용해 다른 정치적 목적을 추구하는 이른바 '인권 권력정치'의 측면과 실질적 인권개선의 측면을 분별하는 기준을 제시하고 북한인권 개선의 관점에서 수용할 동향과 경계할 것으로 정리한 후, 그것이 북한인권정책에 주는 시사점을 도출하는 순서를 밟아나가야 한다고 본다.

이상 두 가지 북한인권 문제의 실천적 측면은 결국 북한인권 개선의 길로 수렴된다. 북한인권 개선방향은 대북관, 인권관에 크게 달려 있다. 그러나 북한인권 상황에 대한 객관적 분석과 관련 동향에 대한 분별 있는 평가가 보다 현실타당성을 갖는 개선방향 도출에 유용하다. 북한인권정책과 관련한 기존 논의에는 두 가지 대립적 입장이 있다. 북한인권 개선을 위해서는 정치적 압박을 포함하여 가능한 한 모든 수단을 동원할 필요가 있다는 주장과, 남북관계 개선 혹은 북핵 문제의 해결을 위해 인권 문제는 조심스럽게 다루어야 한다는 입장이 그것이다. 앞의 입장이 인권 근본주의적 발상이라 한다면, 뒤의 입장은 매우 소극적인 태도라고 할 수 있다. 이런 두 입장의 대립은 국제인권 논의에서 해묵은 보편성 - 특수성 논쟁이 북한인권에 재연되는 것 같은 인상을 준다. 그러나 북한인권 개선에 복무하는 길에서 그런 자기만족적인 입장은 유익하지 않다. 북한인권 문제의 포괄성과 복잡성을 인정한다면, 북한'인권'은 보편적 국제인권레짐에 입각해 접근하되 '북한'인권의 실질적 개선에 요구되는 특수 상황 및 맥락을 고려하여 실효적인 정책 방향 및 대안을 제시해야 할 것이다.

3. 이 책의 구성

북한인권 문제에 관한 국내외의 관심과 논의가 높아지고 있으면서도 현재까지는 북한정부의 긍정적 반응과 인권개선이 그만큼 나타나지 않는 것으로 판단된다. 그 1차적 원인으로 북한의 인권관과 인권정책의 문제를 꼽지 않을 수 없다. 다른 한편으로 북한인권 문제를 대하는 북한 밖의 입장과 행동 역시 성찰해볼 필요가 있을 것이다. 북한인권 문제가 이론과 실천 양 측면에서 보편적 인권을 북한의 특수한 경우에 적용하려는 데서 발생하는 긴장과 갈등을 포함한다면, 결국 이 둘 사이의 조화를 모색하는 것이 북한인권 문제에 접근하는 기본태도라 할 것이다.

이 책은 북한인권 문제를 둘러싸고 나타나는 연구와 실천 두 방면에서의 편향된 인식과 대립적 동향을 극복하는 데 기여하고자 하는 의욕을 담고 있다. 보편성과 특수성, 이론과 실천, 원리와 맥락이 이 책을 작성해나가면서 염두에 둔 개념들이다. 이 책은 구체적으로 국제적 시각, 맥락적 이해, 포괄적 접근을 시도하고 있다는 점에서 북한인권에 관한 기존 논의와 차별성을 갖고자 한다. 국제적 시각이란 국제인권레짐에 입각하여 북한인권을 바라보는 입장으로서 상황적 요인이나 다른 문제를 이유로 북한인권 논의를 유보하는 입장과 거리를 두고 있다. 맥락적 이해란 북한인권을 국제인권의 4대 원리에 입각해 파악하는 것을 전제로 하면서도, 국제인권원리 중 하나만을 강조하거나 그중 한 원리(가령 보편성)를 절대성 혹은 획일성으로 몰이해하는 입장을 비판하고, 북한인권과 관련되는 다른 관심사(가령 한반도 평화정착, 인도주의 구현, 남북관계 개선 등)를 무시하지 않고 고려하는 것이 북한인권의 실질적 개선에 이바지한다는 입장을 말한다. 포괄적 접근이란 인권의 불가분성·상호의존성·상호연관성을 고려하여 북한인권을 특정 인권분야만을 부각시키는 태도를 경계하고 구조적 차원에서 파악하고 다른 보편가치들과 조화를 이루면서 해결의 길을 모색하는 자세를 말한다. 이 책은 이런 입장을 견지하며 북한인권 문제를 국제인권레짐에 입각하여 파악하고 그에 기초하여 북한인권 상황, 관련 동향과 북한인권 개선방향을 논의하고 있다.

서문에 이어 제Ⅱ장에서는 북한인권 연구에서 이론의 빈곤 현상에 주목하여 북한인권 논의에 이론의 의의와 역할을 부각시키고자 한다. 북한인권에 관한 이론적 탐색은 이 책이 학술적 색깔을 띠게 하려는 것이 아니라 북한인권 관련 제반 논의 및 동향을 평가하고 보다 나은 방향을 모색하는 준거가 필요하기 때문이다. 국제인권이론은 부단히 만들어지고 있지만 이미 상당 부분 그 원리와 체제가 갖추어져 있다. 또 유엔 회원국인 북한은 몇 개의 주요 국제인권협약 가입국이고 인권 관련 법제도 일정하게 갖고 있다. 이 책은 북한인권을 보편성의 원리하에 분석하되 상대주의는 물론 보편주의도 경계하고 있음을 미리 밝혀둔다. 제Ⅱ장에서는 국제인권원리, 국제인권체제를 살펴보고 그것이 북한인권 논의에서 어떤 의미를 갖는지를 생각해보고자 한다. 또 인권이 평화, 개발, 민주주의 등 다른 보편가치와 갖는 관련성, 그리고 북한(인권)연구에서 내재적 접근의 의의와 한계도 검토하고 있다. 이상과 같은 논의를 통해 북한인권을 파악하는 이론적 틀을 형성하고 북한인권을 어떻게 분석할 것인지를 생각하는 기회를 갖고자 한다.

제Ⅲ장에서는 기존 연구조사 결과를 바탕으로 북한의 인권 상황을 살펴보고자 한다. 다행스럽게도 북한은 국제인권의 양대 축이라 할 수 있는 경제적·사회적·문화적 권리에 관한 국제규약(이하 사회권규약)과 시민적·정치적 권리에 관한 국제규약(이하 자유권규약)은 물론 아동권리협약과 여성차별철폐협약에 가입·비준하였다.[5] 이에 따라 북한은 이들 인권협약위원회에 해당 인권협약 이행 보고서를 제출하면서 자체 판단한 인권 상황을 밝히고 있다. 물론, 전반적으로 법제 중심으로 쓴 북한정부의 이행 보고서는 매우 제한적으로 참고해야 할 것이다. 한편, 북한인권 관련 각종 국내외 연구 보고서도 많이 제출되어 있는데 이 역시 현지접근의 한계 및 자료의 객관성 문제에 완전히 자유로울 수 없으므로 제한적으로 활용해야 할 것이다. 그럼에도 이들 연구 결과를 종합해볼 때 북한인권 상황의 대강과 그 수준을 판단해볼 수 있다. 4개 영역으로 살펴볼 북한인권 상황에서는 부분적으로 탈북자의 인권 실태도 다루고 있다.

제IV장에서는 북한의 인권관과 인권외교를 다룬다. 국제사회의 특정 인권 상황을 판단하고 인권의 개선방향을 모색함에서 먼저 당사국이 취하는 입장과 정책을 이해할 필요가 있다. 이런 판단에서 볼 때 필자는 북한정권＝인권침해자로 보고 북한인권 개선을 위해서는 북한 정권의 교체가 있어야 한다는 주장을 배격하고 있음을 밝혀둔다. 특정 국가의 인권개선 요소를 당사국의 조건·능력·의지 등 세 가지 변수의 긍정적 조합이라고 한다면, 어떤 국가에서도 이 셋 모두 완전히 제로인 상태는 없다고 가정해볼 수 있기 때문이다. 그런데 북한의 인권관은 이중성을 띠고 있으니 대내 담론과 대외 입장에서 차이가 있다. 그럼에도 이 둘 사이에 서로 겹치는 부분도 발견할 수 있다. 이런 현상이 제II장 4절에서 밝힌 북한인권 연구에서 내재적 접근의 의의와 한계를 보여주는 것이다. 또 북한의 인권외교를 살펴봄으로써 그 패턴과 북한의 긍정적 반응이 어떤 경우에 나타나는지를 알아보고자 한다.

제V장에서는 북한인권 관련 동향을 한국사회의 동향과 국제사회의 동향으로 나누어 분석·평가하였다. 한국사회의 동향에서는 정치권, 시민사회의

---

5 북한은 2013년 7월 3일 장애인권리협약에 가입했고 2014년 11월 10일 아동권리협약 상의 아동매매·매춘·포르노그래피 관련 선택의정서에 비준했다.

반응 및 활동을 소개하면서 대북관 및 대북 정책에 따라 북한인권 관련 입장도 영향을 받고 있음을 비판하면서 새로운 대안적 움직임을 소개할 것이다. 국제사회의 동향은 유엔, 미국, 중국, 일본, 유럽연합 등 주요 행위자들의 북한인권정책을 검토한 후 비교·평가를 시도하고 있다. 이를 통해 국제사회의 북한인권정책이 북한인권 개선에 어떤 기여를 할 것인지를 분별할 기회를 갖고자 하였다. 그리고 국내에서 나타난 북한인권을 둘러싼 쟁점을 여섯 가지로 나누어 소개하고 독자들이 어느 입장에 있는지를 판단하여 스스로 평가할 수 있는 판단 근거를 제공하고자 한다.

제VI장에서는 북한인권을 개선하는 데 고려하거나 반영할 만한 점으로 평화문제, 대안안보, 헬싱키 프로세스를 검토하고 한국정부의 북한인권정책을 논의하고 있다. 이를 통해 '실질적 북한인권 개선' 방향을 제시하고자 하는데 여기에는 북한인권이 놓은 맥락, 역사적 교훈, 한국을 비롯한 관련 행위자별 역할, 그리고 인권개선 로드맵 등을 포함한다. 구체적으로 1절에서는 북한인권 개선을 한반도 평화정착 과제와 분리해서 추구할 수 없다는 현실 인식하에서, 이 둘이 어떤 관계에서 병행·추진할 수 있는지를 검토하고 있다. 2절에서는 북한의 식량난 및 탈북자 문제를 대안안보의 시각에서 살펴보고 정책대안을 모색해본다. 북한의 식량난 및 탈북자 문제는 인권의 영역이기도 하지만 안보의 영역이기도 하다. 문제는 위와 같은 현실을 파악하고 해결을 모색함에서 인권과 안보 개념 사이의 거리 좁히기가 필요하다고 하겠는데 2절은 그런 문제의식을 담고 있다. 3절은 냉전기 유럽에서 전개되었던 소위 헬싱키 프로세스(Helsinki process)를 되돌아보고 그 경험이 북한인권 문제 해결에 주는 시사점을 살펴본다. 헬싱키 프로세스란 냉전 시기 유럽에서 적대하는 동서 양 진영이 공동 관심사를 포괄적으로 접근하기 위해 합의한 헬싱키 협정과 그 이행 과정을 말하는데, 여기에 인권 문제도 주요 관심사로 다루었다. 4절에서는 한국정부의 북한인권정책을 소개·분석·평가한다. 한국정부의 북한인권정책에 관해 국내외에서 비판 여론이 존재하는 것이 사실이다. 필자는 국제사회의 어떤 행위자도 북한인 권 개선에 도덕적 책임과 의무가 있지만 한 행위자의 역할은 제한적이라는 전제하에 논의를 전개하였다. 그리고 한국정부가 북한인권 문제를 다룰 때 처한 특수한 조건도 고려할 필요가 있다. 그러나 이것이 정부의 기존 정책을 옹호하는 사유가 아니라 건설적 비판과 제언을 모색하는 바탕에 지나지 않음을 밝혀둔다.

결론에서는 이상의 논의를 바탕으로 북한인권 개선방향 및 정책에 관한 소견을 정리해놓았다. 독자들께서 필자의 문제의식을 이해하고 이 책 제Ⅴ 장까지 읽은 후 각자 북한인권 개선방향과 로드맵을 작성해보기를 권해드 리고 싶다. 그러고 나서 필자의 의견과 비교·검토해보면 좋을 것이다.

국제인권레짐과 북한인권

1. 국제인권원리

> 모든 인간은 태어날 때부터 자유롭고 존엄성과 권리에서 평등하다.
> 또 인간은 이성과 양심을 갖고 있고 서로 형제애로 대해야 한다.
> (세계인권선언 제1조)
> 국가는 …… 근로인민의 리익을 옹호하며 인권을 존중하고 보호한다.
> (북한 헌법 제8조, 2009년 4월 9일 개정)

1) 인권은 보편적인가?

(1) 인권 보편성의 역사적 발달

우리가 왜 북한인권에 관심을 가져야 하고 북한인권 개선을 위해 노력해야 하는가? 이 질문에 대한 전형적인 모범 답안은 인권은 보편적이기 때문이라는 것이다. 세계 어느 곳의 인권 문제도 국제사회의 관심사가 되는 것이므로 북한의 인권 상황도 마찬가지라는 것이다. 인권이 보편적이라는 말은 정말 의심의 여지가 없어 보인다.

인권이 보편적이라고 말하는 데(상대주의적 관점을 제외한다면) 큰 이견이 없지만, 그 뜻은 말하는 사람에 따라 다양할 수 있다. 한 연구결과에 따르면 인권의 보편성의 의미는 모든 것을 다 포함함(all-inclusiveness), 공식적 수용, 역사적 기원, 규범 수립과 같은 공식적 기원, 인류학적 혹은 철학적 수용, 기능적 수용, 인권의 다문화적 구성, 인권의 세계적 준수, 모든 인권침해에 대한 반대, 국제사회의 정당한 관심사로서의 인권, 이중 잣대의 부정, 인권의 우선성, 인권의 불가분성, 통일적 기준, 영구적 타당성, 과정으로서의 보편성 등 16가지로 정의된다.[1] 이를 종합하면 인권의 보편성이란 '모든 사람을 위한 모든 인권(All human rights for all)'으로 정의할 수 있을지도 모른다.

유엔 인권최고대표사무소가 시리즈로 펴내고 있는 인권해설집(Human Rights Fact Sheet) 중 국제인권장전 편에는 국제인권장전으로 세계인권선언, 경제적·사회적·문화적 권리에 관한 국제규약(이하 사회권규약)과 시민적·정치적 권리에 관한 국제규약(이하 자유권규약) 및 두 개의 선택의정서 등을 꼽고 있다.[2] 이 가운데 1948년 12월 10일 유엔 총회에서 채택된 세계인권선언은 회원국이 이 선언의 원칙을 공식적으로 인정하느냐 또는 국제인권규약을 승인하느냐의 여부를 불문하고, 모든 장소의 모든 인간에게 유효하다

---

[1] Eva Brems, *Human Rights: Universality and Diversity*(The Hague: Martinus Nijhoff Publishers, 2001), pp. 4~16. 이 연구자는 16가지 정의 중 일반적이고 세계적인 인권 적용과 인권의 세계적 준수를 보편성의 정의로 간주하고, 나머지는 필요조건이나 잠재적 결론 혹은 부수적인 현상으로 보고 있다.

[2] "The International Bill of Human Rights," Fact Sheet No. 2(Rev. 1), Office of the United Nations High Commissioner for Human Rights(June 1996). http://www.ohchr.org/english/about/publications/docs/fs2.htm(검색일: 2007년 3월 5일).

는 점에서 진정으로 모든 인류에게 적용되는 보편적인 문서로 평가받고 있다. 이 선언은 서문에서 "회원국들은 국제연합과 협력하여 인권과 기본적 자유에 대한 보편적 존중과 준수의 증진을 달성할 것을 서약하였다"라고 말하였다. 이어서 이 선언의 제2·3조는 인권의 보편성을 다음과 같이 분명하게 밝히고 있다. "모든 사람은 인종, 피부색, 성, 언어, 종교, 정치적 혹은 그 밖의 견해, 민족적 혹은 사회적 출신, 재산, 출생, 기타의 지위 등에 따른 어떠한 종류의 차별 없이 이 선언에 제시된 모든 권리와 자유를 누릴 자격이 있고", "누구나 생명을 존중받으며, 자유롭게 그리고 안전하게 살아갈 권리가 있다." 이에 앞서 1945년 6월 26일 채택된 국제연합 헌장도 서문에서 인권에 대한 신념을 확인하고 제1조 3항에서 인권 존중을 국제연합의 창립 목적의 하나로 밝혔다. 이상과 같은 두 가지 사실은, 인류가 두 차례 세계대전은 인간의 존엄성을 무시한 데서 비롯되었고 전쟁은 인권 존중에 바탕을 둘 때 방지할 수 있다고 인식하고 있음을 말해준다.

인권의 보편성은 냉전 시대를 거치면서 사회주의진영의 계급중심적 시각과 제3세계 일부 국가의 상대주의적 관점으로부터 도전을 받아왔으나 국제인권의 제1원칙으로서의 지위를 획득하였다. 세계인권선언 채택 이후 1968년 테헤란과 1993년 빈(Wien)에서 열린 두 차례의 세계인권대회에서도 인권의 보편성은 재확인되었다. 그 사이 국제인권규약은 그 양대 축으로 일컬어지는 자유권규약과 사회권규약이 1966년 각각 채택되고 1976년 발효되는 등 발전을 해나갔다. 특히 인권이 이념적 잣대로 편협하게 인식되고 정치적 수단으로 악용되어오던 냉전체제가 붕괴되면서 인권은 실질적인 보편성을 획득하는 것처럼 보였다. 북한은 남한보다 10년 앞선 1981년 자유권규약과 사회권규약에 가입했지만, 냉전 붕괴와 남한의 민주화 등 국제정세 및 남북한 체제경쟁 구도에서 변화를 겪으며 국제사회로부터 인권을 개선하라는 요구를 받게 되었다. 물론 1990년대 초 북한 핵개발 문제가 불거져 북한인권 문제에 대한 국제적 관심은 1990년대 후반에 들어 일어나기 시작하였다.

인권이 보편적이라는 생각은 고등종교의 경전과 고대 제국의 법전에서도 찾을 수 있다. 우리는 유대교, 기독교, 힌두교, 불교, 이슬람교 등 종교 경전과 함무라비, 로마 법전에서 현대 인권개념을 예시하는 휴머니즘의 요소를 발견할 수 있다.[3] 물론 당시 경전과 법전은 계급적·물질적 한계로 인해 모든 사람의 권리의식을 담지는 못했지만, 고대의 여러 전통 사이에 공유하고 있는 공동선에 대한 개념이 오늘날 인권 개념의 기원이 되었음을 부인할 수 없다. 인권과 관련한 오래된 사상적 배경 속에서도 인권의식이 뚜렷하게 태동한 것은 근대 자연법사상이 등장한 것이 계기가 되었다. 대표적인 자연법 사상가인 로크(J. Locke)는 정치사회의 성립을 자연 상태로부터 설명한다. 그에 따르면 자연 상태란 인간이 이성의 법칙인 자연법에 따라 생활하는 상태인데, 거기에서 인간은 모두 독립적이고 평등한 존재로서 인간이기 때문에 인정받는 천부적 권리를 갖고 있다. 이후 자연법사상은 세계인권선언과 국제연합 헌장이 담고 있는 인권 인식의 기초가 되었다. 물론 이런 자연법사상이 곧바로 오늘날과 같이 보편화된 인권의식과 규범을 만들어낸 것은 아니다. 그럼에도 자연법사상은 근대에 들어 노동자를 비롯한 인민대중이 인종·성·신분·소득의 차이로 유지되어온 각종 사회적 차별과 인권 억압을 타파하고 권리 획득에 나서도록 자극하였다. 당시 거세게 일어났던 반노예제 투쟁과 보통선거권 획득운동이 그런 예들이다. 그러나 처음 인권운동은 서양에 국한되어 전개되었는데, 그것이 세계적 차원으로 확대되고 인권의 내용이 풍부해진 것은 사회주의혁명과 반제민족 해방운동 그리고 제3세계진영의 등장과 같은 역사적 전개과정을 거치면서

---

3 미셸린 이샤이, 『세계인권사상사』, 조효제 옮김(서울: 길, 2005), 1장 참조.

가능해졌다. 이렇게 볼 때 인권의 보편성은 주어진 것이 아니라 시대적 환경 속에서 피억압 인민과 민족의 해방운동과 더불어 진화해온 살아 있는 가치라 할 수 있다.[4]

(2) 국제인권레짐의 발달

한편 인권의식이 개인주의·자유주의 사상에 입각하여 서양을 중심으로 발전한 것은 인권의 보편성 획득에 하나의 장애로 작용하였다. 근대 서양에서 인권은 봉건제를 철폐하고 자유로운 개인의 자유로운 생산활동과 그 재산의 법적·정치적 보호를 확립하는 데 기여하였다. 그러나 개인주의적 사고는 시민사회 출현 때부터 사회적 불평등에 직면하였고 약육강식의 제국주의적 국제질서의 등장에 속수무책이었다. 그런 문제는 세계인권선언의 채택과정에서도 제기되었다. 당시 유엔 총회에서 소련과 소련의 5개 위성국가, 사우디아라비아, 남아프리카공화국 등 8개 국가가 인권선언 채택에서 기권하면서, 선언이 서양 중심의 자유주의권 인권관에 기반을 두고 있다고 비판하였다. 당시 소련 대표단의 비신스키(A. Vishinskij)는 표현의 자유에 파시스트나 인종주의자들의 '표현'이 포함되어서는 안 된다고 주장하였다.[5]

세계인권선언에 대한 주요 비판은, 첫째로 이 선언이 제3세계 국가들이 식민통치하에 있을 때 기초되었고, 둘째로 서유럽의 자유주의적 견해를 반영하고 있으며, 셋째로 개인주의적 접근을 하고 있다는 점이 거론된다.[6]

---

4 같은 책 참조; Paul. G. Lauren, *The Evolution of International Human Rights: Visions Seen*(Philadelphia: University of Pennsylvania Press, 2003)

5 Antonio Cassese, *Human Rights in a Changing World*(Cambridge: Polity Press, 1990), p. 37.

6 Philip Alston, "The Universal Declaration at 35: Western and Passe or Alive and

개인주의·자유주의 사상에 기초한 인권 인식이 인권의 보편성 획득에 결함을 조성한다는 비판에 따라, 그 대안으로 집단적 차원의 인권 혹은 인권에 대한 집단주의적 접근을 통한 포괄적 인권 인식의 필요성이 제기되기 시작하였다. 이는 제3세계 국가들의 국제무대 진출과 비동맹운동의 발달을 배경으로 하는데, 1966년 국제인권규약 제정에서 자결권이 포함된 것을 시작으로 1968년 테헤란 세계인권선언, 1984년 평화권 선언, 1986년 발전권 선언, 1993년 빈(Wien) 세계인권선언이 차례로 채택되면서 집단적 차원의 인권 인식이 부상하였다. 그러나 위 여러 선언이 선언으로 그친 것에서 알 수 있듯이, 오늘날까지도 인권은 국가권력으로부터의 자유로 요약할 수 있는 자유권, 이른바 소극적 인권이 중심을 이루고 있다. 특히 미국에서는 여전히 인권의 총체성과 상호의존성은 소홀히 다루어지는 가운데 보편성이 절대적인 것으로 간주된다. 그런 식의 인권 보편성 인식이 물리적 힘과 결합할 때 인권제국주의라는 비판이 나오기도 한다.

북한의 인권 상황이 열악하다는 점을 인정하더라도, 북한의 인권관이 집단주의·사회주의적이라는 점을 고려할 때 북한인권 문제를 개인주의·자유주의적으로 접근하는 것은 재고의 여지가 있다고 하겠다. 자유주의적 인권관에서 인권은 거의 자유권으로 간주되기 때문에 그럴 경우 인권은 선택적으로 호명돼 인권의 불가분성과 상호의존성이 위배된다. 그렇게 되면 인권은 국제사회의 책임과 의무로서 일국의 인권 문제에 대한 합당한 관심과 개입의 근거가 아니라 갈등의 씨앗이 될 수도 있다.

인권의식이 각종 형태의 인권운동의 전개와 더불어 발전해왔다고 한다

Universal," *The Review of the International Commission of Jurists*, No. 31(December 1983), pp. 60~70; Peter R. Baehr, *Human Rights: Universality in Practice*(London: Palgrave, 2001), pp. 10~11에서 재인용.

면, 인권이 국제레짐7으로 발전한 것은 그보다 더 늦게 시작되었고 지금도 발달 중에 있다고 말할 수 있다. 인권이 국제레짐으로 발전하기 시작한 것이 20세기에 들어서부터니까 이제 100여 년이 된다. 1차 세계대전 후 국제노동기구와 국제연맹의 탄생, 2차 세계대전 후 국제연합 결성과 세계인권선언 채택, 1966년 양대 국제인권규약 제정, 1967년 유엔 인권위원회가 특정 국가의 인권 문제를 다루기 시작한 것, 1979년 여성차별철폐협약 제정 이후 고문방지협약 제정, 평화권 선언(1984년), 발전권 선언(1986년), 아동권리협약 제정(1989년), 국제전범재판소 설치(1998년), 인권이사회 설립(2006년)과 같은 일련의 사건이 국제인권레짐이 발달해오면서 나타난 현상들이다. 이런 인권 관련 국제 법·제도의 등장은 인권의 보편성을 세계적으로 확산하는 데 기여하였다.

그럼에도 현존 국제인권레짐이 효과적인 인권증진에 부족함이 없다고 말하기 어려운 것이 사실이다. 이는 국제인권규범들이 모든 인권 상황을 구체적으로 포괄하지 못하고, 국제인권기구가 회원국에 인권규범의 이행을 구속할 힘이 부족하다는 현실로 나타나고 있다. 지역인권레짐의 모범이라 일컬어지는 유럽의 경우에도, 특정 국가가 유럽인권법원에 의해 인권침해를 이유로 유죄판결을 받아도 그에 대한 적절한 조치는 유럽인권조약 제50조에 의해 법원의 판결이 직접 집행될 수 없고 해당 국가의 판단을 존중하게 되어 있다. 그리고 유엔 인권기구가 특정 인권침해 상황을 개선하거나 회원국에 인권규약의 이행을 강제할 힘을 갖지 못한 것은 잘 알려진 사실이다.

---

7 국제레짐(international regime)이란 특정 문제 영역에서 관련 이해 당사자들의 기대가 합치되거나 예측 가능한 행위를 가져오는 명시적·묵시적 원칙, 행위 규범 혹은 의사 결정 절차 등을 말한다.

그렇다고 현존 국제인권레짐이 무의미하다는 것은 아니다. 인권레짐의 한계를 인권레짐 그 자체에게 책임을 돌리는 것은 모순일 뿐만 아니라 그 원인 규명을 등한시하는 처사라 비판할 수 있다. 왜냐하면 국제인권레짐의 수립 및 운영은 국제사회의 구성원, 특히 국가들이 하기 때문이다. 실제 각종 국제인권규약이 그대로 이행되거나 국제인권기구가 자기 역할을 다할 수 있다면 오늘날 세계 각지의 인권침해 상황은 크게 줄어들 수 있을 것이다. 따라서 국제인권레짐의 한계라고 말하는 것은 현상적 지적에 그치는 것이라 하겠다. 강대국 주도의 국제정치질서 혹은 강대국 중심의 권력정치(power politics)가 국제인권레짐의 한계를 가져오는 1차적 원인이라 말할 수 있다. 유엔이 강대국 ─ 주로 냉전 시대에는 미국과 소련, 오늘날에는 미국 ─ 에 의해 좌지우지되어온 상황에서 유엔의 인권레짐 역시 힘의 논리에 의해 선택적으로 이용되거나 무시되어온 것을 부인할 수 없다. 특정 강대국의 국가이익이나 강대국 간 정치적 흥정으로 특정 국가 혹은 지역의 인권 문제는 과장되거나 은폐·왜곡되는 경우가 적지 않았다. 특히 특정 국가에 대해 특정 강대국(들)이 경제적·군사적 개입이 필요하다고 판단하는 경우 개입의 명분으로 인권 문제가 거론되는 경우도 있다. 그럴 경우 해당 국가 정치세력의 반발을 초래해 실질적 인권개선은커녕 인권 상황이 더 악화되기도 한다. 이와 같은 상황에서 인권의 보편성은 심각한 도전을 받지 않을 수 없다.

오늘날 세계 유일 초강대국인 미국은 북한과 적대관계 상태에서 북한인권 문제를 대북 정책 수단으로 활용하고 있기 때문에 북한인권 개선 문제에 개입하는 진정성이 의심될 수 있다. 물론 유엔 인권기구는 다자적 틀이라는 점에서 북한인권 개선에 일정한 역할을 할 것으로 기대할 수 있지만, 그것(특히 현장기구)도 강대국의 권력정치에 영향을 받는 한계를 벗어나지 못하고 있다.

(3) 두 극단적 인권관의 오류

인권 사상과 실제 인권의 발달과정을 생각할 때, 인권은 정태적이고 절대적인 것으로 볼 수 없다. 인권은 보편적이지만 인권의식과 그 실현과정은 동태적이고 상대적이었음을 알 수 있다. 인권 원리로서의 추상적 보편성과 실제 인권의 구체적 보편성은 서로 구별되는 것이고, 이 둘을 역사가 연결하고 있다. 백성이 곧 하늘이라는 사상은 동서양을 막론하고 고대부터 있었지만 그것이 참정권의 형태로 널리 인정된 것은 근대에 들어서였다. 그것도 여성·무산자·유색인종을 소외시키지 않고 전 세계적으로 시행되기 시작한 것이 20세기에 들어서였다는 사실을 생각하면 쉽게 알 수 있다. 인권의 보편성에 대한 양면적 이해를 하지 못할 때 소모적인 혹은 정치적 이해관계를 반영한 보편주의 대 상대주의 논쟁이 일어난다. 북한'인권'은 보편적인 국제적 문제이기 때문에 다른 무엇에 앞서 (혹은 어떠한 희생을 치르더라도) 바로잡아야 한다는 보편주의적 주장과 '북한'인권은 한반도 분단상황에서 비롯되는 군사적 긴장과 북한의 독특한 역사적 경험 그리고 집단주의적 문화 등을 고려하여 신중하게 접근해야 한다는 상대주의적 주장도 인권의 보편성에 대한 단선적인 이해에 바탕을 둔 것이라 하겠다.

이 책은 상대주의적 인권관을 충분히 검토하지 않고 있는데, 여기서 그 이유를 밝히고 넘어가고자 한다. 국제인권 논의에서 상대주의는 인권 진영에서 나오지 않았다는 점에 유의할 필요가 있다. 유엔에서 세계인권선언을 준비하고 있던 1947년 미국고고인류학회는 '보편적'이라는 것은 서방의 가치이고, 인류학은 가치가 문화적으로 상대적이라고 가르치고 있고 따라서 '보편적' 선언은 전 세계에 유효할 수 없다는 성명을 채택한 바 있다.[8] 이 성명은 인권 상황 평가와 개선 노력이 해당 공동체의 역사와

8　American Anthropological Association, "Statement on Human Rights," *American*

문화를 고려하지 않고 절대적이고 일률적인 방법으로 전개될 때의 문제를 미리 경고하는 의미가 있다고 하겠다. 그러나 성명이 세계인권'선언'을 겨냥한 것임을 생각한다면 그런 반응은 인권의 보편성과 공동체의 문화적 특수성을 혼동한 것이라 비판할 수 있다. 그런 혼동은 결국 인권이 보편적이지 않고 공동체의 문화적·역사적 특성에 따라 서로 다를 수 있다는 문화 상대주의를 낳는다. 문화 상대주의는 인권의 보편성을 부인한다는 이론적 문제점에 그치지 않고 인권침해를 정당화하고 그런 사회를 문화적 특수성에 의해 묵인한다는 현실적 문제를 낳는다. 문화 상대주의론이 독재정권의 인권침해를 정당화하는 논리로 이용되어왔다는 점은 널리 알려진 사실이다. "인권운동은 항상 권위에 반대하는 투쟁이었고 앞으로도 그럴 것이다"[9] 라는 말에 동의한다면 문화 상대주의는 인권의 보편성과는 거리가 먼 주장이라 할 수 있다.

그럼 보편주의적 인권관은 어떤 문제가 있고 그 한계를 보완하기 위한 노력은 어떤 것이 있는지 살펴보자. 이 논의는 극단적 보편주의에 입각하여 북한인권을 접근하는 것에 대한 경계는 물론 그 대안을 모색하는 데 이론적 기초가 될 수 있을 것이다.

인권을 둘러싼 보편주의 대 상대주의의 논쟁이 극단으로 치달으면서 그것이 인권 보호 및 증진에 기여하지 못하고 소모적인 양상을 띠게 되었다. 그에 대한 반성으로 두 입장 내에서 온건한 논의가 나타나게 되는데, 상대주의는 인권의 보편성을 인정하고 보편주의는 문화적 차이를 존중하면서 상호 접점을 모색한다. 먼저, 상대주의 내에서는 '강한 상대주의(strong relativism)'

Anthropologist, Vol. 49, No. 4(1947); Brems, *Human Rights,* p. 24에서 재인용.

9 John P. Humphrey, *Human Rights and the United Nations*(Dobbs Ferrym N. Y.: Transnational Publishers, 1984), p. 41.

와 '약한 상대주의(weak relativism)'로 분화된다. '강한 상대주의'는 인권은 문화와 환경에 의해 결정된다고 보고 '보편적' 인권은 단지 문화적으로 특정한 가치를 점검해보는 의미를 가질 뿐이라고 주장한다. 이에 비해 '약한 상대주의'는 인권을 1차적인 것으로 보고 문화적 차이에 따른 인권규범의 수정이 가능한 것으로 본다. 그래서 '약한 상대주의'가 인권의 보편성을 옹호하고 그 서술적·처방적 논거로 옹호되기도 한다.[10]

상대주의적 관점이 부드러워지면서 인권의 보편성을 인정했다고 해서 보편주의적 인권관이 자동적으로 정당성을 획득한다고 말하기는 어렵다. '극단적 상대주의'의 완화 과정은 문화적 역사적 특수성을 무시하는 '극단적 보편주의'의 문제점을 드러내기 때문이다. 보편주의적 인권관은 인권을 인식하고 실천하는 과정에서 해당 공동체의 문화적 특성과 그에 따른 다양한 인권 발달 방식을 포용하지 않으면 획일적 순응을 요구하거나 반발을 초래해 실효성이 없을 수 있다.

(4) 인권의 보편성 획득 방법

따라서 보편주의적 인권관에서 중요한 것은 인권의 보편성이 문화적 특수성을 얼마나, 어떻게 반영하는지의 문제이다. 아래에서는 보편주의적 인권관이 극단적 입장에서 탈피하여 인권의 보편성을 풍부하게 인식하고 효과적으로 실천할 수 있는 방안을 모색하는 이론적 논의를 소개하고자 한다.

먼저 인권에 대한 극단적 보편주의 극복을 위해 인권을 상대적으로 보편적인 가치로 인식하는 '상대적 보편주의'적 관점이 제기된 바 있다. 정진성 교수는 인권의 특수성 논의가 등장한 배경으로 첫째, 자유주의사상

---

10 잭 도넬리, 『인권과 국제정치』, 박정원 옮김(서울: 오름, 2002), 74쪽.

에 바탕을 둔 서유럽의 인권관이 전 세계에 적합한가 하는 문제, 둘째로 절차적 문제로서 서유럽 강대국 중심의 국제기구 설립 및 운영의 문제, 셋째로 인권이 국가 간 외교 문제로 등장하는 가운데 강대국이 보이고 있는 이중 잣대의 문제를 지적한다. 이런 현상을 자양분으로 생성된 문화적 상대주의는 저개발상태이거나 안보위협이 높은 국가에서 활용될 가능성이 많다는 것이다. 그는 인권의 보편성 획득을 위해 문화적 차이를 고려한 인권 개념의 확충과 강대국 중심주의를 시정하는 절차적 보편성의 발전을 제안한다. 또 그는 인권의 보편성을 지향함에서 인권 실현 주체의 역할에 주목할 것과 사회권에 대한 관심, 문화적 다양성 인정, 다차원적 인권 인식을 통한 점진적 인권개선을 제시하고 있다.[11]

서유럽적 인권 보편주의의 한계를 극복하고 인권의 보편성 증진을 위해 현 인권규범을 변경하고 그 적용에 유연성을 높이는 방법도 제안된 바 있다. 브렘스(E. Brems)는 '포괄적 보편성(inclusive universality)'을 제시하고, 이 개념이 전 세계에서의 인권보호를 추구한다는 점에서 실용적이고 그 과정에서 모든 사람의 전반적인 참여를 추구한다는 점에서는 민주적이라고 말한다. 그는 현 국제인권레짐이 '포괄적 보편성'을 갖기 위해서는 인권규범 내에 있는 특정 문화, 서유럽의 개인주의·자유주의 문화를 벗겨내어 인권을 모든 문화가 수용할 수 있는 공통적인 핵심으로 개념화할 것을 제안한다. 브렘스가 보기에 보편주의적 인권관은 특정 철학적 정당화에 의존하지 않고 각 공동체의 문화에서 인권의 기초를 탐색한다. 그가 말하는 '포괄적 보편성'이란 전반적인 인권규범의 공식적 수용, 인권규범 창조과정 에의 참여, 이중 잣대의 부재, 저항권 인정, 인권의 불가분성, 초문화적

---

11 정진성, 「인권의 보편성과 특수성」, 한국인권재단 엮음, 『21세기의 인권 1권』(서울: 한길사, 2000), 93~118쪽.

수용 등을 내용으로 한다. 그는 인권의 보편성 확립을 위해 특정 문화의 배제와 문화권 사이의 대화의 필요성을 인정하지만, 인권 인식에서 집단보다는 개인을 중심에 놓는다는 점을 밝혀둘 필요가 있다. 그가 보기에 집단이 중심적일 때 집단의 모든 구성원이 공유하는 특수성은 고려될 수 있지만 그렇지 않은 특수성은 배제될 수 있고, 오늘날처럼 복잡한 사회에서 개인에 초점을 맞출 때 관련 있는 모든 맥락적 요소를 고려하는 것이 가능하다고 보기 때문이다. 나아가 그는 '포괄적 보편성'이 전통 관습이나 공동체에 참여하지 않을 권리를 포함하는 인권침해 희생자(내부자)의 시각을 강조하는데, 그런 시각이 인권규범에 대한 비판적 태도를 가질 수 있게 해준다고 본다.[12]

위 논의를 통해 볼 때 극단적 보편주의 극복을 통한 인권의 보편성 확립에서 가장 핵심적인 논의는 역시 보편적 인권이 문화적 특수성을 어떤 수준과 방법으로 포용하느냐의 문제이다. 이와 관련하여 다음 두 가지를 전제할 수 있을 것이다. 하나는 인권의 보편성이 절대적이지 않고 발전해나가듯이 문화적 특수성도 고정불변이 아니라는 점이고, 다른 하나는 문화가 반드시 집단적 차원만이 아니라 개인적 차원의 정체성도 포함할 수 있다는 점이다. 사실 한 공동체의 문화가 단일한 경우는 거의 없다. 공동체 전체 차원의 주도적 문화가 있다고 해도 공동체 내 소집단의 문화가 다양하고 개인의 정체성도 무수하게 있을 것이다. 보편주의적 인권관이 문화적 특수성을 수용할 때 문화란 이와 같이 (공동체 간의 문화적 다양성에 앞서) 한 공동체 내의 문화적 다양성에 주목한다. 왜냐하면 인권친화적인 다문화주의란 배타적이고 위계적인 문화가 아니라 공유되고 공존하는 문화를 말하고 그런 가운데 내부자의 시각을 지지하는 것을 의미하기 때문이다. 따라서

---

12 Brems, *Human Rights*, pp. 308~318, 324, 331.

개인의 자유로운 선택을 증진하는 데 특정 문화적 맥락과 그 맥락의 구체적 내용을 구분하는 일이 중요한 동시에, 구성원에 대한 집단의 억압 위험을 안고 있는 '내부적 제약'은 경계해야 한다.[13]

이럴 경우 개인적 정체성을 포함하는 문화적 특수성을 인정하는 것과 만인의 권리 평등은 모순되지 않는다.[14] 이때 보편적 권리의 평등과 독특한 정체성의 인정 사이에 충돌이 발생할 수 있지만, 나의 정체성이란 상대의 정체성과의 대화 혹은 투쟁을 통해 정의되므로 반드시 그렇다고 할 수도 없다. 그럼에도 발생할 수 있는 권리와 정체성 사이의 갈등은 인권이 문화적 특수성을 포용하며 확산되고, 그 대신 문화적 특수성은 개인의 정체성, 특히 인권침해 희생자의 시각을 배제하지 않을 때 해소될 수 있다.

정체성과 인권의 상호 포용에 그치지 않고 이 둘이 상호 보완적이라는 적극적 논의도 찾아볼 수 있다. 하버마스(J. Habermas)는 "시민권을 보편화하는 과정은 계속해서 법적 체계의 분화(differentiation)를 진작시킨다. 법적 체계는 시민들의 정체성을 보호하는 생활상의 맥락에 대한 엄격하고 균등한 처우 없이는 법적 문제의 통합성을 보장할 수 없다"라고 주장한다.[15] 진정한 보편주의는 인권규범의 획일성을 요구하는 것이 아니라 그 맥락적 유연성을 요구한다는 것이다. 물론 정체성 획득과 권리 실현의 상호 조화는 자동적인 것이 아니라 학습, 사회운동, 정치투쟁 등과 같은 실천을 통해

---

13 Will Kymlicka, *Liberlaism, Community and Culture*(Oxford: Clarendon Press, 1989), pp. 35, 168~169. 그러나 더 큰 사회에 대한 한 집단의 요구로 정의되는 '외부적 제약'은 소수집단 보호, 집단 간 평등을 위해 수용될 수 있다. 같은 책, p. 152.

14 Charles Taylor, "The Politics of Recognition," in Amy Gutmann(ed.), *Multiculturalism: Examining the Politics of Recognition*(Princeton, NJ: Princeton University Press, 1994), pp. 25~73

15 Jurgen Habermas, "Struggle for Recognition in the Democratic Constitutional State," in Amy Gutmann(ed.), *Multiculturalism*, p. 116.

가능하다.

극단적 상대주의는 물론 극단적 보편주의도 인권의 보편성을 실현하는데 장애가 된다. 이 두 극단적 주장은 두 가지 '차이의 딜레마', 즉 보편성이 차이를 무시해 추상적 인간을 전제할 경우와 인권이 너무 많은 차이를 수용한 나머지 앙상해지는 상태를 초래한다. 이 문제에 주목한 미노(M. Minow)는 그것을 해결하는 방법으로 제도가 배제를 정당화하고 강제하기 위해 차이를 구축하거나 활용하는 방법 혹은 그런 제도적 관습이 변화하는 방식을 분석할 것을 제시한다. 이 방법은 현 인권체계의 추상성과 중립성이 지배집단의 이익을 은밀하게 표현한다는 문제의식에 따른 것으로서, '차이의 딜레마'를 해결하기 위해서는 다른 집단, 특히 인권침해 피해자의 시각에 귀 기울일 것을 제안한다. 그는 차이란 사람들 사이의 관계에 내재되어 있는 문제로 보고, 사회가 인권을 더 수용할 뿐만 아니라 인권이 사회의 특수성에 더 친화적일 때 인권의 보편성이 확립될 것이라고 말한다.[16] 그는 또 중립적이고 보편적인 규칙이 결과적으로 어떻게 소외받고 힘없는 사람들을 배제하고 부담을 지우는지를 폭로하기 위해 맥락에 주목할 것을 제안한 바 있다. 이때 구체적 맥락이란 추상적 규칙(가령 인권규범)과 대립적이지 않다. 인권에 관한 맥락적 접근이란 이전에 소홀했던 특성에 초점을 두자는 요청을 반영하는 정치적·도덕적 입장과 상통하면서도 모든 특성에 초점을 두는 것을 뜻하지는 않는다."[17]

---

16 Martha Minow, *Making All the Difference: Inclusion, Exclusion and American Law* (Ithaca: Cornell University Press, 1990).

17 Martha Minow and Elizabeth V. Spelman, "In Context," A paper at the Symposium on the Renaissance of Pragmatism in American Legal Thought, *Southern California Law Review*(September 1990), pp. 1597~1652; Brems, *Human Rights*, pp. 326~327 에서 재인용.

이상으로 보편주의적 인권관이 극단적 입장을 탈피하고 인권의 보편성을 확립하기 위한 이론적 논의를 살펴보았다. 인권의 보편성 앞에 상대적·포괄적·맥락적이라는 형용사를 붙이는 것에서 알 수 있듯이, 인권의 보편성이 인식을 깊이 하고 실천을 넓히는 데에서 문화적 특수성으로 불리는 요소들을 포섭하는 일이 중요함을 알 수 있다. 다시 말해 인권은 문화적 '특수성'을 수용함으로써 '보편성'을 더욱 강화한다는 역설이 성립한다. 이를 반영하여 빈(Wien) 세계인권선언 제5조는 국가가 인권을 보호·증진함에서 "국가적·지역적 특수성과 다양한 역사적·문화적·종교적 배경의 중요성을 염두에 두어야 한다"라고 하였다. 물론 이때 공동체의 문화는 개인의 정체성 존중까지 포함할 정도로 다양할 뿐 아니라 사회적 발전에 따라 변화한다. 따라서 인권의 보편성은 문화적 특수성과 절충한다기보다는 기능적인 측면에서 어떤 문화를 갖는 인간사회에도 적용되고 그 사회 구성원들의 참여를 이끌어내는 데 문화의 역할을 인정하는 것이다. 또 인식론적 측면에서 문화적 특수성은 인권 해석에서 특정 문화가 독점하거나 배제되지 않은 가운데 인권의 내용을 더욱 풍부하게 하는 자양분이 될 수 있다. 결국 인권의 보편성이 문화적 특수성과 만나는 이유는 인간이 어떤 문화에서 살고 있든지 간에 인간으로서의 권리를 누려야 한다는 점을 확인하고 강조하기 위함이다. 인권의 보편성이 초문화적이라는 말은 인권은 어떤 문화에도 개방적이어야 함을 말해준다.

2) 인권은 보편적이기만 한가?

위에서 인권이 보편적임을 비교적 상세하게 설명했지만 여기서는 보편성과 함께 똑같이 중요한 다른 인권 원리를 소개하고자 한다. 인권의 보편성을 올바로 이해하는 것도 중요하지만 인권 원리를 보편성에 국한하지 않고 다른 원리와 함께 이해하는 것도 중요하기 때문이다. 1993년 채택된 빈 (Wien) 세계인권대회 선언문 제5조는 "모든 인권은 보편적·불가분적이고 상호 의존적이고 상호 연관되어 있다"라고 밝혔는데, 이 선언은 같은 해 제48차 유엔 총회 결의안(48/121)로 승인되었다. 이로써 국제사회는 인권이 네 가지 원리를 갖고 있다는 데 공동 인식하게 되었다. 이 선언이 세계인권 선언 채택 45년 후라는 점을 생각할 때 인권의 4대 원리가 공식화되는 데 많은 시간이 걸렸음을 알 수 있다. 물론 1968년 채택된 테헤란 세계인권 선언문에서도 인권의 보편성·불가양도성·불가분성을 언급하고 있다.

사실 자유권과 사회권의 상대적 중요성에 대한 논란은 세계인권선언문의 채택과정에서도 나타난 바 있다. 그때부터 냉전 시대를 거치면서 대체로 서방 국가들은 자유권이, 사회주의국가들과 저발전국가들은 사회권이 상대적으로 더 중요하다고 주장해왔다. 세계인권선언 채택 이후 유엔에서 국제인권규약을 기초하는 과정에서 두 범주의 상대적 중요성을 둘러싸고 논쟁이 끊이지 않았다. 1951~1952년 개최된 유엔 총회 6차 회기에서는 오랜 논쟁 끝에 유엔 인권위원회에 "인권에 관한 2개 규약을 기초할 것"과 "2개 규약 중 하나는 시민적·정치권 권리에 관한 규약으로, 다른 하나는 경제적·사회적·문화적 권리에 관한 규약이 될 것"을 요청했다. 이에 따라 유엔 인권위원회는 1953~1954년 두 개의 국제인권규약의 초안을 작성하여 유엔 총회에 제출하였고, 두 규약은 이후 유엔 총회와 각국에서 심의·연구 및 조정을 거쳐 1966년 12월 16일 유엔 총회 결의안 2200 A(XXI)에 의해 채택되었다.[18]

---

18 그러나 두 규약의 발효는 규정에 따라 35번째 비준서 및 가입신청서가 유엔 사무총장에 기탁된 지 3개월 만에 이루어진다. 사회권규약은 1976년 1월 3일, 자유권규약은 같은 해 3월 23일 각각 발효되었다.

1968년 테헤란 선언이 채택될 수 있었던 것은 1966~1967년 자유권규약, 사회권규약, 인종차별철폐협약, 여성차별철폐협약 등 주요 국제인권규약이 채택된 것과 제3세계 국가들의 국제무대 진출을 배경으로 하고 있다. 이 중 자유권규약과 사회권규약은 국제인권규약의 양대 축이라 할 수 있는데, 이는 국제인권규약을 세계인권선언과 같이 하나의 규약으로 담기에 내용이 너무 복잡하고 인식이 다양하다는 것을 말해준다. 구체적으로 국제인권이 크게 자유권과 사회권으로 나누어진 채 두 규약으로 제정된 것은 인권을 이행하고 보호할 적절한 수단에 관한 논란이 있었고 유엔에 새로 가입한 나라들이 규약 안에 사회권 조항을 반드시 포함시키고자 했기 때문이다.[19]

테헤란 선언은 자유권과 사회권의 상대적 중요성을 둘러싼 논쟁이 치열하던 상황에서 두 입장을 절충한 것으로 볼 수 있고, 빈(Wien) 선언은 자유권과 사회권이 "공정하고 균등한 방식으로 다루어져야 한다"라고 밝혀 논쟁을 마무리하고 있다. 말하자면 각각의 인권은 서로 나눌 수 없는 하나의 몸이라고 할 수 있다. 그래서 인권의 불가분성을 총체성이라고도 부른다.

그러나 인권의 불가분성, 곧 총체성을 인정한다고 해서 인권을 총체적으로 접근하는 길을 열어주는 것은 아니다. 필즈(A. B. Fields)는 보편적인 인권은 물질적·문화적 조건 속에서 이루어지는 인간 발전의 보편적 가능성을 인정하는 데서 출발해야 하고, 인권을 추구하는 사람들은 사회적 관계 안에서 공동 결정과 자결을 추구하는 사람들이고, 인권을 총체적으로 획득하기 위해서는 자유·평등·단결이라는 세 개의 근본적 가치를 하나도 빠짐없이 포함해야 한다고 주장한 바 있다. 그는, 서양에서는 단결을 희생하고 개인의 자유를 지나치게 강조하며 동양사회에서는 그 반대로 자유를 희생

---

19 이샤이, 『세계인권사상사』, 372쪽.

하고 민족주의와 단결을 지나치게 강조하는데 그것은 모두 각 사회의 지배 엘리트들의 이익 추구 때문에 일어난 현상이라고 비판한다. 그래서 그는 피압박계층의 인권투쟁 과정이 또 다른 지배로 이어지는 것을 피하고, 인권에 대한 총체적 접근에서는 자유·평등·단결 중 어느 하나의 가치라도 희생되는 것을 허용할 수 없다고 말한다.[20]

인권의 불가분성을 둘러싼 논의의 핵심은 인권의 범주에 자유권은 물론 사회권을 포함시키는 것과 그 둘 사이에 우열을 두지 않는 것이다. 이와 관련해 테헤란 선언문 제13조에서는 "자유권의 전면 실현이 사회권의 향유 없이 불가능하다"라고 밝히면서 인권의 불가분성을 구체적으로 언급하고 있다. 여기서 알 수 있듯이 국제인권 논의에서 인권은 자유권 중심으로 이해되어오다가 거기에 사회권이 포함되는 과정을 거쳐왔다. 아래에서는 사회권을 인권에 포함시키지 않는 여러 논리와 그에 대한 비판을 소개한다.

첫째, 인권이 18세기 프랑스와 미국의 인권문서에 충실하고 그 수는 제한하도록 해야 한다는 주장이 있다. 그러나 그런 주장은 인권은 역사적으로 지배의 조건에 따라 변하는 것이고 그 지배는 정치뿐 아니라 경제와도 관련이 있음을 이해하지 못하고 있다. 18세기에는 없었던 사회권 개념은 20세기에 와서 유엔 등 많은 기구의 공식문서를 통해 국제적 합의가 형성되었다.

둘째, 사회권은 특정한 사회집단에만 적용되기 때문에 보편적이지 않다는 주장이다. 사회권은 특정 집단(빈곤층, 노동자 등)에 주목하는 것은 사실이지만 모든 사람이 그런 집단의 구성원이 될 가능성이 있고 인권이 약자의 입장을 대변하는 가운데 발전해온 점을 상기할 필요가 있다.

---

20 A. Belden Fields, *Rethinking Human Rights for the New Millennium*(New York: Palgrave MacMillan, 2003), pp. 98~99.

셋째, 인권을 '재판으로 결정될 수 있는 권리(justiciable rights)'로 정의할 때 자유권은 그렇지만 사회권은 그렇지 않다는 주장이다. 그러나 이 주장은 자유권과 사회권의 차이를 말해줄 뿐 인권의 정의라 할 수 없다. 아직 법적으로 보장되지 않는다고 해서 그 권리 자체가 부정되는 것은 아니기 때문이다. 더구나 생존과 안전의 권리가 보장되지 않는다면 자유권도 보장되지 않을 것이다. 다른 한편 사회권이 인정됨에 따라 발생할 수 있는 국가 간섭과 인권침해를 우려하는 경우도 있지만, 그런 시각은 사람을 자기이익을 추구하는 개인으로만 보고 단결과 상호의존성을 부정하는 문제를 안고 있다. 정치권력이 사회권을 이용하여 인권을 보장한다고 주장하면서 자유권을 침해할 수 있다는 우려도 있다. 그러나 사회권과 자유권은 제로섬(zero-sum) 관계가 아니고 둘은 함께 증진해나갈 수 있는 관계이다.[21]

한국 사회에서도 인권에 사회권을 배제하고 자유권 중심으로 이해하는 경우를 어렵지 않게 보게 된다. 예를 들어 국가인권위원회가 2006년 1월 한국의 중장기 인권정책 청사진으로 밝힌 '국가인권정책기본계획'에 경영단체가 반발하고 나선 것도 사회권을 인권으로 인식하지 못하는 데 연유한다고 볼 수 있다. 또 북한인권 상황을 언급할 때도 그것을 주로 자유권 중심으로 다루고 사회권을 포함시키지 않는 경우를 쉽게 볼 수 있다. 이런 논의는 인권의 불가분성과 거리가 먼 것이라고 할 수 있다.

인권의 보편성과 불가분성 외에도 상호의존성과 상호연관성도 국제인권 원리로 인정되고 있다. 위에서 언급한 빈 선언문 제5조에 훨씬 앞서 1950년 유엔 총회는 "시민적·정치적 자유의 향유와 경제적·사회적·문화적 권리들의 향유는 상호연관성이 있고 상호의존적이다"라고 밝힌 바 있다. 말하자면 특정 인권은 고립되어 있지 않고 다른 인권과 관련을 가질 때 그 의미를

---

21 같은 책, pp. 93~97.

온전히 인식할 수 있고, 또 다른 분야의 인권과 조화를 이룰 때 완전한 실현이 가능하다는 것이다. 북한인권을 생각할 때 식량난에 미친 인권침해가 있을 수 있고 식량난으로 인한 인권침해가 있으므로[22] 식량권, 생명권, 신체의 자유, 이동의 자유 등과 같이 북한주민의 인권 역시 상호 보완적이고 상호 연관되어 있다고 할 수 있다.

3) 인권을 어디까지 볼 것인가?

한편 인권의 범주, 특히 중심 내용을 무엇으로 볼 것이냐 하는 논의 역시 인권 개념에 대한 합의 도출을 어렵게 하고 있다. 먼저, 1세대 인권이라고 불리는 자유권은 프랑스 혁명을 계기로 한 근대사회 형성기 유산계급 (bourgeoisie)의 재산과 자유로운 경제활동을 정치적으로 보장할 필요성에서 출발하였다. 자유권은 오늘날 자본주의 사회에서 인권으로 등치될 정도로 지배적인 지위를 확보하고 있으며 보편주의 대 상대주의 논쟁에서 보편주의의 역사적·정치적 논거가 되고 있다.[23] 자유권규약은 생명권, 신체의 자유, 노예상태 및 강제노동 금지, 자의적 체포 및 구금 금지, 거주이전 및 주거 선택의 자유, 법 앞에서 평등한 대우, 형법의 소급 적용 금지, 개인의 사생활 보호, 사상·양심·종교·표현·집회·결사의 자유, 공무 참여와 선거 및 피선거권과 같은 참정권 등을 주요 내용으로 담고 있다.

그러나 이후 서유럽 자본주의 국가 내 노동운동과 러시아 혁명을 거치면

---

22 Amnesty International, "Starved of Rights: Human rights and the Food crisis in the Democratic People's Republic of Korea(North Korea)," SAS 24/003/2004(17 January 2004).

23 여기서 미국 국무부가 매년 발간하는 세계 각국에 대한 '연례 인권 보고서' 내용이 자유권을 중심으로 다루어지고 있다는 점은 시사하는 바가 크다.

서 2세대 인권으로 불리는 사회권 개념이 부상하기 시작하였다. 자유권이 국가의 축소를 지향하는 한다면, 사회권은 국가의 책임을 강조한다. 국제관계에서 사회권은 주로 사회주의진영에 의해 강조되었지만 국제법적 장치는 자유권보다 약한 상태이다.[24] 사회권규약은 근로권, 노조 결성 및 가입의 권리, 사회보장권, 건강권, 교육의 권리, 문화생활 영위 권리 등을 주요 내용으로 삼고 있다.

자유권과 사회권 가운데 인간의 삶에 바탕이 되는 생명·안전·생존에 관한 권리를 기본권(basic rights)이라고 하고, 여성·아동·이주노동자 등 소수자의 권리는 자유권이나 사회권 어느 곳에 속하지 않고 사회적 약자로서 별도의 인권 영역으로 다루어진다.

한편 인권 문제를 둘러싼 3세대 논쟁은 1960년대 이후 제3세계 국가들의 국제무대 진출을 배경으로 하는데, 1·2세대의 인권 논의가 냉전 시대 동서양 진영의 정치적 이념을 반영하여 전개되었다고 한다면 3세대 인권은 제3세계 약소국을 주요 행위자로 하는 집단적 성격을 띠고 있어 연대권이라 불리기도 한다. 예를 들어 자결권, 발전권, 문화적 유산 존중, 인도주의적 원조, 평화권 등이 3세대 인권 범주로 간주된다. 자결권은 자유권규약 및 사회권규약 제1조에 각각 명시되어 있는데 인민의 정치적 지위에 대한 자유로운 결정과 부와 자원의 자유로운 처분을 밝히고 있다. 자결권은 냉전 시대에 들어 자유주의진영에서는 국가의 개입으로부터 벗어난 개인의 자기운명 결정권, 사회주의진영에서는 내정간섭 없는 민족자결권(사실은

---

24 물론 자유권과 사회권은 둘 다 세계인권규약 및 선택의정서(사회권은 협정 초안)로 제시되어 있지만 구체적인 이행을 담고 있는 관련 국제법과 국제기구는 자유권 쪽이 상대적으로 많은 상태이다. 특히 국제인권법이 국가, 계급 같은 집단보다는 개인 중심의 접근이 지배적이라는 점도 국제사회에서 서방의 개인주의적 자유권의 우세를 말해주고 있다.

국가주권)으로 각각 아전인수격으로 해석되기도 하였다. 그러나 두 국제인 권규약 제1조에 나타나는 자결권의 주체(all peoples)가 개인 혹은 집단 중 어느 것으로 이해되든지 간에 피억압 상태에 있는 그들이 자기운명을 스스로 결정할 권리가 있다는 점이 중요하다. 제국주의 시대에 자결권은 주로 식민통치에 놓여 있던 피압박민족이었고, 냉전 시대에는 두 진영의 강대국의 영향권에 있던 약소국 혹은 소수민족이었고, 오늘날은 거기에다가 다양성을 빼앗긴 소수집단이 추가될 수 있다. 여기서 집단의 자결권은 절대적인 것이 아니라 궁극적으로 집단 구성원의 보편적 인권증진으로 발전해야 한다는 점을 간과해서는 안 될 것이다.

발전권은 1986년 유엔 총회 결의로 채택되었다. 발전권 선언은 발전권이 소외될 수 없는 인권이자 인민의 자결권의 전면 실현을 의미한다고 밝히고 있다. 또 이 선언은 국가의 발전정책 수립의 책임, 특히 개발도상국의 발전 증진을 위한 지속 가능한 행동을 요구하고 있다.[25] 특히 발전권 선언 제7조에서도 국제평화와 안보 증진을 위한 각국의 노력과 군축을 통해 획득한 자원을 포괄적 발전, 특히 개도국의 발전에 이용할 것을 명시하고 있다.

국제연합이 추구하는 3대 목표는 평화·개발·인권이다. 국제연합 헌장과 세계인권선언은 인권 실현이 평화의 기초라고 밝히고 있는데, 이는 평화와 인권의 긴밀한 상호연관성과 상호의존성을 말해준다.[26] 평화권과 관련한 유엔에서의 논의는 1976년 인권위원회 결정 5호(ⅩⅩⅩⅡ), 1978년 유엔 총회가 채택한 '평화로운 삶을 위한 사회 준비에 관한 선언'(결정 33/73)과 1984

---

25 "Declaration on the Right to Development," Adopted by General Assembly resolution 41/128 of 4 December 1986. UNHCHR.

26 또 사회권규약 제24조, 자유권규약 제45조에서 두 국제인권규약상의 규정이 국제연합 헌장의 규정을 침해하는 것으로 해석하지 않는다고 한 점도 인권과 평화의 긴밀한 관련성을 말해준다고 할 것이다.

년 총회의 결의 '평화롭게 살 인민의 권리(일명 평화권)'(결정 39/11) 등을 꼽을 수 있다. 1984년 평화권 선언은 "평화권 실행은 각국 정책이 유엔 헌장을 토대로 전쟁, 특히 핵전쟁 위협의 제거, 무력사용 중단, 그리고 평화적 방법에 의한 국제 분쟁 해결의 길로 나아가도록 강력히 요청한다"라고 밝혔다. 그러나 평화권은 다른 3세대 인권 영역과 마찬가지로 자유권·사회권과 같은 국제인권법의 지위를 갖고 있지는 못하다.[27] 그 이유는 평화권과 발전권이 실현되려면 서방 선진자본주의국가나 군사 강대국의 '양보'가 있어야 하는데 그것이 받아들여지지 않기 때문이다. 그렇다고 평화권과 발전권을 무시할 수 없다. 오히려 전쟁이 끊이지 않고 세계적 차원의 '양극화'가 심화되는 오늘날 평화권과 발전권은 더욱 관심을 가져야 할 인권임에 틀림없다.

이상 3세대 인권은 제3세계진영의 관심사를 반영하여 출발했지만 ① 그 내용이 고정적이지 않고 역동적이고 ② 논의가 집단적, 개인적 두 차원에서 이루어지고 있으며 ③ 1·2세대 인권과 구별되는 새로운 권리영역이 아니라 그것을 보완하면서 인권 내용을 더욱 풍부하게 만들고 있다고 할 수 있다.

인권의 주요 내용을 둘러싼 이상의 논의에서 알 수 있는 것은 ① 입장에 따라 강조점이 다르기는 하지만 결과적으로 그 범주가 확대되어왔으며 ② 일국에서나 국제적으로 약자의 입장이 그 범주에 반영되기 시작했고

---

27 이와 달리 앨스턴(Alston)은 특정 가치가 국제법으로 전환되는지를 시험하는 척도를 가치에 대한 동의의 정도, 구체화 정도, 순응을 이끌어낼 기제의 존재 여부 등 세 가지로 설정하고, 그에 비추어 볼 때 평화는 하나의 국제(인권)법의 지위를 갖는다고 주장한다. Philip Alston, "Peace as a human right," in Richard P. Claude and Burns H. Weston(eds.), *Human Rights in the World Community*(Philadelphia: University of Pennsylvania Press, 1992), pp. 204~206.

③ 적어도 형식적 차원에서는 자유권과 사회권이 보편적 지위를 획득하는 가운데 3세대 인권이 보편적 지위 획득을 향해 도전하고 있다는 점이다. 탈냉전 이후 국가주권이 초국가적 규범에 의해 약화되고 자본주의 경제가 세계화된 오늘날 인권은 새로운 분야를 개척해나가고 있는지도 모른다. 인권 원리와 범주에 관한 이상의 논의를 종합하여 인권을 한마디로 말한다면 이렇게 말할 수 있을 것이다. 모든 사람을 위한 모든 인권!

2. 국제인권체제

1) 국제인권 제도의 형성

인권을 국제적으로 보호 증진하기 위한 노력은 20세기 초에 들어서 나타나기 시작하였다. 산업혁명 이후 형성된 노동자들의 계급적 각성으로 근로환경 개선 및 선거 참여 등을 포함한 경제적·정치적 권리 획득투쟁이 전개되었다. 그 과정에서 사회주의운동이 노동자들의 권익과 정치적 진출을 고무하였다. 1914~1918년 제1차 세계대전과 그 와중에 성공한 러시아 혁명은 인권을 보호하기 위한 국제적 노력에 불을 붙였다.

러시아 혁명 성공 직후인 1918년 혁명세력은 '착취받는 근로 인민의 권리선언'을 제정하여 "인간에 의한 인간의 모든 형태의 착취를 억제하고, 사회 속의 계급 차이를 완전히 철폐하는 것을 공화국의 목적으로 한다"라고 밝혔다. 그리고 노동자의 공장 통제, 법적 특권계급과 소유권의 폐지, 남녀 평등제 등 사회개혁을 실시하였다. 사회주의혁명의 성공은 서방 자본주의 국가들이 노동자를 비롯한 민중들에게 참정권을 허용하고 복지정책을 펴도록 한 요인으로 작용하였다. 한편 1920년 국제연맹이 집단안보원칙을 바탕으로 군비축소를 주요 목적으로 하여 설립되었다. 이때 채택된 국제연맹 규약은 연합국이 국제평화와 안보 달성은 물론 인간적 노동조건, 여성과 어린이·청소년의 인신매매 금지, 질병의 예방 및 통제, 민족자결 등을 포함한 인도적 원칙과 인권 원칙의 이행을 관장하도록 하였다. 연맹 규약은 또 식민통치국들에게 위임통치를 인정하는 대신 피압박민족들의 반발을 무마하기 위해 식민 통치국들이 원주민의 정치발전, 양심과 종교의 자유, 공정한 법률, 노예나 무기 또는 알코올의 매매 금지 등을 촉구하는 규정을 포함시켰다. 또 당시 국제연맹 부설조직으로 국제노동기구가 창설되었는데 이 기구는 노동기준의 준수를 목적으로 하였다. 국제연맹의 회원국들이 비준한 노동헌장은 1일·1주 최장 노동시간의 규제, 적정 생계급여 제공, 질병 및 산업재해로부터의 보호, 어린이·청소년과 여성 그리고 이주노동자의 보호, 결사의 자유 등을 촉구하였다.[28]

그러나 국제연맹과 러시아 혁명이 제국주의국가 간 식민지 쟁탈과 자본주의경제의 모순을 해결하지 못하였다. 국제인권제도의 발달은 또 한 번의 세계대전을 거친 후에 찾아왔다. 제2차 세계대전이 진행되던 1941년 루즈벨트(F. Roosevelt) 대통령은 의사표현의 자유, 신앙의 자유, 결핍으로부터의 자유와 공포로부터의 자유를 기본적 자유로 제창하였다. 1945년 전후 처리를 위해 모인 샌프란시스코 회의 결과 국제연합(유엔)이 설립되었다. 유엔은 안전보장이사회, 총회 외에도 경제사회이사회와 국제사법재판소[29]를 두고 광범위한 분야에서 인권 문제를 다루기로 하였다. 특히 경제사회이사회는 산하에 인권위원회, 차별방지 및 소수민족 보호 소위원회, 여성지위위원회 등을 만들어 인권 문제를 관장하였다.

---

28 이샤이, 『세계인권사상사』, 337쪽, 346~347쪽.
29 국제사법재판소는 국제연맹 창설 때 만들어진 상설국제사법재판소를 승계한 것이다.

유엔 헌장 역시 국제연맹 규약과 마찬가지로 국제평화와 안전을 기본정신으로 하고 있다. 헌장 전문에는 "기본적 인권, 인간의 존엄성 및 가치, 남녀 및 대소 각국의 평등권"을 밝히고 있고, 제55조에 국제평화가 "인민들의 평등권과 자결권 원칙의 존중에 기초"한다고 명시하고 있다. 그러나 오늘날 국제인권제도의 중추로 간주되어온 유엔 인권위원회의 설립과 그 규범적 근거인 세계인권선언의 제정에는 당시 전 세계 인권운동가들의 역할이 지대했음을 기억할 필요가 있다.[30] 1948년 12월 10일 제3차 유엔 총회에서 채택된 세계인권선언은 오늘날 전 세계 인권증진의 도덕적 기초가 되고 있고 유엔의 각종 인권기구 설립 및 활동의 근거가 된다는 점에서 국제관습법의 지위를 갖고 있다고 말할 수 있다. 실제 이 선언은 인권 원리(제1~2조)는 물론 자유권(제3~21조)과 사회권(제22~27조), 그리고 이행 의무(제28~30조) 등을 밝힘으로써 이후 국제인권법의 발달과 각국의 인권증진의 전거(典據)로 기능하고 있다.

2) 국제적 인권증진 방안

국제사회, 주로 유엔의 인권 활동은 다음 네 단계로 진행된다고 할 수 있다. 1단계는 국제인권 협약, 선언과 같은 국제인권 기준의 설정이고, 2단계는 자문활동, 연구, 보고체계 등을 통한 인권증진 활동이며, 3단계는 인권 상황에 관한 정보 평가 절차 수립, 인권침해 사실에 대한 조사 및 보고, 인권위반 약화 및 종료 노력 등과 같은 인권보호 활동이고, 4단계는 3세대 인권을 강조하는 구조적·경제적 측면의 인권을 강조한다.[31] 또 유엔

---

30 이에 대한 상세한 설명은 Lauren, *The Evolution of International Human Rights*, pp. 199~232 참조.

에서의 인권보호 노력은 세계인권선언에 근거하고, 각국 정부가 가입한 국제인권협약을 제시하고, 그것들이 공평하고 차별 없이 적용되고 특히 다민족·다인종 사회의 경우 불편부당의 원칙을 더욱 강조한다.

인권증진을 위한 국제사회의 노력은 지목되는 국가의 인권침해 상황과 그 국가의 반응에 따라 그 방안이 모색될 수 있을 것이다. 여기서는 다음 세 가지 경우를 상정하고 그 경우에 적합한 인권증진 방안을 생각해보고자 한다.

우선, 특정 국가나 지역에서 전반적으로 심각할 정도로 인권이 침해받고 있음에도 그런 상황과 그 책임이 국제사회에 널리 알려지지 않은 경우이다. 이런 상황에서는 인권침해 실태를 폭로하고 그 책임을 비판하는(naming and shaming) 동시에 그에 저항하는 사람들의 투쟁을 지지하는 활동(advocacy)이 요구된다. 물론 특정 국가나 지역의 인권 상황이 얼마나 심각한지는 국제기구 등의 참여하에 객관적으로 판단되어야 하겠지만, 인권의 보편성을 감안할 때 어느 경우에서도 원칙적으로 국제사회가 해당 인권침해 상황에 관심과 우려를 표명하는 것은 필요하고 가능한 조치로 판단된다. 물론 이런 활동은 유엔과 같은 정부간기구(IGOs)와 인권단체들이 모두 할 수 있다. 다만 유엔이 특정 국가의 인권 상황에 대한 구체적인 입장과 방침을 내놓기 위해서는 그에 관한 실태조사가 이루어져야 한다. 이때 유엔은 해당 인권침해 상황을 조사하고 그에 개입할 수 있는 특별절차를 갖고 있다. 국제사회는 북한에서 광범위하고 체계적인 인권침해가 발생하고 있다고 판단하고 있다. 이에 따라서 유엔에서는 국가, 주제별 특별보고관을

---

31 Tom J. Farer, "The United Nations and Human Rights: more than a whimper, less than a roar," in Claude and Weston(eds.), *Human Rights in the World Community: Issues and Action*, p. 235.

임명하는 등 특별절차를 가동하고 있다. 물론 북한은 아직까지 유엔의 움직임에 대해 반발하면서 협력하지 않고 있다.

둘째, 인권침해 상황이 심각함에도 불구하고 해당국 정부가 국제사회의 인권 개선 요구에 순응하여 협력적인 태도를 보일 경우에 취할 수 있는 인권증진 방안을 생각해볼 수 있다. 여기에는 기술협력, 인권대화 등 다양한 방법으로 생각해볼 수 있다. 먼저, 기술협력은 유엔 인권최고대표사무소와 해당국이 상호 존중과 협력의 정신을 갖고 해당국의 인권증진을 도모하는 국제협력의 한 방편이다. 물론 기술협력은 인권 상황 감시 및 조사 활동을 대체하는 것이 아니라 그것을 보충한다. 감시 및 조사 활동에서 해당국은 책임이 강조되는 반면, 기술협력은 해당국의 역할이 부각된다. 1955년부터 시작된 유엔의 인권 기술협력은 국제인권규약의 국내적 이행, 국가인권기구의 설립 및 강화, 인권증진 국가행동계획의 수립, 인권문화 증진 등을 포함하는데, 그 구체적인 협력 형태는 전문가 자문, 각종 토의, 재정지원, 정보제공, 인권 필요사항 평가 등이다.[32]

이에 비해 인권대화는 어느 한 나라와 그 나라의 인권증진에 관심이 있는 국가가 갖는 양자대화의 하나이다. 구체적으로 인권대화는 한 나라의 인권사안에만 초점을 두는 경우, 양국의 인권사안을 동시에 논의하는 경우, 양국의 전반적인 상호 관심사를 논의하는 과정에서 한 나라의 인권사안을 다루는 경우 등으로 경우의 수를 나누어 볼 수 있으나, 인권대화는 양국 간 신뢰가 조성되어 있는 경우에 가능한 국제인권 협력 방안의 하나이다. 마지막으로, 국제인권규약의 국내적 이행은 특정 국제인권규약 가입국이 규약 이행을 위한 국내 법률 제·개정과 이행 기구 설립 등을 말한다. 그중 가장 중요한 사항은 1993년 빈 세계인권선언문에서 채택한 내용으로서,

---

32 http://www.ohchr.org/english/countries/coop/(검색일: 2006년 12월 13일).

① 각국은 가입한 국제인권규약을 헌법과 관련 법령에 반영하여 시행하고, ② 정부에 국가인권정책계획을 제시하고 그것을 감시할 독립적 국가인권기구를 설립하는 것이다. 북한은 2000년대 초까지 유럽연합과 몇 차례 인권대화를 가진 것을 제외하고는 인권증진을 위한 국제협력에 소극적인 태도를 보이고 있다.[33]

셋째, 인권침해 상황이 국제적 개입을 필요로 하는 상황에서 해당국 정부가 인권개선 조치에 소극적인 경우에 취할 수 있는 방안이다. 각종 제재와 인도주의적 개입이 그에 해당한다고 말할 수 있다. 제재는 일방적·다자적 방식으로 전개될 수 있으며 그 내용은 경제적, 법적 두 측면으로 나눌 수 있다. 어느 경우이든 제재는 모두 제재 대상국의 행동 변화를 추구하는 것은 같다. 그러나 제재가 그런 효과를 거두지 못하고 오히려 제재 대상국의 정권과 인민의 일치를 가져온다는 점을 감안할 때, 제재가 도구주의적 효과보다는 제재국 혹은 국제사회가 추구하는 가치를 경계로 하여 제재 대상국을 구분 짓고 배제하는 구성주의적 효과가 더 크다고 볼 수도 있다.[34] 따라서 제재는 인권개선에 긍정적 결과를 엮어내는 많은 요인 중 하나에 지나지 않는다. 그럼에도 제재의 상징적 중요성은 인정될 필요가 있다. 가령 제재 대상국의 국제적 이미지, 그 나라의 인권 피해자 혹은 활동가에 대한 지원, 인권남용에 대한 국제적 관심 제고 등과 같은 역할을 할 수 있다.[35]

---

33 북한은 인권최고대표사무소와의 협력에 원칙적으로 반대하지 않는다고 하면서도 북한이 정치공세라고 주장하는 유엔의 북한인권결의에 그 내용이 들어 있어 협력할 수 없다고 밝히고 있다.

34 Adeno Addis, "Economic Sanctions and the Problem of Evil," *Human Rights Quarterly*, Vol. 25, No. 3(2003), pp. 573~623.

35 Aryeh Neier, "Economic Sanctions and Human Rights," in Samantha Power and

인도주의적 개입 역시 심각하고 광범위하고 조직적인 인권침해의 책임이 있으나 개선 의지가 없는 해당국 정부(혹은 특정 정치세력)에 적용할 수 있는 물리적 대응 방법이다. 즉, 인도주의적 개입은 인권침해를 자행하는 행위자를 향해 인권침해 중단을 목적으로 강제력을 사용하는 것을 특징으로 한다. 인도주의적 개입이 성립되기 위해서는 대규모 인권침해 발생 혹은 발생 위협, 다자적 권위, 마지막 호소로서 군사력, 목표 달성에 한정된 비례적 군사력 사용, 목표 달성을 위한 합리적 전망 등이 충족되어야 한다.[36] 이때 일차적으로 중요한 '대규모 인권침해'란 인권침해가 특정 집단(일반적으로 당사국의 정권)에 의해 의도적으로 발생되고 그것이 일관된 패턴을 보이고,[37] 나아가 그런 양상이 지속적인 경우를 말한다. 북한인권 문제는 2005~2006년에 들어 유엔 총회에서의 결의문 채택까지 나아가고 있고, 일부 민간단체에서는 안전보장이사회에서의 논의와 김정일 위원장의 국제사법재판소 제소까지 주장하고 있어 북한의 반발을 증폭시킬 수도 있다.

위 논의와 관련해 2014년 3월 열린 제25차 유엔 인권이사회에 제출된 북한인권조사위원회(COI)의 보고서(A/HRC/25/63)와 북한인권 결의(A/HRC/25/L.17; A/C.3/69/L.28/Rev.1)에 국민보호 책임(Right to protect: R2P)론이 적용되고 있다. 인도주의적 개입론의 변형으로 볼 수 있는 국민보호 책임론은 2000년대 유엔에서 논의되기 시작하였다. 2005년 유엔 세계정상회의 선언

Graham Allison(eds.), *Realizing Human Rights: Moving from Inspiration to Impact*(New York: St. Martin's Press, 2000), p. 307.

36 International Commission on Intervention and State Sovereignty, *The Responsibility to Protect: Report of the ICISS*(Ottawa: International Development Research Center, 2001), pp. 11, 31~39.

37 Eric A. Heinze, "Humanitarian Intervention: Morality and International Law on Intolerable Violations of Human Rights," *International Journal of Human Rights*, Vol. 8, No. 4(Winter 2004), pp. 475~477.

문(A/RES/60/1, para. 138~140)과 2009년 유엔 총회 보고서(A/63/677)로 공식화된 국민보호 책임론은 세 가지 기둥으로 구성되어 있다. 그것은 ① 국가가 대량학살, 전쟁범죄, 반인도적 범죄, 인종청소 등으로부터 국민을 보호하고, ② 국제사회는 국가의 그런 책임을 격려하고 지원할 책임이 있으며, ③ 또 국제사회는 위 범죄들로부터 대중을 보호하기 위해 적절한 외교적·인도적인 수단을 채택하되 해당 국가가 국민보호 책임에 실패했을 때 유엔 헌장에 의거해 집단적 행동을 취해 보호에 나서야 한다는 것이다. 국민보호 책임론은 실제 리비아 사태에 대한 군사적 개입의 근거가 되었고, 현재 시리아, 이라크 사태에도 적용해야 한다는 국제여론이 높다. 그러나 국민보호 책임론은 아직 국제법적 체계로 확립되지 못했고 국제정치적 고려에서 자유롭지 못하다는 지적도 있다. 국민보호 책임을 위반한 인사에 대한 국제형사 소추와 관련된 국제형사재판소(ICC)의 활동은 가입국은 물론 비가입국의 경우에도 적용할 수 있다. 비가입국 인사의 형사 소추의 경우는 유엔 안전보장이사회의 결의가 있어야 하고 아니면 유엔 총회 결의를 통해 임시 국제법정 설치가 가능한데, 안보리의 정치적 판단과 당사국의 동의가 필요하다. 또 유엔 안보리 상임이사국의 관련 인사가 형사소추의 대상이 될 경우 거부권으로 국민보호 책임론은 작동하지 못할 수 있다.

한편, 한 국가가 다른 국가의 인권 문제에 관여하는 방법은 매우 다양할 수 있다. 예를 들어 여론조성, '조용한 외교', 압력과 영향력 행사, 보상과 원조중단, 제재, 국제기구 및 비정부기구와의 공조, 군사적 개입 등이 이용될 수 있다. 이 중 특정 정책수단의 채택은 자국의 국력과 상대국과의 관계 등에 따라 결정될 수 있고, 정책추진 방식도 일방적·양자적·다자적 방법 등이 있을 수 있다. 그러나 일반적으로 일국의 인권외교는 상대국의 인권개선이라는 순수 목표보다는 인권을 수단으로 한 국가이익 실현에 주목적이 있다. 북한인권을 둘러싼 국제사회의 움직임을 신중한 자세로 평가할 필요성 중 하나가 여기에 있다.

3) 국제 인권제도의 유형과 역할

국제인권체제란 인권보호를 위한 국제적 규범 및 제도를 통칭하는 용어
이다. 국제인권규범은 인권증진을 위한 각종 도덕적인 합의를 말하는데,
구체적으로 세계인권선언을 포함하여 유엔과 지역인권기구 등에서 채택된
인권 관련 결의와 원칙 등이 여기에 포함된다. 이들 규범은 법적 구속력은
없지만 인권증진의 필요성을 확산하고 법적 이행을 마련하는 데 필요한
영감을 제시해준다. 국제인권제도란 인권 준수를 이행할 목적으로 만들어
진 국제적 차원의 각종 인권기구와 조약 그리고 인권 이행을 위한 특별절차
등을 포함한다.

아래에서는 유엔을 중심으로 한 국제인권제도를 소개하고자 한다. 북한
이 속해 있는 아시아에는 유럽, 아프리카, 미주 지역과 달리 아직 지역인권
기구가 없고, 북한의 인권외교는 주로 유엔을 대상으로 하고 있기 때문이다.
유엔 인권제도는 크게 인권조약에 기반을 둔 기구(Treaty-based body, 이하
규약기구)와 유엔 헌장에 기반을 둔 기구(Charter-based body, 이하 헌장기구)로
나누어진다. 규약기구는 각종 국제인권협약의 이행 상황을 감시·평가하는
기구로서 해당 국제인권협약 가입국이 그 규약을 준수하도록 가입국과
대화하고 건설적인 대안을 제시한다. 각 협약위원회는 각국 대표가 아니라
해당 인권분야의 국제 전문가들로 구성되어 특정 분야의 인권 상황을 심의
하기 때문에 전문성과 비정치성을 띤다. 이에 비해 헌장기구는 유엔 헌장의
인권규정에 근거하여 포괄적인 인권 문제를 다루는데 유엔 안보리, 총회,
인권위원회, 인권이사회 등이 여기에 속한다. 헌장기구는 소속 회원국 대표
들로 구성되기 때문에 각국의 이익과 국가 간 외교관계 등이 반영되어

전문성이 약한 반면 정치적 성격이 높다고 할 수 있다.

(1) 헌장기구

유엔 헌장기구는 총회, 안전보장이사회를 비롯해 인권업무를 전담하는 인권이사회(Human Rights Council), 인권최고대표사무소(OHCHR)이고 여기에 특별절차가 덧붙여진다.

제62차 유엔 총회는 2006년 3월 15일 제네바에서 인권이사회를 설립하기로 결정하였다. 인권이사회는 그때까지 있던 인권위원회의 역할을 대체하게 되었는데, 바뀐 이름에서 알 수 있듯이 그 위상이 높아졌다. 1946년 설립된 인권위원회는 경제사회이사회의 산하기관으로서 1~3년 임기의 53개국 정부대표로 구성되어 운영되었다. 이에 비해 인권이사회는 경제사회이사회와 같은 지위에서 있는 총회 산하기구로서 참여국의 자격을 강화한 상태에서 47개국으로 이사국을 구성한다. 또 인권위원회는 매년 3~4월 중에 한 번 개최하여 6주간 회의를 가져왔으나 인권이사회는 1년에 최소한 세 번을 열어 소집되어 최소 10주간 소집하고 필요 시 특별회의도 소집할 수 있다. 2006년 4월 3일 유엔 총회는 인권이사회를 설립하기로 결정하는 결의(A/RES/60/251)를 채택하고, 인권이사회가 모든 분야의 인권보호를 책임지는 기구라고 밝혔다. 결의문은 또 인권이사회의 활동 원칙으로 보편성·불편부당성·객관성·비편파성과 건설적인 대화 및 협력을 제시하였다(제4조). 인권이사회 결의는 이사회의 구체적인 활동으로 ① 회원국들에 인권교육 및 자문, 기술지원, 능력 형성 제공, ② 주제별 인권대화의 장으로 기능, ③ 총회에 국제인권법 발전을 위한 권고, ④ 회원국의 인권준수 의무 이행 및 유엔의 인권증진 노력 지지, ⑤ 유엔 회원국의 보편적 정례보고서(universal periodic report) 작성, ⑥ 총회에 연례보고서 제출 등 10가지를 제시하고 있다(제5조).[38]

인권위원회는 1970년 경제사회이사회 결의 제1503호에 의한 비공개 심의 및 1967년 경제사회이사회 결의 제1235호에 의한 공개조사 등의 특별절차를 갖고 있었다. '1503 절차'는 인권위원회가 "극심하고 믿을 만한 근거가 있는 인권침해가 계속해서 발생하는 경우(consistent pattern of gross and reliably attested violations)"로 판단되는 정보 전달(communications, 혹은 진정)에 관해 비공개 토론을 하는 것을 말한다. 이 절차는 국가에 의해 자행되는 광범위하고 지속적인 인권침해를 막기 위해 당사국에 대한 정치적 해결을 모색하는 데 그 목적이 있다. 검토 결과 해당국의 인권 상황이 심각하다고 판단하면 특별보고관 내지 전문가를 임명하여 이 사건을 계속해서 조사하도록 하는 방안도 고려할 수 있다. '1503 절차'에 의해 5명으로 구성된 인권 상황 실무그룹은 2006년 2월 회의를 가진 바 있다. 이에 비해 '1235호 절차'는 인권침해 피해자가 청원이나 고발을 하지 않더라도 인권위원회가 스스로 인지한 정보와 자료에 기초하여 절차를 개시할 수 있는 자발적 개입의 성격을 띤다. 이 절차가 개시되면 인권위원회는 특별보고관(Special Rappoteur), 특별대표(Special Representative), 실무그룹(Working Group), 특사(special envoy), 조사관(investigator) 등을 임명하고 특정 국가의 인권침해 상황을 철저하게 조사하게 할 수 있다. 유엔 인권위원회는 또 특정 분야의 인권 상황이 세계적으로 우려를 살 경우 그에 관한 실무그룹과 주제별 특별보고관을 임명하여 상황을 조사하게 할 수도 있다.[39] 그러나 인권위원회가 인권이사회로 대체되면서 이들 특별절차들의 존속 여부를 둘러싸고 논란이 계속되고 있다. 특히 국가별 특별보고관 제도의 효용성과

---

38 http://www.ohchr.org/english/bodies/hrcouncil/docs/A.RES.60.251_En.pdf(검색일: 2007년 1월 26일).

39 김병로, 『북한인권문제와 국제협력』(서울: 민족통일연구원, 1997), 13~17쪽.

정치적 성격을 둘러싸고 논쟁이 치열한 것으로 알려져 있다. 이와 관련하여 유엔 인권이사회는 2006년 6월 19~30일 열린 제1회기 회의에서 인권위원회의 기존 특별절차제도 문제를 1년 연장하여 논의할 것을 결정하였다.

유엔은 2004년 인권위원회에서 북한인권 결의를 근거로 북한인권 특별보고관을 임명하여 활동하게 하는 한편 식량권, 종교·신념의 자유, 의사표현의 자유, 고문방지, 여성폭력에 관한 주제별 특별보고관과 임의구금, 강제실종 등에 관한 실무그룹과 협력할 것을 촉구해왔다.[40]

인권위원회 산하에 있던 인권소위원회(Sub-Commission on the Promotion and Protection of Human Rights)는 특정 인권 문제에 대한 심층 연구를 하고 그 결과를 인권위원회에 권고할 수 있는 일종의 연구집단(think tank)의 구실을 하고 있다. 26인으로 구성되는 위원들은 국가대표가 아니라 독립적 전문가로 구성된다. 인권소위원회도 필요시 실무그룹과 특별보고관을 둘 수 있다.[41] 인권소위원회 역시 인권이사회 신설로 인권이사회 산하기구가 되는 것은 확실하지만 그 운영과 내부 절차에 대해서는 구체적인 논의가 더 진행될 것으로 보인다.

한편, 인권최고대표사무소는 유엔 인권기구의 강화 및 인권활동의 총괄 조정을 위해 1994년 설립된 유엔 사무국의 한 직제이다. 인권최고대표사무소의 주요 활동내용은 다음과 같다. ① 심각하고 만성적인 인권침해 상황에 1차적인 관심을 갖고, ② 위험하고 취약한 상황에 놓인 사람들에 대해

---

40 Deidre Kent, "Report to the Economic and Social Council on the Sixty-First Session of the Commission," 4 April 2005, pp. 16~17. http://daccessdds.un.org/doc/UNDOC/LTD/G05/136/74/PDF/G0513674.pdf?OpenElement(검색일: 2007년 1월 26일).

41 Fact Sheet No. 27, Seventeen frequently asked questions about the United Nations special rapporteurs, pp. 18~19 참조. http://www.ohchr.org/english/about/publications/docs/factsheet27.pdf(검색일: 2007년 1월 30일).

관심의 초점을 두고, ③ 모든 분야의 인권 실현에도 똑같은 주의를 기울이고, ④ 전 세계 사람들이 누릴 수 있는 실질적 혜택을 통해 인권최고대표사무소의 활동의 영향을 측정한다. 인권최고대표사무소는 이를 위해 유엔 관련기구의 인권활동을 조정하고 각국의 인권정책 증진을 위한 각종 지원사업을 관장한다. 인권최고대표사무소는 현재 '2006~2007년 전략운영계획(High Commissioner's Strategic Management Plan 2006-2007)'을 수립하고 그 이행에 주력하고 있다. 이 운영계획에는 아프가니스탄, 캄보디아, 팔레스타인 등 10개국의 인권증진을 주요 현장활동 대상으로 삼고 있다. 인권최고대표사무소와 북한과의 접촉은 2003년 유엔 인권위원회의 북한인권결의안 채택 이후 시도되어왔으나 실무적인 서한 교환 이상을 넘어서지 못하고 있다.

유엔 총회와 안전보장이사회에서도 인권 문제를 다룰 수 있다. 총회는 헌장 제13조 1항 b호에 근거하여 제3위원회(The Third Committee)가 인권 문제를 다루고 여기에 특정 국가의 인권결의안을 상정하여 채택되면 총회에 재상정되어 최종 의결한다. 2005~2006년 유엔 총회에서의 북한인권 결의안 역시 이러한 절차를 밟았다. 또 총회는 특별위원회를 설치하거나 특별보고관을 임명하거나 혹은 인권최고대표에 특정 임무를 부과하여 특정 인권 문제를 다룰 수도 있다. 또 총회와 안전보장이사회는 특정 국가의 인권 상황이 심각하고 그에 대한 해당국 정부의 책임이 명백하다고 판단할 경우 그 나라에 제재 조치를 논의할 수도 있다.

국제평화와 안전의 유지 혹은 회복을 자기 임무로 하는 유엔 안전보장이사회가 인권 문제에 간여할 경우는 특정 인권 상황이 '평화에 대한 위협'으로 판단될 때이다. 예를 들어 '인종청소'라고 불리는 대량인종학살이 자행될 경우 안보리는 그것을 '평화에 대한 위협'이라고 간주하고 적절한 방식의 개입을 단행할 수 있다. 1990년대 구(舊)유고 지역, 르완다, 앙골라 등지와 현재 수단과 소말리아의 대량학살 사태에 안보리가 개입하였거나 개입할 것을 검토하고 있다. 북한의 현 인권 상황이 안보리의 개입을 필요로 하는 수준인지에 대해서는 아직 논란이 크게 일어나고 있지 않으나 정치적 판단에 따라 일어날 가능성도 배제할 수 없다.

이 밖에도 인권과 관련된 유엔 기구로는 난민최고대표사무소(OHCR), 세계보건기구(WHO), 국제아동기금(UNICEF), 국제노동기구(ILO), 유네스코(UNESCO), 유엔농업기구(FAO), 유엔개발계획(UNDP) 등 20여 개가 있다.

이상과 같이 유엔의 다양한 인권 관련 기구의 활동은 인권 문제에서 국가주권 및 내정불간섭 원리가 제한될 수 있음을 전제로 한다. 예를 들어 ① 정부의 합법성을 결정함에서 인권 준수 여부를 고려하고, ② 국제인권협약의 증대가 각국 정부가 수용할 국제적 관심사에 포함되고, ③ 인도주의적 위기 발생 시 국제지원을 확대하는 등 인권 문제에 대한 국제사회의 관심과 참여가 높아지고 있고, ④ 인권 관습 및 협약이 각국에서 발견할 정도로 확대되면서 인권 거버넌스 전략이 국제기구에서 형성되고 있고, ⑤ 효과적인 인권보호 방안이 점점 발달하고 있다.[42]

(2) 협약기구

조약기구는 9개의 국제인권협약과 몇 개의 선택의정서의 이행 감시를 담당하는 전문위원회를 말한다. 이 중 두 개의 협약과 하나의 선택의정서는 아직 발효되지 않은 상태이다. 협약기구를 소개하면 <표 Ⅱ-1>과 같다.

해당 국제인권협약기구는 가입국이 제출한 인권이행 보고서를 심사하여 추가적인 인권개선을 위한 권고를 하는 것을 주목적으로 한다. 심사과정에

---

42 B. G. Ramcharan, "Strategies for the international protection of human rights in the 1990s," in Claude and Weston(eds.), *Human Rights in the World Communityy*(Hague: Martinus Nijhoff Publishers, 2002), pp. 275~276.

<표 II-1> 국제인권협약 이행감시기구

국제인권규약	규약기구 줄임말	채택 시기	북한 가입 여부
인종차별철폐협약	CERD	1965년	
자유권규약	CCPR	1966년	비준(1981년)
사회권규약	CESCR	1966년	비준(1981년)
여성차별철폐협약	CEDAW	1979년	비준(2001년)
고문방지협약	CAT	1984년	
아동권리협약	CRC	1989년	비준(1990년)
이주노동자권리협약	CMW	1990년	
강제실종자보호협약	CPED	2006년	
장애인권리협약	CRPD	2006년	가입(2013년)
장애인권리협약 선택의정서	OP-CRPD	2006년	
자유권규약 제1 선택의정서	HRC	1966년	
자유권규약 제2 선택의정서	HRC	1989년	
여성차별철폐협약 선택의정서	CEDAW	1999년	
아동분쟁 연루 관련 아동권 선택의정서	CRC	2000년	
아동매매·매춘·포르노그래 피 관련 아동권 선택의정서	CRC	2000년	비준(2014년)
고문방지협약 선택의정서	CAT	2002년	

서 협약기구는 최종 견해(Concluding Observation)를 내기에 앞서 해당국 관리를 출석시켜 질의할 수 있고 해당국에 추가적인 자료 제출을 요구할 수도 있다. 협약기구에서의 심사 및 권고가 전문성을 바탕으로 하기 때문에 그 내용이 실용적이어서 이행 보고서 제출국이 협력적인 태도를 취하는 장점이 있다. 그러나 보고서 제출이 매년 이루어지지 않고 제출이 지연될 경우 강제조치가 없고, 협약기구가 보고서 내용을 현장 확인할 능력이 없다

는 점에서 협약기구의 역할은 한계를 가진다. 또 협약기구에 대한 유엔 사무국의 재정 지원이 부족한 점과 개인청원이 거의 이루어지지 않는 점도 협약기구의 약점으로 지적할 수 있다. 협약기구에서의 논의에서 개인청원을 거의 찾아보기 어려운 것은 협약기구가 해당 인권협약에 가입한 국가 차원의 인권 상황을 다루기 때문이다. 협약기구에서 어떤 국가가 특정 국가의 인권 상황을 진정하는 것도 볼 수 없는데 그 이유는 그 어떤 나라도 국제인권협약을 기준으로 할 때 그 수준의 인권 상황을 자신할 수 없기 때문이다.[43] 그럼에도 협약기구는 해당국의 관련 인권 상황에 대한 전반적인 점검과 장기적인 차원의 개선방향을 제시하는 역할을 수행하고 있다. 그것이 국제인권단체의 감시와 해당국의 인권개선 의지와 맞물릴 때 협약기구는 국제인권향상에 기여할 것이다.

3. 인권과 평화, 개발, 민주주의

오늘날 인권이 보편성을 획득하여 국제사회의 주요 관심사가 된 것이 사실이지만 그에 못지않은 보편가치들도 있기 때문에, 인권은 다른 가치들과 조화를 이룰 때 인권의 실효적 향상에도 기여할 것이다. 여기서는 북한인권을 논의할 때 인권과 관련이 깊다고 판단되는 몇 가지 주제에 대해 생각해보도록 하자.

---

[43] 최의철, 『북한인권과 유엔 인권레짐: 시민적·정치적 권리를 중심으로』(서울: 통일연구원, 2002).

1) 인권과 평화

평화가 기본권을 보장하는 여건이란 개념은 유엔 헌장, 세계인권선언, 국제인권규약 등에서 찾아볼 수 있다. 1968년 테헤란 세계인권대회에서 채택한 선언은 "평화는 인류의 보편적 염원이고, 평화와 정의는 인권과 근본적 자유의 전면 실현에 필수적임을 인정한다"고 밝히고 있다. 나아가 평화가 하나의 권리라는 인식도 점차 일어나기 시작했다. 유엔 인권위원회는 1976년 2월 27일 결의안 5(XXXII)를 채택하면서 평화권을 공식 인정했고,44 유엔 총회는 1978년 12월 15일 국가 간 평화가 인류 최고의 가치임을 인정하는 '평화롭게 살 수 있는 사회를 준비하기 위한 선언[Declaration on the Preparation of Societies for Life in Peace'(Res. 33/73)]을 채택한 바 있다.45 이어 1981년 '인간 및 인민의 권리에 대한 아프리카 헌장' 제23조46와 1984년 유엔 총회가 채택한 '평화롭게 살 인민의 권리 선언(Declaration on

---

44 "누구나 국제적 평화와 안보의 조건 가운데 경제, 사회, 문화적 권리와 시민, 정치적 권리를 충분히 향유하며 살 권리가 있다(Everyone has the right to live in conditions of international peace and security and fully to enjoy economic, social and cultural rights, and civil and political rights)"; "unqualified respect for the promotion of human rights and fundamental freedoms requires the existence of international peace and security."

45 "Every nation and every human being, regardless of race, conscience, language or sex, has the inherent right to life in peace, Respect for that right, as well as for the other human rights, is in the common interest of all mankind and an indispensable condition of advancement of all nations, large and small, in all fields(Paragraph I of Part (I)."

46 제23조 1절은 모든 사람이 평화와 안전의 권리를 갖고 연대와 우호관계는 국가관계의 원칙임을 밝히고, 2절에서는 피난민이 모국이나 다른 국가에 대한 전복활동에 참여하는 것과 회원국 영토가 전복, 테러활동에 이용되는 것을 금지하고 있다.

Right of Peoples to Peace)'이 채택되었다. 1984년 평화권 선언은 전쟁, 특히 핵전쟁 위협의 제거, 무력사용 중단, 평화적 방법에 의한 국제분쟁의 해결이 평화권 실행을 위해 요청된다고 밝히고 있다.[47] 평화권에 대해서는 일부 국가와 법률·인권단체 등에서 지지하고 국제인권법 채택을 위한 연구활동을 벌여왔다. 여기에 냉전 해체 이후 대량살상을 동반한 내전과 2003년 이후 이라크 전쟁은 평화권에 관한 국제적 관심을 불러일으켰다. 그래서 최근 들어 유엔 인권이사회는 평화권 선언문 채택을 위해 광범위한 의견을 수렴하며 작성 작업을 벌이고 있다.

평화권은 안전하고 비폭력적인 세상에 살 권리로 정의되는데 갈등의 발생 및 영향을 최소화하고 그 원인까지 축소시키기 위해서는 정의로운 사회구조 수립이 필요하다. 평화권을 실현한다는 것은 모든 억압기제, 차별, 착취에 대한 투쟁과 연관되어 있는데, 이는 이러한 위반들이 평화에 직접적인 위협을 주고 다른 모든 인권의 가치와 그 실현을 위한 신념을 부정하는 것이기 때문이다. 평화권은 개인에서부터 국가들과 국제사회에 이르는 집단적 의무를 포함한다. 평화권은 소극적·적극적 의무를 포함하는데 소극적 의무는 평화는 전적으로 인권 존중의 원칙에 의거한다는 것이다. 평화조성(peace-making)이 반드시 인권의 토대 위에 수립되어야 하고 평화유지 및 평화수립(peace-building)도 반드시 인권에 중심을 두어야 한다는 주장이 여기에 해당할 것이다.[48] 적극적 의무는 지역적 국가적·국제적 수준에서 평화를 달성하고 유지하는 노력을 말한다.

평화권이라는 용어는 인간안보와 유사한 점이 적지 않다. 인간안보는

---

47 "Right of peoples to peace," A/RES/39/11, 12(November 1984). http://www.ohchr. org/english/law/peace.htm(검색일: 2007년 2월 2일).

48 Bertrand G. Ramcharan, *Human Rights and Human Security*(Hague: Martinus Nijhoff Publishers, 2002). p. 13.

군사력을 바탕으로 한 국가중심의 기존 안보 패러다임이 세계적 차원의 구조적 폭력을 근절하고 궁극적으로 인간의 복지에 기여하지 못한다는 자성에서 출발한다. 인간안보의 대상은 어느 한 국가의 국민이 아닌 인류 사회의 모든 구성원이고, 그 목표는 국가 보존이 아니라 인간 복지의 보존이다. 그 규범적 초점은 힘겨루기와 일방적 군사 행위가 아니라 폭력 억제와 인권보호, 안전하고 존엄한 인간의 삶을 위한 사회적·환경적 자원의 제공을 위한 다자적 노력 등을 통해 진정한 안보를 확립하는 것이다. 그에 따라 인간안보는 자연스럽게 인권적 접근의 필요성을 갖는다. 즉 인권은 근본적인 도덕적 규범으로서 인간 복지를 보호하고, 국제적으로 인정된 합법적 규범으로서 개인들의 이익과 자유를 매우 구체적이고 실행력 있게 보호한다. 여기서 더 나아가 인간안보에 대한 위협이 다른 권리들을 가장 광범위하게 방해한다는 사실을 감안할 때 안전권은 만인의 기본권으로 보장되어야한다 하겠다. 인간안보는 인권과 상호 관련을 갖는데, 인권침해를 예방하고 인권침해를 받은 사람을 보호한다.[49] 요컨대 인간안보와 평화권은 불가분의 관계라고 할 수 있다.

오늘날 한국에서도 한국군의 이라크전 참여, 북핵 문제 등을 계기로 평화권에 대한 관심이 일어나고 있는데, 이는 '평화적 생존권'이라는 용어로도 불리고 있다. 평화적 생존이란 모든 전쟁과 공포에서 벗어나서 생존하는 것으로 하되, 좁게는 전쟁과 군대 없이 평화적으로 생존하는 것을 의미하게 된다. 그러나 넓게 해석하면 전쟁과 군대 없이 평화적으로 사는 것뿐만 아니라 군사적 목적을 위한 기본권 침해 없이 사는 것, 전쟁위험에 처하지 않고 평화적으로 생존할 권리까지 포함한다. 평화적 생존권으로 포함될

---

49 Patrick Hayden, "Constraining War: Human Security and the Human Right to Peace," *Human Rights Review*, Vol. 6, No. 1(October-December 2004), pp. 40~42.

수 있는 내용으로는 국가에 의한 침략전쟁의 부인, 집단적 자위권의 부인, 군비 보유의 배제, 국가에 의한 평화 저해 행위(무기 수출)의 배제, 국가에 의한 평화적 생존 저해 행위(징병제)의 배제, 군사적 목적의 기본권 제한(재산 수용 및 표현자유 제한) 금지, 전쟁위험에 처하지 않을 권리 등을 꼽는다. 그리고 평화적 생존권은 헌법에 명시되어 있지 않다 하더라도 생래적 권리로 인정될 수 있다.[50]

그러나 평화권을 구성하는 요소들의 일부는 확인할 수 있지만 아직까지 국제사회에서 확인되어야 할 부분들이 남아 있다. 특히 평화권의 독자적인 내용이 불분명하고 실정 국제법적 권리를 획득하지 못했기 때문에 국제인 권의 하나라고 말하기 어렵다고 볼 수도 있다.[51] 따라서 평화권의 내용과 범주는 정교해져야 할 미완성의 혹은 진행형의 권리라 할 수 있다. 평화권은 발전권과 함께 연대권(solidarity rights)이라 불리는 3세대 권리이지만 다른 인권과 같이 개인적이자 집단적인 권리이다. 평화 추구 혹은 평화권의 실현 노력이 인권의 전 분야를 증진시키는 노력을 감소하거나 연기하는 핑계로 사용되어서는 안 된다는 점도 기억할 필요가 있다.[52] 또 평화권은 인도주의적 상황과 같은 특정 경우에 폭력의 정당한 사용을 허용하기 때문에 절대적 평화주의와 동일시되지 않는다.[53]

---

50 이경주, 『평화권의 이해』(서울: 사회평론, 2014).

51 이근관, 「국제적 인권으로서의 평화권에 대한 고찰」, ≪인권평론≫, 창간호(2006), 199~201쪽.

52 Philip Alston, "Peace as a human right," in Claude and Weston(eds.), *Human Rights in the World Community*, pp. 206~207.

53 Hayden, "Constraining War: Human Security and the Human Right to Peace," pp. 43~44. 인도주의적 상황에서의 무력행사도 매우 엄격한 조건 속에서 다루어져야 한다. 이에 대한 논의는 정경수, 「북한에 대한 인도적 개입의 정당성」, ≪민주법학≫, 통권 25호(2004), 130~139쪽 참조.

북한인권 논의 범주에서도 평화는 북한인권 개선을 위한 하나의 필요조건일 뿐만 아니라 주요 권리의 하나로 포함할 수 있을 것이다. 이렇게 볼 때 미국의 대북 (핵)공격 위협이나 북한의 핵실험 모두 북한인권 개선에 장애물이라 할 수 있다.[54]

2) 인권과 발전

저발전국에서 인권은 빈곤 퇴치를 비롯한 사회발전과 분리하여 생각할 수 없을 것이다. 제3세계 국가들의 비동맹운동과 유엔 진출을 배경으로 발전의 문제는 '남북문제'로 불리면서 1970년대부터 국제정치경제의 주요 관심사로 부상하였다. 1986년 유엔 총회가 채택한 발전권 선언은 그런 맥락에서 나온 결과였다.[55] 이 선언은 발전권이 "포괄적인 경제·사회·문화·정치적 과정"으로 정의하고 다른 인권과 마찬가지로 "박탈할 수 없는 인간의 권리"임을 천명하고 있다. 발전권은 제3세계의 국제적 자원 재분배 요구에 법적·윤리적 기초를 제공하고 자유권 시행만 배타적으로 주장해온 부국들의 주장에 대응하는 근거를 마련해준다.[56]

---

54 북핵 문제에 관한 법적 논의는 다음 문헌 참조. 이근관, 「국제적 인권으로서의 평화권에 대한 고찰」, ≪인권평론≫, 창간호, 199~201쪽; 정태욱, 「북한의 핵보유에 대한 규범적 평가」, ≪민주법학≫, 통권 33호(2007), 229~262쪽. 북한 핵실험에 대한 국내인권단체의 균형적 시각으로는 인권운동사랑방 논평, "벼랑 끝에서라도 핵실험은 안 된다", 2006년 10월 11일.

55 "Declaration on the Right to Development," Adopted by General Assembly resolution 41/128 of 4 December 1986. http://www.unhchr.ch/html/menu3/b/74.htm(검색일: 2007년 2월 4일).

56 Brigitte L. Hamm, "A Human Rights Approach to Development," *Human Rights Quarterly*, Vol. 23, No. 4(2001), p. 1009; Allan Rosas, "The Right to Development,"

발전권의 성격은 발전권 선언과 1993년 빈 선언에서 찾아볼 수 있다. 발전권 선언 제1조 1항은 "발전권은 박탈할 수 없는 인간의 권리이고, 그것에 의해 모든 인간과 인민들은 모든 인권과 근본적 자유가 실현되는 경제·사회·문화·정치적 개발에 참여하고 기여할 자격과 함께 그것을 누릴 권리가 있다"라고 밝히고 있다. 빈 선언 제1조 10항도 "발전권이 보편적이고 양도할 수 없는 권리이자 근본적인 인권의 통합적 부분임을 재확인"하고 있다. 발전권은 양도할 수 없고, 과정을 중시하고, 다른 인권과 조화롭게 추구되어야 하고, 발전권 실현에 인민들의 참여가 필수적이고, 국가는 발전권을 실현할 의무가 있다는 것이다.

발전권의 특징은 첫째, 평화권과 유사하게 연대권의 대표적 사례라는 점을 들 수 있다. 발전권 선언에 군비축소를 통한 자원의 확보를 언급하는 것도 인상적이다. 그러나 평화권에서 지적한 것과 마찬가지로 발전권이 연대권에 속한다 하더라도 개인의 권리를 무시하지 않는다는 점에 유의해야 한다. 둘째, 발전권은 국가의 사회 전반적인 발전의 의무를 요구한다는 점이다. 10개항으로 구성된 발전권 선언은 국가의 의무를 비교적 자세하게 제시하고 있다. 다만 발전권이 모든 국가에게 발전권 실현의 의무가 있다고 지적하는 데 그치지 않고, 저발전상태에 있는 국가들의 발전에 관심을 갖고 그에 대한 국제사회(사실은 서방선진국가들)의 협력과 지원을 강하게 요구하고 있다는 점을 덧붙일 필요가 있다(발전권 선언 제4조 2항). 발전권 선언 제5조는 인종차별정책, 식민주의, 외국의 지배, 자결권 부인 등으로 인한 인권침해 현상을 제거하는 조치를 요구한다. 나아가 발전권은 자유권과 사회권 등 서로 다른 범주의 권리를 연계하고, 개도국을 포함한 국제사회

---

in Asbojorn Eide, Catarina Krause, and Allan Rosas(eds.), *Economic, Social and Cultural Rights: A Textbook*(Dordrecht: Martinus Nijhoff, 1995), p. 248.

에 의무를 부여하고, 개발지역에서 나오는 많은 것의 준거가 되고, 군축, 여성 및 소수자 집단의 권리와 같은 예민한 문제를 제기하고 있다.[57]

그러나 발전권은 정치적으로 약하고 내적으로 모순적이고 의무를 만들어낼 당사자가 모호하다는 한계가 있고,[58] 어떠한 실질적 영향도 주지 못한다는 비판도 받고 있다.[59] 또 발전권은 평화권처럼 국제인권규약의 하나로 인정되지 않는 한계가 있다. 그 이유는 발전권 내용이 모호한 것 외에도 발전권이 선진국들에게 부담이 되는 내용을 담고 있기 때문이다. 발전권과 평화권 선언이 유엔 총회에서 채택되었으나 당시 체제경쟁을 하던 미국과 소련이 핵무기 감축, 군비경쟁 중단, 국제분쟁의 평화적 해결, 신국제경제질서 형성에 나설 의지는 없었던 것이다. 탈냉전 이후 세계화 시대에도 국제경제질서의 불균등 현상은 심화되고 분쟁이 끊이지 않고 있다. 학계와 인권운동 측에서 발전권과 평화권에 대한 논의가 활발해지고 있지만 그것을 국제인권규약으로 제정해야 한다는 논의로 발전하지 못하고 있는 것도 그런 국제정치현실과 무관하지 않을 것이다.

그러면 발전권은 어떻게 실현될 수 있는가? 여기서 먼저 발전권이 다른 인권의 유보를 허용하지 않고 '발전'이 단순하게 경제성장이 아니라는 점을 지적할 필요가 있다. 이에 대해 센(A. Sen)은 발전을 "진정한 자유가 확장되는 과정"으로 보고 경제발전의 핵심적 가치로서 인간의 자유를 존중하는 접근법을 채택해야 한다고 주장하였다.[60] 부와 경제력의 집중으로

---

57 Peter Uvin, *Human Rights and Development*(Bloomfield, CT: Kumarian Press, 2004), pp. 42~43.

58 Isabella D. Bunn, "The Rights to Development: Implications for International Economic Law," *American University International Law Review*, Vol. 15, No. 6(2000), pp. 1425, 1435.

59 Allan Rosas, "The Right to Development," pp. 247~256.

불평등이 증가하는 경제성장, 사회발전의 지표나 교육, 보건, 성별 균형에서 어떤 개선도 없는 경제성장, 인권기준을 존중하는 환경보호가 없는 경제성장, 가장 중요한 것은 자유권 침해를 동반하는 경제성장은 인권의 관점에서 발전이라 말할 수 없다. 발전권 선언을 논의하고 채택하는 과정에서 발전권의 지지자들이 요구한 것은 국내적·국제적 수준에서 의사결정과 이익 분배 과정에서 형평과 정의에 기초한 경제적 및 사회적 질서였다.[61] 발전권 선언 제8조는 국가가 "모든 개인의 지속적인 복지 향상을 목적으로 하는 적절한 국가발전정책을 개발할 권리와 의무가 있는데, 그것은 발전과 발전으로 인한 공정한 분배에서 인민이 가진 적극적이고 자유로우며 의미 있는 참여에 의거한다"고 말한다. 발전권 선언은 발전권 실현방법으로 "기본 자원, 교육, 공공의료, 식량, 주거, 고용 그리고 소득분배 등에서 기회의 평등"과 여성들의 적극적 역할을 보장하는 조치, 그리고 사회 부패 근절을 위한 경제사회적 개혁들을 제시하고 있다. 그리고 제7조에서는 국제평화와 안전의 유지와 군비축소를 제시하고 나아가 "효과적인 군비축소 법에 따라 양도된 자원이 포괄적 발전, 특히 개발도상국의 발전을 위해 사용되도록 하는 데 최선을 다해야 한다"고 명시한다.

발전권 논의의 한계와 발전권이 경제개발로 오해되는 것을 실질적으로 극복하기 위한 대안으로 제시되는 것이 '권리에 기반을 둔 접근(rights-based approach)'[62]과 유엔이 제시한 새 천 년 발전목표(Millenium Development Goals: MDG)[63]와 인권의 상호 결합이다.[64] 특히 권리에 기반을 둔

---

60 Amartya Sen, *Development as Freedom*(New York: Random House, 1999), pp. 35~37.

61 류은숙, 「발전권의 이론과 실천에 대하여(1)」, ≪인권연구 창≫, 제31호(2006년 11월 28일), 인권운동사랑방 웹사이트.

62 Philip Alston and Mary Robinson(eds.), *Human Rights and Development: Towards Mutual Reinforcement*(London: Oxford University Press, 2005).

접근은 개발과 인권이 하나의 과정에서 서로 분리할 수 없다는 점에 착안한 것이다. 발전과정에서 권리에 기반을 둔 접근을 적용할 수 있는 방안으로는 인권법제 수립, 해당 지역 인권단체의 활동 장려, 국제개발기구의 인식 변화, 개발 과정에서 인권침해 감시, 법치, 새로운 파트너의 선정 등을 꼽을 수 있다.65

발전권의 측면에서 북한인권을 생각할 때 경계해야 할 두 가지 논리는 경제개발을 명분으로 북한정부의 인권침해를 묵인하는 것과 인권을 자유권으로 한정하여 발전권을 인정하지 않는 태도이다. 이 둘은 모두 발전권에 대한 몰이해 혹은 협소한 인식의 결과라 하겠다.

3) 인권과 민주주의

인권 관련 문헌에서 민주주의에 관한 최초의 언급도 1948년 세계인권선언에서 발견할 수 있는데, 선언은 "인민들의 의지가 정부 권위의 토대가 되어야 한다"고 말하고 효과적인 정치적 참여에 필수적인 권리를 만인에게 보장한다고 선언하고 있다. 그리고 1966년 유엔 총회가 채택한 자유권규약도 공공 행정에 참여할 개인의 권리에 관한 법적 지위를 언급하고 참여의

---

63 2000년 유엔 총회에서 '새 천 년 선언'을 하면서 2015년을 목표로 다음 여덟 가지 과제 달성을 선포하였다. ① 극빈곤 및 기아 해소, ② 보편적 초등교육 달성, ③ 성평등 증진 및 여성 권리 증진, ④ 아동 사망률 감소, ⑤ 임산부 건강 증진, ⑥ HIV/AIDS 퇴치, ⑦ 지속 가능성 보장, ⑧ 개발을 위한 세계적 동반자관계 발전. http://www.un.org /millenniumgoals(검색일: 2006년 9월 15일).

64 Philip Alston, "Ships Passing in the Night: The Current State of the Human Rights and Development Debate Seen Through the Lens of the Millennium Development Goals," *Human Rights Quarterly*, Vol. 27, No. 3(August 2005), pp. 755~829.

65 Uvin, *Human Rights and Development*, pp. 177~178.

권리와 자유를 보호할 것을 언급하고 있다. 그러나 실제 인권과 민주주의의 상호연관성이 적극적으로 논의되기 시작한 것은 냉전 해체 이후였다.

1988년 유엔 총회는 '정기적이고 진정한 선거 원리의 효과성 증진'에 관한 결의안을 채택하고 유엔 인권위원회가 "그를 위해 적절한 방법과 수단을 고려할 것"을 촉구하였다. 1988년 이후 유엔 총회는 특정 측면의 민주주의를 매년 다루는 결의안을 채택하고 유엔 인권위는 인권의 관점에서 민주주의를 검토하였다. 이런 일련의 결의안을 통해 유엔 인권위는 민주주의 개념을 명쾌하게 했을 뿐만 아니라 민주적 원칙·과정·제도 등을 고안해내는 데 힘썼다. 예를 들어 유엔 총회 결의안 2000/47은 모든 법적·행정적 틀 내에서 민주주의 과정과 민주적 제도 및 기제의 기능 증진을 강조하였다. 국가는 인권, 근본적 자유, 법치, 선거 과정, 시민사회, 선정(善政, good governance), 지속 가능한 발전, 사회적 결속과 연대 등을 강화하는 조치를 취함으로써 민주주의를 증진하고 공고화할 것을 요청받았다. 위 결의는 또 가난과 민주주의의 관련성을 검토하고 거기에 국제적 차원의 논의를 포함시켰다. 유엔 인권위는 민주주의 증진에서 위원회의 유용성을 강화하고자 하였고 민주주의와 인권의 상호의존성을 검토하는 데 힘쓰는 한편, 회원국들이 민주주의 증진과 공고화를 위한 구체적인 방법과 수단을 논의하는 대화를 갖도록 고무하였다.[66]

1993년 빈(Wien) 세계인권대회는 민주주의, 발전, 인권 존중이 상호의존적이고 상호 강화한다고 결론짓고 일국적·국제적 행동은 이 셋을 증진시키

---

⁶⁶ Manuel Rodriguez Cuadros, "Promotion and Consolidation of Democracy," Sub-Commission on Promotion and Protection on Human Rights, E/CN.4/Sub.2 /2001/32, 5 July 2001; Manuel Rodriguez Cuadros, "Promotion and Consolidation of Democracy," Sub-Commission on Promotion and Protection on Human Rights, E/CN.4/Sub.2/2002/ 36, 10 June 2002.

는 데 우선을 둘 것을 권고하였다. 1994년 제2차 국제민주주의회의에서 채택된 행동계획은 유엔 사무총장에게 유엔 시스템이 각국 정부가 새로운 혹은 회복된 민주주의 증진 및 공고화를 위한 노력을 지원할 방법을 강구할 것을 촉구하였다. 이 요청은 유엔 총회에서 다루어져 1994년 12월 결의 49/30으로 채택되었다. 또 유엔 인권위원회는 1999년 관련 결의를 통해 민주적 거버넌스의 권리를 다음 여덟 가지로 제시한 바 있다. ① 의사표현, 사상, 양심, 종교 등의 자유에 관한 권리, ② 정보 습득 및 추구에 관한 자유, ③ 법치, ④ 보편적이고 균등한 투표권, ⑤ 피선거권 등 정치적 참여의 권리, ⑥ 투명하고 책임 있는 정부기구, ⑦ 정부체제에 대한 선택권, ⑧ 공공서비스에 대한 균등한 접근권 등.[67]

민주주의와 인권은 다음 세 가지 측면에서 상호연관성 및 상호의존성을 갖는다. 첫째로 인권을 추구하는 것은 현대 민주사회의 본질적 특성이고, 둘째로 민주주의의 핵심 원칙들은 자유·권리·의무의 발전을 통해 구체화되거나 재구성되고, 셋째로 인권과 사회경제적 민주주의는 상호 강화한다.[68] 이처럼 인권과 민주주의는 상생관계에 있다. 그렇다고 민주주의가 인권보호를 보장한다거나 민주주의가 아닌 다른 형태의 정부는 인권보호를 보장하지 못한다는 뜻은 아니다.[69]

---

[67] "Promotion of the right to democracy," Commission on Human Rights resolution 1999/57, E/CN.4/RES/1999/57, 28/04/1999.

[68] Shadrack Gutto, "Current concepts, core principles, dimensions, processes and institutions of democracy and the inter-relationship between democracy and modern human rights," Seminar on the Interdependence between Democracy and Human Rights held by Office of the High Commissioner for Human Rights, Geneva, 25-26 November 2002, pp. 2~3.

[69] Rolf Schwarz, "The Paradox of Sovereignty, Regime Type and Human Rights Compliance," *International Journal of Human Rights*, Vol. 8, No. 2(Summer 2004),

민주주의와 인권의 상호의존성을 인정한다고 해도 둘 사이의 상대적
중요성이나 우위에 관한 논쟁은 아직도 진행 중이다. 인권과 민주주의의
상대적 중요성에 관해 통일된 주장은 없다. 민주주의가 우위에 있다는
주장을 살펴보자. 가령 월드런(Waldron)은 인권의 가치가 개인의 존엄에서
나온 것이라면 민주적 참여의 결과는 법원의 판단에 우선한다고 주장한다.
이와 비슷하게 달(R. Dahl)은 민주주의가 민중의 권리를 가장 안전하게
보호한다고 말하며 민주주의가 권리에 우선한다고 한 바 있다. 그러나
드요킨(Dworkin)은 민주주의를 다수제 민주주의와 평등 민주주의로 구분하
고, 헌법이 민주적 권리와 평등을 보호하려는 것이라고 주장하며 인권을
우선시 한다. 이 논란은 복잡한 경험적 문제들이 가로놓여 있어 쉽게 해결이
나지 않을 것이다. 또 법원이나 선출된 입법부가 인권이나 민주주의 보호를
보장하는 것이 아니라 그것을 옹호하는 정치 문화가 제도보다 더 나은
보호책이라고 보는 주장도 있다.[70] 한편 세계주의 권리(cosmopolitan rights)
담론은 개인의 세계시민권을 강화하기보다는 지배적인 세계기구와 강대국
의 권리를 강화시킬 따름이라는 비판도 민주주의의 중요성을 말해주고
있다. 왜냐하면 세계주의 이론가들은 민주주의를 국제적 차원에서 확대·심
화한다는 틀 아래 새로운 개입의 권리를 기존의 자결권과 똑같이 보는데,
이런 접근은 '서유럽'의 책임의 의무를 민주주의 개발로 간주하는 오류를
낳기 때문이다.[71] 다시 말해 '민주주의'를 명분으로 한 세계주의 권리는

---

pp. 204~205.

[70] Michael Freeman, *Human Rights: An interdisciplinary approach*(Cambridge: polity, 2002), pp. 71~73.

[71] David Chandler, "The Limits of Human Rights and Cosmopolitan Citizenship," in David Chandler(ed.), *Rethinking Human Rights: Critical Approaches to International Politics*(New York: Palgrave, 2002), pp. 134~135.

그 구성원인 각국 혹은 각 공동체 내의 합의에 기초하지 않고 있다는 점에서 비민주적이라 할 수 있다. 또 민주주의와 권위주의의 중간지대, 즉 권위주의에서 민주화로 이행하는 과정에서 인권침해가 더 일어난다는 소위 '통합적 삶의 침해(life-integrity violation)' 현상에도 주목할 필요가 있다.[72]

민주주의는 또한 발전과도 연관성이 있는데, 권리에 기반을 둔 발전은 민중의 권리 실현에 도움을 준다는 것이다. 그러나 권리에 기반을 둔 접근(Right-Based Approach: RBA)은 정당성 실현 능력의 문제를 제기하는데, 이 접근은 법적 접근을 초월하여 사회정치적 방안을 모색해야 한다.[73] 그래서 1993년 빈(Wien) 세계인권대회는 민주주의, 발전, 인권 존중이 상호의존적이고 상호 강화한다고 결론짓고 일국적·국제적 행동이 이 셋을 증진시키는 데 우선을 둘 것을 권고한 바 있다.

냉전 붕괴 이후 세계질서가 혹은 세계화 현상이 인권에 긍정적인가 부정적인가 하는 논의가 결론을 내리지 못하고 있는 것도 인권과 민주주의의 관계에서 염두에 둘 필요가 있다. 그러나 분명한 것은 냉전 이후 세계화 경제질서를 주도하는 자본주의 경제체제와 자유민주주의 정치이념이 인권을 완전하게 보장하지 못한다는 사실이다. 현 경제체제가 민주주의와 자유권에 주는 위협은 소수집단이 부와 자원 그리고 정치제도를 통제하고, 노동분야에서도 비민주적 사회관계가 인민 스스로의 정치적 능력 강화를 방해하고 있다.[74] 자유민주주의 이론은 소수자의 문제를 해결하는 데 적합하지 않다. 자유민주주의론은 전통적 공동체에서 개인을 해방하고자 했기

---

72 H. Fein, "More in the middle: Life-integrity violations and democracy in the world," *Human Rights Quarterly*, Vol. 17, No. 1(1987), pp. 170~191.

73 Uvin, *Human Rights and Development*, p. 176.

74 A. Belden Fields, *Rethinking Human Rights for the New Millennium*, p. 148.

때문에 집단의 문제에 관심이 없었고, 모든 시민은 평등하기 때문에 정치적 결정은 다수결에 의해 이루어져야 한다고 본다.[75] 그러나 개개 시민이 평등하다는 이론은 불평등한 현실로 부정되고 있다. 또 서유럽 강대국들이 '민주주의'를 자유롭고 공정한 선거로 해석하지만 그것은 인권보호를 위한 충분조건도 아니고 때로는 인권 악화를 가져오기도 한다. 실제 많은 경우 선거로 수립된 정부가 시장경제정책을 추구할 때 취약계층의 사회권 보호를 악화시킬 수 있고 범죄를 양산해 결국 자유권도 제약할 수 있다.[76]

여기서 민주주의와 인권의 상대적 우위에 어떤 입장을 내릴 수는 없다. 위 논의를 통해 최소한 양자의 상호의존적 관계를 재확인하고 강조하고자 한다. 다만 현실에서 민주주의와 인권은 경쟁적인 관계일 수도 있는데, 그런 관계를 지양하고 양자의 상호보완성을 형성하려면 민주주의 개념의 확장이 필요할 것이다. 그 점을 전제로 할 때 다음과 같은 지적은 수용할 만하다. "자유권과 사회권이 상호의존적인 것처럼 정치적 민주주의(공동결정 및 자기결정)와 경제적 민주주의(평등과 연대의 가치 강조)도 그렇다."[77]

북한인권을 논할 때 민주주의를 자유민주주의로 등치시켜 북한 스스로의 인권개선 능력과 의지를 무시하는 접근이나, 북한이 내정불간섭을 이유로 국제사회의 인권개선 요구를 무시하는 태도는 모두 잘못된 것이다. 북한과 국제사회는 유엔이 밝히는 민주주의 요소를 확립하는 것이 인권개선에 이바지하는 것임을 공유하고 이를 위해 상호 협력하는 것이 필요하다.

---

75 Freeman, *Human Rights*, p. 116.

76 F. Panizza, "Human Rights in the Processes of Transition and Consolidation of Democracy in Latin America," *Political Studies*, Vol. 43(1995), pp. 168~188.

77 Fields, *Rethinking Human Rights for the New Millennium*, pp. 151, 206.

4) 인권과 인도주의적 지원

이 외에도 인권과 다른 보편적 가치의 관계는 더 찾아볼 수 있을 것이다. 인권과 인도주의적 지원의 관계도 그렇다. 인도주의는 정치·이념·인종·종교 등을 떠나 위험에 처해 있는 사람들의 고통을 덜어주고 그들의 복리 증진을 위해 노력하는 행위 혹은 그런 정신으로 정의할 수 있다. 인도주의적 지원이란 이와 같은 인도주의 실현을 목표로 정치적 중립성·형평성·독립성을 기반으로 조건 없이 이루어지는 무상지원으로 규정할 수 있다. 인도주의적 지원은 인도적 위기상황에 처한 사람들의 생명과 안전을 돕는다는 점에서 기본권 옹호 활동이라고 말할 수 있다. 그러나 탈냉전 이후 분쟁으로 인한 인도적 위기상황이 급증하면서 인권보호에 대한 새로운 국제적 권리와 의무가 중시되기 시작하였다. 또 대부분의 지원 수혜국이 저발전국이고 부정부패와 인권침해가 빈발한다는 점으로 인해 수혜국 정부의 민주적 정치체제 및 인권개선을 지원의 전제조건으로 삼는 경우가 높아지기 시작했다. 이는 인도주의적 지원의 정치적 중립성과 객관성에 대한 도전을 의미하지만,[78] 수혜국의 정치사회체제를 인권친화적인 방향으로 유도하는 의미를 갖고 있다. 그러나 이는 수혜국과의 협력에 크게 의존하고 있고 경우에 따라서는 인도주의적 지원 자체가 갖는 인권보호 의미와 충돌할 수도 있다.

북한인권을 생각할 때도 인도주의적 지원은 직접적인 관련이 있는 매우 현실적인 문제이다. 1990년대 중반 이후 더욱 심각해진 북한의 만성적인 식량 및 의약품 부족 현상은 국제사회의 인도주의적 지원으로 부분적으로 해결되고 있다. 대북 인도주의적 지원은 그 자체로 북한주민의 생존권을

---

[78] 이금순, 『대북 인도주의적 지원의 영향력 분석』(서울: 통일연구원, 2003), 4~7쪽.

보호하는 역할을 하지만, 인도적 상황을 예방하는 방향에서 해당 지역 주민의 빈곤 퇴치를 위한 개발구호로 발전할 필요성이 제기된다. 그러나 인도주의적 지원 자체가 북한인권 개선을 목적으로 하는 것이라 보기는 어려우므로 인권의 시각에서 볼 때 인도주의적 지원 과정은 인권에 기반을 두고 접근할 필요가 있다.

4. 내재적 접근의 의의와 한계

1) 북한인권을 둘러싼 대립

북한인권에 대한 관심과 우려는 오래전부터 있어왔지만 오늘날과 같이 국제사회의 폭넓은 관심과 주목을 받은 적은 없을 것이다. 북한인권 상황에 관한 다양한 보고와 증언은 북한인권 상황이 심각하게 열악하다는 국제사회의 판단을 단적으로 보여준다고 할 수 있다. 2003년부터 유엔 인권위원회와 총회 등에서 북한인권 결의안이 채택되고, 미국과 일본에서 북한인권법이 제정 혹은 제정되었다는 사실은 북한인권에 관한 국제사회의 우려와 개입을 단적으로 보여주고 있다.

그러나 위와 같은 현상에 대해 비판적인 반응도 없지 않다. 이런 입장에 있는 사람들은 첫째, 북한의 인권 상황이 알려진 바와 같이 국가 수준에서 심각한지에 대해 의문을 표한다. 국제사회에 소개된 북한의 인권 상황은 대부분 북·중 국경지대 출신 탈북자들에 의해 전파되고 있으며, 그 내용의 상당 부분은 확인되지 않고 과장되었다는 것이다. 둘째, 국제사회에서 북한의 인권 상황에 대한 이해는 주로 개인의 시민적·정치적 권리를 중심으로 한 서구사회의 시각이 반영되어 있는 반면, 가장 우선적인 생존권은 외면하고 있다는 비판이다. 셋째, 북한의 인권 상황이 심각하다고 할 경우에도 국제사회의 개입은 매우 신중해야 한다는 것이다.

북한의 인권 상황 및 개선을 둘러싼 이와 같은 논란의 이면에는 대북 인식 및 대북 정책 목표에 대한 서로 다른 입장이 놓여 있다는 점을 부인할 수 없다. 그 가운데서 인권의 보편성과 그 실현 방법이 혼재되어 논의되고 있으나, 그것은 각각 원칙과 실제의 문제라는 점에서 서로 다른 차원에서 논의되어야 주제라 할 것이다. 그런 점에서 북한인권은 천상의 인권을 지상에 구현하는 매우 어렵고 복잡한 문제이며, 그 과정은 (국제)정치적 맥락 속에서 전개될 것이 분명하다. 북한인권을 둘러싼 한국사회와 관련 국가 간 입장 차이는 북한인권 문제의 정치적 민감성을 단적으로 보여준다 고 하겠다.

이 글은 북한체제를 어떻게 인식할 것이냐를 둘러싼 기존의 내재적, 외재적 '접근법'[79] 사이의 논쟁을 평가하고 대안적 접근을 모색하는 데 목적을 두고 있다. 본 연구가 북한 연구시각을 재론하는 것은 1990년대 내재적, 외재적 접근법으로 불린 북한(체제) 인식을 둘러싼 논쟁이 비생산적 이었다고 판단하고 그것을 생산적인 방향으로 복원하고자 하는 문제의식 때문이다. 즉, 기존의 논쟁은 연구자의 이념적 정향이 반영된 한계를 별도로 하더라도, 논쟁이 특정 연구시각의 상대적 우위를 주장하는 식의 상호 대립적인 양상으로 전개되었고, 구체적인 연구사례를 동반하지 않은 추상 적 수준에 머물러 있었다. 이에 따라 본 연구는 ① 북한 연구시각이 상호 간 차이를 가지면서도 공통의 설명 대상을 가짐으로써 상호의존적 관계를

---

[79] 북한연구에서 기존 내재적, 외재적 '접근법'을 둘러싼 논쟁은 엄격한 의미의 연구방법 론상의 논쟁이라기보다는 인식론 혹은 그 바탕이 되는 연구시각에 관한 것이라고 판단되어 여기서는 '연구시각'으로 통칭하기로 한다.

띨 수 있고, ② 연구시각은 연구자의 선호도가 아니라 연구 목적과 대상에 따라 채택될 수 있다는 점을, 북한인권이라는 연구사례를 통해 증명하고자 한다. 본 연구의 사례로 북한인권을 선정한 것은 북한인권 상황 및 개선방안 등을 둘러싼 논의 양상이 기존의 북한 연구시각을 둘러싼 논쟁 양상과 유사하게 대립적인 점에 착안하여 본 연구 가설을 반증하는 데 적절한 '중요사례(critical case)'라고 보았기 때문이다.

서론 1)에 이어 2)에서는 북한체제 인식을 둘러싼 기존 논의를 정리한 후 본 연구사례에 적합한 분석틀을 제시하고 약간의 개념 조작을 시도할 것이다. 3)에서는 북한인권 연구에서 내재적 시각의 의의와 한계를 살펴보고자 한다. 4)에서는 북한인권 논의에서 내재적 접근으로는 어려운 문제로 간주할 수 있는 국제인권규약의 국내적 이행에 관해 논의함으로써 내재적 접근과 외재적 접근의 상호보완적 관계를 제기하고자 한다. 5)에서는 북한 인권 관련 국내외 동향과 쟁점을 살펴봄으로써 북한인권 문제를 둘러싼 정치지형과 논의맥락을 이해하고자 한다. 6)에서는 이상의 논의를 바탕으로 바람직한 북한인권정책을 한국의 입장에서 검토해볼 것이다.

본 연구를 수행하면서 북한과 유엔의 관련 문헌을 1차 자료로 삼고 관련 전문가들의 연구결과와 탈북자들의 증언 등을 참고했음을 밝혀둔다.

2) 내재적/외재적 시각의 정의와 특징

연구대상으로서 북한에 대한 연구시각 혹은 인식방법을 둘러싸고 전개된 북한연구학계의 논의가 본격적으로 이루어진 것이 1990년대에 들어서라는 점은 우연이 아니다. 반공질서를 지탱해온 냉전질서가 붕괴되고 우리 사회에서 '북한 바로 알기 운동'이 전개되면서 북한연구진영에서도 기존의 외재적 시각에 대한 비판이 이루어졌다. 송두율의 문제제기로 시작되고 그에 대한 강정인의 비판과 내재적 시각에 선 일단의 연구자들의 반론과 강정인의 재반론으로 이어진 일련의 논쟁이 그것이다. 이 논쟁은 한편으로 북한연구에서 의식·무의식적으로 작용해온 북한을 대상화해온 인식에 일대 반성을 불러일으켰고, 다른 한편으로는 북한에 대한 연구시각 혹은 인식방법이 북한연구에서 차지하는 의미와 한계를 동시에 노출하였다. 여기서는 그간의 논쟁을 정리하는 대신[80] 본 연구와 관련이 있다고 판단되는 개념정의와 두 연구시각의 특징에 한정하여 논의하고자 한다.

먼저, '내재적'·'외재적'이라고 명명된 연구시각의 의미는 고정되어 있지 않고 논쟁과정에서 약간의 변화를 보여왔다. 내재적 시각을 지지한 논자들은 처음 '내재적'이라는 용어를 연구대상으로서의 북한체제의 고유한 작동원리, 즉 이념과 목적에 입각하여 이해하고 비판한다는 뜻으로 정의하였다. 그러나 이에 대해 내재적 접근에 비판적인 논자들은 내재적 접근이 북한체제에 대한 경험적 관찰에 의존하지 않고 결과적으로 행위자를 옹호하는 우를 범하고 있다는 비판이 제기되었다. 그에 대해 내재적 시각에 서 있는 연구자들은 "내재적이란 뜻은 우리의 인식이 '경험'에 의거하고 있다"라는 뜻으로 정의하고, 외재적 시각에 선 연구자가 '외재적'이라는 말을 '객관적'이라는 뜻으로 오해하고 있다고 비판하였다. 외재적 시각 역시 그 의미를 다소 변경해왔다. 처음에는 북한사회를 북한체제의 작동원리가 아닌 다른 시각에서 분석할 수 있다고 하면서 내재적(internal) 시각을 비판하였다. 그러나 내재적 시각이 재비판을 하는 과정에서 내재적이라는 의미를 경험에 의거한다(immanent)고 하면서 외재적 시각을 선험적

---

80 이에 대한 종합 정리와 평가는 최완규, 「북한연구방법론 논쟁에 대한 성찰적 접근」, 경남대학교 북한대학원 엮음, 『북한연구 방법론』(서울: 도서출판 한울, 2003), 12~25쪽, 31~39쪽.

(transcendental)이라고 비판하자, 외재적 시각이 반드시 선험적일 필요는 없다고 반박하였다.

내재적 시각과 외재적 시각 모두 논쟁과정에서 그 의미를 변경해왔다는 점을 고려할 때 그 평가도 달라질 수 있을 것이다. 가령 두 시각을 'internal', 'external'이라는 의미로 규정할 경우, 두 시각은 각각 제한적으로 유의미하다고 할 수 있다. 이는 양측에서 모두 인정하는 바로서, 내재적 시각에서도 북한 사회주의 '이념'과 '경험' 사이의 긴장을 드러내 보인다고 하면서 내재적 시각을 강조하는 것이 외재적 시각의 무용론을 주장하는 것이 아니라고 말하고 있다. 외재적 시각 역시 그것이 내재적 시각이 될 수 있다고 주장한다. 이때 외재적 시각은 연구대상으로서 북한체제의 작동원리와 그 인식방법을 구별하고 있는 점에 유의할 필요가 있다. 요컨대, 위와 같은 식으로 두 시각을 규정할 경우 두 시각은 연구 목적 및 대상에 따라 적절하게 채택할 수 있다는 점에서 상호보완적일 수 있다.

이와 달리, 두 시각을 'immanent', 'transcendental'의 의미로 파악할 경우, 논쟁은 심화된 인식론이 요구되는 철학적 논의주제라고 보인다. 다만 내재적 시각이 외재적 시각으로부터 비판을 받은 후 내재적이라는 의미에 '비판적'이라는 뜻을 포함하고 있다고 한 점을 상기할 때, 외재적 시각이 선험적이라는 비판에 대해서도 성찰이 필요할 것이다. 즉 내재적 시각이 정의(定意)상 비판을 담고 있지만 내재적 접근론자들의 실제 연구에서 비판이 부족할 수 있듯이, 외재적 시각이 정의상 선험적이지 않을 수 있지만 실제 연구에서 북한체제의 작동원리를 이념의 잣대로 과잉 비판할 수도 있을 수 있다. 말하자면 북한에 대한 연구시각은 연구자의 가치관과 연구목적에 의존하는 것을 피할 수 없다. 다만 그 영향이 과도하지 않게 하는 데 적절한 연구방법론의 역할이 있을 것이며, 그런 점에서 북한 연구시각 혹은 인식을 둘러싼 논쟁은 연구방법론의 견제를 받아야 할 것이다.

그럼 본 연구의 분석틀을 수립하기 위해 두 시각의 특징을 설정해보자. 먼저, 내재적 시각의 기본 특징은 관찰자가 행위자의 행동 논리와 그 목적에 관한 충분한 묘사를 바탕으로 하여, 그것이 행위자의 행동 결과에 미친 영향 혹은 행동 목적과 그 실제 간의 차이를 설명하는 데 있다. 그렇기 때문에 내재적 시각은 행위자가 거쳐온 역사와 행위자가 처한 당대의 정치 사회적 맥락에 높은 관심을 보이고, 그것을 설명의 매개변수로 간주할 수 있다.[81] 그렇지만 내재적 시각을 통해서도 행위자의 행동 전모(全貌)를 드러내지 못하는 영역이 있을 수 있다는 점을 상정할 수 있다. 내재적 시각의 한계로 지적할 수 있는 이런 영역은 행위자와 외부세계의 상호 작용이나 행위자의 변화와 같은 현상을 꼽을 수 있다. 물론 이와 같은 현상들도 내재적 시각으로 말할 수 있을 것이나 자칫 잘못하면 행위자가 취하는 대내정치용 혹은 대외협상용 논리를 행위자의 입장으로 환원할 수 있다는 점에 유의할 필요가 있다. 실제 행위자와 외부세계의 상호 작용이나 행위자의 변화와 같은 현상에는 행위자의 행동 원리와 목적이 외부세계의 그것과 경합하고, 경우에 따라서는 외부세계의 원리나 목적을 수용하도록 강제받을 수도 있다. 바로 이 점이 내재적 시각이 가지는 유용성의 한계 범위라고 말할 수 있을 것이다.

내재적 시각이 행위자의 행동 원리와 목적을 그 결과를 설명하는 근거로 삼는다는 데 특징이 있다면,[82] 외재적 시각은 행위자의 행동 원리 및 목적

---

81 물론 내재적 시각을 적용하는 과정에서 묘사와 설명 중 묘사에 치우치게 되면 내재적 시각의 본래 특징을 충분히 살리지 못하고, 행위자를 옹호한다는 비판을 살 수도 있을 것이다. 그러나 그것은 내재적 시각의 특징이 아니라 그 적용상의 오류라고 할 수 있다.

82 북한인권상황을 북한의 인권 관련 법제에 바탕을 둔 최근의 연구성과로는 김수암, 『북한의 형사법제상 형사처리절차와 적용 실태』(서울: 통일연구원, 2005)를 꼽을

전체를 관련 이론으로 연역한다는 데 그 특징이 있다.[83] 물론 두 시각 모두 행위자의 목적과 행동 결과 간에 차이가 있을 수 있다는 점을 인정하지만, 내재적 시각이 그 차이를 주로 경험적 관찰에 의존한다고 한다면, 그에 비해 외재적 시각은 관련 일반이론의 검증을 통해 설명을 시도한다는데에 두 시각의 차이가 있다.

3) 연구시각의 적용

이상의 논의를 바탕으로 하여 본 연구에서 내재적·외재적이라는 용어를 제한적으로 정의하고자 한다. 즉, 두 용어는 모두 비판과 경험을 내장하고 있다는 공통점을 전제하는 가운데, 북한사회를 그 작동원리로 파악하느냐 아니면 다른 이론의 틀로 파악하느냐의 차이로 구별된다. 이와 같은 정의는 본 연구와 같이 구체적인 사례연구에서 상호보완적으로 적용될 수 있을 것이다. 연구목적에서 보자면, 내재적 시각은 북한의 인권 상황을 북한의 인권관, 인권 관련 법제 및 정책 등 북한의 논리에서 파악하여 이념과 실제를 판별하는 동시에 내재적 시각의 한계를 설정할 수 있을 것이다. 한편 외재적 시각은 내재적 시각이 파악할 수 없지만 북한이 갖고 있는 인권 상황을 설명하는 데 유용할 수 있다.[84] 연구대상의 측면에서 볼 때도

수 있다.

83 예를 들어 박순성은 북한인권상황을 랜드먼(T. Landman)의 이론을 빌려 평가한 바 있다. Sunsong Park, 「Human Rights in North Korea and U.S. Policy」, ≪북한연구학회보≫, 제9권 1호(2005), 345~347쪽.

84 여기서 내재적 시각은 행위자(북한)의 가치관, 법제 및 정책을 파악하는 그 자체가 아니라 그것을 기준으로 현상을 평가 판단한다는 의미라는 점에 유의할 필요가 있다.

두 시각은 북한의 복잡한 인권 상황을 설명하는 데 상호보완적일 수 있다. 특히 국제인권규약의 국내적 이행의 문제는 내재적 시각으로만 설명하기 어려운 영역으로서 이는 외재적 시각으로부터의 보완을 통해 전체적인 논의가 가능할 것이다.

본 연구는 내재적 시각에서 출발하는데, 그 이유는 이론적 측면에서 볼 때 두 시각의 상호보완적 적용이 자칫 절충주의로 나타나 논리적 일관성을 잃지 않도록 하기 위해서이다. 그렇다고 하더라도 이것이 외재적 시각이 아니라 내재적 시각을 출발로 삼은 이유를 충분히 설명하지 못할 수도 있다. 본 논의의 출발을 내재적 시각으로 접근하는 또 하나의 이유는 작금의 북한인권 논의 동향과 관련된 현실적 문제의식과 관련된다. 현 국내외의 북한인권 논의 동향은 북한의 인권 상황에 대한 북한체제의 작동원리와 그 한계에 대한 주의 깊은 평가가 부족한 상태에서 전개되는 양상이다. 일국 차원에서의 인권 보호 및 개선의 가능성, 즉 그 한계를 구체적으로 파악하는 것이 실질적 인권개선에 기여할 수 있는 방안 중 하나라고 한다면,[85] 그런 논의는 내재적 시각에서 출발하는 것이 적절하다고 말할 수 있다.

위에서 살펴본 내재적·외재적 시각의 특징과 한계에서 볼 때도 이론상 두 시각의 상호보완성과 적용상 조합 가능성을 다시 확인할 수 있다. 이상의 이론적 논의를 통해 본 연구를 위한 가정을 다음과 같이 수립할 수 있게 되었다.

가정 1. 내재적 시각과 외재적 시각은 상호보완적 관계에 있다.

---

85 정태욱, 「북한인권문제에 대한 대안적 접근」, 인권운동사랑방 등 주최 '북인권 1차 워크숍' 발표문 참조(2005년 11월 30일).

〈그림 Ⅱ-1〉 내재적/외재적 시각에서 본 북한인권

가정 2. 내재적 시각과 외재적 시각의 주요 분석 대상은 서로 같을 수도 있다.

가정 1은 기본가정으로, 가정 2는 보조가정으로 상정하여 본 연구대상에 적용하여 분석틀을 제시하면 <그림 Ⅱ-1>과 같다.

<그림 Ⅱ-1>에서 A는 주로 내재적 시각으로 논의되는 영역으로 북한의 인권관, 인권 관련 법령 및 제도가 포함될 수 있다. A에 포함되는 측면들을 내재적 시각에서 살펴보는 것은 북한의 인권 상황을 균형적으로 이해하는 출발이 되고 북한 스스로 인권 상황을 개선할 수 있는 정도를 파악하는 데 유의미하다. 오늘날 북한의 인권 상황은 북한정부에 의한 인권침해로 매우 심각하다고 보는 것이 일반적인 평가이다. 그럼에도 북한이 갖고 있는 인권관, 관련 법제에 대한 객관적인 이해와 평가 없이 국제사회의 개입을 논의할 경우, 상황에 대한 이해 부족은 물론 의미 있는 개선방안 수립에도 한계를 가질 수밖에 없을 것이다.

반면에 B는 주로 외재적 시각으로 논의되는 영역으로서 북한의 행동 원리 및 목적과 대립하는 곳이다. 구체적으로 B는 국제적으로 통용되는 인권 원리, 행동 규범, 기구 등을 포함하는 국제인권레짐을 말하는데, 그것은 본 논의에서 양면적 의미를 갖는다. 그 하나는 북한의 전반적인 인권 상황을 북한 밖에서 파악하는 준거로서의 의미이고, 다른 하나는 북한의

인권 상황을 개선하여 도달할 수 있는 지향으로서의 의미이다. 물론 이때 A, B를 각각 다른 시각으로 분석할 수도 있을 것이다. 그럼에도 각 영역에 대한 두 시각의 상대적 설명력을 생각할 때 위와 같이 상정할 수 있다고 보았다.[86] 다만 논리적 일관성 유지와 당사국의 인권 보호 및 개선 역할의 최대치 판단 등 두 가지 필요에서 볼 때 내재적 시각으로 출발하여 그 한계를 파악하고, 거기서 내재적 시각과 외재적 시각의 상호보완적 관계를 생각해보는 순서를 밟고자 한다.

한편 C는 내재적 시각과 외재적 시각이 공존하는 영역으로서 북한이 가입한 국제인권협약의 이행 상황을 말한다. 북한은 자유권위원회 등 5개 국제인권협약에 가입하고 관련 협약을 부분적으로 이행하는 것으로 보고되어 있다. C 영역이 두 시각의 공존이라고 말할 수 있는 것은 행위자 북한이 관찰자로서의 국제인권협약 위원회와 협력적인 관계를 갖고 있기 때문이다. 따라서 이 경우는 양측이 공유하는 동일한 기준(국제인권협약)으로 행위자와 관찰자의 입장을 동시에 파악할 수 있으며, 행위자와 관찰자의 합일점을 확대하는 길을 모색할 수 있을 것이다. 말하자면 C 영역은 이론적으로는 내재적 시각과 외재적 시각이 동시에 적용되고 상호보완성을 확인하는 곳이며, 합리적인 북한인권 개선에 기여하는 국제협력의 장으로서의 의미를 갖는다.

본 논의에서 인권이라는 용어는 자유권에 국한하지 않고 사회권을 포함하여 정의하고 있음을 밝혀둔다. 북한인권 역시 이러한 범주에 입각하여

---

86 A의 경우 외재적 시각에서 설명할 수도 있지만, 먼저 북한의 행동 원리와 목적에 비추어 논의하는 것이 그 반대의 경우보다 그 내용을 보다 충실히 서술하고 한계를 파악하는 데 적절할 것이다. 이에 비해 B를 내재적 시각으로 파악하는 것은 당사국의 입장을 옹호하는 우를 범할 수 있을 뿐만 아니라, 당사국의 국제적 수준으로의 인권향상을 이끌어내는 과제 도출에서도 어려움을 초래할 수도 있다.

정의하고 있다. 또 북한이라는 용어는 북한의 정치사회 전반을 지칭하는 체계(system)와 행위자로서의 북한정권(political regime) 등 두 가지 의미를 혼용하고 있음을 밝혀둔다.

4) 내재적 시각의 의의와 한계

북한인권을 내재적 시각을 적용해 논의한다는 것은 구체적으로 북한의 인권관 및 관련 법제를 통해 북한의 실제 인권 상황을 분석함으로써, 둘 사이의 조응관계를 파악하는 작업으로 나타날 것이다.

북한에서도 비록 노동당의 지도하에 있기 하지만, 헌법과 민법 및 민사소송법, 형법 및 형사소송법, 변호사법, 가족법, 노동법, 남녀평등법 등 인권 관련 법률들이 존재한다. 북한 헌법은 공민의 권리를 의무와 함께 밝히고 있는데 이 둘은 사회주의적 요구와 집단주의 원칙에 기초하고 있다. 특히 북한 헌법은 국가에 의한 실질적 권리 보장, 공민들 간 권리의 평등, 사회주의제도 발달에 따른 권리 확대, 민주주의적 권리 및 자유 확인 등으로 권리를 보장한다고 말하고 있다.[87] 북한은 1990년대 이후 국내외 상황 변화를 반영하여 헌법을 비롯하여 인권 관련 법률을 제·개정한 바 있다.

북한인권에 관한 내재적 시각은 그 나름의 의의를 가지고 있는 동시에 한계 또한 있을 수 있다. 이 두 차원을 균형적으로 볼 때 북한의 인권 상황, 인권개선방안, 북한인권에 관한 인식 등 북한인권을 둘러싼 쟁점을 포괄적으로 이해할 수 있을 것이므로 아래에서는 이 세 가지 측면에서 내재적 시각의 의의와 한계를 생각해보고자 한다.

---

[87] 『주체의 사회주의 헌법 리론』(평양: 사회과학출판사, 1991), 107~116쪽.

(1) 내재적 시각의 의의

북한인권을 내재적 시각에서 파악할 경우 북한의 인권 상황을 북한의 목표와 행동원리로 이해할 수 있고, 그에 기초하여 북한 스스로 할 수 있는 개선방안을 모색할 수 있으며, 그것은 인식론적으로 북한을 대상화하는 우를 범하지 않을 수 있다.

먼저, 북한 역시 여느 국가들과 마찬가지로 인권을 중요한 보편적 가치로 보고 있으며 관련 법제와 정책을 통해 인권 보호 및 개선을 전개해온 것으로 볼 수 있다. 이는 "조직적이고 광범위하며 심각한 인권침해에 대한 계속되는 보고에 깊은 우려"[88]를 표명하고 있는 제61차 유엔 인권위원회의 북한인권 결의 내용을 비롯한 일부 국제사회의 북한인권 상황 평가와 대조를 보여준다. 북한의 인권관은 북한의 정치 이념을 반영하고 있는 가운데서도 그 영역을 정치·경제·사상문화 등 포괄적으로 파악하고 있으며, '인덕정치'를 통해 차별 없이 보장한다고 밝히고 있다. 그러나 북한 스스로 밝히고 있는 인권관과 관련 법제로 살펴보더라도 인권침해가 일어나고 있다는 보고는 내재적 시각이 비판을 내장하고 있다는 점을 잘 보여준다. 문제는 내재적 시각에서 북한의 실제 인권 상황을 완전히 판단하기에는 북한이 현재까지 국제사회에 밝히고 있는 내용이 부족하다는 점이다. 그럼에도 탈북자 증언과 남한을 비롯한 국제사회의 북한인권 관련 보고들을 따를 때, 북한의 인권 상황을 내재적 시각에서 보더라도 양호하지 않다고 잠정 평가할 수 있다. 다만 국제사회에서 심각하게 우려하는 특정 사안들에 대해서는 사실 여부와 그 정도를 신중하게 파악할 필요가 있다. 따라서

---

[88] "Situation of Human Rights in the Democratic People's Republic of Korea," Adopted at the 61th UN Commission on Human Rights, E/CN.4.2005/L.30, April 11, 2005, 유엔 인권최고대표사무소 웹사이트.

내재적 시각에서 북한인권 상황을 보다 정확히 판단하기 위해서도 북한이 실제 인권 상황과 관련된 정보를 추가 제공하고 관련 현장 접근을 허용하는 것이 필요하다.

둘째, 내재적 시각에 입각한 북한의 인권개선방안은 북한 스스로 인권 보호 및 개선 조치를 할 수 있는 한계 범위를 설정하는 작업과 맞물려 있다. 물론 북한인권 개선을 위한 북한과 국제사회의 역할분담 자체가 내재적 시각에 연유하는 것은 아니다. 내재적 시각은 양자의 역할 설정에서 당사자인 북한의 입장과 조건을 존중하고, 북한의 역할을 가능한 한 최대로 그리고 먼저 파악하는 데 의미를 가진다. 관련국의 인권개선은 관련국 정부와 시민이 1차적 주체이고 국제사회는 조력자의 역할을 수행한다고 할 때, 내재적 시각에 따른 북한인권 개선방안 모색은 북한의 인권개선 과정에서 북한과 국제사회는 지금과 같은 갈등이 아니라 협력관계를 도모 할 수 있을 것이다.

셋째, 북한인권을 내재적 시각으로 접근하는 것은 북한연구에서 오리엔 탈리즘,[89] 인권 근본주의의 오류를 발견하고 인권의 의미를 재검토할 수 있는 계기를 가져다준다. 관찰자가 행위자와 거리를 두는 것이 비판의 한 방법이지만, 관찰자가 행위자를 대상화하거나 타자화하는 것은 객관적 관찰 태도가 아니라 완벽한 객관적 연구의 어려움을 보여주는 하나의 징표 에 지나지 않는다. 오늘날 한국사회 안팎으로 제기되는 북한인권에 대한 비판적 여론에서도 그런 현상을 발견할 수 있다. 내재적 시각이 행위자의

---

89 오리엔탈리즘은 동양과 서양의 지리적 경계를 인식론적 차별로 전환하여 '열등한' 동양(혹은 비서유럽)이 '우등한' 서양에게서 배우고 서양을 따라야 한다는 담론으로 서 동양에 대한 편견과 차별을 구조화하는 이념적 도구라 할 수 있다. 북한연구에서 오리엔탈리즘 비판은 구갑우, 「북한인식의 정치적 회로— 국제관계학의 오리엔탈리 즘 비판」, 한국정치연구회 편, ≪정치비평≫, 제10호(2003), 290~310쪽 참조.

목적과 그 결과를 구분함으로써 비판을 내장하고 있다는 점을 인정한다면 북한인권 논의에서 오리엔탈리즘을 극복하는 데 내재적 시각이 일조할 수 있을 것이다. 또한 인권 근본주의에 입각한 북한인권 비판은 인권이 중요한 가치이듯이 평화와 화해 역시 중요한 가치임을 부정한다는 점에서 문제를 안고 있으며, 거기에는 인권=개인의 시민적·정치적 자유라는 협소한 인권관이 자리하고 있다는 점도 지적할 수 있다. 북한인권이 세계 최악이라는 평가에 기초하고 그 해결책으로 북한정권 붕괴를 제시하는 주장은 인권이 자기성찰을 동반한다는 점을 망각하고 있는 동시에, 북한인권 비판을 자아의 비인권을 은폐하거나 해소하는 일종의 카타르시스 소재로 활용한다는 비판을 살 수도 있다.

(2) 내재적 시각의 한계

내재적 시각에 따른 북한인권 접근의 의의에도 불구하고 그 한계 역시 분명하다. 첫째, 북한인권 상황과 관련하여 내재적 시각에 입각하여 북한의 인권 상황 전체를 평가할 수 있는가 하는 점이다. 물론 현 단계에서 북한이 실제 인권 상황에 관한 정보 및 현장접근을 제공하는 것이 급선무이다. 그러나 그것은 북한의 실제 인권 상황 전체를 파악하는 데 도움을 줄 수 있지만, 북한의 인권 상황을 북한의 인권관 및 관련 법제로 평가하는 것이 북한의 인권향상에 최선인지는 의문이다. 왜냐하면 ① 북한의 인권관은 북한의 특수한 입장이 반영된 상대주의적 성격이 강하고, ② 북한의 인권 관련 법제는 실질적 인권 보호 및 향상을 위해서 개선·보완되어야 할 구체적인 점들을 가지고 있으며, ③ 독립적 국가인권기구가 부재한 상태에서 당의 교시가 법치보다 상위에 있고, ④ 사회적으로는 인권의식이 저급한 상태에서 위계적 생활관습이 온존하고 있기 때문이다. 가령 북한이 인권= 국권=자주권이라는 등식을 세워놓고 "나라와 민족의 자주권을 고수하고 참다운 인권을 보장하려면 군사중시, 총대중시로선을 더욱 억세게 틀어쥐고 나가야 한다"[90]라고 주장하는 것은 내재적 시각에 따른 북한인권 논의의 한계를 단적으로 보여준다. 북한이 제시하는 인권관은 국제인권레짐에서 밝히고 있는 보편적 원리[91]에 의해 보충되고, 인권 관련 법제 개선은 북한이 제출한 보고서에 대한 해당 국제인권협약위원회의 최종견해(Concluding Observations)를 참고할 수 있다. 북한이 가입한 해당 국제인권협약위원회에 법·제도 중심의 보고서를 제출하고 정보 통제를 하고, 국제사회의 인권개선 요구를 정치적 공세로 일축하는 것은 실효적인 인권개선에 역행한다고 비판할 수 있다. 따라서 북한의 인권 상황 파악 및 평가는 북한이 유엔 회원국이고 4개 국제인권협약 서명국인 점에 착안하여 관련 국제인권협약에 의거하여 진행되는 것이 타당할 것이다.

둘째, 북한의 인권개선방안의 모색에서도 내재적 시각을 적용하는 데 한계를 발견할 수 있다. 그것은 행위자의 고차원의 행동 목적과 저차원의 현실, 즉 인권 보장과 인권 현실 사이의 차이를 어떻게 축소 혹은 제거할 수 있느냐의 문제이기 때문이다. 거기에서 북한의 인권 관련 인프라, 특히 자유권을 신장할 북한 당국의 정치적 의지와 사회권을 향상할 북한의 사회 경제적 능력이 얼마인가 하는 점이 구체적인 평가 과제로 제기될 수 있다. 이와 함께 북한은 자국이 가입한 국제인권협약이 국내법과 같은 효력을 갖는다고 보고한 바 있다. 그러나 해당 협약위원회의 지적, 즉 국제인권협약이 실제 북한의 국내법에 어떻게 통합되어 있는지 그리고 가입한 국제인

---

90 문순원, 「주체의 인권관은 가장 과학적인 인권관」, ≪사회과학원학보≫, 40호(평양: 사회과학출판사, 2003), 24쪽.

91 1993년 유엔 총회에서 채택한 빈(Wien) 인권선언이 밝힌 인권의 보편성·불가분성·상호의존성·상호연관성을 말한다. "Vienna Declaration and Programme of Action," 12 July 1993, A/CONF.157/23, 유엔 인권최고대표사무소 웹사이트.

권규약의 국내적 이행을 어떻게 모니터링하고 있는지의 문제도 내재적 시각에 입각한 북한인권개선의 한계를 보여준다. 따라서 북한의 실질적 인권개선을 위해서는 북한 스스로의 노력이 1차적으로 필요한 것이 사실이지만, 북한이 인정하는 바와 같이 국제인권규약의 국내적 이행을 위한 북한과 국제인권기구의 기술협력이 필수적이다.

북한은 2002년, 2003년 사회권규약위원회와 아동권협약위원회에 각각 제출한 보고서에서 인권 상황 개선을 위해 국제사회에 지원을 호소하였고 국제사회의 지원이 큰 도움이 되었다고 밝히고 있다. 또 북한은 2005년 제61차 유엔 인권위원회에서 인권최고대표사무소와의 기술협력에 참여할 의향이 있음을 밝힌 바 있다.[92] 이와 같은 사실은 북한의 현조건과 능력으로 볼 때 인권개선에 한계가 있음을 인정하고 국제인권레짐과 협력할 의사가 있음을 보여주는 것으로서 앞으로 주목할 만한 대목이다. 그럼에도 북한은 가입한 4개 국제인권협약의 이행에 소극적이라는 해당 협약위원회의 지적을 받고 있으며, 아직도 가입하지 않은 인권협약이나 선택의정서들이 적지 않다. 결국 북한은 스스로 수립한 인권관 및 관련 법제의 이행을 통해 인권 상황을 '주체적'으로 개선하도록 노력하는 한편, 그 한계를 인식하고 인권향상을 위한 국가행동계획에 입각하여 관련 법제 및 정책 개선을 요구하는 국제인권레짐을 수용할 과제를 안고 있다.[93]

---

92 2005년 2월 28일 제네바 주재 북한대표부의 이철 대사가 유엔 인권최고대표사무소에 제출한 서신에서, 북한은 제61차 유엔 인권위원회에 상정된 북한인권결의안이 언급하고 있는 '기술협력'에 관해 원칙적으로 협력할 의사가 있지만, 북한인권 결의안이 사라질 경우 이루어질 수 있다고 말한 바 있다. "Letter from the Permanent Representative of the Democratic People's Republic of Korea," 02/03/2005, E/CN.4/2005 /G/13, 유엔 인권최고대표사무소 웹사이트.

93 빈 세계인권대회에서 채택한 국가인권행동계획을 참조. "Vienna Declaration and Programme of Action," 유엔 인권최고대표사무소 웹사이트.

마지막으로, 북한인권을 논의함에서 내재적 시각은 인식론의 측면에서도 한계를 보이는바, 그것은 두 가지 현상으로 나타나고 있다. 그 하나는 북한의 인권 관련 법제에 기존의 북한 인권관으로만 설명하기에 어려운 내용들이 발견된다는 점이고, 다른 하나는 북한의 인권정책에 외재적 시각, 구체적으로 국제인권레짐이 영향을 미치고 있다는 점이다. 북한의 인권관이 생산수단의 사회적 소유를 바탕으로 한 계급적 시각과 집단주의적 정향 그리고 국가주권 우선론을 담고 있다는 점을 앞에서 살펴보았다. 그런데 최근 북한의 인권 관련 법률 제정 및 개정에서는 개인의 사적 소유, 시장경제를 반영한 내용들이 발견된다.[94] 물론 이것이 북한의 기존 인권관을 대체하거나 압도하는 수준은 아니지만, 북한의 개혁·개방 확대와 그에 따른 개인의 사회경제적 권리 의식 확대를 전망할 때 내재적 시각으로만 북한인권을 파악하기는 어려울 것이다. 또한 북한이 4개 국제인권협약 가입국이고 그 이행과 인권협약의 추가적 가입을 요구받고 있다는 점을 고려할 때도 북한인권을 내재적 시각만으로 파악하기에는 한계가 있다. 북한의 안보·경제가 자위·자립노선으로 구현하기 어려운 것과 마찬가지로 북한인권 역시 행위자의 행동원리와 그에 따른 대내정책으로만 실현되기 어려울 것이다. 특히 국제인권협약 중 북한이 가입 협약의 이행 문제는 한편으로 북한이 가입하고 이행 보고서를 제출하고 있다는 점에서 내재적 시각의 논의영역이라고 할 수 있겠지만, 그 평가 기준 및 이행 감독은 해당 협약위원회가 담당한다는 점에서 외재적 시각의 논의영역이라고 하겠다. 이는 북한인권에 관한 내재적 시각의 한계를 보여주는 동시에 내재적 시각과 외재적 시각의 상호보완적 관계가 실제 사례연구에서 가능함을 말해주고 있다. 5)에서는 이를 좀 더 살펴보고자 한다.

---

94 북한법연구회 편, 『김정일체제하의 북한법령집』(서울: 북한법연구회, 2005) 참조.

5) 두 시각의 상호보완성 탐색

북한이 가입한 국제인권협약은 2007년 4월 현재 자유권규약, 사회권규약, 아동권협약, 여성차별철폐협약 등이 있다.

그러나 북한은 가입한 국제인권협약에 보고서를 정기적으로 제출할 때 기한을 준수하지 않는 경우도 있을 뿐만 아니라, 보고서 내용이 주로 법·제도를 중심으로 구성되어 있어 그것으로 북한의 실제 관련 인권 상황을 파악하는 데에는 한계가 있다. 또 북한은 자유권규약에 가입했지만 이 규약 제1·2 선택의정서에는 가입하지 않아 자유권규약의 국내적 이행에 소극적이라는 지적을 받고 있다. 이 밖에도 북한은 고문방지협약 및 동 협약 선택의정서, 여성차별철폐협약 선택의정서, 인종차별철폐협약, 이주노동자권리협약, 아동매매·매춘·포르노그래피 관련 아동권 선택의정서, 아동의 무장투쟁관여 관련 아동권 선택의정서 등에 가입하지 않고 있다.

북한이 가입한 4개 국제인권협약에 한정하여 검토해볼 때 북한의 국제인권협약 이행 수준은 저조한 수준에 머물러 있는 것이 사실이다. 자유권규약 이행과 관련하여 북한은 국제사회가 제기하는 생명권, 신체의 자유 침해 등에 관해 부인하는 자세로 일관하고 있다. 또 북한정부는 사회권을 생존권을 중심으로 인식하고 그것을 국제사회의 지원을 끌어내는 데 활용하고 있으며, 자결권을 집단 중심으로 인식하는 입장이다. 아동권리와 여성차별 철폐와 관련해서는 북한의 경제사정과 가부장적 위계문화가 결합되어 낮은 수준을 벗어나지 못하고 있다는 평가를 받는다.

북한의 국제인권협약 가입 및 이행 현황은 내재적·외재적 시각에 의한 분석이 공존하는 공간인 동시에 양자의 상호보완성을 확인할 수 있는 대목 이기도 하다. 북한은 가입한 4개 국제인권협약위원회에 보고서를 제출하고 심의평가를 받고 그 결과인 최종견해를 존중하고 추후 개선 노력 및 그 결과 보고를 약속하고 있다. 반대로, 해당 협약위원회 역시 북한과 함께 보고서 심의평가를 하면서 북한 당국의 고충과 인권보호 노력을 존중하는 가운데 북한의 개선과제를 제시하고 있다. 요컨대, 북한의 국제인권협약 이행 부문은 한편으로 북한의 보고서를 통해 행위자의 행동결과를 행위자의 목적에 근거하여 살펴볼 수 있는 동시에, 다른 한편으로 해당 협약위원회의 심의 및 최종견해를 통해 행위자의 행동 목적 및 결과를 관찰자의 시각에서 볼 수 있다. 그리고 양자 간 상호 협력적인 대화가 이루어지고 있다는 점도 알 수 있다. 이를 구체적으로 살펴보면 아래와 같다.

북한정부가 유엔 인권이사회 등 가입한 해당 국제인권협약 위원회에 제출한 보고서는 구체적인 협약 이행 현황보다는 관련 법·제도적 측면을 주로 다루며, 시기상으로는 1980년대까지를 주로 다루면서 1990년대 상황은 자연재해로 인한 피해와 그로 인한 인권 상황 악화를 주로 언급하고 있다. 북한정부의 보고서가 갖는 이런 한계는 일부 북한인권 관련 비정부기구의 대안보고서에 의해 사실 확인, 누락된 실태 보고 등으로 보충될 수 있다.[95]

법·제도적 측면을 중심으로 한 북한의 인권 보고서 내용은 양면적인 평가를 가능하게 해준다. 먼저, 법·제도 중심의 보고서 내용은 해당 분야에서 실제 인권 상황에 대한 정보나 협약 이행 관련 자료 부족을 초래하기 때문에 국제사회가 북한정부에 보다 구체적인 자료 제출과 현장 접근을

---

95 *Citizens' Alliance for North Korean Human Rights*, op. cit.; Good Friends, op. cit.; Good Friends, "Alternative NGO Report on the Committee on Economic, Social and Cultural Rights of the Second Periodic Report of Democratic People's Republic of Korea," November 2003; Good Friends, "Alternative NGO Report on the Committee on the Rights of the Child of the Second Periodic Report of Democratic People's Republic of Korea," May 2004.

요구할 수 있다. 실제로 인권이사회, 사회권위원회 그리고 여성차별철폐위원회의 최종견해에는 적어도 각각 7회씩, 아동권리위원회의 최종견해에서는 3회씩 관련 정보제공을 북한정부에 요구하고 있다. 다른 한편, 법·제도 중심의 북한의 인권 보고서는 장기적으로 북한의 인권 관련 법·제도를 국제인권협약에 부합하도록 하는 데 발판이 될 수 있다. 인권 상황이 열악한 나라의 인권 수준을 국제적 수준으로 발전시키는 데는, 그것을 곧바로 요구하는 것보다는 국내적으로 인권친화적인 법·제도를 만들어 비인권적 의식과 관행을 철폐하고 국가정책과 사회생활 전반을 인권 옹호의 방향으로 나아가도록 하는 것이 바람직하기 때문이다. 북한이 각 국제인권협약 위원회에 제출한 법·제도 중심의 보고서는, 북한이 스스로 설정한 인권 관련 법·제도를 구현하고 그것을 국제인권협약 이행과 일치할 수 있도록 요구할 수 있는 근거가 될 수 있다. 앞에서 간략히 살펴본 북한의 보고서는 비록 부분적이긴 하지만, 북한 당국과 사회적 관습이 인권 상황 향상에 걸림돌이 된다는 점과 국제사회의 지원과 협력이 인권 상황 개선에 도움이 된다는 점을 인정하고 있다. 이런 사실은 북한이 유엔 인권위원회에서 3년 연속 채택된 인권결의에 보인 반응과 뚜렷한 대조를 보이고 있다.[96] 이와 같은 점들을 살펴볼 때 각 국제인권협약 가입국의 보고서 제출과 그것을 심사하는 협약위원회와의 대화 및 인권고등판무실과의 기술협력은 해당국의 여건과 상황을 고려하여 실현 가능한 수준과 방식으로 인권향상을 도모하는 합리적 기제라고 평가할 수 있다.

한편, 북한이 제출한 각 보고서는 1990년대의 인권 상황 악화 요인으로

---

[96] 예를 들어 북한은 제61차 유엔 인권위원회(2005. 4)에서 채택된 북한인권 결의상의 유엔 인권최고대표사무소와의 기술협력 권고를 거부한 반면, 아동권리위원회와는 2004년 위원회 일행의 방북을 허용하고 현재 국제아동기금(UNICEF)과 전략적 동반자관계를 갖는 등 기술협력에 임하고 있다.

1차적으로 자연재해를 꼽고 있다. 그리고 그것을 복구하는 데 국제사회의 지원과 협력이 있었음을 인정하는 한편, 심각한 피해와 복구 노력에 전념해 온 사정으로 구체적인 관련 자료나 정보를 충분히 제시하지 못하고 있다. 이는 대북 식량지원 등 국제사회의 인도주의적 지원과 개발지원이 장기적으로 북한의 인권 상황을 향상시키고 그 수준을 국제인권협약에 가까워지도록 할 수 있는 또 다른 계기가 될 수 있음을 보여준다.

6) 맺음말

이 장에서는 북한 연구시각을 둘러싼 기존의 논쟁이 내재적 시각과 외재적 시각을 상호 대립적으로 이해하고, 사례연구 없이 추상적 수준에서 전개되어왔다는 점에 착안하여, 북한인권이라는 구체적인 연구사례를 갖고 두 시각의 상호보완성을 탐색하고자 하였다. 분석결과, 내재적 시각은 행위자의 행동원리 및 목적으로 그 행동결과를 비판적으로 분석하는 데 유용하다는 점을 알 수 있었다. 내재적 시각에 의한 분석결과, 북한의 인권 상황은 북한이 밝히고 있는 인권관과 인권 관련 법제에 비추어보아도 양호하지만은 않다는 점과 북한 스스로 인권개선을 위해 할 수 있는 역할이 있다는 점을 동시에 발견하였다. 그럼에도 내재적 시각은 북한의 인권 상황 전체를 파악하고 인권개선방안을 모색하는 데 한계가 있다는 점도 알게 되었다. 또한 내재적 시각은 북한의 인권관과 관련 법제 현황을 파악하는데, 외재적 시각은 북한인권의 한계 지점을 설명하는 데 각각 상대적으로 더 유용하다고 말할 수 있다. 따라서 두 시각은 북한의 인권 상황을 파악하고 개선방안을 모색하는 데 상호보완적인 역할을 할 수 있을 것이다. 실제로 북한의 국제인권협약 가입 및 이행과 같은 현상을 설명하는 데 두 시각이 동시에 적용될 수 있음을 알 수 있었다.

이상과 같은 분석결과는 다음과 같은 시사점을 줄 수 있다고 본다. 첫째, 인권 상황을 파악함에서 당사자의 입장과 여건을 먼저 객관적으로 이해한 다음 인권 상황을 특정 시각으로 평가하는 것이 합리적이라는 점이다. 둘째, 인권개선방안의 모색 역시 당사자의 의지와 능력을 최대한 발휘할 수 있게 하고 그 한계를 국제사회와의 협력으로 보충할 수 있다는 점다. 이 두 가지 점은 내재적 시각의 의의를 반영하고 있는 동시에 그 한계 범위를 포착하여 외재적 시각의 역할, 곧 내재적 시각과 외재적 시각의 상호보완적 지점을 찾을 수 있는 근거가 된다. 셋째, 특정 인권 문제를 둘러싼 논의의 지향은 관련 행위자를 타자로 호명하여 비판하거나 비판을 통한 자기 카타르시스가 아니라 성찰과 공존으로 나아가야 한다는 점이다. 북한인권을 사례로 한 본 연구의 논의가 내재적 시각에서 출발하여 그 의의와 한계를 도출하고, 그 보완으로 외재적 시각의 필요성을 제기하는 순서로 진행한 것도 그런 맥락에서 이해할 수 있을 것이다.

그럼에도 본 연구는 내재적 시각과 외재적 시각을 하나의 사례에 적용할 때 발생할 수 있는 논리적 상충을 완전히 해소하지 못하고 절충하고 있다는 비판을 받을 수 있다. 이것은 기본적으로 행위자로서 북한의 이중성, 분석 대상으로서 북한인권의 중층성에 기인한 것으로 해명할 수 있으나, 앞으로 보다 많은 사례연구를 통해 두 시각의 적실성과 양자 간 상호보완 관계의 지점을 더욱 정확하게 제시해야 할 과제를 남겨두고 있다. 이를 위해서는 무엇보다도 북한인권 관련 법령 및 제도의 운영실태 조사와 가입 국제인권 규약의 국내적 이행에 관한 지속적인 모니터링이 필요하다. 본 연구에서 인권 범주를 자유권·사회권으로 한정하여, 환경·평화·개발 등 소위 3세대 인권 영역을 포함하지 못하는 한계도 안고 있다. 북한인권이 놓여 있는 맥락과 인권론의 발전을 기대할 때 추후 반드시 필요한 연구주제라 하겠다.

북한의 인권상황 평가

북한의 인권 상황을 객관적이고 정확하게 평가하는 일은 생각보다 쉬운 일이 아니다. 무엇보다 북한의 인권 상황을 직접 확인할 수 없는 상태에서 주로 탈북자 증언과 인권단체들의 각종 북한인권 보고서를 통해 짐작할 수밖에 없다. 그런 증언과 보고서들이 북한의 인권 상황을 정확하게 그리고 북한의 전체 인권 상황을 말해준다고 보기는 어렵다. 그렇다고 북한이 유엔 국제인권협약위원회에 제출한 보고서를 액면 그대로 믿을 수도 없는 노릇이다. 이와 같은 어려움 속에서 북한인권 상황을 평가하는 일은 제한적일 수밖에 없다는 점을 전제하지 않을 수 없다.

이 장에서는 북한의 인권 상황을 자유권, 사회권, 아동의 권리, 여성의 권리 등 크게 네 부분으로 나누어 살펴보고 가능한 한 평가를 시도해보고자 한다. 북한인권 상황을 위 네 부분으로 나누어 살펴보는 이유는 북한이 위 네 분야의 국제인권협약 가입국이기 때문이다. 그렇기 때문에 해당 국제인권협약을 각 부분의 인권 상황을 평가하는 기준으로 삼을 수 있을 것이다. 그리고 탈북자의 인권 상황 역시 북한인권의 범주에 포함할 수 있으므로 이들의 인권 상황도 네 개의 인권 영역에서 필요에 따라 언급하기로 한다.

먼저 북한인권 상황은 북한이 네 개의 국제인권협약에 낸 보고서와 통일연구원이 펴낸 『북한인권백서 2014』(이하 『백서』)를 소개하여 둘 사이의 차이를 살필 수 있도록 하였다.[1] 그리고 그에 대한 평가는 네 개 국제인권협약위원회의 최종견해(Concluding Observations)와 관련 인권단체의 보고서를 참조했음을 밝혀둔다. 북한인권 상황 및 그 평가에는 유엔의 북한인권 결의문과 북한인권 특별보고관의 북한인권 보고서도 참조하였다.

1. 자유권 상황 평가

1) 자유권 상황

북한은 1981년 9월 자유권규약에 가입하였고, 1983년 10월 24일과 1984년 4월 2일에 각각 최초 보고서(CCPR/C/22/ADD3)와 보충 보고서를 제출하였다. 북한은 이후 규약 이행 보고서를 제출하지 않고 있다가 1999년 12월 25일 제2차 보고서를 제출했는데 아래에서 2차 보고서상의 북한인권 상황을 먼저 소개한다.[2]

북한의 자유권규약 이행 2차 보고서는 1984년부터 1997년까지의 기간을 포괄하는데, 이 기간 동안 헌법이 개정되었고 형법·형사소송법·민법·가족

---

[1] 임순희 외, 『2006 북한인권백서』(서울: 통일연구원, 2006).

[2] "Second periodic report of the Democratic People's Republic of Korea on its implementation of the International Covenant on Civil and Political Rights," 4 May 2000, CCPR/C/PRK/2000/2, 유엔 인권최고대표사무소 웹사이트.

법·민사소송법·변호사법 등 자유권과 관련된 법률들이 제정 또는 개정되었다. 모두 27개조로 구성되어 있는 보고서는 평등권, 생명권, 자유 및 안전의 권리, 여행 및 거주의 자유, 종교의 자유, 참정권 등 자유권의 주요 사항을 보고하고 있다.

보고서는 제3조에 평등권 상황을 언급하는데, 먼저 남녀평등을 위한 국가적 조치로 1946년 남녀평등법 공포, 헌법에 의한 보장, 산전산후 휴가의 보장, 여러 어린이를 가진 어머니를 위한 노동시간 단축, 탁아소와 유치원망의 확장 등을 제시한다. 또 국가사회생활의 모든 분야에서 여성의 동등한 권리 행사가 이루어지고 있다고 하면서 그 예로 여성이 최고인민회의에서 20.1%, 지역인민위원회에서 21.9%를 차지하고 있고 국가경제의 전체 고용에서는 여성이 48.4%를 차지한다고 한다. 보고서는 또 가정생활에서도 여성은 동등한 권리를 갖는다(가족법 제18조)고 밝히고 있다.

그러나 『백서』에 따르면 북한주민의 평등권은 크게 침해되고 있는 것으로 나타난다. 그것은 출신성분에 따른 사회적 차별을 말하는데, 이러한 차별을 정당화하기 위해 북한 당국은 한국전쟁 이후 주민성분조사를 시작으로 1998년 공민증 갱신작업까지 출신성분 구분 작업을 꾸준히 전개해왔다. 『백서』는 또 2010년부터 2013년까지 입국한 북한이탈주민들을 상대로 조사한 결과 응답자의 63%가 북한에서 성분을 근거로 차별이 이루어진다고 밝히고 있다. 그러나 2000년대에 들어 시장화 현상이 확대되면서 출신성분에 의한 차별이 완화되는 현상도 나타난다.

생명권과 관련해 북한의 보고서는 제6조에서 다루는데, 생명권에 대한 법적 규정으로 생명권 보호(헌법 제79조 및 형사 관련 법률), 생명 침해에 대한 형사책임(형법 제45조, 141~149조), 사회안전원의 무기 사용 제한(사회안전단속법 제35조), 불법적 생명 박탈에 대한 보상(형사보상규칙 제5조 3항) 등을 제시하고 있다. 보고서는 전쟁 및 기타 위협에서 생명권을 보호한다는 점을 덧붙인 점이 인상적이다. 북한은 사형제를 실시하고 있는데 국가권력에 대항하는 음모, 반역, 테러리즘, 반국가적 배신, 국제적 살인 등 다섯 가지 범죄에 대해서만 의거하여 부과된다.[3] 북한은 2004년 형법 개정을 통해 이들 범죄에 대한 사형 구성요건을 강화한 것으로 알려지고 있다. 그리고 사형선고는 조선민주주의인민공화국의 이름으로 오직 중앙법원 또는 도법원에 의해서만 선고된다고 한다(형사소송법 제181~184조).

그러나 『백서』는 북한에서의 자유권 상황 중 생명권이 가장 심각하다고 밝히고 있다. 북한은 형법과 형법부칙(일반범죄)이라는 독특한 형태의 법을 통해 사형 해당 범죄를 확대하여 북한주민을 통제하고 체제 보위를 도모한다. 또한 포고문을 통해 사형을 부과해왔다. 이는 '자의적인' 생명 박탈이 금지되어야 한다는 자유권규약 의무에 위배될 수 있다. 북한은 2013년 12월 장성택 국방위원회 부위원장의 체포 및 사형을 전후로 사형이 증가한 것으로 알려졌다. 장성택 처형 자체가 반인권적 처사인바, 김정은 체제의 형성이 시작된 2000년대 후반 이후 북한에서 사형이 증대하였다. 구체적으로 보면 공개처형의 대상은 2010년까지는 사회일탈 및 경제사범이 다수를 차지했는데, 2011년의 경우는 처음으로 마약(빙두) 거래가 가장 빈번한 공개처형 사유로 증언되었다. 공개처형이 오히려 비밀처형 및 무기노동교화형으로 대체되고 있다는 증언도 꾸준히 나오고 있다.

보고서 제7조는 고문 및 기타 비인도적 처우의 금지 등 신체의 자유를 언급한다. 구체적으로 북한은 형사소송법의 여러 조항을 통해 고문과 비인도적 처우를 금지하고 있다고 한다. 예를 들어 강압적인 방법으로 받은 피의자의 진술은 증거로 쓸 수 없고(형사소송법 제93조), 피의자의 자백이나

---

3 다만 보고서는 북한은 사형의 완전 폐지를 지향하고 있다고 하면서, 현재 유지되는 사형제도는 국내의 특수한 환경과 범죄예방의 필요에 근거한다고 덧붙이고 있다.

고백이 유일한 증거일 때에는 그의 죄행이 증명되지 않은 것으로 인정한다(형사소송법 제94조). 또 보고서는 고문 및 비인도적 처우 또는 형벌을 방지하기 위한 조치를 취하고 있다고 하면서 검사와 법집행 감시기구가 고문행위에 대한 감독과 통제를 수행한다고 밝히고 있다.

이와 관련하여 『백서』는 북한이 신체의 자유와 관련하여 2012년 5월 14일 형법을 개정하면서 불법심문과 불법체포, 구속 및 수색의 경우 이전보다 형량이 낮아졌다는 점을 지적하였다. 또 여러 교화소에서 가혹행위 사례가 다수 수집되었다고도 밝혔다. 가혹행위와 영양실조, 열악한 의료시설로 인한 사망, 그리고 강제낙태 사례도 확인되었다. 이렇게 구금시설에서 사망사건이 발생하더라도 가족에게 적절하게 통보하지 않고 자의적으로 사체를 처리하는 경우도 있다고 한다.

북한이 낸 보고서에서는 북한의 교화제도가 노동교화형이라고 밝히고 있다. 교화소 수용자는 편의와 위생적인 문화생활을 위한 인간적 조건을 제공받고, 하루 8시간 노동하고 일요일과 공휴일에 휴식을 취하고, 가족친지와 면회하거나 서신을 교환할 수 있고, 풀려난 사람들은 석방된 날부터 어떠한 제한도 없이 선거권을 포함한 공민의 모든 권리를 인정받고, 미성년 범죄자는 교양처분을 통해 교화되기 때문에 이들을 수용하는 교화소는 없다고 주장한다.

북한의 구금시설은 정치범수용소로 불리는 관리소 외에도 교화소, 노동단련대, 집결소, 구류장 등이 있는 것으로 파악되고 있다. 북한의 정치범수용소는 생명권, 신체의 자유, 비인도적 처우를 받지 않을 권리 등 모든 기본권을 침해하는 요소를 갖고 있어 국제법상 '반인도적범죄(crimes against humanity)'로 간주된다. 다른 구금시설에 있는 사람들도 강제노동, 부족한 음식, 열악한 주거시설, 강간, 강제낙태, 감시와 통제 등 여러 측면에서 인권침해 요소가 있다고 알려져 있다.[4]

또 북한의 자유권규약 이행 보고서는 정당한 법과 절차에 의해 보호받을 권리도 보장받고 있다고 주장한다. 보고서는 1992년 1월과 1995년 4월 형사소송법을 보완하여 피고인의 권리 보장을 강화했으며, 특히 피고인의 변호권을 구체화했다고 말한다. 북한은 2004년에도 형법을 개정하여 유추 해석을 지양하고 죄형법정주의를 확립하는 조치를 취한 바 있다. 또 보고서는 헌법 제79조와 형사소송법 제11조 1항을 거론하며 법에 규정되어 있지 않는 경우나 법에 규정된 절차를 따르지 않고서는 사람을 체포하거나 구류할 수 없다고 밝히고 있다. 그러나 동시에 범행 시점이나 범행 직후 발견된 경우, 피해자 혹은 목격자의 지목이 있을 때나 주거가 불확실한 경우에는 검사의 영장승인 없이 체포할 수 있다고 한다(형사소송법 제65조). 보고서는 또 예심 단계에서의 구금 요건, 피의 사실 또는 체포 이유의 통보에 관한 언급도 하고 있다. 한 가지 이색적인 보고 내용은 피조사자나 변호인이 체포 또는 구금에 이의를 제기할 경우 체포 혹은 구금의 적법성을 조사할 권한이 검사에 있다는 점이다. 또 보고서는 법 앞의 평등, 공정한 공개심리를 받을 권리가 있다고 말한다. 재판소는 독립적이며 재판활동을 법에 의거하여 엄격히 수행한다고 한다. 재판은 원칙적으로 공개된다. 그러나 국가기밀 또는 개인비밀이 드러날 위험이 있거나 사회에 나쁜 영향을 끼칠 우려가 있는 경우에는 재판이 완전히 또는 부분적으로 공개되지 않을 수 있다(헌법 제158조, 형사소송법 제16조, 민사소송법 제10조).

법에 의한 보호와 관련해서 『백서』가 밝히고 있는 실태는 북한의 보고서와 사뭇 다르다. 존재하는 인권 관련 법제도들이 대중의 필요에 따라 널리

---

4 윤여상·이자은·한선영, 『북한 정치범수용소의 운영체계와 인권실태』(서울: 북한인권 정보센터 2011); 오경섭, 「소련·북한·중국의 정치범수용소 비교: 정치적 기능을 중심 으로」, 통일연구원 북한인권연구센터 편, 『북한인권 이해의 새로운 지평』(서울: 통일 연구원, 2012) 참조.

활용되지 않고 있다. 형법, 형사소송법에 규정한 바에 따라 형사재판절차가 준수되는 사례가 많지 않고, 상소제도와 변호사제도는 형식적으로 운영된다는 증언이 지속되고 있다. 현지공개재판도 지속적으로 실시되고 있다. 공개재판 대상 범죄는 일정하지 않으며, 특정범죄에 대한 경각심을 일으킬 필요가 있다고 판단되는 경우 당의 지시에 의해 이루어진다. 북한에서 법은 당과 수령의 교시 아래에 있다.

자유권과 관련하여 북한의 보고서는 여행 및 거주의 자유, 종교의 자유, 언론 및 출판의 자유, 집회 및 결사의 자유, 사생활 보호 등을 보장한다고 밝히고 있다. 여행 및 거주의 자유와 관련해 보고서는 여행을 원하는 자는 여행증명서를 발급받고, 거주지를 이전하려는 경우 정당한 법적 절차를 거쳐야 한다고 하여 일정한 제한이 있음을 암시하고 있다. 보고서는 또 사생활 보호와 관련해서도 수사관이나 판사가 범죄자나 범죄를 찾아내기 위해 편지 또는 전신을 압수할 필요가 있을 때는 합당한 이유가 있어야 하고 검사의 승인이 있어야 한다고 한다. 또 언론·출판·집회·결사의 자유와 관련해서는 국가안보와 공공질서를 손상시킨다면 금지하거나 통제한다고 단서를 달았다. 보고서는 결사의 자유와 관련해서는 국가가 인권증진을 위한 단체들의 설립을 장려한다고 하는 대목이 눈에 띈다.

그러나 탈북자들의 증언에 바탕을 둔 『백서』에 따르면 북한에서는 위와 같은 자유권이 광범위하게 침해되고 있는 것으로 파악된다. '당의 유일적령도체계 확립을 위한 10대 원칙'은 북한주민들의 자유를 근본적으로 제약하고 있다. 당국의 허가 없이 자의로 주거지를 옮길 수 없고, 복잡한 여행증명서 발급 및 신고 절차가 여행의 자유를 제약하는 것으로 평가되었다. 물론 식량난과 시장화, 부정부패 현상이 맞물려 여행 제한이 완화되고 주택거래로 거주이전의 자유도 부분적으로 발견된다. 종교의 자유도 완전히 부정되지 않고 있다. 그렇지만 전반적으로 당, 보안기구의 감시와 통제로 주민들이 양심과 종교의 자유를 누리기는 태부족이다. 집회 결사의 자유 역시 당의 방침에 의해 통제되므로 당·국가기관과 독립해서 주민들의 권익을 대변할 기구나 모임을 가지기 어려운 것이 현실이다.

마지막으로 보고서는 참정권과 관련해 정부 참여의 권리, 선거권 및 피선거권 그리고 공무취임의 권리가 있다고 말하고 있다. 예를 들어 17세 이상의 모든 공민은 성별, 민족, 직업, 거주기간, 재산과 교육, 정견, 신앙에 관계없이 선거권과 피선거권을 가진다. 유권자들은 언제든지 그 대표자를 소환할 수 있다는 대목이 인상적이다. 그러나 실제로는 노동당이 지명하는 단일후보가 등록하고 그에 대한 찬반투표로 이루어져 선거권 및 피선거권 은 의미가 크지 않다는 것이 『백서』의 분석이다. 투표율이 높은 것도 주민들 이 투표를 안 할 경우 받을 불이익을 두려워하기 때문이라는 것이 탈북자들 의 증언이다.

2) 자유권 상황 평가

북한이 낸 제2차 자유권 이행 보고서에 대해 유엔 자유권규약위원회는 심의를 통해 2001년 8월 27일 다음과 같은 최종견해를 내놓았다.[5] 국제인권 규약위원회의 최종견해는 해당 규약에 비추어 당사국이 제출한 보고서 및 심의 시 답변 내용을 평가하고 권고사항을 제시하고 있다.

자유권규약위원회의 최종견해는 먼저 긍정적 측면을 다섯 가지로 언급 하고 있다. 그중 네 가지를 소개하면 다음과 같다.

---

5   Concluding Observations of the Human Rights Committee: Democratic People's Republic of Korea. 27/08/2001. CCPR/CO/72/PRK. 27 August 2001, 유엔 인권최고대 표사무소 웹사이트.

• 사형이 가능한 범죄의 항목이 33개에서 5개로 줄었을 뿐 아니라, 나아가 당사국이 사형제도의 문제를 폐지의 방향에서 검토하고 있다고 언급한 점

• 대표단이 규약상의 여러 분야에서, 특히 여성의 인권상황에 대한 개선의 필요를 인식한 것을 가치 있게 평가하며, 이러한 맥락에서 2001년 2월 여성차별철폐협약을 비준한 점

• 2000년 6·15 선언 이후 제한적이나마 세 차례에 걸쳐 남북 간 이산가족 교환방문이 실시된 점

• 당사국 내 행정적 구금이 중단된 점

이어서 규약위원회의 최종견해는 23가지 우려사항 및 권고를 내놓았는데, 그중 일부를 소개하면 다음과 같다.

• 위원회는 사법부의 공정성과 독립성을 심각하게 저해할 수 있는 헌법 및 법률 조항들, 특히 중앙재판소가 최고인민회의에 대해 책임을 지도록 하는 내용의 헌법 제162조에 대해 우려를 표한다.

• 위원회는 당사국의 국내입법체계에 있어 규약의 지위가 불확실하다는 점에 주목한다. 위원회는, 헌법을 비롯한 국내법과 규약이 충돌하는 경우 어떻게 처리되는지에 관한 정보를 차기 정기보고서에 제공할 것을 요청한다.

• 당사국은 국가인권기구의 설립을 검토해야 한다.

• 당사국은 국제인권단체들과 여타의 국제기구들이 그들의 요청에 따라 정기적으로 북한 영토를 방문하여 인권의 증진과 보호에 필수적인 정보들에 접근할 수 있도록 허용해야 한다.

• 위원회는 사형대상이 되는 범죄의 수가 다섯 개로 줄었다는 점을 가치 있게 평가하는 반면, 다섯 개 범죄 중 네 개가 본질적으로 정치적 범죄(형법 제44조, 제45조, 제47조, 제52조)이고 …… 규약 제6조 2항이 요구하는 '가장

중대한 범죄'에만 국한되지 않을 수 있다는 점을 매우 우려한다. …… 또한 공개처형을 금지해야 하며, 사형제도의 폐지를 위해 계속적으로 노력해야 한다.

- 법집행공무원의 권력남용을 방지하기 위해 모든 구금시설 및 유치장에 대한 독립적인 감독시스템을 마련해야 한다.
- 교화소 및 구금시설에 잔인하고 비인도적이며 굴욕적인 처우와 환경이 존재하고 의료조치가 불충분하다는 주장이 많이 제기되어 우려스럽다.
- 위원회는 북한의 노동법 제2장의 규정들, 특히 제14조와 제18조가 규약 제8조 3항(a)의 강제노동금지 규정에 부합하는지에 대해 심각한 회의를 가지고 있다.
- 당사국은 여행증명 취득의무의 폐지를 검토해야 한다.
- 종교의 자유에 관하여 최근의 정보가 제공되지 않은 것을 유감스럽게 생각한다.
- 언론법의 여러 규정들은 규약 제19조에 부합한다고 보기 어렵다. '국가안보에 대한 위협'이라는 개념은 표현의 자유를 제약하는 방식으로 사용될 수 있다.
- 집회 관련 법률이 남용될 가능성을 포함하여, 공공의 모임과 시위에 대한 제한을 우려한다.

한편, 국제인권단체들은 북한의 자유권 상황이 심각하다고 평가하고 있다. 이 중 북한의 식량난으로 북한주민의 자유권이 열악해졌을 뿐만 아니라 북한 내 자유권 침해로 식량난이 가중되었다는 국제사면위원회(Amnesty International)의 보고가 눈에 띈다. 예를 들어 사면위원회의 보고서는 북한에서 통행증이 없으면 국내에서도 이동이 자유롭지 못하기 때문에 사람들이 식량을 찾기 위해 자유롭게 이동하지 못해 식량난으로 인한 피해가 악화되었다고 평가한다. 또 북한은 표현·결사·정보의 자유가 거의 억압된 나라이고 그 때문에 기근·식량난과 관련한 신뢰할 만한 정보 역시 제대로 제공되지 못했다고 본다.[6] 또 한국의 북한인권단체인 북한인권시민연합은 북한의 구금시설 내 인권 상황을 심도 있게 다룬 보고서에서 구금시설 내 수용자들이 자유권·사회권에 걸쳐 광범위한 인권침해를 당하고 있다고 고발하였다.[7] 2014년 3월 북한인권조사위원회가 발표한 보고서는 북한에서 일어난 반인도적 범죄 11가지를 언급하는데, 그중 10가지가 자유권 침해에 해당한다.[8] 위 단체들이 지적하는 북한의 자유권 개선과제는 일치하는 바가 많다. 그 구체적인 내용은 자유권규약위원회의 최종견해를 반영하고 있고, 큰 방향은 유엔에서의 북한인권 결의문에 반복해서 나타난 바 있다. 북한인권 관련 단체들이 제시하는 북한의 자유권 개선 과제에는 체계적이고 광범위한 인권침해 중단, 인권침해 관련 정보 제공 및 국제사회의 북한 접근 허용, 고문방지협약 및 인종차별철폐협약 가입 등이 포함되어 있다. 나아가 북한인권조사위원회는 광범위한 인권침해에 관련된 고위인사들의 국제 형사재판까지 언급하고 있다.

6　"Starved of Rights: Human rights and the Food crisis in the Democratic People's Republic of Korea(North Korea)," SAS 24/003/2004, Amnesty International, 17 January 2004.

7　Joanna Hosaniak, "Prisoners of Their Own Country: North Korea in the Eyes of the Witnesses," Citizens' Alliance for North Korean Human Rights(2005).

8　위 보고서 제76항에서 언급된 반인도적 범죄는 절멸, 살인, 노예화, 고문, 구금, 강간, 강제낙태 및 기타 성폭력, 정치 종교 인종 성을 이유로 한 박해, 강제송환, 강제실종, 그리고 지속적인 기아 사태를 초래하는 비인도적 행위 등 11가지이다.

2. 사회권 상황 평가

1) 사회권 상황

북한은 사회권규약에 1981년 9월 가입하였고 1989년 1월 14일에 최초 사회권규약 이행 보고서를 제출하였다. 제2차 보고서는 2002년 4월 29일 제출했는데 사회권규약의 10개 조항의 이행 경과를 담고 있다. 다음 내용은 2차 보고서의 요지이다.[9]

첫째, 북한의 보고서는 노동권을 다루고 있는데 북한은 헌법과 노동법에 따라 노동의 권리를 보장하고 있고 실제 정부기관, 기업 및 관련 사회협동단체들은 개인의 희망과 능력의 관점에서 일자리를 제공한다고 말한다. 노동연령은 여성은 16~55세, 남성은 16~60세로서 16세까지 11년제 무상의무교육이 제공되며 아동노동은 법에 의해 금지된다. 여성은 남성과 똑같은 사회적 지위와 권리를 가진다. 또 국가는 노동조건에 대한 권리를 보장하기 위해 희망과 능력에 따른 비차별적 일자리 제공, 여성의 유해노동배치금지, 철저한 노동보호 및 안전시설 보장 등과 같은 조치를 취하고 있다고 한다. 이 밖에도 국가는 노동자의 기술향상을 위해 각종 노동병행교육제도를 실시한다고 보고하고 있다.

그러나 현실에서 노동은 북한인민에게 권리보다는 의무의 성격이 강해 보인다. 그럼에도 북한 노동자의 다수는 실업상태에 있다. 오늘날 북한에서 공장가동률이 '고난의 행군' 시기의 20~30%를 넘어 50%까지 넘어섰다는

---

9 "Implementation of the International Covenant on Economic, Social and Cultural Rights Second periodic reports of the Democratic People's Republic of Korea," E/1990/6/Add.35, 15 May 2002, 유엔 인권최고대표사무소 웹사이트.

추정도 있지만, 100%라는 보고는 나오지 않고 있다. 그렇기 때문에 직장 밖에서 생계를 위한 다른 노동이 필요한 것은 마찬가지다. 북한은 또 "노동 능력이 있는 모든 공민은 희망과 재능에 따라 직업을 선택한다"고 말하고 있지만 직업선택에서 당성 및 출신성분 또는 가족 배경이 크게 작용한다고 한다. 직장배치가 안면관계와 뇌물수수에 따라 이루어진다는 증언도 나오고 있다. 그러나 경제난이 지속됨에 따라 인민들은 취업보다는 개인 상업을 선호하는 경향이 높아지고, 직장에 다니는 사람들 중에서도 뇌물을 제공하고 퇴직하여 장사에 나서는 사람도 있다고 한다.

둘째, 보고서는 노동조건에 관해 비교적 상세하게 언급하고 있다. 임금은 노동에서 소비된 에너지를 재생산하고 노동자의 생계수준을 보장한다는 원칙에 따라 정해진 임금기준에 의해 결정된다고 한다. 다만 국가는 평균임 금보다 낮은 임금을 보다 빨리 인상시키는 조치를 통해 노동자 간의 임금 격차를 줄였다고 밝혀, 임금 격차가 문제가 됨을 암시하였다. 국가는 주거, 대학을 포함한 교육, 의료, 그리고 탁아소 및 유치원 등을 무상으로 제공한 다고 한다. 또한 북한은 농민들에게 1kg당 65원에 쌀을 사서 8원에 공급하고 있다.[10] 그리고 성, 나이, 인종에 상관없이 노동자는 동일한 노동에 대해 동일한 임금을 받는다. 나아가 국가는 노동법·환경보호법·노동자보호 규칙을 통해 안전하고 건강한 노동조건을 규정하고 있으며, 단일화된 노동 보호제도를 통해 노동권리 이행을 증진시키고 있다는 것이 북한의 보고 내용이다. 북한은 또 2000년대 후반에 들어 사회권과 관련된 각종 법령을 제·개정하며 사회권 개선에 힘쓰는 것으로 보인다. 그런 법령에는 연로자보

---

10 이러한 보고와 달리 가격 현실화 이후 북한의 장마당에서 쌀은 2004년 기준으로 1kg에 300~700원대를 호가하는 것으로 알려졌다. 좋은벗들, 『오늘의 북한, 북한의 내일』, 51쪽.

호법, 사회보장법, 살림집법, 양정법, 교육법, 노동정량법 등이 있다.[11]

북한에서 실제 노동조건은 위 보고서 내용과 큰 차이가 있다. 근로시간을 예로 들어보자. 북한은 "노동시간은 일일 8시간이며 초과근무는 금지"되고 정기·추가·출산 휴가 등을 통해 여가를 누린다고 보고하고 있다. 규정을 현실로, 희망사항을 사실로 바꿔놓은 것이다. 『백서』에 따르면 북한 대부분의 기업소에서 배급과 임금이 정상적으로 지급되지 못하며, 기업소가 정상적으로 운영되는 경우에도 근로자와 가족의 생계유지에 충분할 정도의 노동의 대가를 받지 못하고 있다. 북한이탈주민 대상 조사 결과에 따르면, 최근 몇 년간과 마찬가지로 2013년에도 임금이 제대로 지급되지 않았다는 응답이 60%가 넘었으며, 임금 수준이 적정하지 않다는 응답은 90%를 넘었다. 이러한 상황에서 많은 북한주민들이 각종 비공식적 노동을 통해 생활을 유지할 수밖에 없다.

셋째, 노동조합 결성 및 가입 권리에 관해서 보고서는 그 권리를 보장하고 있다고 하면서도 국가안보를 위협하거나 건강한 사회질서를 해치는 노조의 결성 및 활동은 금지한다고 단서를 붙이고 있다. 그리고 노동조합 결성을 위해서는 등록지원서를 30일 전에 제출해야 한다. 인상적인 보고내용은 노동자들은 피고용인인 동시에 고용된 기관이나 기업의 경영·관리에 참여하는 주인이기도 하므로 단체교섭·노동분쟁·파업은 발생하지 않는다는 것이다. 또 집회 및 시위의 자유는 보장되지만 국가안보와 공공질서를 위협하는 집회나 시위는 사회안전단속법에 따라 통제될 수 있다고 한다.

그러나 북한에서 노동자들이 자기 권익을 옹호하기 위해 자발적으로 노동조합을 결성할 권리가 있다고 말하기에는 힘들다. 현재 북한에 노동조합 형태로 유일하게 있는 조직은 조선직업총동맹인데, 이 조직은 단체조직

---

11 조선인권연구협회, 『조선인권연구협회 보고서』, 2013년 9월 13일.

권이나 단체교섭권 및 파업권을 갖지 못하고 노동당의 외곽단체로 기능한다. 북한에서 노동자의 이익은 노동조합이 아니라 노동당이 대변한다.[12] 다만, 외국인투자기업을 대상으로 하는 외국인기업법 시행규정에서는 근로자의 권익보호와 관련된 사항을 부분적으로 언급하고 있다고 『백서』는 덧붙인다.

넷째, 사회보장권에 관해 북한은 고령, 질병, 신체적 장애로 인해 노동할 수 없는 모든 사람과 생계수단이 없는 노인, 아동은 물질적 원조를 받을 권리를 갖는다고 밝히면서 각종 제도를 소개한다. 모든 의료는 무상이고 실업이 없기 때문에 의료급여 및 실업급여는 규정되어 있지 않다고 한다.[13] 그리고 사회보험 및 사회보장급여는 국가 재정으로 충당하고 노동자의 보험료를 통해 보충된다고 한다.

그러나 북한이 자랑하는 사회보장제도는 실질적으로 가동되지 않는 것으로 알려졌다. 『백서』가 탈북자, 북한을 방문한 국제기구 및 기자들의 증언을 종합해 분석한 바에 따르면 무상치료제는 평양, 지방도시, 농촌에 따라 차이가 있고 간부급 병원과 일반 병원 사이에도 큰 차이가 있는 것으로 파악되었다. 의료분야뿐만 아니라 식량배급, 연금제도 역시 일부 지역을 제외하고는 경제난 등으로 제대로 작동하지 않는 것으로 알려졌다. 더욱이 2002년 7·1 조치를 계기로 사회복지제도의 책임 주체가 국가에서 개인과 가족으로 이동하였다. 그런데 노동자 개인의 수입으로는 의·식·주,

---

12 직업총동맹은 1945년부터 1950년 말까지는 제한적이지만 노동조합의 성격을 띠고 있었다. 직업총동맹의 성격 변화에 대해서는 김병로, 「조선직업총동맹 연구」, 이종석 편, 『북한의 근로단체 연구』(성남: 세종연구소, 1998), 69~126쪽 참조.
13 이는 국가가 무상의료를 제공할 능력을 상실하고 일자리를 제공하지 못할 경우 주민들의 기본생활은 결정적인 타격을 받을 수 있음을 의미하는데, 1990년대 말부터 이후 이런 상황이 일부 현실화되었다고 할 수 있다.

치료 등 사회보장을 감당하기에는 더욱 어렵게 되었다고 한다.

다섯째, 식량난과 직접 관련된 적절한 생활수준에 대한 권리 부분이다. 북한 헌법은 국가가 모든 노동자에게 의·식·주를 위한 제반 조건을 마련해야 한다고 밝히고 있다. 이에 따라 북한은 임금인상, 무상에 가까운 식량공급, 국가가 부담하는 주거, 무상교육 및 의료, 생활필수품의 가격 고정 등의 방법을 채택·시행하고 있다고 한다. 그러나 보고서는 연이은 자연재해로 많은 산업시설이 파괴되고 전력 및 연료설비가 부족하게 되었으며 식량 생산이 급감하여 인민의 생활이 위협받고 있다고 밝히고 있다.[14]

북한의 식량 사정이 2000년대에 들어 다소 호전되어 2012~2013년에는 수입 및 원조 식량을 포함하면 부족 식량이 크게 줄어들었지만, 유엔 세계식량계획(WFP)은 여전히 북한의 10가구 중 8가구는 식량이 부족하다고 평가하고 있다.[15]『백서』에 따르면, 북한의 2013년 식량 가용총량이 증가했지만 북한 당국의 차등적 배분정책으로 인한 일반 주민들의 식량 접근의 양극화는 개선되지 않은 것으로 파악된다.[16] 식량의 가용성 증대에도 불구하고 많은 주민들은 배급에서 소외되어 여전히 장마당을 통해 식량을 구하고 있다. 여기서 인상적인 점은 군과 식량권의 관련성이다. 선군정치에 따른 상대적 혜택에도 불구하고 일부 군인들에게서 식량권 침해 문제가 심각하게 나타나는 것이다. 그래서 가족들이 송금하는 돈으로 부족한 식량 문제를 해결하는 사례도 발견된다. 한편 2012년 이후 북한 당국의 군량미 방출에

---

14 이 북한의 보고서에 따르면 2000년 북한의 곡물생산량은 326만 2,000t이고, 연간 소요 곡물량은 790만 9,000t(이 가운데 식량분은 489만 9,000t)이다. 막대한 곡물부족을 알 수 있다.

15 ≪연합뉴스≫, 2014년 6월 10일.

16 서보혁, 「시장화가 북한주민의 식량권에 미치는 영향 연구」, 통일연구원 인권연구센터 편,『북한의 시장화와 인권의 상관성』(서울: 통일연구원, 근간) 참조.

따라 일시적으로 배급 상황이 호전된 사실도 확인되었다.

여섯째, 보고서는 건강권에 관해 8개 항목에 걸쳐 언급하고 있다. 우선 모든 인민은 신체적·정신적 건강을 향유할 권리가 있다고 밝힌다. 그러나 사회주의 시장의 붕괴와 자연재해로 인해 1990년대 중반에 몇몇 급성 전염병이 증가했고, 사라졌던 말라리아와 결핵 등의 질병이 다시 출현했다. 또한 영아 사망률 증가와 평균 수명 감소를 보고서는 표를 통해 제시한다. 이에 대해 인민의 노력과 국제사회의 원조 덕분에 공공보건에 대한 물질적 원조가 증대됨에 따라 인민의 건강이 향상되고 있다고 언급한다. 또 국가는 정규교육제도 내에서 주요 건강 문제에 대한 각종 예방교육을 실시하고 있다고 밝힌다. 그리고 세계보건기구(WHO), 국제아동기금(UNICEF)과 같은 국제기구들의 원조가 보건정책의 실현과 기술자 훈련 및 기술력 향상에 기여하고 있다고 인정한다.

그러나 『백서』에 따르면, 경제난과 선군정치에 따른 자원배분의 불균등으로 인해 전반적으로 의료체계가 붕괴 현상이 지속되고 있다. 가용성이라는 측면에서 의약품과 기초 의료기기도 절대적으로 부족한 상황이 지속되고 있다. 평양과 대도시 및 지방 사이의 의료에 대한 물리적·경제적 접근권의 양극화가 심화되고 있다. 북한에서 전반적 무상의료제의 붕괴, 특히 가용성의 저하에 따른 부정적 결과는 계층별 건강권 불균등이라는 접근성의 양극화로 나타나는 것이다. 진료소와 인민병원을 주로 이용하는 일반 주민의 건강권에 대한 물리적·경제적 접근성은 개선되지 못하고 있다.

일곱째, 북한은 교육권에 대해서도 무상의무 초중등교육, 고등교육, 문맹 퇴치, 교육 평등권, 교사 우대 등 우수한 제도를 실현했다고 하나, 홍수 등으로 교육시설이 파괴되고 식량이 부족하여 교육환경이 열악해졌다고 밝히고 있다.

북한의 교육권 상황에서 가장 먼저 지적할 바는 주된 교육내용이 인류 보편적 가치와 지식, 인격 함양보다는 정치사상 교육에 있다는 점이다. 『백서』는 교육권을 세 측면에서 평가하고 있다. 가용성 측면에서는 경제난 이후 일반 초중등교육기관에 대한 국가의 교육투자가 크게 감소하여 무상 교육의 의미가 퇴색되고 교육의 질도 상당히 저하된 상태가 지속되고 있다. 접근성 측면에서는 장애아동 등 교육취약계층과 여성의 교육권을 법에 명시함으로써 교육기회의 평등을 강조하지만, 장애아동과 여학생의 교육 접근성에서 차별이 나타난다. 적합성 측면에서는 학생과 학부모의 학습선 택권이 상당히 제한적이라는 점과 폐쇄적인 북한 사회의 속성상 교육에 사회 변화를 유연하게 반영하기 어렵다는 한계가 있다.

2) 사회권 상황 평가

유엔 사회권규약위원회는 북한이 제출한 위 보고서를 심의하여 2003년 12월 12일 최종견해를 발표하였다.[17] 최종견해는 도입, 긍정적 측면, 규약 이행의 장애요소, 주요 우려사항(9~25항) 그리고 제안 및 권고(26~49항) 등 5개 부분에 걸쳐 모두 49개항을 담았다.

최종견해는 긍정적인 측면으로 자연재해 극복 노력과 무상의료 및 11년 제 무상의무교육 제도를 언급하였다. 또 규약위원회는 연이은 자연재해의 결과와 기반시설 재건, 식량안보 등 다양한 영역에서 북한이 직면한 어려움 을 규약 이행의 장애요소라고 보았다.

이어서 최종견해는 아래의 내용을 포함한 주요 우려사항을 제시한다.

---

17 "Concluding Observations of the Committee on Economic, Social and Cultural Rights: Democratic People's Repuclic of Korea," E/C.12/1Add.95, 12 December 2003, 유엔 인권최고대표사무소 웹사이트.

- 사법부의 공정성과 독립성을 심각하게 저해하고 인권보호에 역효과를 초래하고 있는 헌법 및 기타 법조항
- 자유권규약을 적용한 판례가 없고 규약이 국내 법원에서 직접 원용되지 않고 있는 점
- 신소청원법에 따른 개인청원제도의 정확한 기능에 대한 정보가 부족한 점
- 여성의 사회권 향유에 부정적인 영향을 끼치는 전통적인 관습과 태도가 여전히 남아 있고, 여성 차별을 금지하는 국내입법의 부족과 정치, 행정 기구 및 산업분야의 의사결정 직위에 사실상 남녀 불평등이 있다는 점
- 직업선택의 자유에 반하는 국가 차원의 강제적 노동배치 제도 하에서는 노동권이 완전히 보장될 수 없는 점
- 사회보장제도가 보편적으로 적용되고 있는지를 확신할 수 없을 정도로 사회보장제도의 범위에 대한 정보가 빈약한 점
- 국내법에 가정폭력을 처벌하는 규정이 없는 점
- 1990년 중반 이후 광범위한 기아로 인해 특히 여성, 아동, 노인이 다른 집단보다 심각한 영향을 받고 있으며 적절한 지원을 제공받지 못한 점
- 5세 미만 아동의 높은 만성영양실조 비율(45%, 정부통계) 및 빈곤 관련 질병 발생률, 영아 사망률 급증

이런 우려에 따라 최종견해는 아래 내용을 포함한 24가지 제안 및 권고를 내놓았다.

- 규약 이행을 위한 노력의 차원에서 지속적으로 국제원조를 구하는 한편, 유엔 인권최고대표사무소(OHCHR)를 포함한 국제적·지역적 기구들의 국제협력활동에 참여할 것

- 사법부의 독립성과 공정성을 유보시키는 헌법 및 법률 조항들을 즉각 재검토할 것
- 신소청원법에 따른 개인청원제도의 절차가 사회권과 관련하여 어떻게 기능하고 있는지에 대해 보다 구체적인 정보와 신소청원법이 실제 어떻게 이용되고 있는지를 보여주는 판례를 제공할 것
- 모든 형태의 인종차별철폐에 관한 국제협약을 비준할 것
- 국제노동기구(ILO)의 정식 회원국으로 가입할 것
- 여성에 대한 반차별 원칙의 실현을 위해 국내법을 재검토하고 정치·경제·사회 생활에서의 여성의 지위 상승 및 권리 실현을 위한 의식고양 프로그램을 도입할 것
- 더 나은 생계와 일자리를 구하기 위해 외국으로 나간 개인들에 대한 처벌을 없애기 위해 국내법을 재검토할 것
- 독립적인 노조설립의 권리, 파업권 등을 포함한 노조의 권리를 규정하고 있는 규약 제8조에 부합하도록 국내법을 재검토할 것
- 제3차 정기보고서에 가족수당, 장애 및 노인수당을 포함하여 사회보장제도의 수급 자격에 관한 데이터를 제공할 것
- 가정폭력에 대한 처벌 규정을 포함하도록 국내법을 개정할 것
- 자연재해로 고통받는 아동들이 학교로 복귀할 수 있도록 지속적인 노력을 기울일 것
- 국제적 식량원조에 대한 취약집단의 동등한 접근을 보장하는 메커니즘을 수립하고 식량 프로그램에서 이들에게 우선권을 줄 것
- 의식고양 캠페인, 혈액안전프로그램 등 HIV/AIDS 예방전략을 도입하고 유엔개발계획(UNDP), 세계보건기구(WHO)와 같은 유엔기구들과의 협력을 강화할 것을 권고함. 나아가 제3차 정기보고서에 HIV/AIDS 발생률에 관한 통계와 전염병 예방조치에 관한 정보를 포함시킬 것

한편, 비정부기구 차원에서 북한의 사회권규약 이행 상황을 충실하게 모니터링해온 단체로는 국내 북한인권단체인 '좋은벗들'을 꼽을 수 있다. 이 단체는 유엔 사회권규약위원회가 북한의 사회권 이행을 심의하기에 앞서 내놓은 보고서에서 북한이 기근으로 입은 타격과 식량권 확보의 긴급성을 강조한다. '좋은벗들'의 대안보고서는 북한이 제출한 제2차 보고서를 검토하고, '좋은벗들'이 중국에 체류하고 있는 탈북자를 대상으로 1998년부터 2000년까지 실시한 조사에 근거하여 작성된 것이다. 이 보고서는 북한의 식량난을 해소하기 위해 북한 당국과 국제사회의 협력이 필요하다고 결론을 맺으면서, 북한은 경제 개혁을 통해 경제·식량 위기를 해결하려는 노력과 토지개혁, 지원배급의 투명성, 생계를 위한 이동의 자유 보장이 필요하다고 주장하였다. 국제사회를 향해서는 충분한 인도주의적 지원과 경제협력을 통해 북한 스스로 국내 경제와 정치를 안정시키고 더 민주주의적인 사회를 만들어갈 수 있도록 해야 한다고 제안한다.[18]

3. 아동권리 상황 평가

1) 아동권리 상황

북한은 1990년 아동권리협약에 가입 비준하고 최초 협약이행 보고서를 1996년에 제출했다. 북한은 이어 2차 이행 보고서를 2003년 5월 16일,

---

18 Good Friends, "Alternative NGO Report on the Committee on Economic, Social and Cultural Rights of the Second Periodic Report of Democratic People's Republic of Korea," November 2003.

3~4차 합동 보고서는 2007년 12월 10일 제출했다. 다음에서 다룰 3~4차 합동 보고서는 8개 장으로 구성된 57쪽 분량이다.[19]

　보고서에 따르면 북한은 2002년 양육법, 2003년 장애인보호법, 2005년 조세법, 담배금지법, 2007년 적십자사법 등을 제정하고 2004년 형법, 가족법을 개정했으며 2002년 '전인교육을 위한 국가행동계획'(2003~2015)을 작성 후 시행했다. 그리고 아동권이행국가위원회를 설립해 국제아동권위원회와 긴밀히 협력하는 등, 아동권 신장을 위한 법제도 확립과 국제협력을 전개하고 있다고 밝히고 있다. 그 과정에서 유아사망률(1,000명당)이 2000년 21.8%에서 2005년 20.0%, 5세 이하 영아사망률은 같은 기간 47.6%에서 40.0%로 각각 하락했다고 말한다. 그러나 『백서』에 따르면 북한의 어린이들이 영양 부족에서 벗어나지 못하고 있다. 2012년 9월 국제아동기금과 북한 중앙통계국이 실시한 북한의 어린이(0~59개월)와 여성(15~49세)의 영양실태 조사 보고서에 따르면 5세 미만 북한아동의 15.2%가 저체중이며, 27.9%가 만성영양장애이고, 이 가운데 7.2%는 심각한 정도이다. 또한 급성영양장애가 4%이며 빈혈에 시달리는 아동은 전체의 29%에 달한다. 어린이 영양실태에서도 평양과 북·중 국경지역과는 차이가 크다.

　북한의 아동권 이행 3~4차 합동 보고서는 아동에게도 표현, 종교, 양심, 집회결사의 자유를 보장한다고 밝히고 있다. 다만 인민의 이익을 훼손하는 반국가 선동은 규제한다고 덧붙였다. 모든 아동과 임신 여성은 범죄를 지었다 해도 사형을 당하지 않고, 소년범의 경우 공공교화를 받는다. 보고서는 이어 가정환경과 대안적 보호 부문에서, 일부 부모들은 초중등학생인

---

19 "The Combined Third and Fourth periodic reports of States parties due in 2007" Democratic People's Republic of Korea, CRC/C/PRK/4, 15 January 2008, 유엔 인권최고대표사무소 웹사이트.

자식의 양육 및 보호 책임을 학교 교사들에게 전가하는 식으로 소홀히 하는 경우가 있다고 말한다. 그러나 부모가 이혼한 경우 아이가 부모와 연락하고 관계를 유지하는 것을 제한하는 법은 없고, 부모의 범죄 사실로 그 아동이 차별을 받지 않는다고 한다. 다만, 부모 중에서 범죄로 복역할 경우 아이들은 국가와 사회의 보호를 받지만 가족의 수입이 축소돼 경제적 어려움이 있다고 밝히고 있다. 그러나 『백서』는 북한 아동들에게 인신구속 등 자유로운 생활이 크게 제약받고 있다고 분석한다. 북한 아동도 수용시설에 구금되고 거기서 통제와 규칙적인 생활에 적응을 못할 뿐만 아니라, 제대로 먹지를 못해 수용시설을 몰래 빠져나와 거리를 떠돌며, 그로 인해 지방에서는 추운 겨울에 동사하는 꽃제비들이 많다고 한다. 국가에서 운영하는 고아원이라고 하는 초중등학교에 수용된 아이들의 생활도 다른 수용시설과 다르지 않은 것으로 알려져 있다. 특히 북한의 주장과는 달리 중국에서 송환되는 아동들은 가혹행위와 고문을 당하며 구금 중에는 구타, 중노동, 배고픔 등에 시달린다는 것이다.

한편, 위 보고서에 따르면 기초건강과 복지 분야에서 성과가 있었다고 한다. 2005년 7월 조선장애인원호협회가 조선장애인보호연맹의 핵심기구가 돼 장애인보호법의 이행에 박차를 가하고 있다거나, 2002~2006년 사이 저체중 출산아, 저체중, 발육부진 등의 측면에서 아동 건강이 개선되었다는 통계보고가 그 예이다. 장애인위원회가 2005년 실시한 제한적 실태조사 결과 이동장애 아동이 3,639명(남성 2,176명, 여성 1,463명)으로 집계되었다. 교육, 여가, 문화생활 분야에서 보고서는 기술교육 확대, 장애아들을 위한 전문교육시설 신설, 6세 유아 100% 유치원 등록, 전자도서 보급 등에서 성과가 있었다고 자평한다. 그러나 보고서는 완전한 경제회복이 이루어지지 못한 관계로 교육시설의 신설 및 현대화 작업에 차질이 발생했음을 인정한다. 북한은 2010년 12월 22일 최고인민회의 상임위원회에서 아동권리보장법을 제정하였다(정령 제1307호).

특별보호조치와 관련하여 위 보고서는 지난 1~2차 보고서 내용과 상치되는 것은 없다. 이전 보고서에 의하면 아동의 군 복무는 법으로 금지되어 있지만, 자원하는 경우 사전 군사교육을 거쳐 17세에 군인이 된다고 했다. 이로 보아 사실상 아동의 군 복무를 시행하고 있다는 지적이 가능하다. 이와 관련해『백서』는 북한 아동권 관련 쟁점은 무엇보다도 국제아동권리협약과 북한 국내법 간 아동 규정 연령 차이라고 지적한다. 북한에서 17세가 고등중학교를 졸업하고 군대나 직장배치를 받을 수 있으나, 국제적 기준에서는 아동군인 혹은 아동노동의 문제로 지적될 수 있다. 또 북한의 위 보고서는 한국전쟁 이후 난민은 발생하지 않았고, 14세 미만 아동에게 형사 소추하지 않고, 헌법에 따라 16세 이하의 아동노동을 금하고 있다고 한다. 또 이 보고서는 약물 오남용, 성폭력, 인신매매 등에 관해 아동보호조치를 취하고 있다고 강조한다. 그렇지만『백서』등 여러 북한인권 보고서에서는 식량난이 지속됨에 따라 미성년 여자아이들의 성매매 사례도 드물지 않게 발생하고 있음을 제시한다.

요컨대, 북한의 아동권 이행 보고서는 경제상황 때문에 어려움이 있지만 아동권 신장을 위한 국가 차원의 노력은 대단히 적극적이고 성과를 거두고 있다고 자평한다. 그러나 탈북자들의 증언에 기초한 많은 보고서들은 북한의 아동권 실태가 대단히 열악하다고 평가하고 있다.

2) 아동권리 상황 평가

유엔 아동권리협약위원회는 2009년 1월 23일 북한이 제출한 아동권리협약 이행 3~4차 합동 보고서를 심의하여 같은 달 29일 최종견해를 채택하였다. 81개항으로 된 최종견해는 당사국의 후속조치 및 진전사항, 협약 이행

의 장애요소, 주요 우려사항 및 권고 등으로 구성되어 있다.[20]

먼저, 최종견해는 북한의 후속조치 및 진전사항으로 재생산 가능한 건강 증진전략(2006~2010), AIDS예방전략(2002~2007) 등 많은 행정적 조치와 가족법, 사회보호법 등 관련 법 개정을 들었다.

그러나 최종견해의 대부분은 우려사항 및 권고로 이루어져 있다. 즉 기존 권고사항, 법제화, 국가행동계획, 독립적 모니터링, 시민사회와의 협력, 자원할당, 자료수집 등에 걸쳐 일반적 이행 조치 14개항을 제시하고, 이어 일반 원칙으로 비차별, 아동에 대한 최고의 이익, 아동의 견해 존중, 아동의 생명권·생존권 등을 다루고 있다.

위 아동권리협약위원회의 최종견해는 본격적으로 북한정부에 아동권 신장을 위한 권고를 세부적으로 제시한다. 시민적 권리와 자유와 관련하여 최종견해는 아동에게 표현, 사상, 양심, 결사의 자유를 보장하는 실질적 조치를 취할 것을 권고한다. 이어 아동고문 금지 법제 도입, 형사절차 및 선고 공개, 고문 및 부당한 처우를 받은 아동에 대한 물리적 심리적 회복 조치 등을 강력히 권고한다. 가정환경과 대안적 보호와 관련해 최종견해는 가정을 위한 사회서비스 지원에 자원을 확대하고, 양육 시스템을 강화하고, 취약 가정에 대한 지원을 확대해 아이들이 시설에서 가정으로 돌아갈 수 있는 조치를 강화하고, 교육자들이 체벌을 없애고 비폭력적인 교육을 할 수 있도록 권고하고 있다. 최종견해는 또 장애아동 실태에 대한 정확한 조사, 장애아동을 위한 종합정책 수립, 장애아동의 교육권 최대 보장, 장애 인권리협약 선택의정서 비준 검토 등을 권고하기도 한다. 또 모자 건강을 위해서는 모유 수유 권장, 모자건강 전담기구 신설, 전 아동의 건강 증진을

---

20 "Concluding Observations: Democratic People's Republic of Korea," CRC/C/PRK/CO /4, Committee of the rights to the child, Fiftieth session, 27 March 2009.

위한 지방보건소 시스템의 강화, 특히 산간벽지와 농촌 보건시설에 대한 지원 증대를 권고하고 있다. 교육 여가 문화 활동과 관련해서는 아동교육예산 확충, 교육과정 개선 및 교사훈련 강화, 방과후 활동에 자원할당 증대 등을 권고사항으로 제시한다.

최종견해가 민감하게 다루고 있는 특별 보호조치로는 군 입대가 정말 자발적일 것, 학교에서의 아동 조기 군사화 금지, 학교수업에 평화교육 반영, 아동의 무력분쟁 관여에 관한 선택의정서 비준 등을 권고한다. 이 밖에도 아동권리협약위원회의 최종견해는 북한 아동이 연루된 마약밀매, 성적 착취, 구금시설에서의 폭력, 보호와 떨어져 있는 유랑생활 등을 거론하며 북한정부의 아동권 존중 및 보호 노력, 청소년 법원 설치, 아동권리협약 선택의정서 채택, 국제노동기구(ILO) 등 관련 국제기구와의 기술협력 등을 추가로 권고하고 있다.

유엔 아동권리협약위원회의 북한의 2차 이행 보고서 심의에 즈음하여 '좋은벗들'은 2004년 5월 대안보고서를 제출하여 북한의 아동권리 실태와 개선 방안을 제시한 바 있다.[21] '좋은벗들'의 보고서는 지속되는 경제위기와 인도주의적 위기가 북한 아동의 권리 전반을 위협하고 있다고 진단하고, 그에 따라 가장 우선적인 과제(foremost priority)로 아동의 식량권 보장을 제시한다. 2008년 북한이 아동권 실태 3~4차 통합보고서를 준비하던 때, 좋은벗들의 북한 아동인권 관련 소식은 북한의 보고가 상당 부분 사실인 것으로 평가하고 있다. 열악한 식량 및 의료 사정으로 북한 어린이들이 학교 수업도 제대로 받지 못하고 막일을 하며 끼니 벌이를 한다거나, 석탄이

---

21 Good Friends, "Alternative NGO Report on the Committee on the Rights of the Child on the Second Periodic Report of Democratic People's Republic of Korea," May 2004.

없어 유치원 운영을 중단했다거나, 꽃제비 구제소에 파라티푸스 전염병이 발생했다는 보고는 그런 예의 일부이다. 그중에서도 국경지대와 농촌에서 아동의 인권이 더욱 심각하다고 좋은벗들은 보고하고 있다. 국경연안지역 의 어린이 유괴를 주의해야 한다거나, 황해남도 농촌 아이들의 70~80%가 학업을 중단했다는 소식도 그렇다. 또 구금시설에 아이들이 구금되어 있고 거기서 비인간적인 대우를 참지 못해 도망해 유랑한다는 보고는 북한아동 의 생존과 자유가 동전의 앞뒤처럼 열악한 사실을 웅변해준다. 적지 않은 북한아동들에게는 여전히 부모와 함께 살며 학교 다니고 뛰노는 평범한 생활이 꿈으로 남아 있다.

4. 여성권리 상황 평가

1) 여성권리 상황

북한은 현재 4개의 국제인권협약에 가입해 있는데, 그중 가장 최근에 가입한 것이 여성차별철폐협약이다. 북한은 2001년 2월 27일 이 협약을 비준하고 이듬해 9월 11일자로 국가조정위원회가 작성한 최초 이행 보고서 를 유엔 여성차별철폐협약위원회에 제출하였다. 41쪽 분량의 보고서는 크 게 일반사항과 협약 각 조항별 보고로 나뉘어 있다.[22] 여기서는 29개항으로 구성된 협약 각 조항별 보고를 여섯 가지로 분류하여 언급하되 주요 내용을

---

22 "Consideration of report submitted by States Parties under article 18 of the Convention on the Elimination of All Forms of Discrimination against Women," Democratic People's Republic of Korea, CEDAW/C/PRK/1, 11 September 2002, 유엔 인권최고대 표사무소 웹사이트.

발췌하는 식으로 소개하고, 이를 『백서』의 실태분석과 대조할 것이다.

첫째, 보고서가 가장 많은 양을 할애하고 있는 남녀평등권에 관한 내용이다. 북한은 여성차별을 다음 네 가지로 정의한다고 한다. ① 혼인 여부에 따른 불평등, ② 정치적·경제적·사회적 또는 공적·사적 생활에서의 불평등, ③ 여성 불평등에 대한 의도적 혹은 부주의로 인한 동의나 허용, ④ 여성과 남성 간의 차등대우(구별·배제·제한·무시·폭력 등 포함)가 그것이다. 북한은 성차별 해소를 위해 1946년 남녀평등법을 도입하였다. 그리고 여성차별철폐협약은 국내법과 동등한 지위를 가지고, 만약 협약이 국내법과 충돌할 경우 협약이 우선한다고 한다(단 유보조항은 제외).[23] 북한은 또 2001년 9월 여성차별철폐협약의 이행을 위한 국가조정위원회를 설립하였다. 나아가 북한은 신소청원법에 따라 여성이 차별에 의한 권리 침해의 중지 및 보상을 요구하는 신소 또는 청원의 권리를 가진다고 한다. 신소 또는 청원을 접수한 국가기관은 즉시 권리침해에 대한 보상조치를 취해야 한다. 형법과 형사보상규칙 등에 형사절차, 민사절차, 형사보상절차 등을 통한 정신적·신체적 피해와 재산상 손해를 당한 여성의 보상 및 배상을 보장하고 있다고 한다.

그럼에도 북한은 전통관습 중에는 최저 혼인연령의 성별 차이, 관습적 차별 등과 같이 여성차별철폐협약에 부합하지 않는 요소들이 잔존하고 있다고 인정한다.[24] 그러나 보고서는 전반적으로 북한에서 남녀평등이

---

23 북한이 여성차별철폐협약의 이행 유보를 밝힌 것은 ① 협약 제2조 (f): 여성차별 관련 법규, 관행 철폐를 위한 법제화 등 모든 조치 강구, ② 제9조 2항: 자녀 국적 부여에 있어서 여성에게 동등한 권리 부여, ③ 제29조 1항: 둘 이상의 당사국이 동협약 시행에 분쟁이 있을 경우 조정에 들어가고 6개월 이내에 해결이 되지 않을 경우 국제사법재판소에서 처리함 등이다.

24 보고서는 북한의 가족법에 최저 혼인연령을 여성의 경우 17세, 남성의 경우 18세로

실현되고 있다고 밝히고 있다. 몇 가지 예를 들자면, ① 1985년 국가는 보다 많은 여성, 특히 대학을 졸업한 가정주부들이 행정 및 교육기관에서 일할 수 있도록 직업교육 강화, 여성공무원 고용 확대 등의 조치를 취한 것, ② 1999년 개정된 노동배치에 관한 규칙에 따라 모든 정부기관, 기업, 협동단체는 여성 일자리 유형을 합리적으로 정의하고 부문별 여성고용 할당치를 보장하는 것, ③ 여성의 유해노동금지, 유급모성휴가보장, 임신여성의 야간근무 금지 규정 등을 통해 여성의 노동참여와 여성노동보호를 법적으로 보장하는 것 등이다.

또 북한의 국적법은 국적 획득·변경·유지에서 성 평등의 원칙을 규정하고 있다고 한다. 예를 들어 기혼여성의 국적은 외국인과의 결혼이나 남편의 국적변경에 의해 자동적으로 변경되지 않는다. 또 여성은 자녀의 국적 결정에 대해 남성과 동등한 권리를 갖는다고 한다.

교육에서도 기회의 균등을 누린다는 것이 북한이 제출한 보고서 내용이다. 예를 들어 여성은 학교입학에서 남성과 동등한 기회를 보장받고, 여학생들은 성에 따른 구분 없이 똑같은 교과과정을 통해 교육받고 직업·기술교육을 받는 데도 제한이 없다고 한다. 북한은 2010년 12월 22일 최고인민회의 상임위원회에서 여성권리보장법을 제정하고(정령 제1309호) 2011년 개정하였다.

법 앞의 평등과 관련해서도 보고서는 모든 법률은 여성과 남성에게 동등하게 적용되고, 소유권에서도 남성과 동등하다고 밝히고 있다. 또 여성은 판사 혹은 인민참심원으로 선출되거나 변호사 자격을 획득하는 데 남성과 동등한 자격을 가진다. 그러나 통일연구원이 『백서』 팀이 2010년부터

규정하고 있지만, 북한에서는 전통적으로 남성들이 자신보다 어린 여성들과 결혼하기 때문에 북한인민들은 이러한 차이를 여성차별이라고 여기지 않는다고 말하고 있다.

2013년까지 탈북자 조사에 참여한 응답자 중 75.1%(226건/301건)가 북한 여성의 지위가 '불평등'(매우 불평등 21.9%)하다고 답했으며, 2013년에 입국한 탈북자 조사에서 응답자의 80.0%가 북한여성의 지위는 '불평등'(매우 불평등 13.8%)하다고 응답하였다.[25]

북한정부 수립 초기 남녀평등이 가사노동의 사회주의적 개조와 여성의 사회참여를 위해 남녀평등이 강조된 것은 사실이다. 그러나 1970년대 이래 후계 문제 등 정치적 고려에서 가정의 중요성과 가부장적 위계질서 및 국가관이 강조되었다. 그것이 전통적인 남존여비사상과 결합하여 여성의 차별은 가정과 사회에서 지속되고 있다. 예를 들어 1990년 제정된 가족법은 폭넓은 범위의 금혼 규정, 부성(父性) 추종의 원칙, 넓은 범위의 가족부양 등 전근대적인 가부장 질서의 요소들을 법적으로 정당화하고 있다. 또 가사가 하나의 노동이라는 인식이 결여된 상태에서 여성이 가사노동과 자녀양육을 전담하는 가운데 노동에 남자와 '평등'하게 참여하는 것은 과중한 부담이라 하지 않을 수 없다. 거기에 1990년대 후반부터 발생한 경제난으로 여성들의 가사노동의 양이 증가하고 있다는 것이 탈북 여성들의 증언에 바탕을 둔『백서』의 분석이다.『백서』는 또 '세대주'라고 불리는 남편은 자녀 문제를 비롯한 가정의 모든 일에서 절대적인 권위를 지닌다고 하면서, 북한의 가정생활은 남편 중심으로 이루어진다고 평가하고 있다. 그러나 식량난 이후 북한 여성들이 경제활동을 하면서 경제력을 갖게 됨에 따라 가정에서의 발언권이 강해지는 것으로 알려져 있다.

둘째, 여성의 사회참여에 관한 내용이다. 북한은 각 분야에서 여성의 지위 향상을 위해 아래와 같은 법적 조치들을 규정하고 있다고 말한다. ① 여성의 정치적 지위 향상과 관련하여 국적법, 선거법, 지방주권기관법,

---

25 『북한인권백서 2014』, 416쪽.

② 사회생활 및 가족생활에서의 지위 향상과 관련하여 민법, 민사소송법, 가족법, ③ 교육 및 고용에서의 양성평등과 관련하여 교육법, 노동법 등. 보고서가 밝히고 있는 여성의 사회참여를 관장하는 정부기관은 인민회의, 검찰, 국가조정위원회 등이 있다. 이들 정부기관은 각각 여성의 발전을 보장하는 계획을 수립, 여성의 발전과 관련한 법률의 이행 및 국가정책의 파악, 여성차별철폐협약의 이행 감독 등을 담당한다. 공공단체로서 북한민주여성연맹이 300만 여성노동자를 대표하여 여성의 발전에 대한 권고안을 입법·사법·행정 기관에 제출한다고 한다. 그러나 여맹은 여성의 권익 신장 및 보호를 위한 자발적 조직이 아니며, 사회단체로서의 비판적·정치적 영향력을 행사하지 못한다는 것이 『백서』의 평가이다.

정치 및 공공 생활에서 여성은 선거권 및 피선거권 행사에는 어떠한 제한도 없다고 한다. 보고서는 1998년 제10차 최고인민회의 선거에는 여성 투표권자의 99.9%가 참여하였고, 선출된 대의원의 20.1%가 여성이었다고 밝히고 있다. 국가는 여성의 사회적 지위를 향상시키기 위해서 공적 영역의 여성 간부의 비율을 증가시켰고 여성의 대학 입학을 장려했다고 한다.[26] 여성들은 간부회의나 대중토론 등을 통해 정책수립 및 입법과정에 활발히 참여하고 있다. 보고서는 또 외무성 직원 중 여성이 15%를 차지하고 국제회의의 정부대표단에 참여하는 등 여성의 국제적 활동이 높아지고 있다고 말한다. 다만 보고서는 여전히 여성의 해외활동 참여 비율은 국내활동보다는 낮다고 인정하고, 정부는 여성외교관 교육에 특별한 관심을 기울이는 한편 국제관계 대학과 대학 내 외국어 학부에서 여학생 비율을 40%로

---

26 예를 들어 보고서는 2001년 보건·아동·양육·상업 부문의 행정직 여성의 비율은 70%, 교육·통신·문화 부문은 34%, 제조업·농업·건설 부문은 15%에 달하며, 여성재판관 비율은 10%이고, 노동당, 사회민주당, 천도교청우당 등의 정당에도 매우 높은 비율의 여성 당원이 가입해 있다고 밝히고 있다.

보장하고 있다고 밝히고 있다.

그러나 『백서』에 따르면 실제 북한여성의 사회적 진출은 보고서의 내용보다는 저조한 것으로 평가할 수 있다. 먼저, 최고인민회의 대의원 선출이 모두 자유의사에 따른 자발적 선거 결과가 아닐 수 있다는 점을 감안할 때 여성 대의원의 수치를 여성의 정치적 영향력 크기로 보기는 어려울 것이다. 그리고 북한이 제출한 제2차 여성차별철폐협약 이행 보고서 심의과정에서 북한대표가 인정한 바와 같이 중앙기관 공무원 가운데 여성이 10% 밖에 안 된다는 사실은 여성의 사회적 진출이 낮다는 사실을 말해주고 있다. 여성이 호텔지배인, 기업소 지배인(행정일꾼), 당비서(정치일꾼) 등을 하는 예는 아주 드물며, 이는 간부 등용에 남성을 우선시하기 때문이다. 또 경제활동에서 여성의 참여가 부족 노동력의 충당 차원이라는 점을 논외로 하더라도 북한여성은 사회적 비중과 임금이 남성에 비해 낮은 직종에 배치되는 현상이 발견된다. 2009년에 발표된 '2008 북한인구센서스'에 따르면, 16세 이상 근로인구의 산업별 분포 조사에서 여성종사자 비율은 농업·어업 및 임업 39.6%, 제조업 23.6%, 도소매업 6.6%, 광업 4.9%, 교육업 4.9% 순으로 나타났다. 직종별 여성비율을 살펴보면, 상급단위 책임일군 6,207명, 사회단체 책임일군 838명, 관리국 및 연합기업소 책임일군 247명, 공장 및 기업소 책임일군 2만 3,854명으로 전체 책임일군의 0.5%, 전체 전문가의 5.9%에 지나지 않는다. 반면 식물재배, 축산, 임업, 수산 노동자 중 여성의 비율은 39.9%로 높게 나타난다.[27]

셋째, 성폭력 혹은 여성 착취와 관련하여, 보고서는 북한에서 성매매는 가장 부끄러운 범죄로 인식되며 수년간 보고된 바 없다고 한다. 여성을 강간한 남성이나 15세 미만 여성과 성관계를 가진 남성은 중형에 처하고,

---

[27] 『북한인권백서 2014』, 418쪽.

하급 여성에게 성관계를 강요한 직장 내 상급자 남성도 형사처벌을 받는다고 밝히고 있다.

그러나 탈북자 증언과 북한인권단체에 따르면 북한여성은 인신매매, 성폭행, 가정폭력에 시달리고 있는 것으로 파악되었다. 북한에서 성 관념은 남성 위주이고 여성에 경직된 순결의식을 요구하고 있으며 그에 따라 여성들이 성폭력을 당해도 적극적으로 해결하지 못한다고 한다.『백서』에 따르면 북한 사회에서 여성에 대한 성폭행은 문제시되지 않는 편이고, 일반 주민들은 대부분 성폭행에 대한 문제의식이 없으며, 여성들을 낮게 대우하는 전반적인 사회분위기로 인해 여성들은 남성들의 성폭행을 감수할 수밖에 없는 실정이라고 한다. 종래 북한에서 여성에 대한 성폭행은 주로 입당 및 직장에서의 처우개선을 미끼로 하여 발생하는 경우가 많다고 한다. 북한 정부는 부인하고 있으나, 특히 식량난을 겪으면서 일부 북한여성들이 (반)강제적으로 인신매매와 성매매에 노출되어 있는 것으로 알려져 있다. 또 같은 이유로 여성의 가족부양 부담이 커지면서 성폭행도 증가하고, 중국에 갔다가 강제 송환되어 온 여성에 대한 성폭행이 문제가 되고 있다고 한다.

넷째, 여성의 건강권과 관련하여 보고서는 의료서비스 접근에서의 평등을 별도의 항목으로 보고하고 있다. 먼저, 북한은 무상의료 보건정책에 기초하여 여성과 아동의 보건에 특별한 관심을 기울이고 있고 인민보건법과 어린이보육교양법에서 그들의 건강을 우선시하는 원칙을 발전시켜왔다고 한다. 각종 여성건강교육은 여성보건 수준의 전반적인 향상에 기여하고 있고 모든 수준의 병원에 산부인과를 설치했고 주치의제도를 도입했다는 것이 보고서 내용이다. 보고서는 또 여성을 위한 의료서비스는 도시와 농촌 사이에 큰 차이는 없으나 지역에 따라 약간의 불균형은 여전히 존재한다고 말하고, 의약품 및 의료 장비 부족으로 이동서비스 확대와 일상 의료서비스 강화에 어려움을 겪고 있다고 밝힌다. 모성 건강은 주치의와 산부인과

의사가 담당한다고 한다. 낙태는 여성의 요구와 의사의 진단에 의해 확인된 질병으로 임신이 지속될 수 없는 경우와 같이 극히 제한적으로 허용된다고 한다. 그리고 HIV/AIDS와 마약중독 현상은 보고된 바 없다고 한다.

그러나 법제 중심의 북한의 보고와 달리 북한여성의 건강이 대단히 악화되었다는 것이 『백서』의 판단이다. 북한여성들은 식량난으로 영양실조에 걸린 이가 많고 그 결과 임신·출산·육아와 관련한 건강악화가 심각하다. 2012년 9월 국제아동기금과 북한 중앙통계국이 실시한 어린이와 여성의 영양실태 조사 보고서에 따르면 아이가 있는 북한 여성의 31.2%가 빈혈에 시달리고 있다.[28] 그리고 북한에서 혼전·혼외 성행위가 처벌 대상이기 때문에 이런 경우 임신한 여성들이 불법 낙태수술을 해 건강에 해를 입는다고 한다. 또 식량난 이후 북한여성 대부분이 장사를 수단으로 가족의 생계를 유지하는 실정이나, 열악한 장사 환경(강도, 성폭행, 장마당 안전원의 횡포 등 신체의 안전에 대한 불안감과 장거리 도보, 배고픔 등)으로 인해 심신의 건강이 심각할 정도로 악화되었다고 한다.

2) 여성권리 상황 평가

유엔 여성차별철폐협약위원회는 2005년 7월 5일부터 열린 제33회기 중에 북한이 제출한 협약 이행 보고서를 심의하여 7월 22일 최종견해를 발표하였다. 위원회의 최종견해는 긍정적 측면과 주요 우려사항 및 권고 등 58개항으로 구성되어 있다.[29]

---

28 『북한인권백서 2014』, 437쪽.
29 "Concluding Comments: Democratic People's Repuclic of Korea," Committee on the Elimination of Discrimination against Women, CEDAW/C/PRK/CO/1, 22 July 2005, 유엔 인권최고대표사무소 웹사이트.

최종견해는 도입 부분에서 북한이 여성차별철폐협약을 비준하고 보고서를 제출하고 북한대표단이 협약위원회 측과 대화를 한 것을 평가하는 한편, 협약의 3개 조항을 유보한 것에 주목한다고 밝히고 있다.

최종견해는 북한이 취한 긍정적인 조치로 네 가지를 들고 있는데 1946년 남녀평등법 제정, 2001년 9월 동 협약 이행을 위한 국가조정위원회 설립, 11년제 보통무상의무교육으로 문맹퇴치를 이룬 것, 그리고 탁아소, 유치원, 아동병동과 같은 지원 서비스와 특정 관리직의 여성고용 증가를 위한 한시적 특별조치 등이 그것이다.

협약위원회가 최종견해에서 크게 할애하는 내용은 주요 우려 및 권고 사항인데, 다음에 소개하는 내용은 그중 일부이다.

• 협약이 국내법에 우선한다는 당사국의 설명을 주목하면서도 협약과 국내법의 충돌 시 협약의 지위가 분명하지 않다. 다음 정기보고서에서는 국내법과 협약이 충돌하는 경우 협약의 지위에 대해 명확하게 밝힐 것을 요청한다.
• 당사국의 국내법에는 협약 제1조에 부합하는 여성차별에 대한 명시적인 정의가 없다. 협약 제1조에 명시된 차별의 정의를 헌법이나 기타 국내법에 완전히 수용할 것을 권고한다.
• 남녀평등법이 협약의 규정에 합치하도록 개정할 것을 권고한다.
• 여성차별적인 법조항들(최저혼인연령에 있어 남녀의 차이 등)을 가려내기 위한 법률 재검토 및 국내법을 협약에 합치시키기 위한 법률개혁 작업을 즉각 시작해야 한다.
• 인민위원회 내에서 여성의 적절한 대표성을 보장하고, 여성의 평등권과 협약상의 의무에 관한 교육을 실시할 것을 권고한다.
• 여성차별철폐협약의 이행을 위한 국가조정위원회가 의사결정권, 재정, 인적 자원 등을 충분히 갖추지 못한 것을 우려한다. 이에 여성의 권리신장에

효과적으로 기여하도록 국가조정위원회에 적절한 권력과 자원을 부여할 것을 요청한다.

• 여성을 가사전담자로 인식하거나 여성의 '특성'에 기초하여 고용을 할당하는 것과 같은 여성의 정형화된 성 역할에 대한 고정된 태도를 제거하는 노력을 강화해야 한다.

• 당사국이 가정폭력의 존재를 인식하지 못하고 있으며, 그 결과 여성에 대한 폭력을 예방하고 피해자를 보호하는 조치가 없다는 것을 우려한다. 가정폭력에 관한 법률을 제정하고, 여성에 대한 폭력을 형사책임의 대상으로 규정할 것을 촉구한다. 이에 따라 가정폭력의 피해 여성들이 구제수단에 즉각적으로 접근할 수 있도록 보장해야 한다.

• 당사국 보고서에는 1990년 중반의 자연재해가 여성, 특히 농촌여성, 여성부양자 및 여아에 미친 영향에 대한 설명이 불충분하다. 위원회는 이들이 인신매매 등의 착취에 노출될 수 있음을 우려하며, 취약여성의 상황을 개선시키는 데 목표를 둔 특별한 빈곤 퇴치 조치를 도입할 것을 촉구한다. 특히 농촌여성들이 식량공급에 동등하게 접근할 수 있도록 보장할 것을 권고한다. 당사국은 경제적인 이유로 탈북했다가 귀환한 여성이 그녀의 가족과 사회로 재통합되고, 모든 형태의 인권침해로부터 보호받을 수 있도록 지원해야 한다.

• 모든 분야의 의사결정직에 여성을 증가시키는 조치를 취해야 한다. 또 고위직에 여성을 선출하기 위한 특별조치를 도입할 것을 권고한다.

• 여성(인권)단체 설립을 장려하는 환경을 조성할 것을 권고한다. 또한 협약에 따른 국가의 의무이행을 감독하는 독립적인 인권기구를 설립할 것을 요청한다.

북한정부가 내놓은 법제도 중심의 여성인권 실태 보고와 관행적인 차별 인정을 제외하면, 여성인권에 관해서도 비정부기구를 포함한 국제인권기구의 보고에 주목할 필요가 있다. 2014년 4~5월 북한의 2차 보편정례검토를 앞두고 국제인권단체들이 내놓은 대안보고서들은 북한여성의 차별, 인신매매, 성폭력을 계속해서 보고하고 있다. 유엔 인권최고대표사무소가 국제인권단체들의 보고서들을 요약한 문서(A/HRC/WG.6/19/PRK/3)를 보면 식량난, 정권 교체를 전후로 북한의 여성인권 실태는 크게 개선되지 않았다고 평가된다.

북한의 인권관과 인권정책

1. 북한의 인권관과 인권법제

1) 북한의 인권관

(1) 북한 인권관의 특징

북한은 인권을 "사람으로서 마땅히 가져야 할 자유, 평등의 권리"[1] 혹은 "사람이 사람으로서 마땅히 가져야 할 권리 곧 사람의 자주적 권리"[2] 등으로 정의하고 있다. 여기서 알 수 있는 것은 북한에서 인권 정의가 주체사상이 확립되기 이전과 그 후에 차이가 있다는 사실이다. 1957년 출판물을 인용한 앞의 정의가 인권의 보편적 성격을 띤다고 한다면, 1992년 출판물을 인용한 뒤의 정의는 인권=자주적 권리로 보아 주체사상 제일의 원칙인

---

[1] 『대중정치용어사전』(평양: 조선로동당출판사, 1957), 213쪽.
[2] 『조선말대사전 2』(평양: 사회과학출판사, 1992), 1696쪽.

자주성을 반영하고 있다. 이에 따라 북한은 '인권 문제'를 "사람의 기본권리를 보호하고 보장하며 그것을 유린하는 행위와 투쟁할데 대한 문제"[3]라고 규정하고 있다. 이론적으로 볼 때 북한의 정치이념과 김정일 국방위원장의 일부 통치이념에서 인권 친화적인 요소를 발견할 수도 있다. 북한의 유일사상으로 유지되고 있는 주체사상은 사람을 사회와 역사의 주인으로 간주하고 인류 역사를 사람의 자주성·창조성·목적의식성을 고양하는 투쟁으로 본다. 그리고 당과 인민의 일체감을 바탕으로 '인덕정치(仁德政治)'론을 주장한다. 이는 당과 인민의 일체감을 바탕으로 북한체제의 유지를 위한 김정일의 통치담론이라고 볼 수도 있겠지만 거기에는 비차별, 대중의 권리 옹호 등 인권친화적인 요소가 담겨져 있다.

북한의 인권관이 갖는 특징은 이제 널리 알려져 있다. 먼저, 계급적 시각이 크게 반영되어 있다. 북한은 인권의 역사가 계급투쟁의 성격을 갖는다고 본다. 예를 들어 북한은 근대 시민혁명기에 유산계급이 인권 문제를 제기한 것은 봉건통치체제의 억압에서 벗어나는 투쟁에 근로인민대중을 끌어들이려는 의도가 강했고, 그렇지만 당시 인권 논의에서 '인간'은 "근로인민대중이 아니라 유산계급이었다"라고 파악한다.[4] 북한은 인권이 완전히 보장되려면 생산수단의 사적 소유의 철폐 및 공적 소유가 이루어져야 한다는 입장을 일관되게 견지하고 있다. 북한은 "우리는 자기의 당성을 숨기지 않은 것처럼 인권 문제에서도 계급성을 숨기지 않는다. 사회주의 인권은 사회주의를 반대하는 적대분자들과 인민의 리익을 침해하는 불순분자들에게까지 자유와 권리를 주는 초계급적 인권이 아니다"라고 밝히고

---

3 사회과학원 법학연구소 엮음, 『국제법사전』(평양: 사회과학출판사, 2002), 582쪽.
4 『제국주의자들이 떠벌이는 '인권옹호'의 반동성』(평양: 조선로동당출판사, 1992), 8~9쪽.

있다.[5]

둘째, 북한의 인권관은 집단주의를 강조하고 있다. '하나는 전체를 위하여, 전체는 하나를 위하여'라는 구호가 북한에서 집단주의가 널리 고취되고 있음을 말해준다. 북한에서 사람, 인민대중이라는 용어 자체가 집단적 성격을 갖고 있고, 인민대중은 수령과 당과 '일심동체'를 이루고 수령과 당의 지도를 따를 때 '자주적 권리'를 실현할 수 있다고 본다. 다만 북한에서 사회주의적 집단주의가 반대하는 것은 개인의 이익 자체가 아니라 국가와 사회의 이익을 침해하면서 개인의 이익만 추구하는 것이라고 규정한다.[6]

셋째, 북한은 기본권과 사회권을 중심으로 인권을 이해하고 있다. 북한은 기본권을 "그 누구도 침해, 유린, 훼손할 수 없는 확고부동한 것"[7]으로 간주하면서, "우리나라에서와 같이 로동에 대한 권리에서부터 먹고 입고 쓰고 살 권리, 배우며 치료받을 권리에 이르기까지 사람의 모든 권리가 철저히 보장되고 있는 나라는 세상에서 찾아보기 힘들 것"[8]이라고 주장한다. 북한을 포함한 사회주의국가에서 사회권을 강조하는 이유는 국가가 의·식·주, 보건, 교육 등 인민생활의 기본적 필요(basic needs)를 제공하는 것에 1차적 관심을 두고 있는 체제 특성 때문이다. 북한은 이를 인민적 권리와 자유의 실질적 보장, 물질적 조건 충족을 통한 인민의 행복추구로 설명하고 있다. 그런데 1990년대 후반 이후에는 기본권 중에서도 생존권을 강조하는데, 이는 식량난의 영향 때문인 것으로 보인다. 다만 북한이 말하는

---

5 "참다운 인권을 옹호하여", ≪로동신문≫, 1995년 6월 24일.
6 김정일, 「사회주의에 대한 훼방은 허용될수 없다(1993년 3월 1일)」, 『김정일 선집 13』(평양: 조선로동당출판사, 1998), 362쪽.
7 사회과학원 법학연구소 엮음, 『국제법사전』, 582쪽.
8 김정일, 「인민대중중심의 우리식 사회주의는 필승불패이다(1991년 5월 5일)」, 『김정일 선집 11』(평양: 조선로동당출판사, 1997), 55쪽.

기본권은 위의 계급적 성격과 집단주의를 중심으로 이해하고 있음에 유의해야 할 것이다.[9]

마지막으로, 북한은 인권을 국가주권과 결부시켜 파악하고 있다. 이 같은 입장은 "국가의 자주권을 떠난 인권이란 있을 수 없다", "국권을 잃은 나라 인민은 인권도 유린당하게 된다"라는 표현으로 나타난다.[10] 북한의 국권론은 부시(G. W. Bush) 정부의 대북 강경정책을 배경으로 2003년 등장한 것으로 보이는데, 집단주의적 사회주의 인권관과 대외적 긴장상태가 결합되어 나타났다고 하겠다. 소위 국권론으로 제시되고 있는 이 같은 주장은 북한이 유일지도체제, 나아가 사회주의제도의 유지를 전제하지 않는 상태에서 제기하는 국제사회의 인권개선 요구에 소극적임을 시사해준다. 그러나 냉전시대 자유주의진영과 사회주의진영 간의 논쟁에서도 알 수 있듯이 사회주의진영은 인권보다는 국가주권을 우선시해왔다.

북한의 여러 문헌을 통해서 볼 때 북한의 인권 규정에서 공통적으로 발견되는 점은 ① 인권을 보편적으로 정의한 후, ② 그것에 계급적 관점을 부여하고, ③ 북한이 인권을 전면 보장하고 있는 반면 부르주아계급 혹은 제국주의국가들은 그 반대라는 식의 논리 전개방식이다. 다만 1990년대에 들어서 ③의 주장은 약화되고 있다. 예를 들어 북한이 인권을 법적·물질적으로 완전히 보장하고 있다는 주장은 1960~1970년대 문헌에서는 자주 발견되지만, 1990년대 이후에는 북한이 아니라 사회주의제도가 인권을 완전 보장한다는 식이다.[11]

---

9 『주체의 사회주의 헌법 리론』(평양: 사회과학출판사, 1991), 120~122쪽.

10 2003년 4월 3일 북한 외무성 대변인은 미국 국무부가 발표한 연례 인권 보고서에 대해 "우리의 국권을 어째보려는 가소로운 술책"이라고 비난한 바 있다. ≪연합뉴스≫, 2003년 4월 3일.

11 문순원, 「주체의 인권관은 가장 과학적인 인권관」, ≪사회과학원학보≫, 40호(평양:

이상 네 가지 북한에서 발견되는 인권관은 북한만의 독특한 인권관이 아니라 사회주의진영이 공통적으로 견지해온 입장의 연장선상으로 이해할 수 있다. 사회주의진영은 개인과 사회의 관계를 유기체론에 입각하여 파악하기 때문에 개인의 자아실현은 공동체의 목표달성 속에서 가능하고 의미가 있다고 본다. 따라서 사회주의진영은 인권을 계급적 시각을 반영한 집단적 차원에서 파악한다. 인권보호도 "물질적 조건의 보장을 통한 실질적 평등"에 중점을 두고 있다. 이는 각국의 인권증진에서 대내적 조건과 특성을 존중하는 것으로 이어진다.[12]

한편 북한의 인권관에서 사회주의진영 일반이 아니라 북한 특유의 성격으로 볼 수 있는 부분도 있는데, 위계적 사회질서 및 관습이 그것이다. 북한은 1960년대 후반에 들어 주체사상을 유일사상으로 격상하고 그것을 바탕으로 김일성 중심의 유일지도체계를 확립해갔고, 그 결과 김정일이 후계자로 지명되고 그에 의해 1974년 '유일사상 10대원칙'이 발표되었다. 이로써 북한에서는 절차적 민주주의는 사문화되고 획일적 집단주의가 만연하기 시작하였다.[13] 이로써 북한 민중은 자신들의 사상은 물론 생활 전 분야에서 김일성의 교시에 따라야 하고, 그 결과 수령과 당이 주는 시혜로 생존과 사회생활을 할 수 있게 되었다. 이는 과거 왕조체제하의 군주와 백성의 관계를 떠올리게 한다. 그런 가운데 북한 민중은 다 같은 사회주

사회과학출판사, 2003), 21~24쪽; 『대중정치용어사전』(평양: 조선로동당출판사, 1964), 496쪽; 『조선말대사전 2』, 1696쪽.

12 장명봉, 「북한의 헌법과 인권」, 국가인권위원회 편, 『북한인권법제연구』, 63~69쪽; 이장희, 「Helsinki '인권'규정이 분단국가에 주는 의미」, ≪통일문제연구≫, 제1권 3호(1989), 45쪽.

13 유일사상체계 및 유일지도체계의 확립과정과 그 문제점에 대해서는 이종석, 『조선로동당 연구: 지도사상과 구조 변화를 중심으로』(서울: 역사비평사, 1995), 3~5장 참조.

인민이 아니라 핵심·기본·복잡군중으로 나누어 차별적 대우를 받은 것으로 알려져 있다. 수령에 대한 절대충성의 대가로 수령의 시혜로 받는 인정(認定)과 선물로 북한 민중이 생존과 사회생활을 했다는 것이다. 여기서 의무는 적극적·1차적 개념이고 권리는 의무에 파생하는 소극적·2차적 개념이다. 이와 같은 국가-사회 관계에서 북한 민중이 '인권'·'권리'라는 말에 익숙하지 않는 것은 자연스러운 현상이다.

북한의 인권관에 영향을 준 북한 특유의 현상은 북한의 유일사상·유일지도 체계만이 아니라 가부장적 사고방식도 꼽을 수 있다. 이것은 북한에 사회주의적 평등관을 정착시키는 데 제약조건으로 작용하였다. 북한 여성은 가정주부는 물론 아내, 혁명동지, 교양자라는 복수의 역할을 부여받아왔다. 이는 여성의 사회적 지위 향상과 관련된 것으로 볼 수도 있다. 그러나 북한 여성이 가정과 사회에서 많은 노동에 시달릴 뿐 아니라 (가사노동이 노동으로 인식되지 않고, 가정과 사회에서 성적 불평등이 일상화되어 있는 점을 감안할 때) 적어도 여성차별의 측면에서 북한의 인권 상황은 심각하다 할 수 있다. 이런 문제를 낳는 것이 가부장적 사고방식이다. 더욱 문제가 되는 것은 가부장적 사고방식이 수령-당-인민대중이라는 위계적 사회질서와 결합하여 북한 민중의 권리의식을 억압한다는 점이다. 이와 같은 반(半)봉건적인 북한 특유의 사고방식은 인권이 북한 민중의 자각과 힘에 의해 획득되는 것이 아니라 수령과 당에 의해 주어지는 것으로 왜곡 인식시킬 수 있다.

소련 및 동유럽 사회주의권의 붕괴와 경제난 그리고 대외적 고립이 동시 발생한 1990년대에 들어 북한에서 등장한 광폭정치·인덕정치라는 정치구호 역시 위계적·가부장적 사고방식을 반영한다. 김정일이 이민위천 사상을 좌우명으로 삼고 시작한 '인덕정치'·'광폭정치(廣幅政治)'는 "이 세상에서 인권을 가장 높은 수준에서 보장해주는 정치"라고 주장한다.[14]

이에 따라 기존의 계급차별정책이 완화된 것으로 알려지기도 했지만 완전히 폐지되었다는 보고는 아직 없다. 이는 북한이 체제위협에 직면하여 대중 통합 혹은 동원을 위해 강제의 방법이 한계에 이르러 동의의 기제를 개발할 필요에 따른 것으로 볼 수 있다. 같은 배경에서 김정일은 당 간부들의 세도와 관료주의, 부정부패가 사회주의적 민주주의 확립의 장애요소로 판단하고 그로 인해 이반된 민심을 회복하려는 취지에서 '인덕정치'라는 동의 기제를 제시하였다.[15] 이와 같은 인덕정치·광폭정치 역시 국가 최고지도자가 판단해 추진하는 것으로서 그 과정에서 민중은 자신들의 의사와 참여는 배제된 채 시혜의 대상이 되고 있다.

사회주의 일반의 인권관이 역사적으로 자유주의진영의 인권관의 한계 극복을 천명하고 나온 진보적 측면이 있다면, 가부장적 사고를 포함한 위계적 성격의 인권관은 반동적 측면이라고 할 수 있다. 사회주의 일반의 인권관이 현실 사회주의국가에서의 적용과정에서 왜곡과 일탈이 있었다는 것이 문제였다고 한다면, 북한에 잔존하는 반봉건적 측면의 인권관은 그 자체가 인권증진에 장애라고 말할 수 있다. 그럼에도 북한의 인권관은 비자유주의적 시각에서 자유와 법치에 관한 일련의 입장을 갖고 있음을 부인할 수 없다. 다만 북한의 체제 이념이 인권보호를 해칠 정도로 과도하게 추구되는 것을 통제하면서 보편적 인권규범이 "체제에 대한 한계설정의 기능"을 담당할 필요가 있다 할 것이다.[16]

---

14 ≪로동신문≫, 1995년 6월 24일; 최의철, 『인권과 국제정치 그리고 북한인권』(서울: 백산자료원, 2001), 84쪽에서 재인용.

15 김정일, 「사회주의는 과학이다(1994년 11월 1일)」, 『김정일 선집 13』(평양: 조선로동당출판사, 1998), 481~488쪽.

16 정태욱, 「북한의 법질서와 인권 개념」, 국가인권위원회 편, 『북한인권법제연구』, 4~32쪽.

(2) 북한의 민주주의관

탈북자들의 증언에 따르면 북한에서 인권이라는 말은 잘 쓰이지 않는다. 북한의 인권관을 정리하기 위해 북한의 출판물을 살펴보았지만 '인권'이라는 말이 들어간 책을 찾기가 어려웠다. 오히려 북한의 출판물이나 언론보도를 보면 인권 대신 '자주적 권리', '사회주의적 민주주의'라는 용어를 더 선호하는 것을 알 수 있다. 이는 북한의 인권관이 국제인권규범을 바탕에 둔 상태에서 자국의 역사 및 문화적 특수성을 반영한 것이 아니고 자체의 민주주의관을 기반으로 해서 도출된 것임을 시사해준다.

북한의 민주주의 이념은 다른 사회주의국가들과 공통적인 내용을 갖고 있으면서 시기와 환경에 따라 그 강조점이 변화해왔다. 먼저, 북한이 모든 사회주의국가와 공유하는 민주주의 이념 중 가장 중요한 것은 민주주의에 대한 계급적 시각이다. 이와 관련하여 김정일은 다음과 같이 말한 바 있다.

> 력사에는 독재 없는 민주주의가 있어본 적이 없습니다. 계급투쟁이 존재하는 한 민주주의는 계급적 성격을 띠게 되며 독재와 결부되어 있습니다. 사회주의적 민주주의는 인민대중에게는 철저히 민주주의를 실시하지만 그것을 침해하는 계급적 원쑤들에 대하여서는 독재를 실시합니다.[17]

또 하나, 사회주의 이념하 민주주의의 특성으로 공유하는 것이 집단주의이고 그 정책적 반영으로서 중앙집권적 정책운영이다. 북한은 집단주의와 개인주의는 근본적으로 대립되므로 집단주의에 기초한 사회주의 계획경제와 개인주의에 기초한 자본주의 시장경제는 결코 양립할 수 없다고 한다.[18]

---

17 김정일, 「우리나라 사회주의는 주체사상을 구현한 우리식 사회주의이다(1990년 2월 27일)」, 『김정일 선집 10』(평양: 조선로동당출판사, 1997), 471~472쪽.

김정일은 사회주의사회에서 민주주의는 중앙집권제와 결부되어 있다고 전제하고, 참다운 민주주의는 노동계급의 당의 영도 밑에 국가의 중앙집권적 지도가 실시되는 조건에서만 보장될 수 있다고 주장한다.[19]

마지막으로 북한이 취하고 있다고 주장하는 사회주의국가들의 공통적인 민주주의는 사회적 평등을 강조한다는 점이다. 북한은 교육, 의료, 식량 등 인민대중의 사회적 기본권을 국가가 무상으로 제공하고 있다고 주장하면서, 이것이 이윤추구의 극대화를 위해 인민대중을 착취하는 자본주의사회의 부르주아 민주주의 혹은 제국주의와 확연히 구별되는 자랑거리라고 주장하고 있다. 이상 세 가지 북한의 민주주의관이 모두 인권관에 그대로 반영되어 있다는 사실은 앞에서 확인할 수 있다.

북한정권 수립 직후 북한의 민주주의는 전형적인 프롤레타리아 민주주의를 선포할 수 없었다. 김일성은 당시 상황을 회고하며, 일제의 식민통치기구 청산과 인민정권 수립을 통해 반제반봉건 민주주의혁명을 철저히 수행함으로써 북반부에 인민민주주의 제도를 세워놓는 것이 과업이었다고 밝히고 있다.[20] 말하자면 당시 북한의 민주주의론은 제국주의에서 사회주의적 민주주의로 전환하는 과도적 성격이었던 것이다. 북한은 또 한국전쟁을 거치며 전후 복구와 경제건설을 비롯하여 사회주의제도를 확립하는 과정에서 절차적 민주주의도 활용하여 인민대중의 자발적 참여를 동원해냈다. 예를 들어 당시 김일성은 사회주의경제에 대한 지도와 관리에서 민주주의와 유일적 지휘를 옳게 결합할 것을 강조하며, 그중 민주주의를 "대중의

---

18 김정일, 「주체의 사회주의경제 관리리론으로 튼튼히 무장하자(1991년 7월 1일)」, 『김정일 선집 11』(평양: 조선로동당출판사, 1997), 345쪽.

19 김정일, 「인민대중중심의 우리식 사회주의는 필승불패이다」, 55~56쪽.

20 김일성, 「사회주의의 완전한 승리를 위하여(1986년 12월 30일)」, 『김일성 저작집 40』(평양: 조선로동당출판사, 1994), 212쪽.

요구와 집체적 의사가 구현되"게 하는 데 활용할 것을 강조하였다.[21]

그러나 1960년대 후반 들어 유일사상체계 확립운동이 전개되면서 북한의 민주주의론은 유일사상체계의 하위개념 혹은 그 반영물로 전락하게 된다. 이로써 북한의 민주주의론은 '우리식 사회주의적 민주주의'로 변화하게 되었고 그것이 북한의 인권관에 영향을 주게 되었다.

북한의 민주주의 이념은 사회주의국가 일반의 공통점과 함께 차이점도 가지게 되는데 그것은 유일지도체계라는 북한의 독특한 정치체제에서 연유한다. 북한은 "진보적 민주주의"를 "새형의 민주주의"라고 말하고 그것을 "주체사상에 기초하여 …… 사회주의제도가 선 새로운 력사적 조건에 맞게 우리식 사회주의적 민주주의로 발전시켰다"라고 주장하고 있다.[22] 말하자면 북한의 민주주의는 유일사상에 근거하여 대외적으로 반제자주노선, 대내적으로 수령 - 당 - 인민 사이의 일체감을 요체로 하고 있다.

오늘날 북한이 천명하는 민주주의는 사회주의적 민주주의라고 하며 다음과 같은 네 가지 측면으로 구성되어 있다. 북한은 사회주의적 민주주의를 서유럽의 자유민주주의는 물론 사회주의 개혁노선(혹은 사회민주주의)과도 구별된다고 주장한다.

북한의 사회주의적 민주주의는 첫째, 정치적 측면에서 인민대중이 수령의 혁명사상과 그 구현인 당 정책을 바탕으로 당 조직과 당의 영도를 받는 정치조직에 참여한다. 둘째, 경제적 측면에서 인민대중은 무상교육, 무상의료 등 국가로부터 물질적 생활조건을 보장받고, 모든 경제생활은 국가의 통일적인 계획 밑에 조직·진행된다. 셋째, 인민대중은 사상문화생활을 통해 자주적인 사상의식과 창조적 능력을 키우는데, 특히 자주적인

---

21 같은 글, 229쪽.
22 김정일, 「우리나라 사회주의는 주체사상을 구현한 우리식 사회주의이다」, 471쪽.

사상의식은 집단주의사상과 결합되어 있다. 또 북한은 민족적 형식에 사회주의적 내용을 담은 사회주의적 민족문화를 발전시킨다고 말하고 있다.[23]

1980년대 말 사회주의권의 개혁·개방이 진행되면서 사회주의 국가권력에 의한 인권침해도 알려지게 되면서, 북한의 인권 상황에 대한 국제적 관심도 일어나기 시작하였다. 김정일은 이에 대해서 다음과 같이 말한 바 있다.

> 사회주의적 민주주의의 인민적 성격과 부르죠아민주주의의 반인민적 성격은 인권문제에서 뚜렷이 나타납니다. 사람을 가장 귀중한 존재로 여기는 우리의 사회주의사회에서는 인권을 법적으로 철저히 보장하고 있으며 그것을 침해하는 자그마한 현상도 허용하지 않습니다. …… 지금 제국주의자들과 반동들이 《인권옹호자》로 자처하면서 사회주의를 헐뜯고 있지만 진짜 인권 유린자는 제국주의자들과 반동들입니다.[24]

북한이 당시 사회주의 개혁노선에 대해 강한 거부감을 표현한 것은 북한식 민주주의 이념 및 제도를 다른 것들과 구별하려는 것에 그치지 않고, 당시 사회주의국가들의 잇따른 체제전환 현상에 대응하는 체제유지 담론이라고 말할 수 있다.

한편, 북한은 국제인권규범에 대해서는 다소 이중적인 태도를 보이고 있다. 예를 들어 북한은 세계인권선언을 "자산계급을 전 인류리익의 대표자로 미화했다"라고 비판하면서 국제인권규범의 계급적 한계를 주장한다. 그러면서도 북한은 세계인권선언이 "서방식인권관의 본질을 폭로하며 인

---

23 같은 글, 474~480쪽.
24 김정일, 「인민대중중심의 우리식 사회주의는 필승불패이다」, 55쪽.

종주의자들의 인권유린행위를 반대하며 투쟁하"는 기준이라고 말하고 있다.[25] 이는 북한이 국제인권규범에 불철저한 혹은 일관되지 않는 인식을 하고 있음을 말해준다. 여기에 북한의 사회주의적·반봉건적 인권관을 고려할 때 북한의 인권정책은 그 목표와 실제 혹은 대외적 선전과 대내적 현실 사이에 큰 간극이 있음을 시사해준다. 이에 대해서는 아래에서 좀더 살펴볼 것이다.

2) 북한의 인권 법제

북한에서도 비록 노동당의 지도하에 있긴 하지만 헌법과 민법 및 민사소송법, 형법 및 형사소송법, 변호사법, 가족법, 노동법, 남녀평등법 등 인권 관련 법률이 있다. 이 가운데 기본권을 밝히고 있는 헌법과 신체의 자유와 직결되는 형사법제, 기타 인권 관련 법률을 살펴보고 사법제도를 간략히 소개하고자 한다.

(1) 헌법상 기본권

북한 헌법은 공민의 권리를 의무와 함께 밝히고 있는데 이 둘은 사회주의적 요구와 집단주의 원칙에 기초한다. 특히 북한 헌법은 국가에 의한 실질적 권리 보장, 공민들 간 권리의 평등, 사회주의제도 발달에 따른 권리 확대, 민주주의적 권리 및 자유의 법적 확인 등으로 권리를 보장한다고 한다.[26]

2009년 4월 개정된 북한 헌법에서 기본권은 '제5장 공민의 기본 권리와 의무'(제62~86조)에서 다루고 있는데 주요 조항은 다음과 같다. 선거권과

---

25 사회과학원 법학연구소 엮음, 『국제법사전』, 300쪽.
26 『주체의 사회주의 헌법 리론』, 107~116쪽.

피선거권, 표현의 자유, 신앙의 자유, 신소권과 청원권, 노동에 대한 권리, 휴식에 대한 권리, 무상치료 등을 받을 권리, 교육을 받을 권리, 과학과 문학예술 활동의 자유, 거주·여행의 자유, 남녀평등권과 여성의 보호, 결혼과 가정의 보호, 인신과 주택의 불가침 및 서신의 비밀보장. 그러나 이 헌법 제5장은 집단주의 원리에 입각해 권리와 의무를 병기하는 식으로 인권 조항의 의미를 스스로 축소하고 있는데, 의무에는 국방, 노동을 비롯하여 정치사상적 통일과 단결 수호, 법과 사회주의적 생활규범 준수, 국가안전, 국가보위 등이 포함된다. 그런 한계 속에서 헌법상 인권 조항을 살펴보자.

첫째, 시민정치적 권리(자유권)에는 선거권과 피선거권(제66조), 언론, 출판, 집회, 시위와 결사의 자유(제67조), 신앙의 자유(제68조), 신소권과 청원권(제69조), 거주·여행의 자유(제75조), 인신의 불가침, 주택의 불가침, 서신의 비밀보장, 법적 근거 없는 구속이나 체포 금지, 법에 근거 없는 살림집 수색 금지(제79조) 등이 포함된다. 둘째, 경제사회문화적 권리(사회권)로서는 노동에 대한 권리(제70조), 휴식에 대한 권리(제71조), 무상치료 등을 받을 권리(제72조), 교육을 받을 권리(제73조), 과학과 문학예술 활동의 자유(제74조), 셋째, '공민이 국가의 보호를 받을 권리'로서는 혁명투사 등에 대한 특별보호(제76조), 남녀평등권과 여성의 보호(제77조), 결혼과 가정의 보호(제78조), 망명 외국인에 대한 보호(제80조) 등이 포함된다.

북한은 1998년 개정 헌법에서 '공민의 거주·여행의 자유'를 신설(제75조)한 바 있다. 이는 식량난에 의해 사실상 주민통제력이 이완된 현실을 반영한 것으로 보이지만, 그간 유엔 인권기구와 국제사면위원회를 비롯한 국제인권단체 등에서 북한에 촉구해온 권리라는 면에서 헌법에 명문화된 것은 그 의미가 크다고 할 수 있다. 공민의 '거주·여행의 자유'의 허용은 식량난으로 인해 북한주민에 대한 배급통제의 이완에 따른 주민의 지역 간 이동 확대의 현실을 반영한 것이다. 이를 경제적인 면에서 보면, 북한에서 활성화되고 있는 농민시장 등 경제활동을 법적으로 인정하는 조치와 관련이 있다. 특히 2009년 개정 헌법에는 "8조 국가는 …… 근로인민의 리익을 옹호하며 인권을 존중하고 보호한다"는 조항이 추가되어 눈길을 끌었다. 북한도 적어도 헌법상으로는 인권을 존중한다는 입장을 천명한 것인데, 그동안 국제사회의 인권개선 요구에 반응한 것으로 보인다.

(2) 형사법제

북한의 형사법제에 해당하는 대표적 법률로 형법과 형사소송법을 꼽을 수 있다. 북한 형법은 1950년 제정되어 1974·1987·1995·1999·2004년에 각각 개정이 이루어졌고, 2010년부터 2012년까지는 매년 개정되어왔다. 현행 북한 형법은 노동단련형의 양형 범위가 2년에서 1년으로 줄어들고 가중처벌 사유도 축소된 한편, 벌금형과 암거래 처벌규정 등이 신설되어 북한사회 변화를 반영하고 있다. 그러나 여전히 형법 조항에 불명확한 구절이 적지 않아 죄형법정주의가 훼손될 우려가 크다.[27]

북한 형법 변화의 특징을 전반적인 차원에서 찾아보면 유추 조항을 삭제하고 죄형법정주의를 높인 점과 사형제를 제한한 것을 꼽을 수 있다. 2004년 개정 형법 제6조[28]를 통해 북한은 형법에서 범죄로 규정된 행위에 대해서만 형사책임을 지우도록 했는데, 이는 그동안 국제인권기구 및 인권단체들이 비판해오던 독소조항 중 하나였다. 또 북한 형법에서 사형 조항은 1974년 형법에서 33개였으나, 1999년 형법에서는 내란, 테러행위, 공화국

---

27 이백규 변호사의 분석, 《법률신문》, 2014년 2월 24일.
28 북한 형법 제6조: "(형법에 규정된 행위에 대해서만 형사책임을 지우는 원칙) 국가는 형법에서 범죄로 규정된 행위에 대해서만 형사책임을 지우도록 한다."

전복목적의 탈출, 민족 반역행위, 고의살인죄 등 5개항으로 축소되었고, 2004년 형법에서는 5개항을 유지한 채 조문을 수정하고 구성요건을 구체화하였다.[29] 그러나 이렇게 형법으로 제한한 사형제를 뒤집는 법 제정 현상이 일어났다. 북한은 2007년 12월 19일 형법부칙(일반범죄)이라고 하는 독특한 형태의 법을 제정하였다. 북한은 2004년 형법을 전면 개정하면서 국가전복 음모죄, 조국반역죄, 테러죄, 민족반역죄 및 고의적중살인죄 등 제한적인 범죄에 대해서만 사형에 처할 수 있는 것으로 규정하고 있었다. 그런데 북한이 그런 형법부칙을 제정하면서 사형 해당 범죄를 확대하여 북한주민을 통제하고 체제를 보위하려고 한 것이다. 또한 형법부칙상의 사형을 규정하고 있는 16개 조문들에도 모호한 표현이 대거 들어 있어 죄형법정주의를 위반하고 인권을 침해할 우려가 크다.[30]

탈북자들에 대해서는 <표 Ⅳ-1>에서 보듯이 형량 축소와 소위 생계형 탈북과 정치적 탈북을 구분하는 등 처벌을 완화하는 경향이 뚜렷하다. 북한이 탈북자 처벌을 완화한 것은 생계형 탈북 혹은 그런 탈북자의 귀환(혹은 송환)이 늘어나는 현실을 기존의 형법 조항이 반영하지 못하기 때문이다. 또 1990년대 후반부터 심각해진 식량난으로 탈북자 및 아사자 증대로 노동력 부족현상을 만회하려는 정책 의도도 반영되었다고 할 수 있다. 또 김정은 정권이 들어서는 시기에 즈음해 헌법 개정과 함께 형법도 개정되는데, 죄형법정주의 확대, 기존 형벌 완화, 마약 밀매 관련 법제 도입 등의 현상이 나타난다. 그러나 형법과 법 집행 관행, 양 측면에서 탈북자들에 대한 단속은 사라지지 않고 있다. 2004년 형법은 "적대방송청취, 인쇄물, 유인물, 수집, 보관, 류포죄"(제195조)를 신설하였다. 또 남한사람과 접촉한

---

29 임순희 외, 『2006 북한인권백서』, 24쪽 참조.
30 『북한인권백서 2014』, 92쪽.

〈표 IV-1〉 북한 형법상 탈북자 처벌 변화

구분	관련 법조항
1987년 형법	공화국 공민이 조국과 인민을 배반하고 다른 나라 또는 적의 편으로 도망치거나 …… 조국반역행위를 한 경우에는 7년 이상의 노동교화형에 처한다. (제47조)
1999년 형법	비법적으로 국경을 넘는 자는 3년 이하의 노동교화형에 처한다.(117조) 공화국 공민이 공화국을 전복할 목적으로 조국을 배반하고 다른 나라로 도망치는 행위를 한 경우에는 5년 이상 10년 이하의 노동교화형 …… 10년 이상의 노동교화형 또는 사형 및 전부의 재산몰수형에 처한다. (제47조)
2004년 형법	비법적으로 국경을 넘나든 자는 2년 이하의 노동단련형에 처한다. 정상이 무거운 경우에는 3년 이하의 노동교화형에 처한다. (제233조) 공민이 조국을 배반하고 다른 나라로 도망쳤거나 투항·변절하였거나 비밀을 넘겨준 조국반역행위를 한 경우에는 5년 이상의 노동교화형 …… 무기 노동교화형 또는 사형 및 재산몰수형에 처한다. (제62조)
2009년 형법	벌금형 추가
2012년 형법	노동단련형 2년 이하에서 1년 이하로 축소

경우나 남한행 탈북으로 간주되는 주민에 대한 처벌은 조국반역죄가 적용되어 무기징역, 심지어는 사형도 가능한 것으로 알려져 있다.

형법 개정은 자연히 그 관련 절차를 규정한 형사소송법의 개정을 동반하게 된다. 북한 형사소송법은 1953년 제정된 이후 1976년, 1992년, 1995년, 1996년, 1997년, 1999년, 2004년, 2006년, 2012년에 개정되었다.

북한의 형사소송절차를 큰 틀에서 보면 남한의 형사소송절차와 거의 비슷하다. 즉, 범죄가 발생하면 수사기관에 의한 수사, 검사에 의한 기소, 재판소에 의한 재판, 상소 등을 거쳐 형이 확정되면 이를 집행하는 절차를 밟게 된다는 점에서 그렇다. 반면에 북한의 형사소송법이 남한의 형사소송법 수사체계와 크게 다른 부분은 수사와 기소 사이에 예심 절차가 별도로 있다는 점이다. 즉, 수사기관 및 검사와 구별되는 별도의 예심기관이 피의자[31]를 심문하고 유죄를 입증할 충분한 증거를 수집하는 절차로서 실질적으로는 수사활동에 해당된다. 재판절차는 재판준비절차와 재판심리절차로 나누어지고, 일단 심리가 시작되면 연속하여 진행하고 바로 판결을 선고한다. 재판은 2심제를 원칙으로 하고 1심 재판부의 구성에는 판사 1명에 인민참심원 2명으로 구성된 참심제가 특징이다. 확정된 판결은 재판소가 집행을 지휘하도록 되어 있다.[32]

2004년 개정된 북한의 형사소송법에서 "국가는 형사사건의 취급처리활동에서 인권을 철저히 보장한다"(제4조)라고 밝히고 구체적인 인권보호 조치를 담고 있다. 예를 들어 수사기관이나 예심기관이 권한을 행사할 수 있는 구체적인 사유와 방법을 규정함으로써 법에 의한 사법권 통제가 가능하다. 2012년 5월 14일 개정한 형사소송법에서는 종전 형사소송법이 철도재판에 대해서만 2심제를 적용하던 것을 모든 특별형사재판에 적용하고 있는데, 이것은 피고인의 재판받을 권리 측면에서 개선된 것으로 평가된다. 예심기간과 제1심 재판기간의 연장도 주목되는데, 피의자와 피소자의 입장에서 수사나 재판을 보다 정확하게 하기 위한 의도에서 개정된 것이라면 긍정적인 평가를 내릴 수 있다. 그러나 이 같은 목적보다는 북한에서 범죄사건이 많이 발생하고 있는 현실을 반영하여 부득이하게 예심기간과 제1심 재판기간을 연장한 것으로 보인다. 기소기간과 피의자 구류기간이 연장되고, 노동단련형에 관한 여러 규정이 신설된 것도 인권 신장을 위한 것이라기보다는 노동단련형에 해당하는 범죄가 그만큼 많이 발생하기 때문

---

31 북한에서는 피심자라고 부른다.

32 김영철, 「북한의 형사법제 변천과 인권」, 국가인권위원회 편, 『북한인권법제연구』, (서울: 국가인권위원회, 2006), 109~110쪽.

에 부득이하게 예심과 구류를 신속하게 처리하기 위한 의도로 이해된다.[33] 북한의 형사법제는 정치적 성격을 강하게 띠고 계급노선을 견지하고 있고, 나아가 최고지도자의 교시와 당의 지침이 법 위에 있기 때문이다.

(3) 기타 인권 법제 및 사법제도

인권과 관련한 북한의 법률과 사법제도를 좀 더 살펴보자. 먼저, 북한의 노동법은 현재 북한주민들의 근로관계에 적용되는 법(사회주의 노동법)과 외국인투자기업의 근로관계에만 특별히 적용되는 법규(외국인투자기업 노동규정)로 이루어진 이원 구조이다. 이 중 노동법은 총 8장 79개 조문으로 구성되어 있다. 제1장은 노동의 기본원칙, 제2장은 의무로서의 노동, 제3장은 노동조직, 제4장은 노동에 의한 분배·보수에 관한 규정을 각각 두고 있다. 제5장은 기술기능향상, 제6장은 노동보호, 제7장은 휴식, 제8장은 근로자에 대한 사회적 혜택 등을 각각 규정하고 있다.[34]

북한 헌법과 노동법은 노동권과 직업선택의 자유를 보장한다고 밝히고 있다. 그러나 북한에서 노동은 권리이자 '신성한 의무'(헌법 제83조, 노동법 제2장)로 강조된다. 사회주의국가에서 근로자의 권리는 당연히 쟁취된 것으로 간주되기 때문에 노동법은 근로자의 권익보호보다는 근로대중을 동원하고 당의 정책을 합리화하는 수단으로 이용될 수 있다. 북한의 노동법도 이에 가깝다고 할 수 있다. 또 법적 측면에서 볼 때도 북한의 노동법은 공정하고 유리한 노동조건의 보장, 노동조합 결성 및 파업의 권리 등 국제인권규약상의 노동권을 충분히 반영하지 못했다고 평가할 수 있다. 또 북한은 2009년 4월 헌법 개정 시 인권조항을 명시한 이후 인권 법제를 지속적으로

---

33 『북한인권백서 2014』, 184~185쪽.

34 우병창, 「북한의 노동법과 인권」, 『북한인권법제연구』, 184쪽 주 4.

정비하고 있다. 특히 취약계층 보호 분야에서 두드러지게 나타난다. 북한은 장애자보호법과 연로자보호법에 이어 여성권리보장법과 아동권리보장법을 제정하였다. 2013년 11월 21일에는 장애자보호법을 개정하였다. 또한, 자연보호구법, 원림법, 광천법, 문화유산보호법 등 북한주민의 건강권, 문화생활을 할 권리와 관련된 법규들도 제정하였다. 이 밖에 노동보호법, 보통교육법, 고등교육법을 제정하였다.[35]

북한의 사법제도는 1945년 북조선임시인민위원회 산하기관에 사법국이 설치된 것을 시발로 한다. 북한에 존재하는 사법제도들이 인민들을 효율적으로 동원하는 데 그 목적이 있다고 하더라도 북한사회에 처음부터 사법제도가 존재했다는 것은 법을 완전히 외면하지 않았음을 말해준다. 1948년 북한정권이 수립되고 난 후 사법국은 사법성으로 개칭되어 그 역할이 구체화되었고, 1959년 사법성이 폐지되고 재판소와 검찰소로 확대·분리된다. 이후 1972년 사회주의 헌법 제정에 따라 재판소와 검찰소가 기구 개편을 거쳐 오늘에 이르고 있다.[36]

북한에서 인권과 직접 관련이 있는 기구는 검찰소, 재판소, 국가안전보위부 등을 꼽을 수 있는데, 이 중 검찰소와 재판소에 대한 기본 규정은 헌법에 하나의 독립된 절을 두어 제147조에서 162조까지 명시되어 있다. 검찰소 및 재판소는 각각 중앙, 도(직할시), 시(구역), 군에 설치하도록 되어 있고, 특별검찰소와 특별재판소도 있다. 검찰소의 임무는 법 준수 감시, 법령들 간의 불일치 감시, 범법자 적발 및 법적 책임 추궁 등이다. 재판소는 재판을 통해 국가 주권, 재산, 인민의 생명 보호를 1차적 임무로 하고 있다. 최고검

---

35 『북한인권백서 2014』, 23쪽.
36 김동한, 「북한의 사법제도와 인권」, 『북한인권법제연구』, 국가인권위원회 편, 『북한인권법제연구』(서울: 국가인권위원회, 2006), 137~143쪽.

찰소와 최고재판소는 모두 최고인민회의(상임위원회)에 책임진다. 재판은 공개성·독자성·죄형법정주의를 원칙으로 삼고 인민참심원제가 시행되고 있다. 북한의 사법제도 관련 법령은 재판 및 검찰 관련 법령 외에 변호사제도, 공증제도, 신소청원제도와 관련한 법령이 있다.[37] 북한의 사법제도 관련 법령은 인권 관련 조항을 곳곳에 명문화하고 있지만 이러한 것이 곧 인권보호를 위한 충분조건을 채웠다고 보기는 어렵다. 북한의 사법제도 관련 법령 속에서 구현된 인권은 결코 북한의 체제 성격을 넘어서지 못함으로써 정치 체제 및 이념을 초월한다는 인권의 보편성 원칙과 거리가 있다 할 것이다.[38]

북한의 경우 관할기관마다 다루는 범죄가 세부적으로 정해져 있다. 국가안전보위부는 반당, 반체제 주민들과 사상 이반자 적발을 비롯해 방첩, 간첩색출, 국경경비, 대외정보수집 등을 담당하는 기구로 알려져 있다. 보위부 검찰국은 반당, 반체제 주민 혹은 사상 이반자들을 증인과 변호인 입회가 없는 비밀재판을 실시하고, 보위부 제7국(농장지도관리국)은 소위 '정치범 수용소'[39]를 관리·운영하는 것으로 알려져 있다. 또 남한의 경찰조직으로 볼 수 있는 인민보안부는 반국가 행위의 감시와 적발 및 처벌, 반혁명 행위의 감시 적발 및 처벌, 종파분자 등 반체제인사의 적발 및 제거, 비밀문서의 보관 및 관리, 교화소 및 노동교양소의 운영관리 등의 기능을 수행하는 것으로 알려져 있다.[40] 이 밖에도 행정경제사업에 대한

---

37 이들 사법제도 관련 법령을 (국제)인권의 시각에 평가한 내용은 같은 글, 144~160쪽 참조.

38 같은 글, 162쪽.

39 '정치범 수용소'는 남한을 포함한 국제사회가 붙인 용어로서 북한에서는 'ㅇㅇ호 관리소', 'ㅇㅇㅇ부대' 등으로 불리고 있다. 상세한 내용은 임순희 외, 『2006 북한인권백서』, 217~238쪽 참조.

감시와 법기관의 법 집행을 감시하는 과정에 제기되는 일반범죄의 수사는 검찰기관(검찰소)이 담당하도록 하고 있다(형사소송법 제46조). 그리고 군인, 인민보안원과 군사기관 종업원이 저지른 일반범죄사건의 수사는 군사검찰, 군수공업부문 종업원이 저지른 일반범죄와 군수공업부문 사업을 침해한 일반범죄사건의 수사는 군수부문 법기관, 철도운수부문 행정경제사업과 관련된 일반범죄는 철도검찰기관, 철도운수부문 종업원이 저지른 일반범죄와 철도운수부문 사업을 침해한 일반범죄 수사는 철도인민보안기관이 담당하도록 되어 있다(형사소송법 제47조).[41]

2. 북한의 인권외교

북한의 인권외교는 북한외교 전체의 일부분이기 때문에 먼저 북한의 외교이념을 이해할 필요가 있고, 또 인권외교가 국제(인권)법과 깊은 관련이 있기 때문에 북한의 국제법 인식을 살펴보아야 할 것이다.

1) 북한의 외교이념

북한의 모든 대내외정책은 자주성·창조성·목적의식성을 바탕으로 하는 주체사상을 이념적 토대로 한다. 이 가운데 자주성이 제일 원칙으로 간주되는데 이는 북한외교에서도 최우선적인 이념으로 자리하고 있고, 북한은

---

40 전현준, 『북한의 사회통제 기구: 인민보안성을 중심으로』(서울: 통일연구원, 2003) 참조.
41 『북한인권백서 2014』, 122쪽.

그 국제법적 반영으로 자주권을 가장 중시한다. 김일성은 북한외교에서 주체사상의 위상과 자주권의 의미를 다음과 같이 말한 바 있다.

자주성은 나라와 민족의 생명입니다. 모든 나라들은 생겨날 때부터 자주권을 가지고 있습니다. 자주권이 없는 나라는 참다운 독립국가라고 말할 수 없습니다. 나라들 사이에 령토가 크고 작거나 인구가 많고 적은 차이는 있을 수 있지만 높은 나라와 낮은 나라는 따로 있을 수 없습니다. …… 우리는 주체사상을 가지고 있기 때문에 일본제국주의를 반대하는 투쟁에서도 승리하였고 미제국주의를 반대하는 투쟁에서도 승리하였으며 전쟁으로 말미암아 모든 것이 파괴된 빈터 우에서도 오늘과 같은 훌륭한 나라를 건설할 수 있었습니다.[42]

물론 북한의 대외정책 이념은 시기별로 변화를 보여왔다. 북한은 냉전기 공산주의진영의 연대성을 강조하는 마르크스 - 레닌주의에 기초한 프롤레타리아 국제주의 원칙을 유지해오다가, 탈냉전기에 들어서는 '자주·평화·친선'으로 그 기치를 변화시켰다. 여기에는 사회주의진영이 붕괴함에 따라 체제생존을 최우선으로 삼아야 할 북한체제의 전략적 입장 변화가 반영된 것이다. 그럼에도 자주성은 북한의 외교이념으로 처음부터 강조되었는데, 1960년대 중반 이후 더욱 강조된 후 오늘까지 제일의 외교이념으로 유지되고 있다. 북한이 1960년대 중반에 들어 대외관계에서 자주를 더욱 강조하게 된 데에는 당시 중소분쟁, 소련의 동유럽 사회주의국가들에 대한 무력개입, 문화혁명기 중국 홍위병의 김일성 비난 등 사회주의진영 내 연대

---

42 김일성, 「자주성을 견지하자(1981년 9월 7일)」, 『김일성 저작집 36』(평양: 조선로동당출판사, 1990), 246쪽, 248~249쪽.

약화 및 주권 제한 움직임이 있었기 때문이다. 북한외교에서 자주성 이념은 반제국주의·사회주의 진영 내 주권평등, 체제수호 등 시기별 정책 목표를 정당화하는 역할을 해왔다. 한마디로 북한은 "자주성의 원칙이 공정한 국제관계 발전의 기초로 된다"고 보는데, "자주성의 원칙을 확고히 견지할 때 나라와 민족들 사이에 평등, 협조, 호혜, 내정불간섭의 관계가 형성되고 발전"한다는 점을 그 근거로 밝히고 있다.[43]

북한의 제일 외교이념이 자주성이라고 할 때 그것을 구체적인 정책목표로 표현한 것이 주권평등 혹은 자주권 실현이다. 물론 주권평등은 근대 국제질서의 근간이 되어왔기 때문에 북한 외교정책의 특징이라고 말할 수 있느냐 하는 의문이 들 수도 있겠지만, 아래와 같은 북한의 외교정책 환경 및 전략적 입장을 고려할 때 특수한 점이 없지 않다. 더욱이 인권외교 분야에서 주권평등 원리는 상당한 도전을 받고 있는 점도 감안할 필요가 있다.

북한은 민족주의적 정향과 독자적 사회주의를 양축으로 하는 국가 정체성을 국가 이익과 결합시키기는 데 대외 정체성을 매개시켜왔다. 북한은 대외관계에서 국가 정체성을 '자주권' 개념으로 제시하고 있다. 북한은 국가 지위와 능력이 도전받는 탈냉전기에 들어서도 주권의 지속성을 강조하고 이를 초국가적 규범의 침투 가능성에 대응하는 수단으로 사용하고 있다. 탈냉전기에 들어 북한이 대미관계 개선 의향을 표명하면서 그 전제로 '자주성과 평등의 원칙'을 강조하는 것도 단순히 협상전술 차원이 아니라 국가 정체성이 정책 방향을 규제하고 있는 것으로 파악할 수도 있다.[44]

---

43 《로동신문》, 1998년 8월 27일.

44 서보혁, 「탈냉전기 북한의 대미 정체성 정치: 작동방식과 효과 분석을 중심으로」, 《한국정치학회보》, 37집 1호(2003년 봄), 202쪽.

북한이 주권평등을 국가 정체성으로 활용하는 배경은 그것이 주권국가의 불완전성을 만회하는 국가성으로 작용하기 때문이다. 먼저, 주권평등론은 북한의 자주성 테제와 상응한다. 김일성은 사회주의권이 붕괴되어 가던 1990년 "자주성은 자주독립국가의 생명이며 모든 국제관계의 기초"라는 기존의 입장을 재확인하고, 외부세계의 체제위협적인 요소에 맞서는 대립항으로 민족자주성을 제시하였다. 물론 북한에서 자주성은 "국제주의와 모순되지 않을 뿐 아니라 그것을 강화하기 위한 기초"로 이해되고 사회주의·공산주의 실현의 맥락에서 자리하고 있다. 두 번째 배경으로는 탈냉전기에 들어 주권평등 규범이 동요한 사정과 깊은 관련이 있다. 주권평등 규범은 탈냉전기에 들어서 비확산·인권 등과 같은 초국가적 규범과 경쟁을 벌이며 국제행위규범으로서 기존의 지배적 지위를 위협받고 있다. 21세기에 들어서 국제사회는 전쟁범죄, 반인도적 범죄, 대량학살 등과 같은 문제에서는 해당국의 주권보다는 국제적 개입을 더 강조하고 있다. 국민보호 책임(R2P)론이 그 대표적 담론이다.[45] 북한은 이런 국제규범상의 경합 혹은 변화 양상에 대해 "세계에 큰 나라와 작은 나라는 있어도 높은 나라와 낮은 나라가 따로 있을 수 없다"라는 주장을 다시 강조하면서 주권평등 원리를 일관되게 국제질서의 근간으로 본다. 그것은 북한이 주권평등 규범의 강조를 통해 약소국의 독자노선을 견지하고 강대국 혹은 국제사회의 압력에 의한 독립성의 훼손 가능성을 차단하는 데 효과적이라고 판단하고 있음을 의미한다.

---

[45] 이규창·조정현·한동호·박진아, 『보호책임(R2P) 이행에 관한 연구』(서울: 통일연구원, 2012). R2P에 관한 비판적 논의는 Jonathan Graubart, "R2P and Pragmatic Liberal Interventionism: Values in the Service of Interests," *Human Rights Quarterly*, Vol. 35, No. 1(February 2013), pp. 69~90.

2) 북한의 국제법 인식

다음으로 북한의 국제법 인식에 대해 살펴보자. 북한의 국제법 이론은 소련의 초기 이론과 1966년에 자주노선을 천명한 주체사상에 뿌리를 두고 있고, 여기에 소련의 후기 이론과 제3세계 국제법 이론이 부분적인 영향을 미쳤다. 북한의 국제법 이론에 결정적 영향을 미친 것은 투쟁과 협력 개념을 담은 소련의 초기 국제법 이론이다. 이것은 적대국가에 포위되어 있다는 체제위협감과 사회주의 연대에 회의를 느낀 북한에게는 투쟁노선을 견지하면서 국가 간 협력을 정당화할 수 있는 매우 유용한 이론적 도구로 기능하였다. 이에 비해 후기에 등장한 소련의 평화공존론과 합의이론은 북한에 의해 제한된 영역에서 취사선택적으로 수용되었다. 미국이라는 '제국주의' 초강대국과 군사적 대립관계에 있는 북한으로서는 평화공존론이 냉엄한 국제정치 현실의 반영, 즉 적대관계에 있지만 세계의 분할지배에 공감대를 가진 미국과 소련의 타협으로 이해될 수밖에 없었다. 또 북한이 제3세계 국제법 이론에도 주목하게 되었다. 1960년대 사회주의진영의 유대가 약화되는 환경적 요소와 서유럽 중심의 국제법 체계에 대항하는 제3세계 국가들의 반제국주의적 정향이 북한에게 매력을 주었다고 할 수 있다.[46] 북한은 이와 함께 앞서 말한 1960년대 사회주의진영 내 연대 약화 현상을 반영하여 '자주외교'를 천명하였다.

북한은 국제법을 다음과 같이 정의한다. "국제법은 국가들이 반드시 지켜야 할 행동규범들의 총체"로서 "국가들 사이의 협조를 실현하기 위한

---

46 정경수, 「북한의 국제법 인식과 인권정책」, 『북한인권법제연구』(서울: 국가인권위원회, 2006), 301~303쪽. 정경수의 논의는 김일성종합대학 엮음, 『국제법학(법학부용)』(평양: 김일성종합대학출판사, 1992), 4~14쪽을 바탕으로 하고 있다.

법률수단이며 국제관계에서 발생하는 범죄행위 및 위법행위와 투쟁하기 위한 무기이다".[47] 북한은 국제법의 본질을 크게 네 가지 차원, 즉 국제법의 기능, 연원, 계급성, 집행 차원에서 이해하고 있다.[48]

먼저, 북한은 국제법을 기능적 차원에서 "국가들 간의 정치, 경제, 문화, 군사 분야에서의 협조와 투쟁 관계를 규제"하는 역할로 본다. 여기서 국제법이 협조기능을 수행하는지 또는 투쟁기능을 수행하는지는 국가 관계의 계급적 성격에 따라 달리 규정한다. 예를 들어 "자주성을 옹호하는 나라들 사이의 관계는 반제자주의 공동의 이념으로부터 단결과 협조의 관계"에 있지만, 자주성을 옹호하는 나라들과 제국주의국가들 사이에서는 국제법이 "제국주의국가들의 침략과 전쟁 정책을 반대하고 세계평화를 유지하기 위한 투쟁의 무기, 즉 국제적 규모에서 계급투쟁의 무기"가 된다고 이해한다. 결국 북한은 주체사상에 의해 조형된 주관적 인식체계에 따라 국제법을 이해하고 국제관계를 반제자주성에 기초한 투쟁이론체계하에서 긴장상태로 파악하는 것이다.

한편 북한은 국제법이 "국가들의 자원적 합의의 방법으로 제정된다"고 본다. 북한은 합의이론에 철저하게 의지하여 자신의 입장과 이익에 반하는 국제적 의무를 부인하는 방어막을 구축하고 있는 것이다. 물론 북한은 다른 법률과 마찬가지로 국제법도 지배계급의 의사가 반영되므로 "그것(국제법)을 해석 적용함에 있어서 주체적 립장을 견지하고 계급적 원칙을 철저히 지켜야 할 문제가 더욱더 중요하게 나선다"라고 주장한다.

마지막으로 북한은 국제관계에서 국제법 준수를 감시하고 위반 시 제재를 가할 강제기관이 없다고 본다. 그래서 국제법의 이행을 보장하는 수단은

---

47 사회과학원 법학연구소 엮음, 『국제법사전』, 65쪽.

48 정경수, 「북한의 국제법 인식과 인권정책」, 306~311쪽.

당사국의 자발적 의사가 기본이고 여기에 집행력이 보조적 역할을 한다고 본다.[49] 오로지 개별 국가의 힘, 특히 군사적·자위적 힘에 의존하는 국제정치의 현실을 북한은 충분히 인식하고 있는 것으로 보인다.

요약하자면 북한은 ① 주체사상에 기반을 둔 반제자주성과 국가주권론에 근거한 합의이론을 국제법의 기본토대로 삼고, ② 국제법을 반제자주성을 옹호하는 국가와의 관계에서는 협력관계 규율의 수단으로 보며, ③ 제국주의국가와의 관계에서는 반제자주성투쟁의 법적 근거로 파악한다. 그리하여 북한은 국제법을 주체적 입장에서 북한의 대외정책을 철저히 관철하는 수단이자 북한의 자주권을 지켜내는 법적 무기이며, 노동계급의 원칙과 당성 원칙에 따라 제국주의자들의 침략과 약탈책동과 반동적 본질을 법리적으로 공격하고 범죄적 책동을 분쇄하는 도구라고 인식하고 있다.

그러면 북한은 국제관계 혹은 그 법적 표현인 국제법을 어떤 원칙하에서 보는가? 북한이 "김일성 동지의 주체적인 국가건설사상과 국가건설업적을 법화한 김일성헌법"이라 말하는 1998년 개정된 헌법 제17조는 외교정책 원칙과 기조를 다음과 같이 밝히고 있다. 2009년 4월 개정된 헌법에도 이 조항은 그대로이다.

자주, 평화, 친선은 조선민주주의인민공화국의 대외정책의 기본리념이며 대외활동원칙이다.

국가는 우리나라를 우호적으로 대하는 모든 나라들과 완전한 평등과 자주성, 호상존중과 내정불간섭, 호혜의 원칙에서 국가적 또는 정치, 경제, 문화적 관계를 맺는다.

국가는 자주성을 옹호하는 세계인민들과 단결하며 온갖 형태의 침략과

---

49 사회과학원 법학연구소 엮음, 『국제법사전』, 65쪽.

내정간섭을 반대하고 나라의 자주권과 민족적, 계급적 해방을 실현하기 위한 모든 나라 인민들의 투쟁을 적극 지지 성원한다.

위에서 북한이 국제관계를 바라보는 원칙으로 평등과 자주성, 상호 존중, 내정불간섭, 호혜 등 네 가지 원칙을 제시하는 것을 알 수 있다. 그런데 이들 원칙은 모든 국제관계가 아니고 "우리나라(북한)를 우호적으로 대하는 모든 나라"에 한정된다. 북한과 적대관계에 있거나 자본주의국가 등 모든 나라 간의 관계에는 위 원칙에 영토완정,[50] 불가침 원칙이 추가된다. 북한의 이런 국제관계 원칙은 국제법을 보는 기본원칙과 같다. 이런 북한의 국제법 원칙은 사회주의 국제법의 성격을 반영하지만, 자주성의 원칙은 북한의 독특한 국제법 원칙을 보여준다. 이때 자주성의 원칙은 소련의 평화공존론과 주권제한론이 반제국주의투쟁을 약화시키고 사회주의 각국의 주권을 침해하는 것이라는 인식에 대한 대응의 의미도 담고 있다. 말하자면 북한이 바라보는 국제법 원칙은 민족국가를 기본단위로 하는 근대국제관계 인식을 바탕으로 국가주권 수호와 반제국주의 국제연대라는 외교정책 목표를 반영한다 할 것이다. 물론 냉전 붕괴 이후 북한의 외교정책은 국가주권 수호라는 기본목표에 집중하고 있는데, 북한이 바라보는 국제법 원칙은 그를 위한 외교정책의 원칙으로 기능하는 동시에 그 명분으로도 활용되고 있다.

3) 북한의 인권외교정책 기조

북한의 인권외교정책은 북한의 인권관과 전체 외교정책 목표가 결합되

---

[50] 영토완정이란 일국이 자국의 주권이 미치는 영역을 확정하고 그 영역 전반에 걸쳐 주권을 행사함을 말한다.

어 나타난다고 말할 수 있다. 이 책 제Ⅳ장 1절에서 살펴본 바와 같이 북한의 인권관은 네 가지로 요약할 수 있는데, 특히 외교와 직접 관련이 있는 자주권 혹은 국권(國權) 옹호 논리는 북한이 국가주권보다 인권을 덜 중시한다는 판단을 가능하게 한다. 이와 관련해 김정일은 "인권은 나라와 민족의 자주권을 떠나서는 생각할 수 없다"라고 분명히 밝힌 바 있다.51 그렇다고 북한이 인권을 완전히 무시한다고 말하기도 어렵다. "인권은 한 나라의 범위에서뿐만 아니라 국제적으로도 보장되고 옹호되어야 할 인류공동의 신성한 권리"로서 일국에서의 인권침해 행위는 세계적인 규탄과 배격의 대상이 된다는 주장도 찾아볼 수 있기 때문이다.52 그럼에도 북한의 이런 주장의 맥락을 생각할 때, 외교분야에서 북한의 인권 논의는 '우리식 사회주의' 정권, 이념 그리고 제도를 수호한다는 목적이 1차적 기준이기 때문에 기본적으로 인권보다는 주권을 우선한다는 판단에 무리는 없을 것이다. 그런 점에서 북한의 인권외교정책은 북한의 전체 외교정책 목표라 할 수 있는 안전보장 및 국가 위신 제고를 위한 하나의 수단이자 그 하위영역이라 규정할 수 있다.

북한의 인권외교정책은 국제사회의 인권개선 압력에 임기응변식의 대응이 아니라 그 나름의 정책기조와 정책집행기구를 통해 전개되고 있다. 북한의 인권정책 방향 일반에 관한 북한의 공식 자료는 찾아보기 어려우나 북한의 인권관과 실제 정책을 고려할 때 다음 세 가지를 꼽아볼 수 있을 것이다. 우선, 북한의 인권외교정책은 당면 시기 북한의 외교정책 목표 달성을 뒷받침하거나 그 수단으로 기능하고 있다. 이는 세계 각국의 인권외

---

51 김정일, 「사회주의는 과학이다(1994년 11월 1일)」, 『김정일 선집 13』(평양: 조선로동당출판사, 1998), 477쪽.
52 안명혁, 「미제는 세계최대의 인권유린자」, ≪근로자≫, 8호(1990), 91~96쪽.

교에서 발견할 수 있는 일반적인 현상이라 하겠지만, 국제적으로 고립되어 있고 경제적 발달이 낙후한 북한의 경우 인권외교는 그 독자적 영역이 매우 협소하다고 말할 수 있다. 따라서 북한에서 인권외교란 그 독자적 정책기조를 갖고 국제적 추세에 부응하면서 전개되기보다는 북한의 대외관계와 전반적인 외교정책 목표에 종속되어 추진된다고 볼 수 있다.

둘째, 북한은 인권의 보편성을 부정하지 않으나 그 적용이 불공정하다고 판단할 경우 강력히 반발한다. 북한은 유엔 회원국이자 5개 국제인권협약 가입국으로서 인권의 보편성을 부정하지 않고 있다. 그러나 북한의 국제법 인식에서 알 수 있듯이 북한은 인권 기준의 적용방법에서 국제적 합의가 없고 각국의 역사와 조건이 다양하기 때문에 각국의 인권 보호 및 신장 방법을 존중할 것을 주장한다. 만약 외부세계가 이를 무시하고 일방적으로 인권개선 압력을 가할 경우 북한은 공정성의 문제를 제기하고 외부의 압력이 정치적 목적이 있다고 의심하면서 강하게 반발한다.

셋째, 북한은 자국의 국가주권을 인정하고 인권개선을 위해 건설적 접근을 취하는 외부세계에 대해서는 협력적인 태도를 보인다. 북한은 인권향상이란 국가주권 존중을 전제하거나 최소한 그것과 병행할 경우에 가능하다고 인식하고 있다. 또 북한은 특정 국가의 인권 문제에 관한 국제사회의 접근이 정치적 압력수단으로 이용되어서는 안 된다는 입장을 일관되게 유지하고 있다. 따라서 국제사회의 인권개선 요구에 대한 북한의 대응은 적대국이 주도한다고 판단하는 경우에는 강하게 반발하고, 그 반대인 경우에는 협력적인 태도를 취하는 등 이중적 반응을 보인다. 이렇게 볼 때 북한의 인권외교정책 기조는 국제사회의 인권향상에 기여하는 적극적 수준에 미치지 못하고 자국의 국가이익 증진과 정치적 압력에 대응하는 소극적 수준에 머물러 있다고 하겠다. 다음에서 살펴볼 북한의 실제 인권외교정책은 이러한 정책기조를 반영하여 나타난 것이다.

4) 북한 인권외교의 전개

냉전 붕괴 이후 국제사회는 세계 각국 혹은 각 지역의 인권 문제에
관심을 높이기 시작하였다. 북한의 경우 1994년 미국과 제네바 핵 합의를
맺은 이후 국교정상화에 대비하는 차원에서 인권 문제에 대한 대응 논리가
필요하였다. 유엔 인권기구에서도 1991년 북한의 유엔 가입과 1990년대
중반 이후 식량난 악화 및 탈북자 발생 등을 계기로 북한인권 문제를
논의하기 시작하였다. 이와 관련하여 북한은 이미 1980년대 중반에 외무성
국제기구국 내에 인권과를 설치하였고, 관련 부처 전문가들로 구성된 '인권
상무조'를 구성하여 인권 대응책을 개발하여 김정일에게 보고한 후 정책결
정을 한 것으로 알려져 있다. 탈북자 증언에 따르면 김정일은 미국이 중국과
의 관계정상화와 상호 교류협력의 증대에도 불구하고 중국에 가한 인권압
력을 상기하면서, 미국과 서방국가들의 인권개선 요구가 지속될 것으로
예측했다고 한다. 그에 따라 김정일은 북한이 인권 문제로 유엔 등 국제사회
에 배척당하거나 고립되지 않게 신축적인 태도를 취하도록 대응하라고
지시했다는 것이다.[53]

1990년대 후반부터 최근까지 북한이 보인 인권외교정책을 살펴보자.
북한인권 문제가 유엔 인권기구에서 처음 논의된 것은 1990년대에 들어서
였다. 1993년 '차별 방지 및 소수자 보호 소위원회'는 이 문제를 연구하기로
했는데, 그 결과 보고서 작성에 북한은 다른 5개 국가와 정부간기구, 비정부
기구와 함께 의견을 제출하였다. 당시 보고서 작성자는 광범위한 인권침해
및 반인도적 범죄 피해자에 대한 배상과 그런 행위를 자행한 당사자(국)에

---

53 최의철, 『북한의 인권부문 외교의 전개 방향』(서울: 통일연구원, 2003), 58~59쪽,
85쪽.

대한 책임 있는 조치를 이 문제를 다루는 원칙으로 제시하였다. 당시 북한은 광범위한 인권침해 및 반인도적 범죄 근절을 위해서는 진상 조사 및 범죄사실 확인, 사과, 책임자 처벌, 배상 등의 조치가 있어야 한다는 입장을 표명하였다. 또 북한은 그런 노력이 인권증진과 평화, 안보 증진에 기여할 것이라고 말하였다.[54]

위와 같은 국제인권증진을 위한 원칙적 논의와 달리 유엔 인권기구는 북한인권을 직접 다루기 시작하였다. 1990년대 후반에 들어 북한의 잇따른 식량난과 그로 인해 대량의 아사자 및 탈북자가 발생하게 되면서 국제사회는 북한인권에 깊은 관심을 가지기 시작하였다. 예를 들어 1997년 유엔 인권위원회에서 유럽연합 대표는 발언을 통해 북한의 전반적인 인권 상황과 북한인민들의 곤경에 깊은 우려를 표명한 바 있다. 이후 유엔 인권위원회와 인권소위원회에서는 유럽연합, 미국, 일본, 캐나다 등 서방 국가들이 북한의 인권 상황이 열악하다고 지적하고 북한정부에 인권개선을 지속적으로 촉구해나갔다. 그런 가운데 1997~1998년 유엔 인권소위원회가 북한인권 결의안을 채택하였다. 이때 북한은 결의안을 국제인권조약을 이용한 정치적 압력이라고 비난하고 인권소위원회 탈퇴를 선언하였다. 그런 과정에서 북한은 아동권리협약 이행 보고서 제출을 연기한다고 발표하기도 하였다. 이에 대해 인권위원회는 국제인권규약 탈퇴는 불가능하다고 북한 측에 통보한 바 있다.

1998년 남한에서 '햇볕정책'을 천명한 김대중 정부가 등장하여 남북관계 개선을 모색하기 시작하였고 2000년에는 남북정상회담이 이루어졌다. 또 북한의 식량난이 계속되는 가운데 인도주의적 지원의 필요성이 북한인권

---

54 "Report of the Secretary-General prepared pursuant to Sub-Commission resolution 1993/29," E/CN.4/Sub.2/1994/7, June 9, 1994, p. 45.

상황에 대한 비판보다 더 긴급하다는 국내외 여론도 일어났다. 이런 가운데 북한은 유럽연합과 1998년 12월 브뤼셀에서 정치대화를 열어 그 속에서 인권 문제를 논의하는 것을 받아들였다. 양측 간 정치대화는 2004년까지 인권 상황, 식량원조, 핵개발 문제, 한반도 안보상황, 한반도에너지개발기구(KEDO) 문제, 외국인 투자 관련 법률 등 상호 관심사를 포괄적으로 다루어나갔다. 그러던 중 양측은 2001년 6월 브뤼셀에서 인권대화를 한 차례 가진 적이 있는데, 이때 논의된 내용은 상호 평등 및 주권원칙, 인권원칙, 국제인권기구와 협력 등이었다. 북한은 남북관계 개선에 발맞추어 2000년 1월 이탈리아와 국교를 맺는 것을 시작으로 지금까지 프랑스, 에스토니아를 제외한 25개 유럽연합 회원국과 관계정상화를 이루었다. 2000년대 초 북한과 유럽연합의 관계정상화, 북한의 입장에서 전방위외교는 북한의 국제적 고립 탈피와 경제지원의 필요성에 따른 것이다. 유럽연합의 입장에서는 6자회담에 참여하지 못하고 있었기 때문에 한반도 문제에 개입하기 위해서는 관계정상화가 필요하다는 판단이 작용했을 것이고, 거기에 인권과 개발을 중시하는 대외정책 방향이 맞물려 들어갔다고 하겠다. 이 같은 북한과 유럽연합의 관계정상화 배경에는 김대중 정부의 햇볕정책에 대한 유럽연합 측의 이해와 지지가 있었다고는 점도 간과할 수 없다.

그러나 유럽연합은 정치대화를 통한 양자 접근을 통한 북한인권 개선을 촉구하는 동시에 유엔 인권기구를 통한 다자적 접근을 병행 추진해나갔다. 탈북자 증언을 통해 북한인권 상황이 많이 알려지고 국내외 비정부기구들의 북한인권 비판이 높아지고 있었다. 그런 가운데 유럽연합은 2000년 유엔 인권위원회 대표 발언과 2002년 같은 위원회 회의를 통해 강제송환된 탈북자를 포함한 북한의 인권 상황에 깊은 우려를 표명하고 북한에 인권대화에 건설적인 자세로 임할 것을 촉구하는 한편, 다자간 인권포럼에서 적절한 조치를 취할 것이라고 경고하였다. 이에 대해 북한 측 대표는

북한은 유럽연합과의 정치대화에 진지하게 임해왔고 자유권규약 이행 제2
차 보고서 제출 및 여성차별철폐협약 가입 등 국제인권협약 이행에 최선을
다해왔다고 반박하였다. 이어 북한 측 대표는 유럽연합 대표의 북한인권
비난 발언이 북한 정치체제에 대한 편향된 접근과 정치이념에 대한 적대감
의 발로라고 비난하였다.[55]

유럽연합은 북한의 인권 상황이 개선되지 않고 계속해서 열악할 뿐만
아니라 북한정부의 대화가 협조적이지 않다고 판단하였다. 그에 따라 유럽
연합은 2003년 제59차 유엔 인권위원회에 북한인권 결의안을 처음으로
상정하였다. 그때부터 계속해서 유럽연합은 유엔 인권이사회와 총회에
북한인권 결의안을 상정하고 그 채택을 이끌어왔다. 이에 따라 북한의
반발도 계속되었다.

유엔 인권기구의 결의에 대한 북한의 입장은 한 문장으로 요약할 수
있다. 즉, 북한은 국제인권증진을 위한 유엔 인권기구 및 제도를 지지하지
만, 인권 문제를 편파적으로 이용하여 정치적 압력을 행사하는 것에는
단호히 반대한다는 것이다. 이에 따라 북한은 국제인권협약 가입 및 이행,
인권최고대표사무소와의 기술협력 용의, 인권대화 등을 지지하고 그와
관련된 분야에 부분적으로 참여하고 있다. 구체적으로 북한은 ① 자유권규
약, 사회권규약, 아동권리협약, 여성차별철폐협약에 가입하고 이들 협약위
원회에 규약 이행 보고서를 제출해오고 있고,[56] ② 북한인권 결의가 사라질
경우 인권최고대표사무소와 기술협력을 할 수 있다는 입장이고, ③ 유럽연
합과의 정치대화와 영국, 스웨덴 등과도 인권 관련 대화를 진행해왔다.

---

55 Commission on Human Rights, Fifty-eighth session, "Summary Report of the Human
Rights Committee," E/CN.4/2002/SR.29, April 13, 2002, p. 18, 유엔 인권최고대표사
무소 웹사이트.

56 2013년 7월 3일 북한은 장애인권리협약에 서명했다.

그러나 북한은 유엔 인권위원회와 총회 등 헌장기구에서의 인권 결의안 상정 및 채택은 전 세계 모든 국가의 인권 상황을 공정하게 다루지 못하고 특정 국가를 고립시키고 압박하기 위한 수단으로 이용된다고 보고 있다. 같은 맥락에서 북한은 2004년 제60차 유엔 인권위원회의 북한인권 결의에 따라 임명된 북한인권 특별보고관 제도도 인정하지 않아 지금까지 특별보고관의 방북은 물론 대화에 한 번도 응하지 않고 있다. 단 한 번, 제69차 유엔 총회 기간 중인 2014년 10월 27일 북한의 최명남 외무성 부국장은 다루스만 북한인권 특별보고관을 만나 북한을 방문해달라고 말했다. 이것은 유엔 북한인권결의안에 포함된 반인도적 범죄 책임자에 대한 국제형사재판소 회부 조항을 삭제하기 위한 로비활동의 일환이었다. 북한은 유럽연합이 북한인권 결의안 채택을 계속하자 그 비난의 강도를 높이고 있다. 예를 들어 유엔 인권위원회에 북한인권 결의안이 처음 상정 채택된 2003년 북한 측 대표는 인권위 회의석상에서 "유럽연합이 우리와의 인권대화와 협력을 배신했다"라고 비난한 것 외에 별다른 반응을 보이지 않았다. 그런데 2004년 결의안 채택 시에는 북한은 외무성 대변인이 나서서 "유럽연합이 미국에 추종하여 반공화국 고립압살 행위에 합세하고 있다"며 강하게 반발하였다.[57] 이런 입장은 지금까지 계속되고 있다. 이런 과정의 결과로서 북한은 2004년 11월 평양에서 열린 정치대화를 끝으로 유럽연합과의 공식 대화를 중단해버렸다.

유엔과 유럽연합을 향한 북한의 인권외교정책이 시기와 사안에 따라 협력과 갈등을 오가고 있다면, 미국을 향해서는 적대적 자세를 일관되게 유지하고 있다. 미국이 볼 때 북한은 1인 중심의 독재체제나 심각한 인권유린 국가로 분류되고 미국의 지속적인 모니터링과 비판의 대상이 되고 있다.

---

57 통일부, ≪주간북한동향≫, 제739호(2005년 4월 22~28일), 11~13쪽.

특히 종교적 신념이 가미된 부시 대통령의 북한체제 및 최고지도자, 그리고 북한인권 문제에 대한 인식은 여과 없이 나타나는 경우가 적지 않았다. 북한인권 문제에 한정하여 하나의 예를 들어보면, 2003년 6월 26일 부시 대통령이 '유엔이 정한 고문피해자의 날' 기념식 성명을 통해 북한을 '인권 유린국'으로 지칭한 바 있다. 북한은 이를 자국에 대한 "모략이며 중대한 주권침해"라고 주장하고 인권침해는 자국이 아니라 미국이 자행하고 있다고 반박하였다.[58] 최근 들어 북한은 미국의 인권침해 비판에 맞서 중국정부처럼, 미국 인권침해 보고서를 작성해 발표하기도 한다.

북한정부는 기본적으로 "미국이 핵 문제에 이어 인권 문제까지 문제 삼는 것은 북한을 국제적으로 고립 압살하려는 음흉한 속심에서 출발한 것"이고 "이라크를 침공한 부시 행정부가 세계에서 가장 비인간적인 정권"이라고 인식하고 있어[59] 미국의 북한인권 비판의 정치적 의도에 주목하고 있다. 북한은 또 미 국무부가 매년 발간하는 「세계인권 보고서」에 나타난 자국의 인권 상황에 대해서도 반박한다. 예를 들어 2006년 인권 보고서에서 북한의 인권 상황이 대단히 열악하다(extremely poor)는 요지로 발표하자, 북한 외무성 대변인은 "미국의 북한인권 문제 거론은 북한 고립 압살을 위해 정치적 목적에서 강행하는 내정간섭"이라고 강하게 비난하고 나섰다.[60] 북한은 또 미 국무부가 매년 공개하는 「국제종교자유 보고서」 상의 북한 비판에 대해서도 반박하고 있다. 예를 들어, 2005년 이 보고서가 북한을 "종교자유 특별우려국"으로 지정하자, 북한은 이를 "반미적인 나라

---

58 북한은 이때 미국이 아프가니스탄, 이라크 침략으로 "최악의 인도주의적 재난"을 초래하고 "사회적 갈등과 계층 간의 대립으로 인종차별과 범죄가 가장 혹심한 나라"라고 비난하였다. ≪조선중앙통신≫, 2003년 7월 2일.

59 ≪조선중앙통신≫, 2004년 2월 28일.

60 ≪중앙방송≫, 2006년 3월 14일.

들을 하나씩 고립 압살하기 위한 책동"이라고 비난하였다.[61]

북한의 입장에서 위와 같은 미 대통령의 발언이나 혹은 국무부의 연례보고서 발간보다 더 영향력이 크고 직접적인 인권공세는 북한인권법이다. 북한은 자국은 비준했지만 미국은 여성차별철폐협약과 아동권리협약에 비준하지 않은 점을 지적하고, "인권 문제를 정치화하고 그것을 반미 자주적인 나라들에 대한 침략과 전쟁, 제도 전복, 정권 교체를 합리화하는 데 이용하는 것이 미국의 상투적 수법"이라고 비난하였다. 북한은 이어 "미국은 핵 문제와 인권 문제를 2대 기둥으로 하여 대조선 압살 야망을 실현하려는 허황한 기도를 버리고 정책변경 입장을 정립해야 한다"라고 주장하였다.[62] 북한은 북한인권법을 직접 겨냥해 "북조선 인권법은 우리나라에서 인권과 민주주의, 시장경제를 촉진시킨다는 명분 아래 제도변경이나 정부전복을 유도하는 데 목적이 있다"라고 하면서, 이에 대해 "우리는 나라의 자주권을 지키고 인권의 자유·안전을 수호하기 위해 이러한 적대적 행위에 초강경 대처해나갈 것이다"라고 밝힌 바 있다.[63]

한편, 북한은 유엔 인권위원회(2006년부터는 인권이사회)와 총회의 북한인권 결의안 통과와 그 과정에서 미국의 찬성투표에 대해서도 강하게 반발하였다. 2005년 제61차 유엔 인권위원회에서 북한인권 결의안이 통과되자 북한 외무성 대변인은 이를 "미국의 사촉을 받고 대조선 압살책동에 적극 편승한 영국과 일본 등의 비열한 적대소동"이라고 비난하였다.[64] 또 2006년 11월 17일, 유엔 총회 3제위원회에서도 이전 해에 이어 북한인권 결의안

---

61 《로동신문》, 2005년 11월 22일.
62 《로동신문》, 2004년 12월 28일.
63 2005년 10월 31일 제60차 유엔 총회 제3위원회에서 북한 측 대표의 연설 내용.
    《중앙방송》, 2005년 11월 5일.
64 통일부, 《주간북한동향》, 제739호, 12쪽.

이 통과되자 유엔주재 북한대표부의 김창국 차석대사는 결의안이 미국과 위성국가들이 북한의 주권을 침해하기 위해 만든 정치적 음모의 산물일 뿐이라고 비난하였다.[65] 북한의 이런 태도는 일관되게 유지되고 있다.

북한이 유엔 헌장기구에서의 북한인권 결의 통과에 대해 취한 입장은 다음 <표 Ⅳ-2>에서 일부 살펴볼 수 있다. 북한은 2003년 제59차 인권위원회에서의 결의안 채택에는 제네바 현지 외교관의 구두발언 외에는 공식입장을 밝힌 바 없으나, 그 이후에는 외무성의 공식 반응을 계속해서 내놓고 있다. 특히 2005년 제60차 유엔 총회에서 북한인권 결의안이 통과되자 북한 외무성은 가장 강도 높은 입장을 내놓은 바 있다. 9·19 공동성명 발표 직후 미국이 방코델타아시아(BDA) 은행의 북한계좌 동결이 추진되던 당시 북한 외무성 대변인은 "인권을 지키려면 국권이 있어야 하고 국권을 지키려면 강력한 억제력이 있어야 한다"라고 하면서 자위적 억제력까지 주장하였다. 그러나 2006년 제61차 유엔 총회에서의 인권결의안 채택에 대해서는 외무성은 짤막한 논평을 냈을 뿐만 아니라 그 반발 강도도 낮아졌다. 이는 북한이 그동안 유엔 헌장기구에서의 계속되는 인권 결의안 채택에 내성이 높아졌다는 측면과 함께 그해 10월에 있었던 핵실험 이후 대북제재 움직임 등 악화된 국제여론을 의식한 것으로 보인다. 대신 북한은 남한이 처음으로 북한인권 결의안에 찬성 투표한 것에 대해서는 "미국의 범죄행위에 가담하는 반민족적인 도발행위이며 6·15 공동선언의 기초를 파기하고 북남관계를 뒤집어엎는 용납 못할 반통일적 책동"이라고 맹비난하였다.[66] 북한은 유엔 북한인권결의를 계속해서 배격해오고 있는데, 특히 북한인권특별보고관, 북한인권조사위원회 등 특별절차에 강력히 반발한

---

65 ≪연합뉴스≫, 2006년 11월 18일.
66 ≪중앙통신≫, 2006년 11월 18일.

〈표 Ⅳ-2〉 유엔에서의 북한인권 결의에 대한 북한의 반응

결의 기구	북한의 반응	발표자
제59차 인권위	유럽연합의 결의안 제출은 상정 경위와 내용에서 인권과는 무관한 정치적 목적을 추구하고 있음	인권위 결의안 투표 직전 외무성 군축·인권과장 발언 (2003년 4월 16일) *외무성 공식반응 없음
제60차 인권위	인권결의안은 우리 공화국을 고립 압살하려는 미국 주도하의 정치적 모략의 산물	외무성 대변인 (2004년 4월 19일)
제61차 인권위	인권에 대한 선택성과 2중기준을 일삼는 서방의 전횡을 보여준 정치적 도발문건	외무성 대변인 (2005년 4월 20일)
제61차 총회	미국과 EU 등 적대세력들이 조작해 낸 인권결의는 우리 공화국에 대한 정치적 모략의 산물	외무성 논평 (2006년 11월 17일)
제65차 총회	결의는 적대세력들의 정치적 모략 책동의 산물	외무성 대변인(2010년 11월 20일)
제66차 총회	인권의 정치적, 이중기준, 선택성의 극치이며 온갖 허위와 날조로 일관된 결의	외무성 대변인(2011년 11월 24일)
제25차 인권이사회	반공화국 인권 결의를 처음부터 마지막 끝까지 전면 반대, 배격한다	외무성 대변인(2014년 3월 30일)
제69차 유엔 총회	대조선 적대시정책의 최고표현	외무성 대변인(2014년 11월 20일)

다. 2014년 북한인권조사위원회는 1년의 활동 결과를 제25차 유엔 인권이사회에 보고하면서 북한정부의 인권침해, 특히 반인도적 범죄에 대한 책임을 국제형사재판에 회부할 것을 권고하였다. 이 내용은 같은 인권이사회에서 채택된 북한인권결의와 제69차 유엔 총회에서의 북한인권 결의문에서도 재확인되었다. 이에 대해 북한 외무성 대변인은 "우리는 원래부터 미국과 서방의 꼭두각시에 불과한 정치협잡꾼들의 집단인 조사위원회라는 것을

인정하지 않았다"며 결의를 "전면 반대, 배격한다"고 말했다. 이어 대변인은 "미국과 적대세력들은 핵 문제만을 가지고서는 도저히 우리를 어째볼 수 없게 되자 사실을 계속 날조하여 우리에 대한 인권소동을 한계를 넘어 확산시켜 우리나라에 대한 내정간섭의 구실을 찾고 우리 제도를 전복해보려고 하고 있다"고 비난했다.[67]

이상 살펴본 바와 같이 북한의 인권외교정책은 다자 접촉이나 양자 접촉을 막론하고 두 가지 현상으로 나타나고 있다. 그 하나는 북한의 정치체제나 최고지도자를 인정하거나(혹은 문제 삼지 않고) 정치적 압력을 가하지 않을 경우 대화를 수용하거나 일정한 조치를 취한다. 유럽연합이 유엔 인권위원회에서 북한인권 결의안을 본격 추진하지 않은 시기까지 진행한 정치대화나, 가입한 국제인권협약위원회에 이행 보고서를 제출하고 심의에 응한 것이 그런 사례이다. 그러나 다른 한편으로 북한은 적대관계에 있는 나라의 인권 문제제기나 정치적 압력수단으로 북한인권 문제를 이용한다고 판단하는 경우 강한 반대와 함께 외교적 대결도 불사한다. 유엔 인권기구의 북한인권 결의 채택에 대한 반발과 미국의 북한인권법,[68] 일본의 납치 문제 해결을 이유로 한 정치적 압박에 대한 비난이 그런 예이다. 그런데 북한의 이런 두 가지 형태의 인권외교정책은 작게는 국제무대에서의 고립 탈피와 국가 위신 제고, 크게는 협상력 및 전략적 이익 증대에 복무하는 수단으로서의 성격이 짙다. 이런 가운데서 북한인권을 실질적으

---

67 《연합뉴스》, 2014년 3월 31일.
68 일본도 2006년 6월 16일 "일본인 납치 문제 등 북한의 인권상황이 개선되지 않는 경우" 일본정부가 북한에 경제제재를 발동할 수 있다는 내용을 골자로 한 여야 3당 발의의 북한인권법안이 참의원을 통과하였다. 그래서 이 법은 대북제재법이라고 불리기도 한다.

로 개선하기 위한 협력 방안을 찾기란 쉬운 일이 아니다. 다음 장에서 다룰 북한인권을 둘러싼 국내외 동향도 그것이 북한의 실질적 인권개선에 갖는 의미와 거기에 미칠 영향을 염두에 두고 살펴보아야 할 것이다.

북한인권 관련 동향과 쟁점

1. 한국사회의 동향

1) 입장 차이

　한국사회에서 일어나고 있는 북한인권을 둘러싼 논의는 다른 대북 정책 및 한미관계 관련 문제와 함께 국내정치적 갈등을 야기하고 있다. 북한인권에 관한 한국사회의 반응은 다양하게 나타나고 있는데 크게 보수적·중도적·진보적 견해 등 세 가지로 나누어 정리해볼 수 있겠다.

　한국에서 진보와 보수의 입장 차이는 다양한 분야에 걸쳐 뚜렷하게 나타나고 있다. 그러나 소득 양극화와 분단 상황에서 정치적으로 가장 첨예한 입장 차이를 보이는 분야가 노동 문제와 북한·통일 문제일 것이다. 북한을 있는 그대로 존중하면서 상호 신뢰구축과 공동이익을 추구하며 점진적이고 평화적으로 통일을 추진해가자는 것이 진보 측의 기본 입장이다. 반면에 남한체제로의 흡수통일, 그것이 아니면 남북 간 대결상태를 지속하며 분단 기득권을 재생산하겠다는 것이 보수 측의 입장이다.

북한인권 관련 사안에 대해서도 진보와 보수 측의 입장 차이는 분명하게 나타난다. 이해를 돕기 위해 도식화의 위험을 무릅쓰고 말한다면, 북한인권 상황이 대단히 심각하다는 입장이 보수진영, 일부 그에 동의하면서도 과장됐다는 입장이 진보진영의 판단이다. 탈북자에 관해 보수 측은 난민 혹은 망명자로, 진보 측은 주로 경제 이주자로 각각 규정한다. 북한인권 상황이 열악해진 원인에 대해 진보세력은 미국과 서방의 광범위한 대북제재, 정전 및 분단 체제, 자연재해 등 외부적·우연적 요인을 강조하는 반면, 보수세력은 북한체제의 구조적 문제점을 강조한다. 북한인권 개선방향에 관해 진보세력은 국제사회와 남한의 역할분담하에서 남북관계 개선을 통한 교류협력, 인도주의적 지원, 인권대화를 강조하지만, 보수세력은 국제사회와 남한이 일치된 목소리를 내 폭로, 압박, 나아가 정권 교체도 언급한다. 구체적 사안으로 대북 인도주의적 지원에 대해서는 보수가 상호주의와 투명성 보장하의 조건부 지원을, 진보가 생존권 개선을 위한 적극 지원을 각각 주장한다. 유엔에서 이루어지는 북한인권 결의에 대해서는 보수가 찬성을, 진보가 회의 혹은 반대를 표명해왔다. 그리고 미국의 북한인권법과 한국의 북한인권법 제정 움직임에 대해서도 보수가 찬성, 진보가 반대해왔다. 물론 자세히 들여다보면 진보진영, 보수진영 모두 그 내에서 다양한 입장이 존재할 것이다.[1]

중도적 견해는 뚜렷한 보수적·진보적 견해에 비해 명확한 입장을 발견하기 어려운데, 그 이유는 중도적 견해 자체가 없기 때문이라기보다는 영향력 있는 담론 형성 및 행동으로 나타나지 않기 때문으로 보인다. 중도적 견해는

---

1 서보혁, 「진보진영은 북한인권 문제를 어떻게 다룰 것인가」, ≪창작과비평≫, 제42권 제1호 (2014 봄), 40~42쪽.

〈표 V-1〉 한국의 보수·진보 진영의 북한 관련 입장 비교

구분	보수진영	진보진영
대북 인식	부정적	긍정적
북한체제 전망	비관적	신중 혹은 낙관적
정부 대북 정책	비판적	긍정적
북한인권정책	적극적	소극적

대체로 북한인권 상황의 열악함과 그에 대한 문제제기에는 보수적 입장과 의견이 가깝지만, 북한정권 교체에 유보적 태도를 취하고 실용적 접근을 보인다는 점에서는 진보적 견해에 가까워 전체적으로 절충적 입장을 보이고 있다. 앞으로 북한인권 문제에 관한 정치적 갈등을 최소화하고 실질적 인권개선을 위한 국내 여론을 수렴하는 데 중도적 견해가 보다 부각될 필요가 있다.

한국사회에서 북한인권을 둘러싼 정치적 갈등이 단기적으로 줄어들 가능성은 높지 않아 보이는데, 그것은 선거와 같은 정치적 계기 외에도 지금과 같은 갈등이 북한인권을 둘러싼 입장 차이에 국한되지 않고 대북 인식, 북한체제에 대한 전망, 한국정부의 대북 정책에 대한 평가 등 광범위한 입장 차이의 연장선상에 놓여 있기 때문이다. 보수적 견해는 북한체제에 대한 부정적 인식과 비관적 전망, 한국정부의 대북 정책에 대한 비판적 평가에 기초하여 한국정부의 대북 인권정책이 적극적 개입으로 전환할 것과 국제사회의 대북 압박을 주장한다. 반면, 진보적 견해는 객관적 실체로서 북한체제 인정, 북한체제의 내구력 인정 및 평화공존의 필요성, 한국정부의 대북 정책에 대한 긍정적 평가에 기초하여 포용적 대북 인권정책을 긍정 평가하고 국제사회의 건설적 역할을 제기하면서 소위 역할분담론의 입장에 서 있다(<표 V-1> 참조).

2) 정치권의 대립

북한인권을 둘러싼 이와 같은 입장 차이는 정치권과 시민사회에 그대로 나타나고 있다는 점에서 정치적 갈등의 우려를 자아낸다.

먼저, 정치권의 입장을 살펴보자.

집권여당인 새누리당은 북한의 인권 상황이 대단히 열악한 상태이며, 북한인권 문제는 남북관계의 다른 사안들과 분리해 '보편적으로' 접근해야 한다고 판단하고 있다. 박근혜 정부와 그 앞의 이명박 정부는 대북 포용정책을 전개해온 김대중·노무현 정부의 '조용한 외교'를 벗어던지고 국제사회와 공조해 적극적으로 대처해야 한다고 본다. 새누리당의 전신인 한나라당은 야당 시절, 곧 노무현 정부 시기인 2005년에 탈북자보호법률안 개정, 북한인권법 제정, 국군포로법률안 개정, 납북자지원법 제정, 남북 이산가족 만남의 날 기념일 제정 등 '북한인권 개선 5개항'을 발표한 바 있다. 반공·반북 보수세력을 정치적 지지기반으로 하는 한나라당은 그런 정책에 동조하는 일부 시민단체들과 함께 미국, 일본이 제정한 북한인권법에 깊은 관심을 보였다. 그때부터 지금까지 보수정치세력은 북한인권법 제정을 일관되게 주장하고 있는데, 그 핵심은 북한인권재단과 북한인권기록보존소 설립이다. 이를 통해 민간의 북한인권운동을 재정 지원하고 북한정권의 인권침해를 억제하거나 추후 관련자들을 처벌한다는 구상을 갖고 있다. 그러나 새누리당과 보수정부는 북한주민의 생존권 개선을 위한 인도주의적 지원에는 소극적이라는 지적을 받고 있다. 보수적 정부·여당은 남북관계가 경색된 가운데서도 대화와 교류, 지원에 인색하다. 2008년 2월 이명박 정부 등장 이후 정부·여당은 유엔에서의 북한인권결의안에 일관되게 찬성투표를 하고 있다. 김대중·노무현 정부는 유엔 북한인권결의안 투표 때 남북관계와 북핵 문제를 반영해 일관된 투표를 하지 못했다.

그와 달리 야당은 북한인권 문제에 신중한 자세를 취해왔다. 새정치민주연합과 그 전신인 민주당은 인권의 보편성과 북한인권 상황의 심각성은 부인하지 않는다. 이들은 그동안 북한인권법 제정과 국제사회의 대북 압박이 북한인권의 실질 개선에 기여하지 못한다는 입장을 취해왔다. 대신 인도주의적 지원, '조용한 외교' 등을 통한 북한주민의 생존권 개선, 탈북자 보호 및 정착 지원 등을 실질적인 대안으로 보고 그와 관련된 정책을 전개해왔다. 다만 제1야당은 북한인권법에 관한 입장에 변화를 보여왔다. 제1야당은 새누리당의 북한인권법안이 자유권 중심, 압박 위주의 접근이라고 비판하며 생존권 중심, 교류 및 지원 위주의 대응 법안을 발의해왔다. 물론 북한인권재단이나 인권기록보존소 설치는 배제했다. 2014년에 들어 새정치민주연합 내에서 북한인권법 제정에 긍정적인 분위기가 일어났다. 그러나 야당 진영에서는 그 내용을 떠나 북한인권법 제정 자체를 비판적으로 보는 시각이 적지 않다. 야당은 대체로 북한인권법이 북한인권 개선에 이바지하기보다는 북한의 반발을 초래할 뿐이라고 예상하고, 남북관계 발전 가능성을 고려할 때 남북 간에는 지원과 교류를 통해 인도적 문제와 생존권에 초점을 두려 한다. 북한의 아킬레스건인 자유권 문제는 유엔 등을 통한 우회적 접근이나 남북 인권대화를 대안으로 제시한다. 그 외 진보 성향의 군소정당들은 남북관계, 북한인권법의 실효성, 북한인권 문제의 정치적 이용 우려 등을 감안해 북한인권 문제의 법제화에 소극적이다.

정치권은 아무래도 여야의 입장에 따라서 강조점이 다를 수 있지만, 집권할 경우 북한인권에 대한 정책 비중은 비핵화나 남북관계 같은 다른 대북 정책 사안들의 동향에 의존할 수밖에 없다. 이명박 정부에 들어 북한인권 문제에 대한 관심과 발언이 늘어났지만, 북핵 문제나 전반적인 남북관계를 무시하고 북한인권을 중심으로 대북정책을 전개한 것은 아니었다. 박근혜 정부도 마찬가지다. 박근혜 대통령은 대선 유세 때 적극적인 인도주의적 지원과 북한인권법 제정을 주요 북한인권정책으로 공약했지만, 2014년 12월 현재까지 남북관계 경색으로 어느 것도 성과를 거두지 못하고 있다. 김대중·노무현 정부 때는 북한인권 문제가 대북정책의 연장선상에서 전개됨을 공개적으로 언급했고, 남북 간에는 인도적 문제와 생존권, 탈북자 입국 등에 성과를 거두었다.

이상 살펴본 각 정당별 북한인권 문제에 관한 입장 차이는 북한인권 상황에서부터 한국과 미국의 대북(인권) 정책과 인권개선 방법 등에 걸쳐 나타난다. 그런데 그 근저에는 대북관, 대미관, 정부의 대북 정책에 관한 입장 등 이념적·정치적 입장이 작용하고 있다. 그리고 각 정당은 북한인권 문제를 독립된 사안으로서가 아니라 전체 대북정책에서 북한인권이 갖는 정책적 비중, 다른 대북정책 사안들과의 연계 여부 등에 관한 판단에 따라 각기 다르게 접근하고 있음을 알 수 있다.

3) 시민사회의 다양한 동향

시민사회에서도 북한인권에 관한 입장은 쉽사리 통일되기 어려워 보인다. 2004년 봄 진보진영의 일부 단체들은 가칭 '한반도인권회의'를 만들어 미국의 북한자유화법안 상정 움직임에 반대하는 캠페인을 중심으로 공동 활동을 전개했으나, 같은 해 말 유엔 북한인권 특별보고관에 전달할 북한인권 관련 입장을 준비하는 과정에서 발생한 이견을 좁히지 못해 인권회의의 활동은 중단되었다. 이 당시 일부 보수성향의 시민단체들은 유엔의 북한인권 결의 채택 및 미국의 북한인권법 통과를 지지하고 탈북자 입국에 관여하였고, 극히 일부 단체는 소위 '기획 탈북'에도 관여해온 것으로 알려져 있다. 그 중간에 '좋은벗들'은 북한인권 개선과 인도주의적 지원의 병행을 수행해왔다고 볼 수 있겠다.

2005년에 들어 북한인권을 둘러싸고 진보 - 보수 진영은 대립을 표출한다. 2005년 4월 14일, 진보성향의 24개 시민단체는 '인권증진의 실효성 없는 유엔 인권위 대북 결의안에 반대한다'는 제하의 공동성명을 발표했다. 이와 달리 같은 날 북한민주화네트워크와 자유주의연대는 공동성명을 발표하고 "61차 유엔 인권위원회 결의안 채택과정은 인권변호사에 출발한 노대통령의 정치적·인간적 양심의 시험대가 될 것"이라고 주장하며 정부에 찬성 표결을 촉구하였다. 그리고 다음 날 북한민주화네트워크는 채택된 북한인권 결의를 적극 지지한다고 밝혔다.

국내 시민단체 중에서 북한인권 문제에 대해 가장 적극적인 활동을 하고 있는 단체 중 몇 군데를 간단히 소개하면 다음과 같다. 먼저, 1996년 '우리민족서로돕기불교운동본부'로 출발한 '좋은벗들'은 북한인권을 중도적 시각에서 균형적 자세로 접근하고 있다고 말할 수 있다. 그렇게 말하는 것은 '좋은벗들'이 북한인권에 대한 문제제기와 인도주의적 지원을 병행하고 있고 북한인권을 자유권과 사회권 중 어느 하나에 치우치지 않으면서도 당면한 식량권 회복에 우선적인 관심을 두기 때문이다. '좋은벗들'은 1990년대 후반 북한의 식량난을 북·중 국경지대에서 현지조사하고 인도주의적 지원을 전개하는 한편 중국에서 탈북자 보호에 직접 나서기도 하였다. 이런 경험을 바탕으로 2004년 2월 '북한식량난과 북한인권'이라는 제하의 보고서를 발표해 식량권을 중심으로 한 북한인권 개선을 위한 국내외 여론을 조성하는 데 앞장섰다. 이후 '좋은벗들'은 북한이 가입한 국제인권협약위원회에 북한인권 관련 대안보고서를 내고 북한인권 소식지 ≪오늘의 북한 소식≫을 주간으로 발간하는 등 북한인권 개선을 위한 연구조사활동을 전개하고 있다.

'북한인권시민연합'은 단체 이름에서 보듯이 북한인권운동에 전념하고자 1996년 5월 창립하였다. 이 단체는 국제캠페인, 홍보 및 학술 활동,

구호활동, 입국 탈북자의 사회적응 지원활동 등 다양한 활동을 벌이고 있다. 시민연합도 '좋은벗들'과 마찬가지로 탈북자 보호, 유엔 국제인권협약위원회에 대안보고서 제출, 연구조사활동을 벌이고 있는 반면, 대북 인도주의적 지원은 하지 않는 것으로 알려져 있다. 시민연합은 1999년부터 '북한인권·난민 문제 국제회의'를 매년 국내외에서 개최하여 북한인권 문제를 국제적 관심사로 부각시키고, 특히 유엔 인권위원회에서의 북한인권 결의안 상정에 적지 않은 역할을 한 것으로 평가되고 있다.[2] 시민연합은 또 휴먼라이츠워치(Human Rights Watch), 미국 북한인권위원회 등 해외의 4개 단체와 함께 2006년 9월 16일 유엔 안전보장이사회 이사국 대표들에게 향후 안보리에서 북한인권 문제를 다루어줄 것을 요청하는 서한을 전달한 바 있다.[3] 시민연합의 각종 보고서와 활동내용을 종합해볼 때 북한인권 상황은 자유권에 초점을 두고, 그 원인은 북한정부를 1차적으로 꼽고 있다고 판단된다. 시민연합은 북한인권 개선을 위해서는 국제적 압력, 인권분야별 지역적 접근 등을 대안으로 제시하고 있다.

　'북한민주화네트워크'도 북한인권 개선에 깊은 관심을 갖고 있는 단체인데 국내외 네트워크 구축, 북한동포 지원, 북한 관련 정보 서비스, 인터넷신문(The DailyNK) 운영 등의 활동을 벌이고 있다. 단체이름이 말해주듯이 이 단체는 북한의 인권 상황이 대단히 열악하고 그 원인은 "김정일 폭압정권"에 있기 때문에 북한의 민주화가 북한인권 개선의 첩경이라고 본다. 이 단체는 김대중·노무현 정부의 대북 포용정책이 김정일 정권을 유지시킨다고 보고, 대신 유엔에서의 북한인권 결의안 채택과 미국의 북한인권법 제정은 환영한다고 밝힌 바 있다. '북한민주화네트워크'는 대북 인도주의적

2　서보혁, 「행위자간 협력을 중심으로 본 미국의 북한인권정책」, ≪북한연구학회보≫, 제9권 제1호(2005), 327~330쪽 참조.

3　이 서한의 영문본은 http://hrw.org/english/docs/2006/09/16/nkorea14198.htm 참조.

지원활동은 하지 않는 대신 북한의 자유권 상황을 집중적으로 다루면서 같은 입장을 가진 국내외 단체들과 연대활동을 벌이고 있다.

진보진영에서는 인권운동사랑방, 평화네트워크, 참여연대, 천주교인권위원회, 다산인권센터 등이 인권의 보편성과 함께 총체성(불가분성) 원칙에 주목하며 북한인권에 대한 포괄적 접근을 주장하고 있다. 이들은 북한인권 개선과 한반도 평화정착의 조화, 한반도 인권증진의 맥락에서 북한인권 문제가 자리 잡기를 선호하는데, 북한인권에 전념하지 못하는 관계로 북한 인권 실태조사, 탈북자 보호 및 지원 등이 미흡한 문제를 안고 있다. 최근 기존에 있다가 중단되었던 '한반도인권회의(준)'의 이름으로 다시 모임을 가지며 북한인권 상황 및 관련 동향 모니터링을 바탕으로 공동 활동을 모색했지만[4] 활동을 이어가지 못하고 있다. 다만 참여연대가 북한인권법 제정 관련 모니터링, 평화권 도입, 유엔 인권기구에 의견서 전달, 대안적 북한인권 담론으로서 '한반도 인권' 제기 등으로 꾸준히 활동을 해왔지만, 북한인권 피해자 보호, 실태조사와 같은 현장활동을 벌이지는 못하고 있다.

국내 시민사회의 북한인권운동과 관련해 빼놓을 수 없는 부문이 종교계, 특히 기독교계이다. 기독교는 방대한 물적·인적 자원을 활용하여 가장 활발한 북한인권운동을 전개하고 있다. 그 활동은 재외 탈북자 보호 및 한국·미국행 지원, 입국 탈북자 정착 지원, 북한인권 상황 홍보 등 다양하게 나타난다. 다만 그 과정에서 선교목적이 지나치게 작용하여 부작용이 발생하는 경우도 일부 있다고 한다.

국내 시민단체들의 북한인권 관련 활동이 각 단체의 입장에 따라 각개약진식으로 진행하는 양상이다. 이런 점을 극복하고자 북한인권 개선을 위한

---

4 다시 모이는 '한반도인권회의(준)' 참여단체는 과거에 비해 약간의 차이가 있는데 '좋은벗들'이 참여하지 않는 점이 눈에 띈다.

각 단체 간 활동의 상호 이해와 협력을 위한 시도도 추진되었다. 이 밖에 북한인권 관련 연구조사기관으로는 통일연구원 북한인권사회연구센터와 북한인권정보센터를 대표적으로 꼽을 수 있다.

이와 같이 진보 - 보수 진영의 대립이 지속되는 가운데 최근 시민사회 내에서 북한인권 문제에 대한 새로운 접근이 시도되고 있다. 이런 현상이 지금까지의 갈등을 해소할 수 있는 새로운 흐름으로 평가하기는 이르지만 북한인권의 실질적 개선을 가져올 일말의 계기를 제공할 것이라는 기대를 갖게 한다.

먼저, 진보진영은 그동안 북한인권 상황 파악에 소극적이었던 것이 사실인데, 이 같은 한계를 극복하기 위해 해외의 탈북자 면담 등 실태 파악에 나서고 있다. 물론 이런 움직임이 지속적으로 전개될지는 미지수이나 객관적인 실태파악 노력으로 볼 수 있다. 나아가 일부에서는 북한인권 상황이 이 문제에 대한 단체 간 입장 차이를 줄일 수 있다고 보고 진보 - 보수를 초월한 공동 조사사업의 필요성도 제기된 바 있다. 다른 한편, 진보진영은 보수진영이 북한인권을 자유권에 치중하여 다루며 북한정권 비판 일변도로 접근하는 것에 대한 '건설적' 대안으로 북한의 에너지 부족을 환경친화적인 방법으로 해결하는 방법을 모색한다든지, 탈북자를 이주노동자로 파악하여 자유로운 이동을 모색하거나, 북한인권을 인도적 문제, 평화권, 분단 극복 등을 고려할 때 한반도 인권으로 접근하는 등의 논의를 전개하고 있다.[5]

보수진영에서도 비판·압력 위주의 활동에서 벗어나 대안적인 인권개선 방안 모색에 나설 필요성을 인식하고 있는 것으로 보인다. 북한인권시민연합이 2006년 5월 9~11일 노르웨이 베르겐에서 개최한 제7회 북한인권·난

---

5 인권운동사랑방 등 6개 인권단체 주최 '북 인권문제의 대안적 접근' 워크숍 자료집(서울, 2005년 11월 30일); 민주화를위한전국교수협의회 등 4개 단체 주최 '어떻게 북한인권 상황을 개선할 것인가? 진단과 대안' 자료집(서울, 2014년 4월 30일).

민국제회의가 그런 모색의 사례로 꼽힐 수 있다. 시민연합은 1999년부터 이 회의를 한국, 일본, 유럽 각지에서 개최하며 북한의 인권 상황을 국제사회에 알리고 유엔 인권위원회가 북한인권 결의안을 상정·채택하는 데 크게 관여하였다. 그동안 이 회의는 북한의 인권 상황 폭로 및 북한 당국 비판 위주로 이루어져 왔다는 비판을 받기도 했으나 제7회 회의는 그 같은 비판에서 벗어나고 있다 하겠다. 제7회 회의가 북한인권 개선전략 수립에 초점을 맞춘 점, 한국정부 대표를 비롯하여 유럽연합 및 유럽의 인사와 유엔 북한인권 특별보고관, 인권 전문가들이 참석해 인권개선방안에 관한 다양한 의견 개진 기회를 가진 점 등이 그 예이다.

북한인권이 다른 사안과 갖는 상호연관성을 이해하는 가운데 그 개선방안을 모색하거나 다양한 입장을 나누고 이해하는 프로그램은 2005~2006년 사이에만도 어렵지 않게 찾을 수 있다. 중도성향으로 분류할 수 있는 북한인권단체 '좋은벗들'은 2006년 5월 22일~6월 12일 북한인권 개선 전문가 토론회를 4회 개최했는데, 이때 다룬 주제가 북한인권과 개발원조, 탈북 여성, 민주화 등이었다. 유관단체인 평화재단은 2006년 7월 11일, '북한주민의 인권개선을 위해 무엇을 할 것인가?'라는 제하의 심포지엄을 개최하였다. 이 두 자리에는 국내 진보 - 보수 진영의 활동가들이 함께 참여하여 입장을 개진하였다. 국가인권위원회가 2004년부터 매년 개최해 온 북한인권 국제심포지엄도 북한인권 관련 국내외 전문가, 시민단체 간 의견 및 활동의 상호 이해를 바탕으로 합리적 개선방안을 모색하는 취지를 갖고 있다. 이와 달리 북한인권을 아시아지역 인권개선의 관점에서 접근하려는 논의도 있는데, 이는 북한인권에 대한 직접적 문제제기로 발생할 북한의 반발과 같은 부작용을 방지하고 실질적 개선을 추구하는 취지로 이해된다. 신생 아시아인권센터와 바스피아(Basket And Sponge Project in Asia: BASPIA)의 활동이 여기에 해당한다. 이 두 단체는 인신매매, 개발지원과 같은 주제별 접근을 바탕으로 한 지역인권 개선방안을 모색하고 있는데 북한인권도 그런 틀에서 접근할 수 있다고 본다.

한편, 국내외 인도주의적 단체와 관련 전문가들은 북한인권과 직접 관련 있는 활동이나 그에 관한 공개적 입장 표명을 유보하면서도 인도주의적 지원이 북한주민의 생존권 향상에 기여한다고 보고 있다. 최근에 들어서는 인도주의적 지원과 함께 개발지원의 필요성을 인식하고 농업, 축산업, 보건 의료 등의 분야에 걸쳐 개발지원을 위한 준비에 착수한 것으로 보인다.[6]

북한인권 문제의 복잡성으로 인해 북한인권 개선방안이 다양한 것은 자연스러운 일이지만 불필요한 오해와 대립은 없어야 한다. 그러기 위해서 는 ① 북한인권 상황에 대한 객관적 평가를 위한 지속적인 연구조사사업, ② 단체 간 주요 사업내용의 존중 및 협력, ③ 정치적 접근 대신 기능적 접근이 활성화될 필요가 있다. 위에 소개한 새로운 현상이 보다 활성화된다 면 북한인권을 소재로 한 한국사회의 이념적 갈등과 정치적 대립을 완화하 는 데 기여할 뿐만 아니라 북한인권의 실질적 개선에도 기여할 수 있을 것이다.

4) 국가인권위원회의 입장

마지막으로 국내의 북한인권 관련 활동에는 국가인권위원회도 관심을 모으고 있다. 유엔에서는 1960년 이후 회원국들에게 국제인권법의 국내적 실현을 위해 독립적 인권기구 설치를 권장해온바, 1993년 유엔 총회에서

---

6 예를 들어 우리민족서로돕운동의 '제1회 북한 개발협력 아카데미'(서울, 광주, 2005 년 12월)와 '북한 개발지원의 과제와 추진 전략' 토론회(서울, 2005년 10월 25일), 그리고 북한대학원대학교의 '북한개발과 국제협력에 관한 국제심포지엄'(서울, 2005 년 7월 6~7일) 등을 들 수 있다.

이를 명문화한 소위 '파리 원칙'을 채택한 바 있다. 당시 한국의 민간단체들은 이를 근거로 정부에 독립적 국가인권기구 설치를 요구하는 한편 이의 법제화 노력을 줄기차게 전개했는데, 그 결과 2001년 5월 24일 국가인권위원회법이 제정 공포되고 같은 해 11월 25일 국가인권위원회가 출범하였다.

먼저, 국가인권위원회가 북한인권 문제를 다룰 수 있느냐 하는 문제가 있다. 국가인권위원회법 제4조(적용범위)는 "이 법은 대한민국 국민과 대한민국의 영역 안에 있는 외국인에 대하여 적용한다"고 밝히고 있다. 이에 관해 인권위원회 해설집은 다음과 같이 설명한다.

> 북한을 독립한 국가로 인정하지 않고 있는 한국의 법제상 대한민국의 관할권에 복종하게 된 북한주민은 당연히 대한민국 국민으로 취급되고 있다. 그러나 개별 법률의 적용 내지 준용에 있어서는 남북한의 특수관계적 성격이 고려되어야 할 필요가 크다.[7] 일단 북한 또는 제3국에 체류하는 북한 국적자에 대하여는 대한민국이 인적 관할권을 행사하는 것이 불가능하므로 이들에 대한 인권침해가 위원회법상의 진정조사대상이 될 수는 없다.[8]

인권위원회는 이런 점을 감안하여 2006년 12월 11일 '북한인권에 대한 국가인권위원회의 입장'을 발표하여 "대한민국 정부가 실효적 관할권을

---

[7] 우리 '헌법'이 "대한민국의 영토는 한반도와 그 부속도서로 한다"라는 영토조항(제3조)을 두고 있는 이상 대한민국의 헌법은 북한지역을 포함한 한반도 전체에 그 효력이 미치고 따라서 북한지역은 당연히 대한민국의 영토가 되므로, 북한을 법 소정의 "외국"으로, 북한의 주민 또는 법인 등을 "비거주자"로 바로 인정하기는 어렵지만, 개별 법률의 적용 내지 준용에 있어서는 남북한의 특수관계적 성격을 고려하여 북한지역을 외국에 준하는 지역으로, 북한주민 등을 외국인에 준하는 지위에 있는 자로 규정할 수 있다고 할 것이다. 헌법재판소 2005. 6. 30. 선고, 2003헌바114 결정.

[8] 국가인권위원회, 『국가인권위원회법 해설집』(2006), 46쪽.

행사하기 어려운 북한지역에서의 인권침해 행위나 차별 행위는 위원회의 조사대상에 포함될 수 없"고, "다만, 국군포로, 납북피해자, 이산가족, 새터민 등의 문제는 대한민국 국민이 직접적 피해 당사자이므로 위원회는 이들의 개별적 인권 사항을 다룰 수 있"다고 밝혔다.

인권위원회가 설립 때부터 북한인권 문제에 관심을 가진 것은 아니다. 그러던 중 2003년 제59차 유엔 인권위원회에서 북한인권 결의안이 상정 채택되고 국내 시민단체들 내에서도 북한인권 관련 활동이 활발해지기 시작하였다. 그에 따라 국회 및 여론은 인권위원회가 북한인권 문제에 입장을 가질 것과 관련 대책을 내놓을 것을 요구받았다. 위원회는 그때부터 북한인권 실태조사, 관련 국내외 동향 모니터링, 전문가 및 시민단체 의견수렴 등을 위한 각종 사업을 전개해나갔다. 위원회는 그런 과정을 거치면서 북한인권에 관한 입장표명을 준비하기 시작했는데 2005년 12월 26일 제26차 전원위원회에서 구성하기로 한 북한인권특별위원회가 주축이 되었다. 북한인권 특위는 위원회의 입장 표명을 위해 자체 토론 및 정부, 전문가, 시민단체, 탈북자 등의 의견 수렴, 외국의 경험 및 동향 파악 등 다양한 사업을 전개하였다. 특위가 준비한 위원회의 북한인권 관련 입장 초안은 전원위원회에서 수차례 검토를 거쳐 1년 후 '북한인권에 대한 국가인권위원회의 입장'을 발표하였다.

위원회의 입장은 입장표명의 배경, 입장표명의 근거 및 범위, 북한인권에 대한 접근원칙과 정책제안 등 세 가지 부분으로 구성되어 있는데, 핵심은 세 번째 내용이다. 위원회가 밝힌 북한인권에 대한 접근원칙과 정책제안은 남한정부를 향한 것으로서, 제62차 유엔 총회 북한인권결의안에 찬성 투표한 것을 포함해 정부가 "남북한 당국 간의 대화와 협력을 통해 한반도의 평화와 번영을 목표로 북한인권정책을 포함한 대북 정책을 추진해온 점에 대하여 긍정적으로 평가하"고 있다. 입장은 이어서 북한인권 문제에 접근하는 네 가지 원칙을 제시한다.

① 북한인권의 개선과 관련하여 국제사회가 다양한 노력을 통해 발전시켜
온 인권의 보편성이 존중되어야 한다.
② 한반도 평화는 남북한 주민들의 평화롭게 살 권리와 직접적으로 관련되므
로 북한인권의 개선은 평화적인 방법을 통해 이루어져야 한다.
③ 북한인권 문제에 대한 논의와 접근은 북한의 인권상황을 실질적으로 개선
시키는 데 목표를 두어야 한다.
④ 북한인권 문제는 정부 차원의 활동과 시민사회 차원의 활동이 비판적
조언과 협력 속에서 상호 보완적으로 다루어져야 한다.

국가인권위원회는 이러한 원칙을 바탕으로 정부에 다음과 같은 북한인
권 관련 정책을 제안하였다.

첫째, 정부는 국제사회와의 연대·협력관계를 구축하고 활성화하여 북한
인권이 실질적으로 개선되도록 노력해야 한다. 정부는 인권의 보편성 원칙
존중이라는 북한인권의 접근원칙을 확인하는 한편, 남북관계의 특수성을
고려하여 북한인권 문제가 보다 슬기롭게 다루어져야 함을 국제사회에 인식
시키기 위한 적극적인 노력도 경주해야 한다.
둘째, 정부는 북한주민에 대한 인도주의적 지원 사업은 정치적 사안과
분리하여 생존권 보장 차원에서 지속적으로 추진해야 한다. 정부는 인도주
의적 지원 사업과 관련하여 분배과정의 투명성에 대한 국내외적 우려와
의구심을 불식시키기 위한 적절한 조치를 강구해야 하며, 나아가 북한의
식량난을 해결하기 위한 보다 근본적인 대책을 마련하도록 노력해야 한다.
셋째, 정부는 재외 탈북자들이 처한 심각한 인권침해의 현실을 개선하기

위해 적극적인 외교적 노력과 함께 이들의 인권을 보호할 수 있는 제도적 장치를 마련해야 한다. 정부는 탈북자 체류국 정부와 긴밀한 협의를 통해 탈북자들이 본인의 의사에 반하여 강제송환되지 않도록 하는 외교적 노력을 최우선적 과제로 설정해야 한다. 나아가 정부는 국내에 정착한 새터민에 대한 체계적이고 적극적인 인권보호 대책을 마련해야 한다.

넷째, 정부는 이산가족, 국군포로, 납북자 문제 등과 같은 인도주의적 사안을 해결하기 위해 보다 적극적이고 구체적인 조치를 취해야 한다.

다섯째, 북한인권의 개선은 정확한 사실에 기초할 때 그 실효성이 담보되므로, 정부는 객관적이고 철저한 조사 등을 통해서 북한인권의 실상을 정확하게 파악해야 한다.

그러나 이명박 정권이 집권하자 국내 인권 상황은 후퇴하고 국가인권위원회의 위상도 추락하기 시작했다. 이명박 정권이 집권하자마자 독립적 국가기구인 국가인권위를 정부 산하 기구로 편입시키려는 웃지 못할 일이 일어난 후, 국가인권위는 업무 축소, 직원 감축에 직면했다. 표현의 자유, 생존권, 단결권 침해가 심각해졌고 용산 철거반대 투쟁, 쌍용자동차 노동자 투쟁, 강정해군기지건설 반대투쟁 등지에서 많은 인명 피해가 생겨났다. 그런 가운데 2009년 7월 20일 이명박 대통령이 현병철 위원장을 임명하며 "북한의 인권에도 관심을 기울일 필요가 있다"고 말함에 따라 국가인권위는 북한인권에 대한 정책비중을 높이며 보수적 접근을 해나갔다. 물론 새 위원장 취임 이전부터 진행된 북한인권 포럼과 북한인권 실태 조사는 계속되었다. 현병철 위원장 취임 이후 국가인권위는 다양한 실태 조사와 정책 연구를 수행하는 한편, 정부에 북한인권법 제정과 대북 방송을 권고했다. 그러나 그런 정책 권고의 실효성에 대해서는 적지 않은 비판이 일어났다. 특히 국가인권위원회는 북한인권법 제정에 높은 관심을 갖고 자신이 주무기관이 되어야 한다는 입장을 표명해왔다. 2010년 국가인권위원회는 북한 인권기록보존소의 위원회 설치와 북한인권재단 설립 반대를 골자로 하는 북한인권법 제정 입장을 발표했다. 북한인권법 제정을 둘러싸고 여야 간 입장 차이가 줄어들지 않자 국가인권위원회는 2014년 3월 24일 국회의장에게 다음과 같은 내용을 요지로 하는 정책권고를 발표했다. "(국회는) 국회에 계류 중인 북한인권 관련 법안을 북한민생 관련 법안과 분리하여 북한인권법은 주무기관을 국가인권위원회로 하고, 북한민생법은 주무기관을 통일부로 하여 조속히 입법할 것을 권고한다." 그러나 이명박 정부 이후 국가인권위원회는 정부에 대북 방송 및 전단 살포를 권고하고 반북 민간단체를 지원해왔다. 이로 인해 인권위가 독립적 국가기구로서의 위상을 스스로 약화시키고 정부의 대북정책 방향에 코드를 맞추는 것이라는 비판을 받기도 했다. 그 결과 국가인권위는 독립적 국가기구로서의 위상에 걸맞은 활동은 위축되는 대신 북한인권 문제에 대해서는 과도하고 정치적인 개입을 하고 있다는 비판을 사기도 했다.

2. 국제사회의 동향

북한인권에 관한 국제사회의 관심이 높다는 것은 많은 국제 행위자들이 북한인권 문제에 관여하고 있다는 사실로도 알 수 있다. 유엔을 비롯한 국제기구와 관련국가들 그리고 국제 인권단체와 인도주의단체 등 행위자들의 면면도 다양하다. 이들은 국내법이나 외교정책 혹은 국제규범과 각 단체의 판단에 따라 북한인권정책 혹은 운동을 전개하고 있다. 이들은 북한인권 상황에 대한 우려와 개선의 필요성을 부각시키는 한편, 각기 처한 위치와 관심사에 따라 서로 다른 모습도 보일 수 있다.

지금까지 이에 관한 국내 연구는 국제사회 각 행위자들의 북한인권정책에 대한 개별적 소개와 분석은 제시해왔으나 종합적인 비교 검토는 찾아보기 어렵다. 특히 미국·일본·유럽연합·중국의 북한인권정책에 관한 비교분석은 관심을 끄는 연구주제이다. 이 점에 주목하여 이제 국제사회 각 행위자의 북한인권정책에 대한 비교 분석을 하려 하는데, 현상적으로 같아 보이는 북한인권정책 속에서 정책 방향, 주요 관심사, 정책의 일관성 등에 차이가 있을 것이라는 가정하에 논의를 진행할 것이다.

1) 유엔의 동향

(1) 헌장기구의 동향

유엔 헌장기구에서의 북한인권 논의는 1990년대 초반부터 있어왔다. 예를 들어 유엔 인권위원회 임의구금 실무그룹(The Working Group on Arbitrary Detention)은 1993년부터 오길남 씨 가족의 임의구금 의혹에 대해 북한정부에 사실 확인을 요청한 바 있다. 당시 북한정부는 오길남 씨 부인과 두 딸이 구금된 적은 있지만 이후 간호사와 학생으로 생활하고 있다고 답변했을 뿐 상세한 내용을 첨부하지 않았다. 그래서 실무그룹 측은 오길남 씨 가족의 임의구금 실태에 관해 최종 결정을 내리지 못하고 그 사례를 기록에 남겨두기만 한 바 있다.[9] 또 1995년 제51차 유엔 인권위원회에서는 유럽연합과 미국 대표 그리고 국제인권단체들도 북한인권 문제를 거론하였다. 당시 유럽연합 대표로 하렐(C. Harel) 프랑스 대사는 북한에서 양심수 구금 및 실종을 포함한 다양한 형태의 인권침해가 자행되고 있다고 우려를

---

9 "Decisions adopted by the Working Group on Arbitrary Detention," E/CN.4/1996/
40/Add.1. October 31, 1995, pp. 43~44. http://daccessdds.un.org/doc/UNDOC/GEN/
G95/146/93/PDF/G9514693.pdf?OpenElement.

표명하였다.[10] 이후에도 북한인권 문제는 인권위원회에서 계속 거론되었으나 정확한 정보가 부족하여 거론하는 것으로 만족해야 했다.

1997~1998년 제49~50차 인권소위원회에서도 북한인권 문제가 거론되었는데, 여기서 처음으로 북한인권 결의안이 채택되었다. 제49차 인권소위원회에서의 결의문은 북한에서의 임의구금과 여행의 자유 제한에 우려를 표하고, 북한정부에 제2차 자유권 이행 보고서 제출과 국제인권규약 의무 이행을 요청하였다.[11] 제50차 인권소위가 채택한 북한인권 결의문에서도 북한의 탈법적 처형과 정치범 수용소 등에 관한 보고에 깊은 우려를 표하고 북한정부가 국제인권단체의 인권 상황 모니터링을 허용할 것 등을 촉구하는 내용이 담겨 있었다. 이 결의문에서는 북한이 아동권리협약 이행 보고서 심사에 응한 점을 환영하고, 이전 해의 결의와 마찬가지로 국제사회를 향해서 북한의 식량부족에 깊은 관심을 갖고 지원할 것을 촉구하기도 했다. 제50차 인권소위 결의문이 인상적인 것은 인권위가 차기 회기에 북한인권 상황을 다루어줄 것을 권고하고 있는 점이다.[12] 이 두 결의는 구속력은 없지만, 유엔 인권기구에서 처음 나온 북한인권 결의라는 점에서 북한 측은 이에 강하게 반발하고 자유권규약 탈퇴를 선언하였다. 그러나 국제인권규약 가입국이 규약을 탈퇴할 수는 없는 노릇이었다. 유엔 인권소위원회에서의 두 차례 북한인권 결의안 상정은 프랑스의 주도로 채택된 것으로

---

10 외무부 국제연합국, 『제51차 유엔인권위원회 참가보고서』(1995년 6월), 27~28쪽.

11 "Situation of human rights in the Democratic People's Republic of Korea," Sub-Commission resolution 1997/3, E/CN.4/SUB.2/RES/1997/3, August 21, 1997. http://ap.ohchr.org/documents/E/SUBCOM/resolutions/E-CN_4-SUB_2-RES-1997-3.doc.

12 "Situation of human rights in the Democratic People's Republic of Korea," Sub-Commission resolution 1998/2, E/CN.4/SUB.2/RES/1998/2, August 19, 1998. http://ap.ohchr.org/documents/E/SUBCOM/resolutions/E-CN_4-SUB_2-RES-1998-2.doc.

알려져 있다.

2003년 제59차 유엔 인권위원회에 상정된 북한인권 결의안은 프랑스, 영국을 비롯한 유럽연합이 주도하여 작성되었으며, 여기에 한국의 일부 북한인권단체의 로비가 있었던 것으로 알려져 있다. 결의안은 전문과 7개항의 본문으로 구성되어 있으며 주요내용은 다음과 같다.

- 종교·표현·집회 및 결사 등의 자유 제한과 이동 및 해외여행 제한, 고문, 공개처형, 정치적 이유에 의한 사형, 수용소와 강제노동, 장애 아동에 대한 부당 대우 및 차별, 여성인권 및 기본적 자유에 대한 침해 등 조직적 인권침해에 대한 우려
- 고문방지협약과 인종차별철폐협약의 비준 및 이미 가입한 국제협약에 따른 의무 이행 및 관련 정보제공, 아동권리위원회와 인권이사회의 권고사항 이행, 인도적 사유에 의한 탈북자들에 대한 처벌 자제, 유엔 인권레짐과의 협력, 외국인 납치 문제 해결, 국제 노동기준 준수 등 북한 내 인권침해 상황 파악을 위한 여건 조성
- 인도주의적 지원, 특히 식량지원의 분배 투명성 제고를 위한 국제인도적 기구들의 북한 지역에 대한 자유로운 접근 허용
- 유엔 인권최고대표사무소가 북한 당국과 포괄적인 대화를 갖고 그 결과를 차기 인권위에 제출
- 북한인권상황을 제60차 유엔 인권위 회의에서 계속 거론[13]

이 같은 결의안은 53개 회원국 가운데 28개국이 찬성해 통과되었다.

---

13 "Situation of human rights in the Democratic People's Republic of Korea," Commission on Human Rights Resolution 2003/10, E/CN.4/RES/2003/10, April 16, 2003. http://ap. ohchr.org/documents/E/CHR/resolutions/E-CN_4-RES-2003-10.doc.

이때 남한정부는 북한의 인권 상황에 우려를 표하면서도 남북관계의 특수성을 반영해 투표에 불참하였다. 북한은 표결 전 외무성 군축·인권담당 과장의 발언을 통해 "결의안을 전면적으로 배격한다"라며 강력히 반발하고, "유럽연합이 최근 북한을 겨냥한 미국의 핵 대결과 적대정책에 편승하여 이기적 목적을 추구하려는 정치적 의도가 담겨 있음을 명시적으로 보여주는 것"이라고 크게 반발하였다.14

제60차 유엔 인권위 결의에서는 이전 결의에서의 인도적 상황에 대한 우려가 삭제되고 북한인권 특별보고관 임명을 요청했다는 것이 눈에 띄었다. 제61차 인권위에서는 특별보고관의 임무 1년 연장과 유엔 총회에 북한 인권을 제기할 것을 골자로 하는 결의안이 통과되었다.15 유엔에서 북한인권 결의안이 계속해서 압도적인 표차로 통과된 사실은 북한인권 상황에 대한 국제사회의 높은 관심을 대변해준다고 볼 수 있다. 2005년 제60차 유엔 총회는 이전해 인권위의 북한인권 결의를 받아들여 처음으로 북한인권 결의안을 상정하여 통과시켰다. 2004년부터 2005년 사이 한국정부는 유엔 인권위와 총회의 북한인권 결의안에 기권 투표하였다.

2006년 제61차 유엔 총회에서 또다시 북한인권 결의안이 상정되었다. 이 결의안은 유럽연합 회원국들을 주축으로 하여 37개국이 발의하였고 여기에는 미국, 일본, 이스라엘도 참여하였다. 3쪽 분량의 결의안은 세 개 부분으로 구성되어 있다. 결의문은 북한이 자유권규약 등 4개 국제인권 협약 가입국이고 이들 협약위원회에 인권 상황 보고서를 제출한 점, 그리고

---

14 ≪연합뉴스≫, 2003년 4월 3일; 4월 17일; 최의철·임순희, 「북한 인권실태에 관한 미국과 국제사회의 동향」, 통일정세분석 보고서(통일연구원, 2003. 4), 26쪽에서 재인용.

15 "Situation of human rights in the Democratic People's Republic of Korea," E/CN.4/RES/2005/11, 14/04/2005. UN Commission on Human Rights, 유엔 인권최고대표사무소 웹사이트.

해당 협약위원회의 최종견해와 기존 북한인권 결의 및 북한인권 특별보고관의 보고서에 주목한다고 밝혔다. 이어서 결의문은 북한의 인권 상황을 구체적으로 지적하면서 그 상황이 광범위하게 열악하다고 평가한다. 여기에는 고문, 공개처형, 불법 감금, 정치범 수용소 운영, 강제노동, 사상·종교·의사표현·집회·여행의 자유 제한, 여성·아동·장애인의 권리 위반, 납치 문제, 사회권 위반 등을 언급하였다. 특히 여성의 경우 강제결혼, 강제낙태, 탈북했다가 송환된 여성의 영아 살해 의혹도 지적되어 있다. 또 북한정부가 인권최고대표사무소와 협력하지 않은 점이나 인도주의적 상황 등에 대해서도 깊은 우려를 표명한다. 마지막으로 결의안은 북한정부에 인도주의적 기구가 불편부당하게 북한 전역에서 인도주의적 지원 활동을 하도록 보장하고, 기존 북한인권결의를 이행하고, 북한인권 특별보고관의 방북 허용을 포함한 국제인권기구와 협력할 것을 촉구한다. 결의안은 차기 총회에서도 북한인권 상황을 다루기로 하고 유엔 사무총장과 북한인권 특별보고관이 보고서와 권고를 제시할 것을 결의한다고 하며 글을 맺는다.[16] 이 결의안은 압도적 다수로 통과되었는데, 남한정부는 처음으로 찬성하였다.

<표 V-2>에서 보듯이 2003년 이후 유엔 인권기구에서는 매년 북한인권 결의를 채택하고 있고, 찬성투표가 증가하는 반면 반대 및 기권 투표가 줄어들다가, 드디어 투표 없이 합의에 의해 결의안이 채택되는 경우가 최근 들어 두드러진다. 이는 북한인권 상황에 대한 국제사회의 여론이 점점 더 심각해지고 있음을 의미한다. 특히 제25차 유엔 인권이사회에서 채택된 북한인권 결의안에는 북한인권조사위원회의 보고서를 반영해 유엔 안전보장이사회가 북한인권문제를 국제형사재판소에 회부하거나 유엔이

---

16 서보혁, 「유엔 북한인권결의안 판단기준과 한국의 선택」, KNSI 현안진단 제54호(코리아연구원, 2006년 11월 14일), 1~2쪽. http://knsi.org/knsi/kor/center/view.php?no=2425&c=1&m=5.

〈표 Ⅴ-2〉 유엔 북한인권 결의안 투표 결과 및 한국정부의 입장

	찬성	반대	기권	한국정부 입장
제59차 인권위(2003)	28	10	14	투표 불참
제60차 인권위(2004)	29	8	16	기권
제61차 인권위(2005)	30	9	14	기권
제60차 총회(2005)	84	22	62	기권
제61차 총회(2006)	99	21	56	찬성
제62차 총회(2007)	101	22	59	기권
제7차 인권이사회(2008)	22	7	18	찬성
제63차 총회(2008)	92	22	63	찬성
제10차 인권이사회(2009)	26	6	15	찬성
제64차 총회(2009)	99	20	63	찬성
제13차 인권이사회(2010)	28	5	13	찬성
제65차 총회(2010)	106	20	57	찬성
제16차 인권이사회(2011)	30	3	11	찬성
제66차 총회(2011)	123	16	51	찬성
제19차 인권이사회(2012)	합의에 의해 채택			
제67차 총회(2012)	합의에 의해 채택			
제22차 인권이사회(2013)	합의에 의해 채택			
제68차 총회(2013)	합의에 의해 채택			
제25차 인권이사회(2014)	30	6	11	찬성

특별재판소를 설립하는 방안을 언급하고 있다.

유엔 총회와 인권이사회 등 헌장기구는 회원국 대표들로 구성된다는 점을 고려할 때 특정 사안에 대한 결의안 상정 여부 및 결의안 채택 여부는 주로 회원국의 국력과 국가이익에 의해 영향을 받는 일종의 권력정치 양상을 띤다. 북한인권 결의안 채택도 그런 점에서 이해할 수 있을 것이다. 북한인권 상황의 열악함을 전제할 경우에도 결의문 내용은 자유권 중심으

로 다루어지는 반면 생존권·발전권·평화권 등은 소홀히 다루어지고 있어 국제인권의 총체성 원리와는 거리가 멀어 보인다. 북한인권 개선방안과 관련해서 헌장기구의 북한인권 결의문 내용에 기술협력·인권대화 등을 언급하고 있지만 결의문 전체의 기조와 결의문 채택과정의 정치적 성격 등을 고려할 때 압력 위주의 성격이 상대적으로 더 강하다고 할 수 있다.

이 밖에도 유엔 인권기구에서 북한인권을 다루는 기관으로 인권최고대표사무소와 북한인권특별보고관이 있다. 그러나 이 둘 모두 헌장기구에서의 북한인권 결의와 관련이 있어 북한의 협력 거부로 실질적인 활동을 하지 못하고 있다. 다만 북한인권 특별보고관은 비록 북한방문은 하지 못했지만 한국·일본·몽골 등을 방문하여 북한인권 관련 정보를 모아 인권위원회·인권이사회·총회에 보고서를 제출하고 있다. 특별보고관은 북한방문을 시도하고 한국정부와 시민단체의 의견을 청취하고 한반도가 처한 특수 상황에 이해를 표시하는 등 그 나름대로 최선을 다해왔다고 인정할 수 있다. 그럼에도 그의 보고서가 2004년 이후 유엔 헌장기구의 북한인권 결의안 상정의 근거로 활용되고 있는 점은 유의할 대목이다. 헌장기구의 북한인권 결의안 내용이 균형적이지 못하고 결의안 채택이 북한의 반발을 사고 있다는 점에서 실효성을 갖기에는 한계가 있다. 또 2007년 유엔 인권이사회에 제출한 북한인권 특별보고관의 북한인권 상황 보고서에는 매우 민감한 내용이 담겨 있어 우려를 자아낸다. 보고서에는 북한의 인권 상황이 반인도적 범죄에 해당하고 그에 따라 유엔 안전보장이사회가 군사적 조치를 검토하고 북한의 최고지도자를 국제형사재판소에 제소할 것을 주장하는 비정부기구의 입장을 인용하였다.[17] 이에 따라 인권운동사랑방, 평화네트

---

17 "Report of the Special Rapporteur on the situation of human rights in the Democratic People's Republic of Korea, Vitit Muntarbhorn," A/HRC/4/15, HUMAN RIGHTS COUNCIL, February 7, 2007. pp. 13~14. http://daccessdds.un.org/doc/UNDOC/GEN/

워크, 참여연대 등 8개 국내 진보성향의 인권·평화단체들은 북한인권 특별
보고관의 활동과 그 보고서에 관한 비판적 의견서를 인권이사회에 제출하
였다. 이 단체들은 의견서에서 유엔의 북한인권 결의안 채택과 북한인권
특별보고관 활동이 북한인권 개선에 실패했다고 평가하고, 이들 활동을
중단하고 그 대신 주제별 특별보고관 제도와 유엔 인권최고대표사무소와
북한과의 기술협력 활성화를 통해 실질적 인권개선을 도모할 것 등을 촉구
하였다.[18] 그럼에도 위 북한인권 특별보고관의 입장은 북한인권조사위원회
의 활동 및 보고서 발표로 이어졌고 제25차 유엔 인권이사회와 제69차
유엔 총회에서 채택된 북한인권결의에 반영되어 국제사회의 공식적 입장으
로 발전하였다.

(2) 협약기구의 동향

유엔 인권협약기구는 해당 분야의 전문가들로 구성되어 관련국들의 문
제해결을 기능적으로 모색하는 조직이라는 점에서, 헌장기구와 달리 정치
성이 약하고 실용적 접근을 추구한다고 평가할 수 있다. 현재 인권협약기구
는 자유권, 사회권, 인종차별철폐, 고문방지, 아동권리, 이주노동자권리,
여성차별철폐 등 7개 주제별 인권협약위원회가 있다.[19] 이 가운데 인권소위
원회, 인종차별철폐위원회, 여성차별철폐위원회, 고문방지위원회는 개인
청원을 접수할 수 있다. 인권협약기구의 활동은 협약위원회 위원장단 회의

G07/106/68/PDF/G0710668.pdf?OpenElement.

18 "A statement from human rights and social Organizations in the Republic of Korea
regarding the report of Vitit Muntarbhorn, Special Rapporteur on the situation of
human rights in the Democratic People's Republic of Korea," A/HRC/4/NGO/
151, March 21, 2007. http://daccessdds.un.org/doc/UNDOC/GEN/G07/120/32/PDF
/G0712032. pdf?OpenElement(검색일: 2007년 4월 25일).

19 인권최고대표사무소 홈페이지에는 인권협약기구에 인권소위원회도 포함시키고 있다.

와 위원회 간 회의를 통해 조정하고 협력한다.

북한이 가입한 4개 국제인권협약위원회는 북한이 제출한 이행 보고서를 심의한 후 최종견해를 밝히고 이를 북한정부에 전달한다. 북한은 자유권규약, 사회권규약, 아동권리협약, 여성차별철폐협약 등 4개의 국제인권협약에 가입·비준한 상태이고 2013년에는 장애인권리협약에 가입하였다.

북한은 1981년 9월에 자유권규약에 가입하였고, 1983년 10월 24일과 1984년 4월 2일에 각각 최초 이행 보고서와 보충 보고서를 제출하였다. 이어 북한은 2차 이행 보고서 제출을 지연하다가 1999년 12월 25일 규약위원회에 제출하였다. 이에 규약위원회는 2001년 7월 19~20일에 열린 회의에서 북한의 제2차 정기보고서를 심의하였고, 2001년 7월 26일 최종견해를 채택하였다.[20]

북한은 사회권규약에 1981년 9월 가입했지만, 최초 이행 보고서는 1989년 1월 14일 제출하였다. 사회권규약위원회는 북한의 보고서를 1991년 11월 27일 위원회 제6차 회기 기간 중에 검토한 바 있다. 북한은 2차 정기보고서를 2002년 4월 9일에야 제출하여 규약위원회는 이를 2003년 제44~46회 회의에서 검토하고 같은 해 11월 28일 제56회 회의에서 최종견해를 채택하였다.

북한의 추가적인 인권협약 가입은 1990년대에 들어서였다. 북한은 1990년 8월 23일 아동권리협약을 비준하고 1994년 최초 이행 보고서를 아동권리위원회에 제출하였다. 이후 북한은 아동권리협약 이행 2차 보고서를 2003년 5월 16일 제출하였다. 이에 동 협약위원회는 2004년 6월 1일 북한의 보고서를 심의하고 6월 4일 제971회 회의에서 최종견해를 채택하였다.

---

[20] 북한이 가입한 4개 국제인권협약위원회가 제시한 북한인권에 관한 '최종견해'는 이 책 제Ⅱ장을 참조.

북한은 2001년 2월 27일 여성차별철폐협약에도 가입하고 이듬해 9월 11일 최초 이행 보고서를 여성차별철폐협약위원회에 제출하였다. 이를 접수한 협약위원회는 2005년 7월 18일 열린 699회, 700회 회의에서 북한이 제출한 최초 보고서를 심의하여 같은 달 22일 최종견해를 내놓았다.

그러나 북한은 자유권규약 제1·2 선택의정서에 가입하지 않았다. 자유권규약 제1 선택의정서는 자유권을 침해받고 있는 개인이 그 침해 사실을 인권소위원회에 통보하면 이를 심의하는 내용이고, 제2 선택의정서는 사형제 폐지를 목적으로 한다. 북한은 아동권리협약에 가입한 이후 2014년 11월 10일 아동매매·매춘·포르노그래피 관련 아동권리협약 선택의정서 가입을 비준하였다. 인종차별철폐협약과 이주노동자권리협약에는 가입하지 않아 이들 협약위원회와 관계를 맺지 않고 있다.

북한이 가입한 4개 국제인권협약위원회는 북한의 인권 이행 보고서를 접수하고, 보고서 심의과정에서 북한정부 관리를 초청하여 대화를 가져왔다. 특히 2004년에는 아동권리위원회 관계자들이 북한을 방문해 북한 아동의 인권 상황을 살펴볼 기회를 가지기도 하였다. 그러나 북한이 인권협약이행 보고서 제출을 지연하거나 보고서 내용이 법·제도 중심으로 되어 있다는 점은 문제점으로 지적할 수 있다. 그리고 인권협약위원회의 모임이 적고 해당국이 제출한 보고서를 심의하고 견해를 내는 정도의 역할에 그치고 있다는 한계도 있다.

유엔 인권기구는 헌장기구와 조약기구를 양 축으로 하는데 두 기구에서 상이한 북한인권 논의는 두 기구의 성격을 반영하고 있다. 정치적 성격이 강한 총회와 같은 헌장기구는 결의안 채택과 특별절차 추진 등으로 북한에 인권개선 압력을 가하는 데 비해, 국제인권협약위원회와 같은 협약기구에서의 북한인권 논의는 해당 위원회의 전문적 논의를 바탕으로 북한에 구체적인 개선 권고를 하는 기능적 성격이 강하다. 그에 따라 북한은 총회, 인권이 사회 등 헌장기구에서의 북한인권 결의안 채택을 "정치적 공세"라고 비난하며 반발하는 한편, 가입한 4개 국제인권협약위원회에는 보고서 제출 및 심의 참여, 해당 인권협약위원회의 최종견해 수용과 같이 이중적으로 대응하고 있다.[21] 또 북한은 유엔 모든 회원국들이 인권상황을 평가받는 보편정례검토(UPR) 제도에도 적극 응하고 있다. 북한은 2009년, 2014년 두 차례 보편정례검토에 응했다. 한편 북한의 인권개선을 촉진하는데 인권최고대표사무소의 역할이 있다. 북한은 2014년 2차 보편정례검토에서 기존의 입장을 수정해 인권최고대표사무소와의 기술협력에 긍정적인 반응을 나타냈다.

2) 관련국의 동향

(1) 미국의 북한인권정책

미국의 북한인권정책은 크게 유엔에서의 활동과 국내적 대응으로 나누어 살펴볼 수 있는데, 아래에서는 행정부·의회·인권단체 간 협력에 주목하여 논의하고 있다.

가. 유엔에서의 활동

미국은 유럽연합이 제59차 유엔 인권위원회에서 북한인권 결의안 채택을 추진하기로 한 방침을 적극 지지하기로 하고 찬성하였다. 이는 미국이 북한인권에 대한 국제적 관심을 높이고 외교적 영향력을 행사하는 데 유럽

---

21 김수암, 「국제사회의 북한인권 공론화와 북한의 대응전략」, ≪통일정책연구≫, 제14권 1호(2005), 108~112쪽 참조.

연합과 적극 협력하고 있음을 의미한다. 당시 유엔 인권위원회에 미국 대표단 단장으로 참여한 패트릭(J. Kirkpatrick)은 북한을 "지구상의 지옥"이라 일컬으며 시민들의 인권이 이보다 더 가혹하게 학대받는 나라를 상상하기 어렵다고 규탄하였다. 이때 미국의 대표단에는 4명의 비정부기구 인사들이 포함되어 있었다고 미국인권위원회 측은 밝히고 있다. 제59차 유엔 인권위 회기 중 북한인권 개선을 위한 미국 행정부와 비정부기구의 협력은 회의장 밖에서도 나타났다. 휴먼라이츠워치(Human Rights Watch)와 세계기독교연대(CSW) 등 미국에 본부를 둔 국제인권단체들은 회의 장소인 제네바 유엔빌딩 주변에서 북한의 인권침해와 관련해 세미나와 기자회견을 개최하였다. 특히 휴먼라이츠워치는 북한을 '인권침해국'으로 지목하고 유엔 인권위원회가 북한결의안을 채택할 것을 공개적으로 촉구하기도 하였다.[22]

제60차 유엔 인권위원회에서도 북한인권 결의안이 상정되었는데 2004년 4월 15일 투표로 통과되었다. 전년도와 같이 북한인권 결의안은 유럽연합이 상정한 것으로 알려졌는데, 여기에 미국 행정부가 적극적인 지지를 나타내고 남한 및 미국의 시민단체들이 활발한 로비 활동을 한 것으로 보인다. 유엔 인권위원회 미국 대표단장으로 제네바에 온 윌리엄슨(R. Williamson)은 북한 결의안 표결 직전 연설에서 북한 결의안이 북한주민의 심각한 곤경과 북한정권의 억압성을 고발하고 있다고 전제하고, 북한이 작년의 결의안에 따르지 않았기 때문에 북한의 인권 위반을 조사해야 한다고 주장하였다.[23]

2005년 제61차 유엔 인권위원회에서도 북한인권 결의안이 상정, 통과되었다. 투표 직전 이루어진 일부 회원국 대표들이 발언했는데 미국 대표단도

---

22 최의철·임순희, 「북한 인권실태에 관한 미국과 국제사회의 동향」, 12, 21쪽.
23 Ambassador Richard Williamson, "Democratic People's Republic of Korea," United States General Statement Before the Vote, April 15, 2004.

발언하였다.24 이때 미국 대표단의 메라(S. Mehra)는 북한이 세계 최악의 인권유린국이고 인권을 존중하라는 국제사회의 목소리를 듣지 않고 있다고 비난하였다.25 이에 앞서 3월 24일 미국 측 대표단장 보시위츠(R. Boschwitz) 상원의원은 미국은 북한인권법에 따라 조만간 북한인권특사를 임명할 것이라고 하였다.26 미국의 이 같은 주장에 대해 당사국인 북한의 반발은 예견되었다. 3월 23일 북한 측은 유럽연합(EU)이 제출한 북한인권결의안을 겨냥하여 유럽연합이 고립과 '정권 교체'를 추구하고 있다고 주장하고, 그런 상황에서는 협력이 불가능하다고 말하였다. 북한 측은 나아가 미국이 인권을 주권국가에 대한 침략과 전쟁을 위해, 그리고 정권 교체를 '정당화'하는 데 이용하고 있다고 비난하고 '북한인권법'이 그 증거라고 주장하였다. 북한은 자유와 인권증진을 위해 노력할 것이라고 말하면서도, 미국과 유럽연합의 인권정책에는 끝까지 반대할 것임을 분명히 하였다.27 북한 측의 이와 같은 발언은 유럽연합이 3년 연속 발의해온 북한인권결의안이 EU 단독이 아니라 미국과의 협의하에 제출된 것이며, 그것은 순수한 인권개선이 아니라 북한에 대한 정치적 압력 수단으로 사용된다고 인식하고 있음을 보여준다.

이상에서 미국은 유럽연합이 발의한 북한인권 결의안에 단순히 지지하

---

24 "Commission adopts six texts on violations of human rights and fundamental freedoms around the world," Press release by UNHCR, April 14, 2005, 유엔 인권최고대표사무소 웹사이트.

25 "Situation of human rights in the Democratic People's Republic of Korea," E/CN.4/2005/L.30, April 14, 2005, 유엔 인권최고대표사무소 웹사이트.

26 Statement by the Honorable Senator Rudy Boschwitz, March 24, 2005.

27 Permanent Mission of the Democratic People's of Korea to the United Nations Office and Other International Organization in Geneva, March 23, 2005, 유엔 인권최고대표사무소 웹사이트.

는 데 그치지 않고 결의안 내용 작성 및 채택 과정에 적극적인 역할을 했다고 평가할 수 있다. 미국은 결의안 상정에 앞서 영국 등 관련국들과 결의안 내용을 협의하고,[28] 회의 기간 중 발언을 통해 지속적으로 입장을 개진하였다.

미국은 또 2005~2006년 유엔 총회에서 상정·통과된 북한인권 결의안에 대해서도 적극적인 지지 의사를 밝혔다. 북한인권 결의안이 유엔 총회에 처음 상정되기는 2005년 제60차 유엔 총회가 처음이었다. 이 결의안은 유엔 인권위원회의 3년 연속 북한인권 결의안 통과 이후 나타난 현상이다. 2005년 유엔 총회의 북한인권 결의안 상정은 같은 해 총회 이전에 개최된 제61차 유엔 인권위에서의 북한인권 결의를 근거로 하고 있다.[29] 이 결의안은 북한의 전반적인 인권 상황이 열악하다는 우려와 유엔 북한인권 특별보고관에 대한 완전한 협력을 비롯한 유엔 인권위의 결의안의 완전한 이행 등 5개항을 채택하였다. 결의안이 상정되자 미국 국무부는 11월 9일 "지구상에 잔존하는 억압정권 중 하나(북한)에 대해 인권 상황 결의안을 추진해야 한다는 생각에 전적으로 지지를 표한다"라고 밝혔다.[30] 투표 결과 북한인권 결의안은 찬성 84, 반대 22, 기권 62(한국은 기권)로 통과되었다.

2006년 제61차 유엔 총회에서도 북한인권 결의안이 다시 상정되었다. 결의안은 지난 내용과 유사하지만, 다음 총회에서도 북한인권 상황을 검토하기로 하고 그를 위해 유엔 사무총장과 북한인권 특별보고관에게 보고서를 제출할 것을 담고 있다. 결의안은 찬성 91, 반대 21, 기권 60로 통과되었

---

28 영국 외무부 관리와의 면담 내용. 제네바, 2005년 2년 15~20일 기간 중.
29 제61차 유엔 인권위원회에서의 북한인권 결의에는 "북한이 유엔의 북한인권 특별보고관에게 협력하지 않고 북한인권상황의 개선이 준수되지 않으면 유엔 총회가 북한인권 문제를 다룰 것을 촉구한다"고 밝히고 있다.
30 ≪연합뉴스≫, 2005년 11월 17일.

다. 투표장에서 미국은 종교의 자유를 강조하면서 북한인권 결의안에 찬성하였다.[31] 이후에도 미국은 유엔 인권 헌장기구에서 북한인권결의안을 상정, 채택하는 데 주도적인 역할을 해오고 있다.

나. 북한인권 상황 파악 및 홍보

미국 내에서 북한인권과 관련한 활동은 북한인권 상황 파악 및 홍보와 북한인권법 제정 및 그에 바탕을 둔 정책으로 나타나고 있다.

미 국무부 내 민주주의·인권·노동국은 「세계인권실태 보고서(Country Report on Human Rights Practices)」를 발표하고 있다. 2007년 3월 6일 발간한 보고서에서는 이전 보고서와 마찬가지로, 북한의 인권 실태가 "대단히 열악하고" 북한 당국은 "계속해서 많은 인권침해를 자행하고 있다"라고 평가하였다. 보고서는 북한인권 상황을 6개 영역, 즉 첫째로 신체의 자유, 둘째로 시민의 자유, 셋째로 정치적 권리, 넷째로 외부의 인권 상황 조사에 관한 태도, 다섯째로 차별 및 인신매매, 여섯째로 노동자의 권리로 나누어 구체적으로 살피면서, 모든 부문에서 대단히 열악하다고 하였다.[32] 이 보고서는 또한 북한에서 사법권이 독립되어 있지 않고, 특히 주민들의 선거에 의해 정권을 교체할 권리가 없다는 점을 지적하였다. 특히 개인의 자유권은 당과 정권에 해로운 것으로 인식하여 자유권을 엄격하게 제한하고 있다고 평가하였다. 이와 같이 시민적·정치적 권리 중심의 미국의 북한인권 인식은

---

31 "THIRD COMMITTEE APPROVES DRAFT RESOLUTION URGING FULL RE-SPECT FOR ALL HUMAN RIGHTS BY DEMOCRATIC PEOPLE'S REPUBLIC OF KOREA," November 17, 2006. http://www.un.org/News/Press/docs/2006/gashc3874. doc.htm(검색일: 2007년 2월 5일).

32 The Bureau of Democracy, Human Rights and Labor, "Country Reports on Human Rights Practices — 2006", March 6, 2007. http://www.state.gov/g/drl/rls/hrrpt/2006 /78777.htm.

북한의 인권관이나 당면한 생존권 회복 요구와 대립하고 있다.

또한 미 국무부는 2003년부터 「인권 및 민주주의지원 보고서(Supporting Human Rights and Democracy)」를 발간하고 있다. 연례 인권 보고서가 전세계 모든 국가의 인권실태를 조사·기술하는 보고서인 반면, 「인권 및 민주주의지원 보고서」는 인권침해가 심각한 국가를 선별하여 미국정부가 해당 국가의 인권을 개선하기 위해 취한 조치를 기술하고 있다. 2006년 4월 5일 발표한 이 보고서에서 북한이 인권 문제와 관련, 여전히 '특별 우려국가(Country of Particular Concern)'에 해당된다고 지적하였다. '특별 우려국가'는 미국이 인권 문제에 관해 계속 감시대상으로 삼아 각종 제재조치를 취해야 한다고 분류된 국가를 말한다. 또한 보고서는 북한정권이 시민에게 언론·종교·집회·결사의 자유를 통제하고 있다고 밝히고, 중국 내 탈북자들의 북송은 미국의 특별한 관심 사항이라고 서술하였다.[33] 또 미 국무부는 1998년 제정된 국제종교자유법에 의거해 매년 「연례 국제종교자유 보고서(Annual Report on International Religious Freedom)」를 작성해 의회에 제출해오고 있는데, 여기서 북한은 매년 '특별 우려국' 중 하나로 지명되어 왔다. 2006년 이 보고서는 북한의 헌법에는 종교자유에 대한 조항이 명시되어 있지만, 현 북한정부는 종교자유를 엄격하게 제한하고 있다고 서술하였다.[34]

미국 언론과 정치권이 북한인권에 본격적인 관심을 가지게 된 것은

---

33 Bureau of Democracy, Human Rights and Labor, "East Asia and Pacific," *Supporting Human Rights and Democracy: The U.S. Record 2005-2006*(2006). http://www.state.gov/g/drl/rls/shrd/2005/63945.htm.

34 The Bureau of Democracy, Human Rights and Labor, "Korea, Democratic People's Republic of," *International Religious Freedom Report 2006*(September 15, 2006). http:// www.state.gov/g/drl/rls/irf/2006/71344.htm.

민간단체들의 탈북자 초청을 통한 강연회, 의회 청문회 출석, 그리고 북한인권 관련 국제회의 개최 등이 계기가 되었다.

미 의회는 2000년대에 들어 북한인권 및 탈북 현상에 대한 국제적 관심과 미국 내 여론의 우려를 반영하여 수차례 청문회를 개최하였다. 청문회 내용은 북한의 인권 실태 파악과 그에 대한 미국의 대북 정책에 관한 것인데, 증언에 참석한 이들은 미 행정부 관리와 전문가는 물론 북한인권 개선운동에 나서는 비정부기구 인사들과 탈북자들도 포함된다. 탈북자들의 미 의회 청문회 출석은 방위포럼재단의 숄티(S. Scholte) 회장 등 미국 내 북한인권 관련 단체 인사들의 역할이 있었기 때문이다.

먼저, 청문회에서 증언된 북한인권 실태를 살펴보자. 탈북자들의 증언은 북한인권 청문회에 필수적인 부분이 되었다. 2003년 6월 5일 미 상원 외교위원회 동아태소위원회(위원장: 샘 브라운백 의원)는 '북한 내 주민들의 생활(Life Inside North Korea)'이라는 제목으로 북한인권 청문회를 열었는데, 이 자리에는 탈북자들도 증언에 나섰다.[35] 같은 청문회에 나온 미국 북한인권위원회의 리앙 - 펜턴(Liang-Fenton) 사무국장도 북한의 인권 상황에 총체적으로 심각하다고 주장하였다.[36] 탈북자 증언은 하원에서도 이루어졌다. 2004년 4월 28일 하원 국제관계위원회 아태소위원회(위원장: 제임스 리치 의원)가 연 '인권, 난민, 그리고 인도주의적 도전'이라는 제하의 북한 청문회에서도 안혁, 김태진, 최동철 등 3명의 탈북자들이 북한인권 및 탈북자 실태에 관해 증언하였다.[37]

---

35 Hae-Nam Ji, Testimony before the U.S. Senate Foreign Relations Committee, June 5, 2003.

36 Debra Liang-Fenton, Testimony before the U.S. Senate Foreign Relations Committee, June 5, 2003.

37 그러나 이들의 증언 내용은 공개되지 않았다.

청문회에서 제시된 대북 인권정책 제안은 북한인권 문제를 대북 정책에서 우선순위를 높이고 그 정책수단을 확대해야 한다는 주장으로 이어졌다. 숄티 방위포럼재단 회장은 2004년 4월 28일 하원 국제관계위원회 아태소위원회에 출석하여 중국의 탈북자정책이 소극적이라고 비판하였다. 숄티 회장은 1997년부터 황장엽, 강철환 등 북한 망명자들을 미국에 초청하는 일을 시작했는데, 그녀는 미 행정부와 의회가 탈북자 수용에 소극적인 사례를 제시하며,38 미국의 대북 정책이 북핵 문제를 중심으로 접근되면서 북한인권 문제를 무시하거나 있는 그대로 보지 않는다고 비판하였다. 이어 숄티 회장은 대안으로 북한 자유법안과 인권법안의 도입을 제일 먼저 꼽으면서 대북 정책에 인권은 핵 문제와 같은 수준에서 다루어져야 한다고 말하였다. 그리고 북한에 외부정보 유입과 그것을 위한 라디오 유포, 식량지원 모니터링,39 난민촌 설치, 동맹국과 탈북자 수용 정책 수립 등을 제시하였다. 이런 분위기는 하원 청문회에서도 나타났는데, 하원 국제관계위원회 아태소위원회 위원장인 리치 의원도 상기 아태소위원회에서 북한인권법안이 이 소위원회 전원의 승인을 받은 초당적 법안이라고 말하고, 이 법안의 목적을 북한인권 및 탈북자 보호를 위한 국제적 협력과 대북 지원에 대한 투명성 제고를 위한 것으로 설명하였다. 그는 다만 탈북자정책과 관련하여

---

38 숄티 회장은 그 사례로 미국이 선양주재 영사관에 들어온 탈북자 2명(2002년 5월 8일)이나 영국 영사관에 진입한 4명의 탈북청소년이 부시 대통령에게 미국 입국을 요청할 때 거부한 점을 들고, 브라운백 - 케네디 법안의 탈북자 관련 내용도 미국의 소극적인 탈북자정책이라고 비판하였다. Suzanne K. Scholte, Testimony before the House Committee on International Relations, April 28, 2004.

39 북한 관련 청문회에서 미국의 대북 지원과 북한의 투명성 제고에 관한 균형적인 입장은 미국제개발청의 나치오스(A. Natsios) 행정관의 증언을 참조. Andrew S. Natsios, Testimony before the U.S. Senate Foreign Relations Committee, February 25, 2003.

숄티 회장과 달리 탈북자들의 난민 지위 인정 및 미국 입국은 신중하고 사례별로 접근해야 한다고 하였다. 이들 미 의회 청문회 안팎에서 진행된 일련의 북한인권 실태 공론화는 2004년 북한인권법 제정으로 이어졌다.

북한인권법 제정 이후 법 집행 방안과 관련하여 2005년 4월 28일 하원 국제관계위 아태소위 주최로 합동 청문회가 열렸다. 이 자리에서 주빌리 캠페인(Jubilee Campaign)의 부왈다(A. Buwalda)는 북한인권법을 환영한다고 전제하고, 미 행정부에 유엔 난민최고대표사무소(OHCR)의 탈북자 난민 지위 부여 노력 지원, 탈북자의 임시 보호를 위한 다자간 협상을 촉구하였다.[40] 한편, 북한인권과 관련하여 처음으로 미 국무부의 재정 지원으로 인권단체 프리덤하우스(Freedom House)가 2005년부터 워싱턴, 서울, 브뤼셀, 로마 등지에서 국제회의를 개최하였다. 이는 미 행정부가 전략적 판단에 의해 북한인권을 직접 제기하지 않는 대신 행정부의 지원 아래 비영리기구[41]가 그 역할을 대신하고 있음을 말해주고 있다. 이런 방식은 북한인권 문제에 관해 세계 각국의 인권단체들의 관심을 불러일으키고 그것을 지속시키는 효과를 가질 수 있다.

다. 북한인권법 제정 및 그 이후

2003년 11월 북한자유화법(North Korean Freedom Act of 2003)안이 미 상하 양원에, 공화·민주 양당 의원들의 발의로 거의 동시에 발의되었다. 이것은 북한인권 문제에 대한 미 의회의 우려와 대응 모색이 표면화되고

---

40 Testimony to the Subcommittee on Asia and the Pacific, House of Representative, Committee on International Relations, April 28, 2005.

41 미국의 대표적인 북한인권단체들은 미 행정부와 협력관계를 가지고 있다. 이들 단체가 자신의 성격을 비정부기구(NGO)보다는 초당적인 비영리기구(NPO)로 규정하는 것도 그 점과 무관하지 않다고 볼 수 있다.

있으며, 그것이 정가는 물론 NGO와 언론 등 여론의 전반적인 지지를 받고 있음을 말해준다. 특히 의회와 북한인권 관련 단체, 그리고 전문가들 사이의 긴밀한 협력이 이 법안의 의회 상정에 크게 기여했다고 말할 수 있다. 위에서 살펴보았듯이 의회의 북한인권 관련 청문회와 NGO의 북한인권 개선 캠페인 등은 이들 3자가 상호 협력하고 있음을 잘 보여주고 있다. 그리고 자유법안의 의회 상정을 전후로 한 의원과 북한인권 관련 NGO 인사 그리고 북한전문가들의 이 법안 제정 및 의회 상정 지지 발언도 이를 뒷받침해준다.

자유화법안이 의회에 상정되기 전, 1년 동안 법안 상정을 추진한 주요 인사들의 여론 조성 활동을 간단히 살펴보자. 먼저, 부시 행정부의 외교안보 정책을 주도해온 소위 신보수주의 인사들(Neo-Cons)과 같은 입장인 주간지 ≪위클리 스탠더드≫(The Weekly Standard)의 크리스톨(W. Kristol)은 2002년 10월 이 잡지를 통해 미국과 동맹국들은 북한에 석유 등 원조를 중단할 것, 자유아시아라디오 방송 시간을 24시간으로 연장할 것, 중국은 재중 탈북자의 봉쇄를 중단할 것 등을 촉구하였다.[42] 이 중 대북 원조 중단은 같은 해 12월 부시 정부의 경수로 사업 중단으로 나타났고, 나머지 세 가지 내용은 북한자유법안에 그대로 반영되었다.

전문가들 가운데 북한정권에 대한 노골적인 반감을 갖고 자유법안의 상정 및 통과를 지지한 대표적 인사로는 허드슨 연구소의 호로위츠(M. Horowitz)를 꼽을 수 있다. 호로위츠는 북한인권의 실상을 폭로하고 이에 대한 미국의 적극적 개입을 주장해왔다. 그는 자유화법안과 관련해서도 2003년 7월 31일 '북한경제의 부패'라는 제하의 상원 청문회에 참석하여

---

42 William Kristol and Gary Schmitt, "Lessons of a Nuclear North Korea," *Weekly Standard*, Vol. 8, Issue 7(2002). http://www.weeklystandard.com.

한국정부의 대북 정책이 북한정권을 연명시키고 있다고 비난하고 "한반도의 진정한 안보와 북한의 자유에 초점을 둔 주요 법안을 의회에 상정하여 통과시키겠다"라고 공언하기도 하였다.[43] 그는 북한인권 개선과 인도주의적 지원의 연계 혹은 대북 지원의 중단을 통한 북한정권 교체가 북한주민의 인권개선에 유익하다고 보고 있었다.[44]

북한자유법안의 상정이 다가오면서 이를 추진해온 인사들, 특히 정치인들의 발언은 그 수위를 높여가면서 북한정권의 붕괴를 주장하고 나섰다. 루가(R. Lugar) 상원 외교관계위원장은 자유법안이 상정되기 4개월 전 ≪워싱턴 포스트(Washington Post)≫지에 기고한 칼럼을 통해 "북한에서 더 많은 주민이 탈출하도록 야기한다면 그것은 대북 압력이 될 것이며, 1988년 동독인들의 탈출이 동독 공산정권의 전복을 가져온 것과 같이 북한정권의 전복을 앞당길 수도 있을 것이다"라고 주장하였다.[45] 그리고 자유법안 상정을 목전에 두고 열린 상원 외교관계위원회 동아태소위가 주최한 청문회(2003. 11. 4)에서 법안의 발의자인 브라운백 소위원장은 개회사를 통해 북한정권이 붕괴되고 있다고 진단하고 "자유국가들은 북한을 떠받치지 말고 민주주의와 자유를 일으키기 위해 노력해야 한다"라고 주장하였다. 이날 청문회 제목은 '숨겨진 강제수용소(The Hidden Gulag: Putting Human Rights on the North Korea Policy Agenda)'였는데, 이 제목으로 북한의 인권 실상을 폭로하는 책을 낸 호크(D. Hawk) 씨가 증언을 하였다. 그는 북한의 강제수용소 등에서의 인권침해를 증언하고 나서 부시 정부에 다음과 같은 제안을 했는데 많은 부분 북한자유화법안에 반영되었다.

---

43 Statement of Michael J. Horowitz, Hearing Before the Senate Foreign Relations Committee, July 31, 2003.

44 2005년 5월 26일 워싱턴에서의 인터뷰 내용.

45 Richard G. Lugar, "A Korean Catastrophe," *Washington Post*, July 17, 2003.

첫째, 북한의 각종 수용소를 촬영할 위성활동을 늘릴 것.

둘째, 중국정부에 압력을 가해 난민최고대표사무소가 탈북자들을 접촉할 수 있도록 할 것.

셋째, 세계식량계획(WFP)이 북한의 감옥에 있는 주민들에게 식량을 공급하도록 할 것.

넷째, 6자회담 의제에 북한인권 문제를 포함시킬 것.[46]

북한자유법안이 의회에 상정되면서 그에 대한 문제제기가 미국과 한국 일각에서 일어났다. 구체적인 지적은 이 법안이 대량살상무기 등 인권과 무관한 사안도 다루고 있고, 북한 민주화 추진과 대량탈북 유도 등 북한체제 붕괴를 의도하거나 미 행정부의 대북 교섭권을 제한하는 등 북한을 자극할 수 있다는 것이다.[47] 그에 따라서 법안 상정을 추진해온 측에서는 그런 지적을 피하고, 북한자유화법안의 기조를 유지하면서 북한인권만을 다루는 보다 완화된 새 법안의 필요성을 가졌을 것으로 추측된다.[48] 그래서 2004년 3년 23일, 리치(J. Leach) 하원 국제관계위원회 아태소위원회 위원장(공화당)이 제안하고 29명의 공화·민주당 의원들의 공동 발의로 '2004 북한인권법(North Korean Human Rights Act of 2004)'안이 하원에 상정되었다.

---

46 Oral Testimony by David Hawk, Senate Foreign Relations Committee, Sub- Committee on East Asia and the Pacific, November 4, 2003.

47 '북한자유법'안에 국내외의 비판은 김승교, 「북한자유법안 분석」, 인권운동사랑방 등 5개 시민단체 주최 'NK자유법안의 문제점과 시민사회의 대응' 토론회(2004. 3. 2) 자료집, 38~50쪽; Hazel Smith, "Brownback bill will not solve North Korea's problems," *Jane's Intelligence Review*(February 2004), pp. 42~45 등을 참조.

48 북한인권법안의 작성에 재미한인들의 역할이 있었다는 증언은 장세규, "워싱턴에서 본 열린우리당의 북한인권법 저지 지도," ≪업코리아≫, 2004년 7월 28일자. http://www.upkorea.com 참조.

북한인권법안의 특징은 첫째, 북한에 대한 원조를 북한 당국의 인권보호조치와 연계시키고 있으며 둘째, 탈북 유도와 북한주민들의 외부 정보에 대한 접근성을 높이고 있고 셋째, 탈북자 및 탈북지원단체에 대한 적극적인 지원을 담고 있다.[49] 북한자유법안이 북한체제의 붕괴를 의도하고 있음을 분명하게 나타내고 있는 것과 비교할 때, 북한인권법안은 그 용어와 의도에서 상대적으로 외교적 접근을 강조하고 있다. 그럼에도 두 법안은 공통적으로 북한체제의 완전한 전환(complete transformation)을 북한인권 문제의 유일한 해결책으로 생각하고 있다고 할 수 있다.[50] 이 법안은 2004년 10월 상하 양원을 통과하고 그 직후 부시 대통령의 재가를 받아 제정되었다. 5년 한시법인 이 법은 2008년 비상근직이었던 북한인권특사를 상근직으로 수정해 의회에 다시 제출되었고, 의회의 동의를 거친 후 오바마 대통령에 의해 연장되었다. 그리고 2012년 다시 연장되어 지금까지 시행되고 있다.

북한인권법 제107절은 대통령이 "북한주민의 근본적인 인권향상을 위한 노력을 조정하고 증진하는 것"을 목적으로 활동하는 북한인권 특사를 임명할 수 있도록 규정하고 있다. 이에 따라 부시 대통령은 북한인권 특사로 대통령 대내정책 담당 부보좌관 출신이자 변호사인 레프코위츠(J. Lefkowitz)를 임명하였다. 북한인권특사는 북한관리와 인권에 대한 토의, 북한의 인권 개선과 정치적 자유 증진을 위한 국제적 노력을 후원, 비정부기구와의 협의 등 여섯 가지 임무를 부여받고 있다. 레프코위츠 특사는 그동안 한국을 방문해 정부와 북한인권 관련 시민단체의 의견을 청취하고 북한에 '인권대화'를 제의하기도 하였다. 그러나 부시 행정부 내 강경인물로 분류되는 그의 발언을 종합해볼 때 북한의 실질적 인권개선보다는 인권 문제를 통해

---

49 미국의 이중적 탈북자정책에 관한 지적은 「미국의 '입맛대로' 탈북자정책」, ≪연합뉴스≫(2004년 10월 1일) 참조.

50 미국의 북한전문가 페퍼(J. Feffer) 씨와의 이메일 인터뷰, 2004년 9월 7일.

북한정권을 비판하는 수준에 그치고 있다는 지적을 받을 수도 있다. 예를 들어 그는 2007년 1월 10일 ≪월스트리트 저널≫(Wall Street Journal)에 기고한 글에서 개성공단사업에 북한 근로자를 고용하는 것은 북한정권을 돕는 일이라고 비난하고, 같은 해 3월 1일 하원 국제관계위원회 청문회에 출석하여 북한이 "20세기 최악의 독재자를 연상케 하는 김정일에 대한 우상화를 실시하고 있다"라고 비난하였다. 이런 사실에 비추어볼 때 그의 활동은 자유권에 치중한 미국식 인권관과 북한 스스로의 인권개선 가능성에 대한 불신을 바탕으로 북한정권을 비판하는 데 그치고 있다고 말할 수 있다.[51] 그러나 북한은 2011년 새 북한인권특사의 방북을 허용했다. 2009년 11월부터 활동하고 있는 킹(Robert R. King) 북한인권 특사는 2011년 5월 말 북한의 식량상황을 파악하려 방북한 바 있다. 이후 그는 2013년 8월, 2014년 2월 북한에 억류되어 있는 한국계 미국인 배(Kenneth Bae) 씨의 석방 협의를 위해 방북을 시도했다가 무산된 바 있다.[52] 북한의 미 북한인권 특사의 방북 허용 및 불허는 미국과의 고위급대화를 위한 분위기 조성 혹은 한미합동군사연습 등 정치군사적 배경을 갖고 있다. 그럼에도 북한이 그동안 반대해온 북한인권법에 의해 활동하고 있는 북한인권특사의 방북을 허용했다는 점은 눈여겨 볼 대목이다.

마지막으로 미국의 탈북자정책은 북한인권법 제정을 계기로 소극적 자세에서 벗어날 수 있게 되었다. 2002년 5월 8일 선양주재 미국 영사관에 탈북자 두 명이 진입하였고 이들과 영국 영사관에 진입한 네 명의 탈북청소

---

51 개성공단사업에 대한 그의 부정적 평가도 이런 맥락에서 볼 수 있다. 정태욱, 「개성공단에 대한 미국의 시각과 북한 인권」, ≪인권오름≫, 제7호(2006년 6월 7일), 인권운동사랑방 웹사이트.

52 북한은 2014년 10월 21일과 11월 8일에 그동안 억류해온 미국인 세 명을 모두 석방하였다.

년이 부시 대통령에게 미국 입국을 요청할 때 미 행정부는 받아들이지 않았다. 이 때문에 부시 행정부는 북한인권 관련 비정부기구 인사들에게 비난을 받기도 하였다.[53] 그러나 2004년 말 북한인권법이 제정된 직후 미국의 탈북자정책에 변화가 예상되었다. 왜냐하면 북한인권법에는 북한 주민들의 외부 정보에 대한 접근성을 높이고 탈북자 및 탈북지원 단체에 대한 적극적인 지원 내용을 담고 있기 때문이다. 실제 2005년 초 미 국무부 관리들이 서울과 베이징을 방문하고 탈북자 관련 보고서를 작성해 의회에 제출한 바 있다. 물론 이 보고서가 미국의 적극적인 탈북자정책을 권고하고 있지는 않다. 보고서는 오히려 탈북자 체류국 정부들이 탈북자를 겨냥한 미국의 인도주의적 지원 프로그램을 반대하고 있고, 무엇보다 미국 당국이 난민 신청을 하는 탈북자들의 신원을 완전히 파악할 수 있는 신뢰할 만한 정보를 확보하고 있지 못한 점을 우려하고 있다. 그럼에도 이 보고서는 한국보다 미국에서 정착해야 하는 "절박한 사유(a compelling reason)"가 있는 탈북자들을 허용할 것을 검토사항으로 제기하고 있다.[54] 미국이 매년 수용하는 난민의 전체 수는 대륙별 할당이 이루어지기는 하나, 미국 입국이 허용되는 북한인(또는 다른 어느 국가의 난민도 마찬가지로)의 수가 미리 정해지지는 않는다고 한다.[55]

북한인권법 제정과 그에 따른 탈북 관련 예산 책정 등은 미국의 탈북자정책이 변화할 발판을 제공한 것은 부인할 수 없다. 북한인권법(2005~2008)에

---

53 Suzanne K. Scholte, Testimony before the House Committee on International Relations, April 28, 2004.

54 Bureau of Population, Refugees and Migration, "The Status of North Korean Asylum Seekers and U.S. Government Policy Towards Them," March 11, 2005.

55 "북한인권법의 난민 규정에 관한 주요 질의 사항," 2006년 11월. http://korean.seoul.usembassy.gov/420hr.html(검색일: 2007년 3월 17일).

는 인권과 민주주의 프로그램 후원, 정보의 자유 증진을 위해 매년 각각 200만 달러, 그리고 탈북자 지원을 위해서는 매년 2,000만 달러를 사용하도록 규정하고 있다. 물론 미국이 그렇게 예산집행을 해온 것은 아니다. 그 이후에도 북한인권법에 제시된 예산이 모두 집행되고 있지는 않다. 또한 미국이 외교적 언사만큼 실제 탈북자를 미국 내에 정착시키며 보호에 나서고 있다고 말하기도 어렵다. 미 법무부 이민심사국(EOIR)의「이민법원 국가별 망명 현황 보고서」(2007년 4월 말 기준)에 따르면 미국은 1997년부터 2006년까지 북한인의 망명신청을 67건 접수하여 9건을 승인하고 나머지는 거부하거나 다음 회기로 넘겨왔다. 또 위 기관이 발표한 2009~2013년 회기 동안 북한인의 망명 접수 현황은 20명으로 나타났지만 한 명도 망명자로 인정되지 않았다.56 미국은 북한인권을 '민주주의 확산과 인권증진'의 연장선상에서 "미국 정부의 포괄적 대북 의제 중 일부"로 간주하고 있고, 미국 관리들은 북한의 인권 상황 개선이 북한의 국제사회 참여 및 미국과의 외교정상화에 필수적임을 거듭 강조해왔다.57 미국은 탈북자 수용을 꺼려 오던 그동안의 태도에서 벗어나 2006년 5월 처음으로 탈북자 6명을 '난민'으로 수용한 이후 2014년 4월 1일 현재, 미국에 들어온 탈북자는 모두 166명으로 파악되고 있다.58 탈북자들에 대한 난민 지위는 유럽, 캐나다

---

56 U. S. Department of Justice, Executive Office for Immigration Review, Immigration Courts, "Asylum Statistics by Nationality." http://www.usdoj.gov/eoir/efoia/foiafreq. htm(검색일: 2014년 7월 1일).

57 미 국무부는 2003년부터 '인권 및 민주주의 지원(Supporting Human Rights and Democracy)' 보고서를 발표해오고 있는데, 2007년 4월 5일 발간한 보고서에서 밝힌 북한인권정책(한글본)은 http://korean.seoul.usembassy.gov/hrr_040607.html 참조.

58 Office of the Special Envoy for Human Rights in North Korea, "The Activities of the Special Envoy for Human Rights in North Korea," May 2007; ≪자유아시아방송≫ 한국어판, 2014년 4월 8일.

등지와 함께 미국에서도 관련 국내법과 이전 수요 규모 등을 감안해 기대만큼 높지 않다. 특히 2000년대 탈북자를 위장한 조선족이나 탈북자들의 거짓 증언으로 난민 지위를 부여해온 서방국가들은 심사를 엄격하게 하고 있다. 북한인권법 제정을 계기로 미국이 적어도 외양상 탈북자 수용에 적극적인 태도를 보이기 시작했고 일부 북한인권 관련 비정부기구 인사들에서 난민촌 건설 이야기도 나온 적이 있다. 그러나 그것이 얼마나 대다수 탈북자의 입장을 고려하는 접근인지는 의문스럽다.

(2) 중국의 북한인권정책

가. 재중 탈북자 실태

중국에서 체류하고 있는 탈북자 규모는 정확하게 파악되지 않고 있지만 식량난이 심각했던 1990년대 후반에는 최대 20~30만 명, 2000년대에 들어서는 수만 명 수준으로 추정하고 있다. 이와 별도로 시간이 지나면서 중국 체류 탈북자들의 수는 감소하고 있다는 것이 전문가들의 추정이다. 그 이유는 중국의 단속, 북한으로의 귀환, 남한 등 제3국행, 사실혼과 같은 탈북자 신분 은폐 등 다양하다.

중국에 있는 탈북자들은 ① 결혼, 불법 고용, 친인척 집 거주 등의 형태로 체류하거나, ② 한국으로 입국하기 위한 일시 체류, ③ 몽골과 태국 등지로 가기 위해 경유지로 삼는 등 크게 세 가지 양상을 보이고 있다. 이 가운데 ① 유형의 탈북자들이 가장 많고 이들은 대부분 중국 동북 3성(길림성, 요녕성, 흑룡강성) 지역에 거주하는 것으로 알려져 있다. 탈북자들이 이 지역에 가장 많이 체류하는 이유는 거기에 조선족이 집단 거주하고 있기 때문이다. 조선족은 탈북자들의 생존과 중국 내 체류에 거의 절대적인 역할을 해오고 있는데, 일부에서는 브로커(broker)들을 통해 강제 혹은 반강제로 결혼하는 경우도 있다. 또 탈북이 계속되고 이들 중 일부가 치안 문제를 야기하면서 조선족들의 탈북자 지원도 줄어들고 있다고 한다. 동북 3성에 체류하는 탈북자들의 존재는 대부분 마을 사람들이나 중국의 현지 공안에 의해 파악되고 있다고 한다. 그러나 중국 당국의 탈북자 색출, 체포, 강제송환이 조직적이고 적극적으로 이루어지고 있는 것은 아니라는 의견이 있다. 그보다는 행정구역이나 단위에 따라서 중국 당국의 탈북자 처리 방식이 다르다는 분석이 제기되는데, 예를 들어 일부 지역에서는 탈북 여성들에 대한 암묵적 보호가 일상화되어 있는 반면, 일부 지역에서는 여전히 주기적인 단속과 체포가 이루어지고 있다고 한다. 탈북자 단속은 여성보다는 남성이 주 대상이라는 분석도 있다. 중국의 입장에서 탈북 남성은 범법 행위 가능성이 여성보다 높고 결혼과 같은 생존수단이 여성에 비해 적기 때문이다. 무엇보다 탈북여성은 미혼 중국남성의 결혼상대나 저임금의 서비스 업종 종사자로 고용할 수 있기 때문이다.

시간이 흐르면서 재중 탈북자 현황에 변화가 나타나고 있다. 2010년대에 들어서면서 탈북자의 성비가 거의 여성으로 바뀌고, 탈북 동기도 단순 식량 획득에서 보다 나은 삶을 목적으로 하는 돈벌이, 처벌에 대한 두려움, 그리고 이미 남한에 입국한 가족과의 재결합 등 다양해지고 있다.[59]

나. 탈북자의 지위 논란

중국은 인권을 자유권만이 아니라 사회권을 함께 보아야 하고, 특히 발전도상의 국가의 경우에는 생존권과 발전권이 중요하다고 본다. 또 인권은 나라마다 역사와 문화에 따라 다르게 인식할 수 있 수 있고 그 해결방법을 해당국의 주권행사의 문제로 간주하고 있다. 그렇기 때문에 국제사회가

---

[59] 김수암, 「재중 탈북자 실상의 변화와 정책추진방향」, *EAI Asia Security Initiative Working Paper*, No.29(2012년 12월 13일).

특정 국가에 인권을 문제 삼아 압력을 가하는 것은 부당하다고 보고 있다. 국제사회의 역할은 인권 개선을 위한 국제적 환경을 조성하는 것이 무엇보다도 중요하다고 본다. 중국의 개혁·개방 정책은 이런 관점에서 평가할 수 있고 중국의 인권개선도 경제발전단계에 맞게 전개되었다고 평가된다.[60] 중국의 이런 상대주의적 인권관 및 인권정책은 북한의 입장과 유사하거나 북한에 적지 않은 시사점을 줄 수 있을 것이다. 그러나 중국의 입장은 국제인권원리에 비추어 볼 때 적지 않은 문제점을 안고 있다.[61]

중국의 탈북자정책에 대한 이해 역시 위와 같은 점을 전제할 필요가 있다. 예를 들어 재중 탈북자는 난민으로 간주되는 경향이 높지만, 중국은 비록 국제난민협약에 가입했지만 탈북자를 난민으로 간주하지 않고 있다. 중국정부는 난민최고대표사무소의 탈북자 접근조차 막고 있다.

그런데 여기서 잠시 탈북자가 난민인가, 그리고 탈북자를 난민으로 간주하는 것이 탈북자 인권보호에 유용한가 하는 점을 살펴볼 필요가 있다. 탈북자들을 난민으로 볼 수 있다는 주장은 두 가지 논리로 말할 수 있다. 첫째, 탈북자는 국제난민협약상의 난민 규정에 부합한다는 논리이다.[62] 탈북자들이 대부분 생계난 해결을 위해 탈북한 점을 고려할 때 탈북 동기가 난민협약상의 요건을 갖추는지는 의문이지만, 탈북자들 중 일부 정치적·종

---

60 김경일, 「중국의 개혁개방과 인권사업」, 국가인권위원회 주최 '북한인권 국제심포지엄' 자료집(서울, 2007년 11월 30일), 107~121쪽, 특히 120쪽.

61 이진영, "중국의 개혁개방과 인권사업 토론문," 위 자료집, 125~129쪽 참조.

62 난민협약상의 난민 정의(제1조): "인종, 종교, 국적 또는 특정 사회집단의 구성원 신분 또는 정치적 의견을 이유로 박해를 받을 우려가 있다는 충분한 이유가 있는 공포로 인해 국적국 밖에 있는 자로서, 그 국적국의 보호를 받을 수 없거나 또는 그러한 공포로 인하여 그 국적국의 보호를 받는 것을 원하지 아니하는 자 및 이들 사건의 결과로서 상주국가 밖에 있는 무국적자로 돌아갈 수 없거나 또는 그러한 공포로 인해 종전의 상주국가로 돌아가는 것을 원하지 아니하는 자".

교적 이유로 인한 박해의 우려를 갖고 탈북한 사람은 난민에 해당한다.

탈북자를 난민으로 간주하는 두 번째 논리는 탈북자들이 위와 같은 난민협약상의 난민으로 간주할 수 없는 현실을 인정하는 데서 연유한다. 즉, 탈북 자체가 난민협약상의 난민의 구성요건을 갖는 것은 아니지만, 굶주림으로 탈북했다고 하더라도 귀환 시 처벌을 받을 우려가 있다면 그들을 광의의 난민, 즉 현장난민으로 간주할 수 있다는 논리이다.[63] 이런 주장은 북한인권 특별보고관이 적극 수용하는 논리이다. 그러나 탈북자들이 북한으로 귀환할 경우 모두 "박해를 받을 우려가 있다는 충분한 이유"를 갖고 있기 때문에 난민으로 간주할 수도 있다. 물론 탈북자 보호를 위해 이들을 난민으로 규정하는 것이 능사는 아닐 것이다. 북한 공무원들의 낮은 인권의식과 의료 및 식량사정의 악화도 적지 않은 요인으로 작용하고 있기 때문이다. 또 북한 당국이 일회성 혹은 생계형 탈북의 경우 '박해'가 아니라 소정의 조사절차를 끝내고 석방한다는 방침과 관련 증언을 고려할 때, 탈북자를 "박해를 받을 우려가 있다는 충분한 이유가 있는 공포로 인하여" 북한으로 귀환할 수 없는 난민으로 일괄 규정하는 것은 무리라고 볼 수도 있을 것이다.

탈북자를 난민으로 규정할 때 그것이 탈북자 문제 해결에 얼마나 기여할지도 회의적이다. 탈북자를 (현장)난민으로 규정하려면 북한정부가 귀환한 혹은 송환된 탈북자들에게 "박해를 받을 우려가 있다는 충분한 이유가 있는 공포"를 주어야 한다. 이런 현상이 일어나는 것을 확인하고 그 후 탈북자를 난민으로 규정하는 것이 탈북자의 인권을 보호하는 일인가 의심스럽다. 사실 유엔에서 난민최고대표사무소와 인권최고대표사무소가 별도

---

63 Human Rights Watch, "The Invisible Exodus: North Koreans in the People's Republic of China," *Human Rights Watch*, Vol. 14, No. 8(2002), p. 4.

의 역할을 수행한다는 사실이 암시하듯이, 탈북자를 난민으로 규정하는 것이 반드시 그들의 인권을 보장해주는 것이 아님에 유의할 필요가 있다. 난민 판정 및 보호는 관련국의 최종 판단에 달려 있고 난민협약상에도 해당국이 국가안보를 이유로 난민 인정을 하지 않을 수 있는 유보조항이 있다. 무엇보다 중요한 것은 탈북자 문제는 탈북자 발생 요인, 탈북자의 기본권 보호, 탈북자의 의사 존중 등 포괄적 접근이 필요하고 그것을 위해 가장 중요한 북한과 중국의 긍정적 반응을 유도하는 일이 탈북자 인권보호에 관건이다.

다. 중국의 정책

중국은 탈북자 문제를 사회주의적 기준에 의한 주권의 문제로 보고 조선족과 연계된 어떠한 분리 민족주의도 배격한다는 입장에서 대하고 있다. 중국은 탈북자의 난민 신청을 접수하지 않은 채 불법월경자로 간주하여 경우에 따라서는 '변경지역관리 협정'에 의거해 북한으로 강제소환을 단행하고 있다.[64] 탈북자들에 대한 주기적인 단속과 기획망명을 시도하는 탈북지원단체에 대한 단속, 그리고 대북 식량지원이 그런 예이다. 다만 중국은 탈북자들이 한국대사관을 포함하여 주중 외국 공관에 진입할 경우 인도주의원칙, 국내법, 국제법 등을 종합적으로 고려하여 추방의 형식으로 탈북자를 제3국(주로 한국)으로 내보내고 있다. 이와 같이 중국은 양면 정책을 취하고 있는데, 기본적으로 탈북자를 불법월경자로 간주하여 단속하거

---

[64] '변경지역관리협정'에서 북한과 중국은 불법월경자에 대한 명단과 자료를 상대방에게 통보하도록 하고 있다(제4조 제2항). 다만 동 협정은 재해로 인한 월경은 불법으로 간주하지 않고(제4조 제1항), 적절한 구호를 제공하도록 명시하고 있다(제1조 제1항). 제성호, 「해외 탈북자의 법적 지위와 처리방향」, ≪서울국제법연구≫, 9권 1호(2002년), 58쪽.

나 북한으로 강제송환하는 것은 동북지역의 치안 유지와 북한과의 외교관계를 고려한 것이라 할 수 있다. 반면에 외국 공관 진입에 성공한 탈북자의 한국행을 묵인하는 것은 국제사회의 이목과 한국과의 외교관계를 고려할 필요뿐 아니라 북한정부에 탈북자 단속을 촉구하는 의미도 있다 하겠다.

그럼에도 중국정부의 실제 탈북자정책은 시기에 따라 일정한 변화를 보이는 것도 사실이다. 1990년대 상반기에는 법적 규제가 있었으나 동북지방 조선족의 호의적 태도와 적은 규모의 탈북자 및 짧은 체류기간으로 큰 문제가 되지 않았다. 그러나 1990년대 중반 이후 대량의 탈북자가 중국으로 유입되고 이들에 대한 국제적 관심이 증대하자 중국정부는 국경방해죄를 형법에 신설하고 탈북자 및 탈북자 은닉자에 대한 벌금부과 및 단속을 강화하기 시작하였다. 중국정부는 이때부터 ① 탈북자는 난민이 아니라 "일시적 유민이자 불법적인 월경자"이며, ② 이 문제는 국제적 문제가 아니라 "중국 내부의 문제"이자 "북한과의 양자 문제"라고 규정하고, ③ 중국에 들어온 탈북자 단속 및 북한으로의 강제송환을 단행하기 시작하였다. 다른 한편, 중국은 탈북자 단속을 하면서도 인도주의적 입장을 보이기 시작했는데, 장길수 가족 사건에서 보듯이 국제적 쟁점으로 부상된 탈북자에 한하여 제3국을 통한 한국행을 허용하고 있다. 또 중국은 탈북자 발생이 북한의 식량난에서 초래했다고 판단하고 대북 식량지원과 이와 관련된 구호단체의 중국 내 인도주의적 활동을 허용해왔다.[65]

중국 인권단체의 한 전문가에 따르면 최근 중국정부의 탈북자정책을 엿볼 수 있다. 중국정부는 탈북자들이 중국에서 각종 불법행위를 저지르고 외국공관 진입을 시도하고 있다고 판단하고 불법 탈북자 증가를 막기 위해

---

[65] 이진영, 「탈북자 기획망명 사태에 대한 중국의 반응」, ≪정세와 정책≫, 통권 72호 (2002년), 2~3쪽.

다음과 같은 대응책을 마련했다는 것이다.

① 탈북자들 중 다음과 같은 조건을 가진 자는 거주 허가를 받을 수 있다.

· 중국인과 결혼한 지 3년 이상 되어 아이를 낳고 법과 규범을 준수하는
북한 여성.

· 현재 중국에 있는 친척과 동거 중인 북한 여성이나 아동 중, 북한으로
송환될 경우 자활능력이 없고 중국에 남기를 주장하는 자.

· 6·25 전쟁 이전에 중국인이었거나 중국인 부모를 가진 북한인으로 생존을
위해 중국으로 귀환한 자.

② 위 조건에 해당하지 않는 탈북자들은 발견될 경우 북한으로 송환되는
데, 특히 법이나 규범을 어겼거나 2000년 이후 중국에 입국한 경우에 그렇게
한다.

③ 중국은 매년 북한을 원조하고 있다. 계속되는 자연재해와 불법 탈북자
증가에 따라 최근 중국은 북한에 다량의 쌀, 밀, 석탄과 전기를 제공하였다.

④ 북한 사람들을 중국으로 보내는 인간 장사꾼들은 중국 법에 따라 처벌한
다.[66]

위 내용 중 ①의 세 가지 사항은 탈북자의 인권보호에 긍정적인 역할을
할 수 있다고 판단된다. 여기에서 나아가 일부이지만 최근 탈북 여성에게
합법적인 거주가 검토되거나 주어지고 있다는 보고가 나오고 있다. 재중
탈북자 실태를 현지조사에 한 보고에 따르면 중국 길림성 일부 지역에서
탈북 여성들에게 임시 거주권 또는 그와 유사한 보호를 제공하겠다는 중국

---

66 양쳉밍, 「중국의 탈북자문제와 해결책」, 국가인권위원회 주최 '북한인권 국제심포지
엄' 자료집(서울, 2004년 12월 1일), 80쪽.

지방당국의 제안이 있었다고 한다. 2000년 이후 중국 남성과 결혼한 상태이거나 중국에서 자녀를 낳은 탈북 여성이 그런 경우에 해당한다고 한다. 여기에 더 나아가 연변조선자치주 내의 특정 지역에서는 중국에서 아이를 낳은 탈북 여성의 경우 마을 부녀회장이나 파출소가 직접 찾아가 500만 위안을 받고 그 아이의 호구(호적) 등록을 해주는 지역이 생겨나고 있다고 한다.67 탈북 여성에 대해 중국이 호의적 태도를 보이는 이유는 앞에서 말한 바와 같이 결혼 및 저임금 노동자의 필요에 따른 것이다.

중국은 탈북자 단속을 계속하고 있는 가운데 소위 제4세대 지도부인 후진타오 국가주석의 등장 이후 주중 한국공관에 진입한 탈북자에 대해서는 유연한 태도를 보이고 있다. 그러나 이것이 기존 탈북자정책 기조의 변화로까지 이어질지는 불투명하다. 2014년 3월 북한인권 문제를 국제형사재판소에서 다뤄야 한다는 북한인권조사위원회의 보고서가 발표되었을 때, 중국정부는 북한인권 문제의 안전보장이사회 논의를 반대한다고 밝히면서 3원칙에 입각한 기존 탈북자 정책을 견지한다는 입장을 재확인하였다.68

결론적으로 중국의 북한인권정책이란 사실 재중 탈북자 문제에 관한 것으로서 북한인권 문제에는 주권사항으로 간주해 언급하지 않고 있다. 중국은 탈북자를 불법 월경자로 간주하고 이들이 집중해 있는 동북지방의 치안유지와 북한과의 외교관계를 고려하여 접근하고 있다. 탈북자의 한국

---

67 이는 장기 장기체류 재중 탈북자에 대한 비자 허용을 촉구한 난민최고대표사무소의 용역 보고서 내용과 부응하는 것이다. James D. Seymour, "Cnina: Background Paper on the Situation of North Koreans in China,"(2005), p. 30. http://www.unhcr.org/publ/RSDCOI/4231d11d4.pdf(검색일: 2006년 12월 15일).

68 추이톈카이(崔天凱) 주미 중국대사는 북한인권 문제를 국제형사재판소(ICC)에 회부하려는 미국 등 서방국가들의 움직임에 반대하는 중국정부의 입장을 재확인했다(≪한국일보≫, 2014년 11월 6일).

행이 불가피한 경우에는 남한정부와 '조용한 외교'로 처리하고 있다. 중국의 탈북자정책은 강제송환과 인도주의적 지원 등 긍정·부정적인 측면이 공존하고 있다. 그렇지만 중국은 중국과 북한의 권력교체기에 탈북자 단속을 계속해왔고, 탈북자 문제를 국제인권보다는 국가이익의 측면에서 접근해왔다. 또 북한의 핵능력 강화, 미국의 중국 견제 강화 등 전략적 환경을 고려할 때 기존의 탈북자정책에 큰 변함이 없을 것이다.[69]

(3) 유럽연합의 북한인권정책

유럽연합의 대한반도 및 대북 입장은 1999년 7월 이사회 결론(Council Conclusion)에 근거한 정책기조에 입각하여 수립된 2000년 10월 9일과 11월 20일 두 차례의 이사회 결정에 나타나 있다. 이 결정은 유럽연합이 남북한 화해를 지지하고 북한이 인권존중, 핵 비확산, 안보 문제, 남북관계 개선, 경제구조 개혁 및 사회개발 등 유럽연합과 국제사회가 갖는 관심사들에 대한 긍정적 대응의 일환이다. 동시에 유럽연합은 1990년대 후반 식량난으로 북한주민들의 탈북이 이어지면서 알려진 북한인권상황에 우려를 갖고 이를 개선하기 위한 하나의 조치로 유엔 인권기구를 통한 북한인권 결의안을 상정하기에 이른다.

유럽연합의 북한인권정책은 두 가지 방식으로 전개되어왔는데, 그 하나는 북한과의 양자 차원에서 전개되는 각종 인도주의적 지원 사업 및 정치대화이고, 다른 하나는 유엔 인권기구를 활용한 다자적 접근이다. 양자적 접근은 주로 대북 인도주의적 지원과 북한의 전반적 개발지원을 통해 북한 스스로 인권개선 능력을 제고하는 의미를 갖고 있고, 다자적 접근은 북한인

---

69 이기현, 「중국의 탈북자 정책 동학과 한국의 대응전략」, ≪통일정책연구≫, 제21권 2호(2012), 119~142쪽 참조.

권 상황에 대한 국제사회의 우려와 인권개선을 위한 북한과 국제인권기구의 협력을 촉구하는 것을 주 내용으로 하고 있다.

가. 지원과 대화

유럽연합과 일부 회원국들은 2000년대에 들어 전개한 대북 정책을 개관하고 있는데 대북 지원 및 양자 간 대화는 그 일부이다. 유럽연합은 한반도 긴장 완화를 위한 국제적 노력과 남북대화를 지지하고 있다. 유럽연합은 지속적으로 대북 지원을 해오고 있는데 그 범위는 식량원조, 농업복구, 인도주의적 지원, 기술지원 등에 걸쳐 있다. 또 유럽연합은 북한이 유럽연합의 시장에 접근할 가능성을 모색하고 있다. 여기에는 북한 전문가들이 유럽연합의 시장에 접근할 기회를 확대하는 것과 북한 수출품의 수입이 포함된다.[70] 아래에서는 북한인권과 관련한 유럽연합의 정책을 구체적으로 살펴보고 있다.

첫째, 대북 지원이다. 「2001~2004 유럽연합의 국가전략 보고서」는 이사회 결론(Council Conclusions)과 유럽연합 집행위원회(European Union Commission)의 개발협력 목적에 제시된 유럽연합의 대한반도 및 대북 접근 전략에 따라 향후 4년간 대북 기술지원을 위한 전략 틀과 목적을 담고 있다. 이 가운데 유럽연합의 대북 지원사업의 우선순위와 진행경과를 소개하면 아래와 같다.[71]

---

[70] European Union, "National Indicative Programme 2002~2004, Democratic People's Republic of Korea," 국가인권위원회 편, 『북한인권에 관한 국제사회의 동향자료』(서울: 2005), 427~445쪽 참조.

[71] European Union, "The EC — Democratic People's Republic of Korea(DPRK): Country Strategy Paper 2001-2004," 『북한인권에 관한 국제사회의 동향자료』, 371~395쪽 참조.

비록 국제사회가 이미 상당한 대북 지원을 하고 있는 상태이나 이는 주로 눈앞에 닥친 인도적 상황을 극복하는 데 초점을 두고 있다. 식량안보와 산림 조성을 포함한 지속 가능한 농촌개발계획은 북한이 외부에 대한 식량 의존도를 낮추고 식량 및 땔감 확보 과정에서 발생된 환경파괴를 줄이는 데 필수적인 조건이다. 또한 북한이 기술지원에 관심을 표명한 만큼 유럽연합 집행위원회는 북한을 지원하는 데 우선순위를 정해 몇 가지 특정 분야에만 집중하기로 하였다. 이에 따라 2001~2006년 유럽연합·북한 협력에 책정된 예산은 3,500만 유로였다. 유럽연합은 북한에 대한 '2002~2004 국가지침프로그램'에 따라 2002~2004년도 예산을 약 1,500만 유로로 책정하고 다음과 같은 세 가지 사업에 예산을 우선 편성하였다. ① 제도 지원과 훈련 프로그램(700만 유로), ② 에너지 부문의 효율적 관리(300만 유로), ③ 지속 가능한 지역개발활동(500만 유로).

유럽연합의 이러한 개발지원 협력사업은 유럽연합 집행위원회의 일반적인 개발협력 목적에 따른 것이다. 집행위원회의 개발협력 사업의 목적은 첫째로 지속 가능한 경제사회적 개발지원, 둘째로 대상 국가의 세계 경제로의 편입, 셋째로 정치·경제·사회·환경 등 모든 측면의 통합에 의한 빈곤 타파이다. 유럽연합은 이런 개발정책이 민주주의와 법치의 도모라고 하는 일반적 목적을 지향하며, 인권과 기본적인 자유를 존중하는 정신과 함께한다고 본다. 따라서 여기서 말하는 개발 협력은 다차원적인 것으로서 균형적 발전, 역량 및 제도 구축, 민간 부문 개발, 복지, 환경, 선정(good governance)과 인권 모두를 아우른다.

물론 유럽연합은 인권 문제에 관한 우려와 함께 북한에 인도적 지원을 병행해왔다. 유럽연합은 북한의 식량난이 극심해지기 시작한 1995년부터 꾸준히 북한에 인도주의적 지원을 전개하고 있는데 지금까지 식량, 의료, 식수 및 관계 지원과 농업 지원 등의 형태로 총 3억 6,600만 유로를 지원해왔다. 현재는 농업분야에 대한 지원과 개발협력기구의 식량안보 관련 프로그램이 전개되고 있는데, 이 사업은 유럽연합 내 비정부기구들이 파견한 전문가들로 구성된 'EU프로젝트 지원팀'이 관장하는 일과 연계된다. 유럽연합의 연간 대북지원액은 일정하지 않지만 900만~1,000만 유로 규모이다. 여기에 소규모 지식공유사업이 전개돼 북한의 경제정책 현대화에 관한 양측의 교류가 증진되고 있다.[72]

둘째, 유럽연합과 북한의 양자 대화이다. 유럽연합의 대북 포용정책은 북한의 식량난 및 낙후한 경제상황에 대한 관심, 한반도 안보 문제 해결에서 중재자 역할 자임, 김대중 대통령의 권유 등을 요인으로 전개되었다. 1995년 이래로 유럽연합은 식량 등 인도주의적 지원, 한반도에너지개발기구 프로젝트 분담금을 통해 한반도의 평화와 안정을 도모하려는 국제사회의 노력에 동참해왔다. 그러나 유럽연합은 단순한 기부 정책만을 펴는 것이 아니라 북한의 정확한 문제점을 진단하고 그 근본요인을 해결하고자 노력해왔다.

유럽연합은 2002년 이사회 결론(council conclusion)을 따라 북한이 인권존중, 비확산 및 안보, 남북화해 등에 대한 유럽연합과 국제사회의 우려에 대해 진전을 보인다면, 남북 화해를 지지하고 북한에 더 많은 원조를 보내는 정책을 추진할 준비가 되어 있다고 밝혔다. 이사회 결론은 대북 경제원조와 기술원조를 함께 제공하고 북한의 수출을 장려하는 내용도 담고 있다. 유럽연합은 남북정상회담 이후 김대중 대통령의 대북 포용정책을 지지하는 입장에서 244만 유로의 대북 인도주의적 지원, 8,800만 유로의 한반도에너지개발기구 프로젝트 기금 납부, 200만 유로에 이르는 기술지원 프로그램,

---

72 European Union Commission, "North Korea — Food Security Programme 2007(LRRD Component)," Guidelines for grant applicants Open Call for Proposal. http://ec.europa. eu/europeaid/tender/data/d26/AOF80926.pdf(검색일: 2014년 8월 9일).

섬유수출 할당량 확대 등을 통해 한반도에 평화와 안정을 도모하는 데 일조하였다. 이러한 유럽연합의 대북 정책 성공 여부는 북한의 남북정상회담 공약 이행, 인권 존중, 비확산, 경제 교류와 구조개혁 분야에 관한 북한의 협조 수준에 따라 달라질 것이다. 2001년 5월 유럽연합은 북한과 외교관계를 수립하고 북한에 기술지원을 결정하였다.

이러한 유럽연합의 대북 포용정책은 북한의 긍정적 반응을 불러내고 1998년 12월부터 양자 간 정치대화(political dialogue)가 시작되었다. 유럽연합과 북한과의 정치대화는 상호 관심사에 대한 솔직한 의견교환을 하는 장이었는데, 유럽연합은 주로 북한 핵·미사일, 인권 상황, 남북관계 개선 및 경제협력 등에 관심을 가졌고, 북한은 식량 및 인도주의적 지원에 관심을 표명하였다(<표 V-3> 참조). 정치대화에서 상호 간 관심사는 그 우선순위나 비중이 설정되지 않고 동시에 상호 입장을 교환하는 식이었다.

유럽연합은 정치대화 과정에서 북한인권 문제를 주요 관심사로 제기했는데, 1998년부터 매년 한 차례 정치대화를 가진 후 2001년 5월 유럽연합 고위대표단의 평양방문에서 북한인권 문제를 김정일 국방위원장에게 직접 거론하여 향후 정치대화에서 계속 인권 문제를 다룬다는 합의를 이끌어냈다. 그 결과 곧바로 6월 브뤼셀에서 양측 간에 최초로 인권대화가 이루어졌다. 동시에 북한은 스웨덴 민간연구소에서 열린 인권세미나에 참석하였고, 스웨덴과 영국에 관리를 파견하여 인권교육훈련을 받도록 하였다. 이후 양측은 정치대화를 수차례 더 전개했으나 북한은 유럽연합이 유엔 인권위에 북한인권 결의안을 계속 상정하는 점을 문제 삼아 2004년 11월 이후 정치대화를 중단하였다.

나. 유엔의 북한인권결의안 채택 주도

유럽연합이 1990년대 말에 들어 각종 지원사업을 통해 대북 포용정책을

〈표 V-3〉 유럽연합과 북한 간 정치 · 인권대화

구분	주요 의제
1차 정치대화 (1998. 12 브뤼셀)	인권상황, 식량원조, 핵개발 문제, 한반도 안보상황, KEDO 문제
2차 정치대화 (1999. 11 브뤼셀)	연락사무소 개설, WMD 확산방지, 인권개선방안, 농업구조 개혁, 대북 지원 확대 및 모니터링 문제, 남북대화
3차 정치대화 (2000. 11 평양)	인권개선, 미사일 등 WMD 확산 문제, 양측 간 관계개선, 경제 지원 확대
인권대화 (2001. 6. 13 브뤼셀)	상호 평등 및 주권원칙, 인권원칙, 국제인권기구와 협력
4차 정치대화 (2001. 10 평양)	수교 이후 양자관계, 남북관계, 인권, WMD 문제, 대북 지원, 국제테러에 관한 입장
5차 정치대화 (2002. 6 평양)	인권, 탈북자, IAEA 핵사찰 문제, 대북 지원 확대, 외국투자 위한 법률정비
6차 정치대화 (2004. 11 평양)	핵 문제, 인권 문제, 인도주의적 지원, 경제협력 등

자료: 이규영, 「유럽연합의 대북한인권정책」, ≪한·독사회과학논총≫, 제13권 제2호 (2003 겨울), 45쪽; 최의철, 『유럽연합의 대북인권정책과 북한의 대응』, 91~92쪽.

전개하기 시작했지만, 북한인권 문제에 대해서는 1990년대 초반부터 유엔 인권기구를 통해 우려를 표명하고 있었다. 유럽연합의 우려 표명의 범위는 점차 넓어졌을 뿐만 아니라 그 수위도 높아졌다.

　유럽연합은 처음에는 북한의 특정 인권 문제에 우려를 표명하기 시작하였다. 예를 들어 1994년과 1997년 유엔 인권소위원회의 영국의 메릴(Merill), 팔레이(Palley) 위원과 프랑스의 장(Joinet) 위원은 러시아 시베리아의 북한 벌목공의 인권실태를 제기하였다. 이어서 유럽연합은 1997~1998년 제49~50차 유엔 인권소위원회에서 북한이 거주이전의 자유를 보장할 것과 유엔 자유권규약위원회에 제2차 정기보고서를 제출할 것을, 그리고 국제사회에는 북한의 식량난 극복을 위해 지원을 제공할 것을 요청하는 결의안을 채택하였다. 나아가 유럽연합은 제50차 유엔 인권소위원회의 결의를 통해 북한인권 문제를 유엔 인권위원회가 다룰 것을 촉구하는 내용을 포함시켰다.

1990년대 초반 북한인권에 대한 관심은 유엔 인권소위만이 아니라 인권위도 표명하고 있었고 그때 유럽연합은 미국과 함께 적극적인 자세를 보였다. 예를 들어 1993년 제49차 인권위원회에서 유럽연합 대표는 북한 당국에 국제인권기준 준수를 촉구하였고 그런 입장은 1990년대 말까지 계속되었다. 유엔 인권위가 북한인권 결의안을 채택한 것은 2003년 제59차 회기였는데, 그 사이 국제사회는 북한인권에 대해 간헐적으로 문제제기를 하였고 2000년대에 들어서는 6·15 남북정상회담으로 남북관계 개선과 북한의 개방에 대한 기대로 사태 추이를 관망하고 있었다.[73]

그러나 북한인권 상황에 진전이 없다고 판단한 유럽연합은 2002년 제58차 유엔 인권위에서부터 비판의 강도를 높여가기 시작하였다. 4월 13일 유럽연합 대표는 북한이 그동안 유럽연합과 가진 정치대화에서 건설적인 태도를 취하지 않아 구체적인 결과를 낳지 못했다고 지적하고 북한 당국에 다음 네 가지 사항을 촉구하였다. 그것은 첫째로 북한은 남북 이산가족 상봉 등 인도적 문제의 즉각 해결, 둘째로 북한이 가입한 국제인권협약 이행, 셋째로 고문방지협약과 인종차별철폐협약 가입, 넷째로 유엔 인권 메커니즘과의 협력 및 인권최고대표사무소와의 대화 등이다. 유럽연합은 북한의 태도를 살펴보고 차기 인권위원회에서 북한인권 문제를 다루는 것을 포함하여 적절한 조치를 검토하겠다고 밝혔다. 당시 유럽연합은 국제인권 상황에 대한 우려를 관련 당사국에게 처음에는 대화를 통해 전달하겠지만 인권침해를 비난하는 방법을 배제하지 않을 것임을 밝혀[74] 북한인권

---

73 최의철, 『유럽연합의 대북인권정책과 북한의 대응』, 97~103쪽 참조.

74 "Summary Record of the 29th Meeting," Fifty-eighth Session, Commission on Human Rights, April 13, 2002, p. 4.

문제에 대해서도 향후 엄격하고 강경한 자세를 암시하였다. 실제 유럽연합은 북한의 인권 상황이 개선되기는커녕 악화되고 있다고 판단하고 제 59~61차 인권위원회에 북한인권 결의안 상정을 주도하여 압도적인 표차로 결의안을 3년 연속 통과시켰다.

유럽연합은 나아가 북한인권 문제를 제60차 유엔 총회(2005)부터 계속 총회에 상정하여 역시 압도적으로 통과시켰다. 제60차 유엔 총회 제3위원회에서 유럽연합을 대표해 영국 대표는 북한 당국이 송환된 탈북자 처벌, 유엔 북한인권 특별보고관에 대한 비협조 등을 지적하였다. 유엔 측이 낸 언론보도문은 북한인권 결의안이 처음으로 총회에 상정된 것은 북한이 이전의 결의(즉 인권위원회의 결의)에 순응하지 않았기 때문이라고 밝히고 있다.[75] 유럽연합은 또 제61차 유엔 총회에서도 북한인권 결의안을 상정했는데, 당시 유럽연합을 대표하여 핀란드 대표는 그 이전 해 영국 대표가 밝힌 것과 비슷한 입장을 표명하였다. 또 유럽연합은 2006년 유엔 인권위원회를 발전적으로 대체한 유엔 인권이사회의 설치 이후에도 북한인권결의안 상정 및 채택을 주도해왔다. 그 내용 중 대표적인 것이 북한인권특별보고관의 임무 연장, 반인도적 범죄 여부를 조사하는 북한인권조사위원회의 설치·운영, 그 연장선상에서 북한인권 문제의 유엔 안전보장이사회에서의 논의 및 국제형사재판소 회부 검토 등이다. 북한은 유럽연합 주도의 이런 유엔의 북한인권 결의 채택을 정치적 압박으로 간주하고 있기 때문에 유럽연합과의 관계는 경색된 상태에 빠져 있다. 그럼에도 북한은 유럽연합의 일부 회원국들과는 공무원 연수, 투자설명회, 의원간담회 등의 방식으로 대화를 이어가고 있다.

---

75 "Palestinian Self-Determination, Human Rights In DemoCratic People's Republic of Korea Addressed in Texts Approved By Third Committee," 17/11/2005. http://www.un.org/News/Press/docs/2005/gashc3840.doc.htm.

(4) 일본의 북한인권정책[76]

가. 일본인 납치 문제와 대북 압력

관계정상화 없이 적대관계를 유지하고 있는 북한과 일본 사이의 인도주의 및 인권 관련 사안은 북한의 입장에서는 일제 강점기 조선인들에 대한 대규모 반인도적 범죄의 인정·사과·배상 문제이고, 일본으로서는 냉전기 납북 일본인의 생사확인 및 송환 문제이다. 1990년대 북·일 양국 간 대화에서 쟁점이 되었던 인도주의적 현안은 북송 일본인 처의 고향방문에 한정되어 있었다. 북한과 일본은 1997년 9월 9일 베이징에서 개최된 북·일 적십자사 연락협의에서 북송 일본인 처의 고향방문을 실현키로 합의하였다. 일본 국적의 북송 일본인 처는 1,831명 정도로 알려져 있는데, 이 중에서 제1진 15명이 1997년 11월 8일 일본을 방문하였다. 또 1998년 1월 17일 제2진의 방일이 이루어졌다. 이 과정에서 일본은 북한에 세계식량계획(WFP)을 통해 2,700만 달러의 식량지원을 하기로 약속하였다. 이 시기는 북한의 입장에서도 식량난이 한참이었던 시기였음을 고려해보면 양국이 상호 인도적 조처를 취한 것으로 볼 수 있다. 그러나 1998년부터는 북송 일본인 처의 제3진 방일 문제와 일본인 납치 문제가 동시에 제기되기 시작하면서 양국관계는 냉각되기 시작하였다. 그리고 북한이 밝힌 일본인 납치 피해자의 실태와 일본 측이 파악하고 있는 것과 큰 차이가 있어 이 문제가 일본에서는 최우선적인 대북 관심사로 등장하였다. 일본정부는 납치 문제에 대해 다음과 같은 입장을 갖고 있다.

일본정부는 향후에도 납치 문제는 일본 국민의 생명과 안전에 관한 중대

---

76 일본의 북한인권정책에 대해서는 이준규(평화네트워크 정책실장)의 자료제공과 자문이 있었다.

한 문제이고 이 문제의 해결 없이는 북한과의 국교정상화는 없다는 방침에
따라, 앞으로 국교정상화 교섭 등과 병행해 '납치 문제 등의 현안사항에
관한 협의'에서 북한에 안부가 불분명한 (일본인) 납치 피해자에 관한 진상
규명 및 생존자의 즉시 귀환을 강력하게 요구하고 납치 문제의 해결을 도모
해갈 것이다.[77]

이 같은 입장은 현 아베 총리 등장 이후에도 그대로 유지되면서 대북
협상의 제1의제가 되고 있다. 일본은 2005년 9·19 공동성명 이후 북한에
대해 국교정상화 협상, 납치 문제, 핵 및 미사일 등 안보 현안 등 세 분야를
병행 협의할 것을 북한 측에 제안한 바 있다. 이와 달리 2·13 합의 이후
열린 북·일 국교정상화 실무협의에서 일본은 납치 문제의 우선 해결을 고수
한 반면 북한은 이미 해결된 문제라는 입장을 보여 첫 협의는 결렬되었다.
　일본정부는 '대화와 압력의 병행'을 통해 납치자 문제에 접근하고 있다.
북한과 대화를 계속하면서도 납치 문제의 해결을 촉구하기 위해서 압력을
병행하겠다는 것이다. 여기서 일본정부가 취할 수 있는 압력이란 북한인권
문제에 대한 국제사회의 문제제기 과정에서 일본인 납치 문제를 적극적으
로 제기하는 것과 현행 일본 국내법을 엄격히 적용하여 북한에 압력을
가하는 것을 포함한다. 일본은 유럽연합이 유엔에 상정하는 북한인권 결의
안에 일본인 납치 문제를 포함시키도록 노력하였다. 그 결과 2003년부터
현재까지 유엔 인권기구들에 상정된 북한인권 결의안은 모두 납치 문제를
거론하고 있다. 2006년 제61차 유엔 총회 제3위원회에서 일본 대표는
북한인권 결의안 통과를 위해 회원국들의 단결을 호소하고, 북한이 납치자
를 지체 없이 송환하고 납치에 관여한 사람들을 인도할 것을 주장하였다.[78]

77　일본 외무성 홈페이지 http://www.mofa.go.jp(검색일: 2007년 8월 5일).

일본정부가 취하고 있는 대북한 압력정책은 일본의 현행 법제를 엄격히 적용하는 방식을 먼저 꼽을 수 있다. 이 방식은 이미 2005년부터 추진되어 왔다. 일본이 북한에 대해 취하고 있는 제재 조치는 해산물 원산지 표기 엄격 시행과 개정된 선박유탁손해보상보장법의 엄격한 적용이다. 우선, 해산물 원산지 표기를 엄격하게 할 경우 북한산 해산물의 일본 판매가 타격을 입게 된다. 이러한 움직임은 2005년 초부터 제기되었던 납치 피해자 관련 단체와 반북단체들의 북한산 해산물 불매운동에 영향 받은 바 크다. 또한 2005년 3월부터 개정된 선박유탁손해보상보장법이 엄격하게 적용되고 있다. 이 법의 엄격한 적용에 따라 북한 선박이 일본에 입항하는 것은 거의 불가능하게 되었다.

재일 조선총련의 시설에 대한 면세 혜택 철회와 압류도 대표적인 대북 입박정책의 하나이다. 일본 경찰과 공안당국을 통해 북한을 압박하는 것이다. 일본 경찰은 2005년 9월부터 취해진 미국의 대북 금융제재에 보조를 맞추어 북한과 거래를 하고 있는 대북 교역을 하고 있던 일본 회사들에게 압력을 가하였다. 특히 북한과 불법 교역의 혐의가 있는 회사들에 대한 압수수색 조치가 2006년 2월부터 시작되었다. 일본 공안당국의 납치 문제 관련 수사가 점점 수사망을 좁히고 있는 점도 확인되었다. 2006년 3월 23일 일본 경시청 공안부는 오사카 부 경찰과의 협조하에 오사카 시에 있는 조선총련 산하의 단체 등에 대해 일제 수색을 단행하였다. 1980년 발생한 것으로 확인된 하라 다다아키(原敕晃) 씨의 납치 사건을 조사한다는 것이 이유였다. 총련의 자금 출처 및 운용을 파악하고 그 적법성을 정밀하게 조사하는 식으로 북한을 압박하는 조치로 풀이할 수 있다.

---

[78] "Third Committee Approves Draft Resolution Urging Full Respect for All Human Rights by Democratic People's Republic of Korea," November 17, 2006.

나. 대북 제재론의 부상과 북한인권법 제정

일본인 납치 문제와 북한의 인권 문제가 일본 사회의 뜨거운 이슈로 등장하게 된 것은 납치 피해자와 그 가족들이 결성한 단체 그리고 그들을 지원하는 시민단체들의 활동과 언론의 역할이 지대한 영향을 끼쳤다. 이렇게 볼 때 2002년 9월 17일 '북·일 평양선언' 과정에서 김정일 국방위원장과 고이즈미 수상이 납치 문제에 대한 사실을 확인하고 사과하는 것을 통해 일정한 정치적 돌파구를 마련하고자 했던 것은 오산이었다는 지적이 설득력을 얻고 있다.

당시 고이즈미 수상이 북한에서 귀국하면서부터 일본의 언론과 여론은 급격히 반북(反北)의 열기로 들끓었다. 대중매체의 이런 보도 경향은 북·일 사이에 납치 문제 해결을 위한 대화가 진행될 때에도 변함이 없었다. 오히려 ≪산케이 신문≫ 등은 대화의 무용성을 강조하기도 한다. 2004년 2월 교착상태에 빠져 있던 북·일 관계를 타개하기 위해 양자대화가 재개되었다. 그러나 보수계 신문 중 가장 많은 독자를 확보하고 있는 ≪요미우리 신문≫ 은 북·일 양자 교섭이 시작된 다음 날 '압력이 있었기 때문에 대화가'[79]라는 제목의 사설을 통해 "납치 피해자 가족들을 즉시, 무조건 귀국시키고 북한은 국가범죄임을 인정해야 한다"라고 주장하였다. 이 신문은 또 북한을 대화의 자리로 나오게 한 것은 국제적 공조를 통한 압력의 효과라고 주장하였다. 회담이 별반 성과 없이 끝나자 ≪요미우리 신문≫은 2월 15일자, 2월 18일자 사설에서 "납치 문제의 해결은 북·일 국교정상화의 전제"이고 "'특정선박입항금지법안'의 입법화가 시급하다"라고 목소리를 높였다. 역시 보수성향의 입장을 대변하는 것으로 알려진 ≪산케이 신문≫은 "북한에 압력 필요"(1월 5일), "북한 핵동결, 양보라는 사기 전술은 통하지 않는

---

[79] ≪讀賣新聞≫, 2004년 2월 13일.

다"(1월 11일), "대북 제재법안 적절하게 발동하는 것이야말로 효과"(1월 29일), "납치 문제, 조총련의 관련성도 초점을"(1월 30일), "납치 문제 협의, 제재도 마다하지 않겠다는 자세로 임해야"(2월 13일), "북한 태도 변화 없으면 경제제재 발동을"(2월 18일) 등의 기사를 내보냈다. 그 제목만 보더라도 입장이 선명하게 드러난다. 특히 보수성향의 일본 대중매체들은 북한이 비공식 채널과 공식 채널을 통해 일본정부와 협상을 하는 것조차 비공식 채널을 통한 협상은 분열전술로, 공식채널을 통한 협상은 압력에 굴복한 것이라는 해석을 내놓은 바 있다.[80]

일본 여론의 동향은 2004년 5월 22일 고이즈미 총리의 2차 방북을 계기로 전환의 국면을 맞이하는 듯했다. 고이즈미 총리가 생존자 5인의 가족들을 데리고 일본으로 귀국한 것이다. 이에 대해 일본 여론은 긍정적인 평가를 했다. 일본 유수의 언론들인 마이니치 신문, 요미우리 신문, 신게이 신문 등이 실시한 고이즈미 총리의 방북에 대한 여론조사에서 응답자의 60% 이상이 방북을 긍정적으로(혹은 납치 문제에 진전이 있었다) 평가하였다.[81]

그러나 이러한 여론의 동향은 요코타 메구미 씨의 '가짜유골' 논쟁으로 급격히 반전되었다. 2004년 말 북한 측은 사망한 것으로 알려진 요코타 메구미 씨의 유골을 일본에 인도하였다. 그러나 유골의 DNA 감정 결과 유골이 '다른 사람의 유골'이라는 것이었다. 일본의 여론은 또다시 들끓었고 북한은 '사자(死者)를 두고 거짓말을 하는 파렴치한 국가'가 되었다. 이에 대해 북한은 감정결과가 일본 측의 "완전한 날조"라고 반발하면서 북·일 관계는 또다시 중단되었다. 또한 요코타 메구미 씨의 유골이 '거짓으로 판명되었다'고 알려진 이후 일본 각 언론사의 여론조사에서 '대북 제재

---

80 ≪産経新聞≫, 2004년 1월 9일 사설.

81 박철희, 「일본인 납치문제와 북일관계 전망」, 『외교안보연구원 보고서』(2004년 5월 27일), 12쪽.

찬성' 여론은 70% 선을 넘나들었다.

반북 여론의 폭발로 인해 일본정부는 2차 북·일 정상회담에서 북한과 약속한 식량, 의약품 등 인도주의적 지원을 무기한 연기하였다. 게다가 2005년 연초부터는 납치 피해자와 그 가족들을 돕고 있는 단체들은 일본정부가 대북 경제제재를 하지 않는다면 민간 차원에서라고 할 수 있는 경제제재를 해야 한다면서 북한산 상품(모시조개를 비롯한 해산물)의 불매운동에 나섰다. 여기에 2006년 북한의 미사일 시험발사, 핵실험으로 일본의 대북 제재는 그 강도를 더해갔다.

일본 사회에 전체적으로 확산되어 있는 반북 정서와 납치자 문제가 맞물려 대북 제재론이 부상하였다. 일본의 정치인들과 정당들이 북한에 대한 강경 발언은 반북 여론형성의 출발점이 되었다. 일본 정치권은 정부와 관료집단에 대해 더욱 강경한 대북 입장을 요구하는 것을 통해 일종의 선명성 경쟁을 전개한 것이다. 일본 정치인들과 정당들의 이러한 행태가 일본 국민들의 감정을 확대 재생산하였다. 일본의 제1야당인 민주당이 납치 문제에 강경한 입장을 취하고 있고, 자민당이 2003년 11월의 중의원 선거와 2004년 참의원 선거 과정에서 납치 문제에 대한 강경한 발언으로 인기가 높은 아베신조 의원을 당의 얼굴인 간사장에 내정했던 것이 단적인 예이다. 또 현 아베 내각 역시 납치자 문제에 대한 강경 여론에 편승해 중국·한국 등 아시아 국가들과 관계개선을 시도하면서도 북한에 대해서는 강경 입장을 취하는 것도 같은 맥락으로 볼 수 있다.

이와 같은 정치권의 상황을 극명하게 보여주는 첫 번째 사례가 2003년 11월의 중의원 선거였다. 당시 선거에서 자민당은 북한에 대한 강경발언과 '납치 문제의 해결사'라는 이미지로 대중적 인기가 높은 아베신조를 선거의 얼굴인 간사장에 기용하였다. 반면, 대북 포용정책과 '협상을 통한 문제의 해결'을 주장해왔던 사민당과 공산당은 선거전에서 참패하였다. 두 번째 사례는, 2004년 초 북한을 겨냥해 제정·개정된 '특정선박입항금지법'과 '외환·외국무역법' 개정안의 성립이다. 이 법안들의 입법과정에서 민주당이 가장 적극적으로 참여했고 민주당은 여기에 더 나아가 국회 내에 '납치 문제 특별위원회' 설치를 주장하였다. 사민당도 "발동은 신중해야 한다"라는 단서를 달았지만 이 법안에 찬성 입장을 표명하였다.

한편, 일본 정치권에서 일본인 납치 문제와 북한에 대한 강경한 입장을 대변하는 조직은 '납치의원연맹'(정식명칭은 '북한에 납치된 일본인을 조기에 구출하기 위해서 행동하는 의원 연맹')이다. 납치의원연맹은 2002년 결성된 중의원·참의원 양원 의원들이 참여하는 초당파 조직이다. '납치의원연맹'은 이미 대북 경제제재를 실시했을 경우를 상정한 시뮬레이션(simulation)과 현장 방문 등을 통해 그 효과에 대해 구체적인 검토를 마치고 그런 행보를 통해 정치권과 내각을 압박하였다. 그리고 자민당과 민주당은 각각 당내에 '납치 문제 대책본부'를 상설특별기구로 설치하였다. 각 당의 납치 문제 및 대북 정책은 이 기구에서 제출되고 있다. 2005년부터 자민당과 민주당이 다투어 추진한 북한인권법안도 각 당의 '납치 문제 대책본부'가 작성한 것이다. 아베 총리는 관방장관 시절 북·일 교섭에 회의론을 제기하면서 "북한정권 교체(regime change)"를 상정한 "시뮬레이션을 준비할 필요가 있다"라는 견해를 공공연하게 밝힌 바 있다.

이상과 같이 일본 내에서 대북 제재론이 등장하고 6자회담을 통한 북핵 문제 해결이 진전을 보이지 않은 가운데, 일본에서도 북한인권법 제정 논의가 일어나기 시작하였다. 자민당과 민주당은 2005년부터 북한인권법 제정을 경쟁적으로 추진했는데 이는 2004년 미국의 북한인권법 제정에 영향을 받은 것이다. 이런 움직임은 일본의 납치 문제 관련 단체와 탈북자 지원단체, 반북단체들의 지지를 받았다. 2006년 2월 자민당과 민주당은 북한과의 정부대화가 진전 없이 끝났다고 판단하고 북한인권법안 제정을 적극 추진하였다.

북한인권법안은 납치사건을 포함한 북한의 인권침해 실태 해명과 방지가 목적이라고 밝히고 있지만 사실은 납치사건을 중심으로 북한을 압박하기 위한 것이 목적이다. 특히 자민당은 2005년 법안을 작성한 바 있지만 더 강경한 민주당의 안과 고이즈미 정부의 대북 압박정책에 영향을 받아 새로운 안을 제출하였다. 구체적으로 자민당의 새 법안은 ① 납치 문제의 해결을 국가의 책무로서 명기하고, ② 납치사건 등 북한에 의한 인권침해 상황이 개선되지 않을 경우 특정선박입항 금지법과 개정 외환외국무역법 등에 의한 경제제재를 발동하는 것을 포함시켰다. 민주당의 북한인권법안이 자민당의 안과 다른 점은 훨씬 더 구체적이고, 특히 탈북자에 대한 보호와 지원을 "국가의 책무"로 명기하면서 이에 대한 상세한 규정을 두고 있다는 점이다. 그러나 양당의 법안이 납치 사건 등 북한에 의한 인권침해 상황이 개선되지 않을 경우 특정선박입항 금지법과 개정 외환외국무역법 등에 의한 경제 제재를 발동하는 것을 포함시킨 부분은 이 법안의 핵심적 취지가 어디에 있는지를 분명하게 보여준다. 2004년 2월에 통과된 특정선박입항금지법과 외환외국무역법은 북한을 상대로 해서 일본이 단독으로 경제제재를 발동할 수 있도록 하였다. 이 두 법안은 북한의 돈줄을 끊겠다는 '입법취지'를 가지고 있다. 그렇기 때문에 북한인권법안은 일본의 대북 제재 조치의 완결판이라고 부를 수 있을 것이다.

결국 2006년 6월 16일 "일본인 납치 문제 등 북한의 인권 상황이 개선되지 않을 경우" 북한에 대한 경제제재 발동을 촉구하도록 정부에 요구하는 것을 골자로 한 여야 3당 발의의 북한인권법안이 참의원을 통과하였다.[82]

---

82 법안(개요)의 한글본 「일본의 북한인권법안(개요) 전문 자료」 참조. http://www.
    peacekorea.org/main/board/zboard.php?id=humanright(검색일: 2007년 3월 17일).

이 법은 사실상 납치자 문제 해결에 초점을 둔 일종의 '대북 제재법'이라 말할 수 있을 것이다. 이로써 북한의 납치 문제에 관한 압박을 담은 일본의 법률은 개정외환법과 특정선박 입항금지 특별조치법 등을 포함해 3개로 늘어났다.

일본의 북한인권법 제정은 미국의 사례를 뒤따르고 있지만 그 내용에서는 다소 차이를 보인다. 미국의 북한인권법이 주로 탈북자 문제를 중심으로 한 북한인권 문제 전체에 관심을 두고 있다면, 일본의 북한인권법은 일본인 납치 문제에 초점을 두고 있다. 또 미국의 북한인권법이 북한인권정책으로 일방적 접근과 함께 다자적 접근을 취하고 있는 데 비해, 일본의 북한인권법은 일방적 방법에 주로 의존하고 있다. 물론 두 국가의 북한인권법이 북한과의 인권대화나 북한의 인권개선 환경 조성과 같은 양자접근이나 온건한 접근에는 인색한 점에서는 공통점이 있다.

(5) 각국의 북한인권정책 비교

이상 살펴본 미국, 중국, 일본, 유럽연합의 북한인권정책은 공통점과 차이점을 동시에 갖고 있다고 하겠다.

먼저, 중국을 제외한 세 행위자 모두 북한의 인권 상황을 대단히 열악하다고 평가하고 있고, 북한인권에 대한 외교적 압력수단으로 유엔을 적극 활용한다는 점이다. 미국·일본·유럽연합은 공통적으로 북한의 인권 상황이 전반적인 범위에서 대단히 열악하다고 평가하는데, 이런 인식상의 공유는 국제인권단체의 북한인권 보고서의 발간 및 배포, 탈북자에 의한 북한인권 상황 폭로, 그리고 이들 정부(간)기구의 북한인권 상황에 대한 정보 수집 노력 등에 기인한다. 그런 예를 미 의회의 청문회에 출석한 탈북자와 비정부 기구 인사들의 증언에서 볼 수 있었지만 유럽연합과 일본의 경우도 다르지 않을 것이라고 본다. 또 미국·일본·유럽연합은 민주주의와 정치적 자유의

가치를 공유하면서 보편적 인권의 증진을 위한 국제협력에 적극적인 자세를 보여준다. 따라서 이들이 유엔에서 세계 각국의 인권침해 상황에 깊은 관심을 갖고 해결을 위한 외교적 노력에 공동 협력할 것이라고 생각할 수 있다. 이들이 공통적으로 유엔 인권기구에서 북한인권 상황에 우려를 표명하고 인권결의안을 상정·채택하는 데 적극적인 자세를 취하는 것은 쉽게 이해할 수 있다. 그러나 중국은 이 국가들보다는 북한과 민주주의 및 인권관이 상대적으로 비슷하고, 국가이익 차원에서도 북한인권에 대한 외교적 압력을 행사하는 것을 꺼려하고 있다. 중국과 북한은 탈북자 관련 협정을 맺고 있고, 중국은 탈북자들에 대해 묵인과 단속을 병행하는 정책을 취하면서 국제여론을 의식해 제3국행이 불가피한 경우에만 추방의 형식으로 탈북자의 한국행을 묵인하고 있다.

한편 북한인권정책을 둘러싸고 이들 네 행위자들 사이에 몇 가지 차이점도 발견할 수 있다. 이는 북한인권정책의 성격, 북한인권에 대한 주요 관심사 그리고 정책수단 등에 걸쳐 있다.

유럽연합의 북한인권정책은 북한의 발전과 빈곤 퇴치라는 전반적인 대북 정책 목표 속에서 자리를 잡아 추진하고 있다. 이와 관련하여 유럽연합이 북한을 겨냥하여 작성한 '국가지침 프로그램'은 다음과 같이 밝히고 있다.

유럽연합의 대북 정책은 북한사회 전반에 걸친 대대적인 개혁을 통해 지속 가능한 발전과 빈곤 퇴치를 목적으로 한다. 인도적 원조와 지속적인 정치대화를 동시에 추진하는 가운데 북한은 국제 사회와의 무역 협력 수준을 높여갈 것이며, 이러한 경제·사회 발전은 민주주의 원칙을 존중하고 인권을 수호하며 지역 안정과 평화 지향을 토대로 진전될 것이다.

위 표현에는 유럽연합의 북한인권정책 목적뿐만 아니라 그 방법과 다른 사안들과의 연관성도 나타나 있다. 유럽연합은 북한인권을 포괄적이고 다른 사안들과의 연관성 속에서 파악하고, 지원과 대화 등 주로 당근을 사용하여 접근하고 있음을 알 수 있다. 특히 유럽연합은 북한인권을 특정 인권분야로 편파적으로 파악하지 않고 자유권·사회권·발전권 등 포괄적으로 생각하고 있고 이를 민주주의, 지역 안정 및 평화 등 다른 사안과의 상호연관성하에서 이해하고 있다. 이는 북한의 실질적 인권개선에 긍정적인 자세로 평가할 수 있다. 물론 유럽연합이 북한인권 문제에 특별한 관심을 갖고 유엔을 통한 외교적 압력을 행사하는 데 적극적임을 부인할 수 없다. 유럽연합은 각료이사회 내 인권 문제 담당 이사회 인권실무단(Council's Working Party on Human Rights: COHOM) 회의와 아시아지역 이사회 실무단(Council's Working Party on Asian Region: COASI) 회의를 통해 유엔 인권기구에서 북한인권 결의안을 작성하고 이를 다시 각료이사회에 보고하여 확정하는 절차를 거쳐 북한인권 결의안을 유엔에 상정한다.[83] 그러나 유럽연합이 유엔 북한인권 결의안 상정 및 채택에 적극적인 것은 그 실효성을 추구하는 면과 함께, 국제인권 문제에 대한 유럽연합의 통일된 관심과 일관된 태도를 보여주는 상징적 의미도 담겨 있다.[84] 유럽연합이 북한인권에 한 목소리를 갖고 지속적으로 북한인권 상황에 우려를 표명하고 외교적 압력을 행사하는 것은 북한 당국의 각성과 인권개선을 촉진하고 있음을 부인할 수 없을 것이다. 요컨대, 유럽연합의 북한인권정책은 대북 포용정책의 연장선상에서 북한체제에 대한 정치적 압박보다는 지원과 대화 및 외교

---

83 최의철, 『유럽연합의 대북인권정책과 북한의 대응』, 105쪽.

84 이와 관련해 유럽연합 집행위원회의 한 관계자는 다음과 같이 말한 바 있다. "유엔의 인권 결의안이 해당국의 전체 인권상황을 변화시키기는 어렵다. 사실 결의안은 해당국을 겨냥한 것이라기보다는 결의안을 상정하고 지지하는 국가들 사이에 해당국의 인권상황에 대한 인식을 공유하는 의미가 더 크다"(2006년 4월 4일, 브뤼셀).

적 압력 등 균형적인 자세를 갖고 일관되게 전개되고 있다고 말할 수 있다.

한편 미국·일본의 북한인권정책은 유럽연합의 정책과 여러 측면에서 대조를 보인다. 이들 두 국가는 대북 정책 전반에서도 공조를 하고 있지만 북한인권 문제에 대해서도 비슷한 정책양상을 보이고 있어 함께 논의하기에 무리가 없다고 본다.

무엇보다 미국과 일본의 북한인권정책의 기본틀이 부재하고 임기응변적인 대응을 하고 있다는 점을 지적할 수 있다. 특정 국가에 대한 일국의 외교정책은 대개 특정 사안에 국한하여 수립되지 않고 국가이익 계산에 따라 전체적인 차원에서 수립된다. 따라서 미·일 양국이 각각 북한인권정책에 대한 기본입장이 부재하다는 점 자체가 이상하다고 말하기는 어려울 것이다. 유럽연합의 경우도 북한의 개혁·개방 유도와 보편가치의 증진 차원에서 북한인권 문제를 접근하고 있음을 살펴보았다. 그렇기 때문에 미국과 일본의 북한인권정책의 기본틀이 부재하다는 지적은 대북 정책 목표 부재 혹은 비일관성을 보여주는 것으로 이해해야 할 것이다. 구체적으로 2000년대 미국의 대북 정책은 정권 교체 → 정권 변형 → 행동변화로 부침을 거듭해왔고 북핵 문제와 인권 문제에서 정책적 우선순위와 둘의 연계성에 관해 일관되지 않은 행보를 보여왔다. 일본은 대북 정책 목표에 대한 공식 언급 없이 북핵 문제, 일본인 납치 문제, 양국 간 교류 등 사안별 접근을 취하고 있다. 미·일 양국의 이런 현상은 대북 정책 목표 및 방향을 내부 의사결정 절차에 따라 심의 확정하여 일관되게 추진하는 유럽연합과 뚜렷한 대조를 보여준다. 미·일의 북한인권정책 성격과 관련하여 또 하나 지적할 수 있는 점은 북한인권 문제가 북핵 문제나 납치자 문제 등 다른 대북 정책 사안에 비해 그 정책적 비중이 낮다는 점이다. 물론 미국과 일본이 유엔의 북한인권 결의안 채택에 적극적인 자세를 보인 것은 사실이지만 미국은 북핵 문제 관련 대북 압박의 일환, 일본은 납치자 문제 해결의 일환으로 북한인권 문제를 활용하는 점도 사실이다. 6자회담에서 미국과 일본은 수석대표 발언을 통해 북한인권 문제나 일본인 납치 문제를 간헐적으로 거론한 것도 같은 맥락이라 할 수 있다. 이는 유럽연합이 북한인권 문제를 인도주의적 지원, 개발, 지역안정 및 평화 등 다른 사안들과 동시에 다루되, 높은 정책적 비중을 갖고 접근하는 것과는 큰 차이를 보여준다. 즉, 미국과 일본은 북한인권 문제를 거론하기는 하지만 그것을 대북 정책의 주요 사안으로 간주하여 일관된 자세를 취한다고 보기 어렵다. 오히려 양국은 다른 사안의 해결 혹은 그를 위한 협상력 제고 차원에서 북한인권 문제를 경우에 따라 이용하고 있다고 말할 수 있다. 여기에 이들 두 나라가 북한과 적대관계에 있다는 점이 덧붙여져 북한의 반발을 초래하고 있다.

북한인권에 대해 미국과 일본이 보이는 주요 관심사가 매우 선택적 (selective)이라는 점도 유럽연합과 차이를 보여준다. 인권=자유권으로 인식하고 있는 미국은 북한인권 역시 자유권 중심으로 생각하고 있다. 미국이 매년 발간하는 「세계 각국의 인권 상황 보고서」는 그 내용의 정확성과 객관성을 별도로 하더라도 자유권 중심으로 이루어져 있고, 「세계 각국의 종교자유 보고서」가 별도로 발표되는 점도 그런 지적에 해당할 것이다. 미국은 북한인권을 판단함에 있어 사회권으로 분류되는 많은 인권분야와 기본권의 하나로 인식되는 생존권을 배제하고 있다. 오히려 생존권과 관련되는 인도주의적 지원을 대북 압박수단으로 이용하는데, 이는 "유럽연합의 인권정책은 아무리 인권이 열악하다 해도 인도주의적 지원이 중요하다고 보고 있다"[85]는 유럽연합 측의 입장과 크게 다르고, 인권의 총체성 및 상호의존성 원리에도 위배된다. 일본의 경우도 유엔에서의 발언을 볼 때

---

[85] 유럽연합 집행위 관계자의 발언(2006년 4월 4일, 브뤼셀).

자유권 편향의 인식에서 벗어나지 못하고 있다. 사실 일본이 북한인권에 대해 보이는 관심은 납치자 문제를 제기하기 위한 수단이라고 해도 과언이 아닐 것이다. 북한은 일본의 그런 태도에 대해 일제의 '성 노예' 착취를 거론하며 맞대응하거나, 관계정상화 협상의 기회로 삼으려 하고 있다.

미국과 일본의 북한인권에 대한 인식과 정책적 성격을 생각할 때 이들이 구사하는 북한인권정책 수단이 편향되고 제한적이라는 것은 쉽게 판단할 수 있다. 미·일은 대북 정책수단을 "대화와 압력"이라고 밝히고 있지만,[86] 그것이 대화·지원·압력을 병행하는 유럽연합의 정책과 유사하다고 말하기 어렵다. 먼저, 현재 미·일의 북한인권정책에서 지원이 거의 없다는 점에 주목할 필요가 있다. 대북 인도주의적 지원은 북한주민의 생존권 보호는 물론 양국 간 신뢰형성에 도움을 줌으로써 궁극적으로 전반적인 인권개선을 위한 북한의 협력적 태도를 끌어내는 촉매제 역할을 할 수 있다. 반대로 북한과 적대관계에 있는 이들 국가가 인도주의적 지원을 하지 않거나 이를 정치적으로 활용한다는 것은 북한의 인권개선에 부정적으로 작용한다고 볼 수 있다. 그리고 미·일과 북한의 대화도 그 지속성 여부는 별도로 하더라도 양국 간 상호 관심사를 전반적으로 다루면서 그 속에서 북한인권을 논의하는 차원에서 전개되어오지 않았다. 예를 들어 2004년 북·일 정상회담 이후 간헐적으로 가진 북·일 대화는 6자회담의 틀 속에서 이루어졌거나 양국 간 실무회담 차원에서 진행되었는데, 여기에 일본이 목적의식적인 자세를 갖고 북한인권을 의제로 삼았다는 보도가 나온 바 없다.

전반적으로 북한인권과 관련하여 미국과 일본이 구사하는 압력은 유엔의 북한인권 결의안 지지와 일방적인 외교적 비난, 그리고 경제제재 등으로

---

86 예를 들어 The Ministry of Foreign Affairs of Japan, *Diplomatic Bluebook 2006*, p. 22. http://www.mofa.go.jp/policy/other/bluebook/2006/03.pdf.

나타나고 있다. 경우에 따라 적절한 압력이 인권침해국의 인권개선에 유용할 수도 있지만 압력 일변도의 정책이 실질적 인권개선에 유용한지는 의문스럽다. 결국 미국과 일본의 북한인권정책은 낮은 정책적 비중과 비일관성 그리고 압력 위주의 접근을 특징으로 하는데, 이는 유럽연합의 접근 방식과 크게 차이를 보인다. 2014년에 들어 북한과 일본은 일본인 납치 문제에 대한 북한의 협조와 일본의 대북 제재 부분 해제 및 인도주의적 지원을 맞교환하는 시도가 전개되고 있다. 앞으로 이런 움직임이 하나의 흐름으로 형성되어 북한인권 개선과 북·일관계 정상화로 나아갈지 주목된다. 북·일 간의 그런 움직임이 2014년 12월 현재까지 북한과 미국 사이에는 일어나지 않고 있다.

한편 중국은 북한인권 전반에 관한 언급은 자제하고 있는데, 이는 중국의 인권 인식이 상대주의적 관점에 서 있고, 일국의 인권 문제는 해당국의 주권사항이라는 입장을 견지하고 있기 때문이다. 그래서 중국은 유엔에서 북한인권 결의안이 상정되면 반대표를 던져왔다. 다만 중국은 재중 탈북자 문제에 관해서는 사회질서 유지와 국익 차원에서 묵인과 단속, '조용한 외교', 그리고 대북 인도주의적 지원 등 여러 정책수단을 필요에 따라 구사하고 있다. 유럽연합, 미국, 일본, 중국의 북한인권정책을 정리하면 <표 V-4>와 같다.

지금까지 관련국들의 북한인권정책에 관한 논의는 주로 북한인권에 관한 국제사회의 관심을 보여주는 징표로, 혹은 한국의 적극적인 북한인권정책이 필요하다는 논거로 활용되어온 경향이 있다. 앞으로 연구는 이들의 북한인권정책이 실제 북한의 인권개선에 얼마나 기여하고 있는지에 대한 평가와 한국의 북한인권정책에 주는 시사점을 찾아내는 쪽으로 발전할 필요가 있다고 본다.

〈표 V-4〉 유럽연합, 미국, 일본, 중국의 북한인권정책 비교

구분	유럽연합	미국과 일본	중국
상황 인식	전반적으로 열악함		언급하지 않음
인권정책 성격	실질 개선	정치적 압력수단	외교적 수단
북한인권 인식	포괄적·맥락적	편향적(자유권, 납치자 문제 중심)	탈북자 문제에 한정
북한인권 수단	유엔 활용		지원, 대화
	지원·대화·압력 병행	압박 위주	
맥락	수교, 인권대화 경험	미수교, 인권대화 경험 무	동맹관계

3) 국제인권단체의 동향

국제인권단체는 인권 상황의 보고 및 감시, 캠페인, 인권 피해자 보호 및 운동가 옹호 등 다양한 방식으로 인권개선에 기여할 수 있다. 북한인권 문제에 대해서도 마찬가지며 북한의 열악한 인권 상황이 국제인권단체의 관심을 더욱 끌고 있다. 그러나 북한인권 문제가 한반도 평화와 안정, 남북관계 등 다른 사안들과 깊이 관련되어 있는 난해한 문제이기 때문에 국제인권단체들의 북한인권운동은 정치외교적 상황과 맞물려 전개될 것이다.

가. 국제사면위원회의 활동

국제사면위원회(Amnesty International)는 런던 본부에 동북아담당 활동가를 두고 북한인권 상황 및 동향을 모니터링해오고 있다. 1997년 유엔 인권소위원회가 북한인권결의안을 채택하자 북한은 곧바로 자유권규약 탈퇴를 발표한 바 있다. 이에 대해 사면위원회는 이듬해 유엔 인권위원회 회기 중 발언에서 북한의 자유권규약 탈퇴를 국제법상 불법이고 북한은 여전히

규약의 모든 의무에 구속된다고 밝힌 바 있다.[87] 그러나 이후 사면위원회는 연간 국제인권 보고서에 북한인권을 다루는 것 외에 뚜렷한 활동은 보이지 않아왔다.[88] 국제사면위원회의 2005년 보고서는 북한에서의 자유권 침해를 거론하면서도 계속되는 식량난이 아동의 영양실조를 비롯하여 북한의 인권 상황을 전반적으로 악화시켰다고 하면서 식량권에 깊은 관심을 표명하였다.[89] 북한의 식량난 이후 북한인권 상황에 대한 진단을 둘러싸고 국내외에서 생존권과 자유권의 상대적 중요성을 놓고 논쟁을 하고 있을 때, 사면위원회는 식량난과 인권 상황의 상호 영향에 주목하면서 북한의 생존권과 시민적 자유에 함께 관심을 가질 필요성을 제기한 바 있다.[90]

사면위원회가 낸 보고서를 종합해 탈북자 인권 문제에 관한 입장을 살펴보면 다음과 같다.[91] 먼저, 중국 체류 탈북자들은 대부분 가뭄과 식량난으로부터 도망친 결과로 보고 있다. 그러나 북한은 식량을 구하기 위해 탈북한 경우에도 정치적 범법 행위로 간주하는 경우가 있고, 중국은 탈북자를 난민이 아니라 경제 이주자로 정의하고 강제송환하는 조치를 취한다고 한다. 사면위원회는 북한으로 강제송환된 탈북자의 경우 탈북 횟수, 신분, 정치적 위험성 유무에 따라 처벌의 정도는 상이하다고 본다.

---

87 외교통상부 외교정책실, 『제54차 유엔인권위원회 참가보고서』(1998년 5월), 35쪽.

88 국제사면위원회 동북아담당자는 앞으로 북한인권 문제에 주력할 것이라고 말한 바 있다. 2006년 2월 15일 서울에서 필자와의 면담 내용.

89 *Amnesty International Report 2005*(Oxford: Amnesty International Publications, 2005) pp. 151~153.

90 Amnesty International, "Starved of Rights: Human rights and the Food crisis in the Democratic People's Republic of Korea (North Korea)," SAS 24/003/2004, January 17, 2004.

91 같은 글; Amnesty International. "North Korea: Human rights concerns," Media Briefing. November 24, 2006.

사면위원회가 파악한 바로는 중국정부는 북한과의 불법월경자 송환협정에 따라 탈북자들을 강제송환하고, 이들의 국제적 보호 혹은 유엔 난민최고대표사무소(OHCR)와의 접근을 막고 있고, 2005~2006년에 들어 양국은 기획 탈북자·선교사·탈북자에 대한 단속을 강화하고 있다고 한다. 그러나 다른 한편, 탈북자 수가 증가하면서 북한 당국은 1999년, 2004년 두 차례에 걸쳐 탈북자들을 불법 월경과 귀환 의도를 가진 월경, 혹은 빈번한 월경과 단순 월경을 각각 구별하여 불법 월경자나 상습적 월경자에게는 최고 2년 (1999년은 3년)형을 내린다고 한다. 그럼에도 구금된 탈북자 중 40% 가량이 다시 월경에 나선다는 것이 사면위원회의 보고이다.

사면위원회는 이와 같은 실태 평가에 따라 탈북자 인권보호를 위해 국제사회, 중국정부, 한국정부를 향해 아래와 같은 내용을 촉구하고 있다.

- **국제사회의 역할**
  - 식량과 인도주의적 지원을 계속할 것
  - 북한정부에 위의 권고사항을 이행할 것을 촉구할 것
  - 북한정보와의 모든 대화절차에서 인권보장에 대한 논의를 포함시킬 것
  - 인권의 제반 원칙에 근거하여 개발과 인도주의적 지원정책을 펴나갈 것
  - 공정한 식량공급이 이루어지도록 북한정부에 계속해서 촉구할 것
  - 중국정부가 국제법에 따라 강제송환 금지원칙을 준수하도록 할 것
- **중국정부의 역할**
  - 국제 인권법과 난민법에 입각하여 그 의무를 다할 것
  - 강압적 처우를 받게 될 탈북자들을 강제송환하지 말 것
- **한국정부의 역할**
  - 남한에 재정착하기를 원하는 중국 체류 탈북자들의 권리를 보호할 것

국제사면위원회는 탈북자 인권, 북한주민들의 생존권은 물론 자유권에 대해서도 오래전부터 관심을 보여왔다. 지금까지 북한을 방문한 유일한 국제인권단체가 사면위원회인데, 방문의 주목적이 정치범수용소 실태 파악이었다. 2000년대에 들어 유엔에서 잇따른 북한인권 결의가 있었음에도 북한인권 개선이 국제사회의 기대에 미치지 못하자 국제인권단체들의 대응도 높아졌다. 북한 내의 전반적 인권침해에 대한 책임을 묻자는 여론이 조성되었고 그것이 유엔 인권이사회 결의에 바탕을 둔 북한인권조사위원회의 설치 및 보고서 제출이었다. 국제사면위원회도 그 과정에 관여했고, 유엔 인권이사회의 지속적인 역할과 함께 유엔 사무국과 인권이사회의 협력까지 요청하고 있다.[92]

나. 휴먼라이츠워치의 활동

휴먼라이츠워치(Human Rights Watch)도 매년 세계인권 보고서를 펴내고 있는데, 2005년 보고서에서 북한인권을 자유권과 사회권을 모두 다루고 있지만 교육권·근로권·건강권 등 사회권에서의 접근 제한과 차별 원인을 북한정부의 계급정책으로 환원하고 있다.[93] 그렇다고 휴먼라이츠워치가 경제제재와 같은 압박이 북한인권 증진에 기여한다고 보는 것은 아니었고, 북핵 사태에도 불구하고 북한주민들에 대한 식량지원이 중단되어서는 안된다고 주장하였다.[94]

---

92 "Written statement submitted by Amnesty International, a non-governmental organization in special consultative status, A/HRC/25/NGO/185, 6 March 2014.

93 Human Rights Watch, *World Report 2005*(New York : Human Rights Watch Publications, 2004), pp. 309~314.

94 국가인권위원회 주최 '북한인권 국제심포지엄'에서 휴먼라이츠워치 홍보국장 말리 나우스키(T. Malinowski)의 발언(서울, 2004. 12. 1); Human Rights Watch, "North Korea: Ending Food Aid Would Deepen Hunger," London, October 11, 2006, http://

휴먼라이츠워치도 탈북자 실태 파악과 관련 정책을 제시한 바 있다.[95] 이 단체는 탈북 동기가 1990년대 중반 이후는 배고픔과 극단적인 가난이 원인이었고 최근에는 개인적·경제적·정치적 요인이 섞여 있다고 파악하고 있다. 휴먼라이츠워치는 중국현지 탈북자들을 면접 조사한 결과 중국정부의 엄격한 통제가 증가하면서 탈북자들에 대한 조선족들의 동정이 줄어들었다고 평가하였다. 또 탈북자들에게 피신처를 제공하는 사람은 탈북자들에게 돈을 요구하기도 하고 낮은 임금 혹은 무임금 노동으로 일을 시키기도 한다고 파악하고 있다. 그런데 탈북자들 중 가장 어려움에 처한 사람은 여성들인데, 이들은 매춘이나 강제결혼을 통해 경제 문제를 해결하려고 하는 경우도 많은 것으로 파악되었다. 이 단체는 2006년 7월 중순부터 12월 초 사이에 탈북한 북한주민 16명을 인터뷰한 결과, 북한 당국은 이미 2004년 말에 초범이라도 1년에서 5년에 이르는 징역형에 처해질 것이라고 전국적으로 경고하기 시작했는데, 이런 정책변화는 2004년 여름 남한이 베트남에 있던 북한 난민들을 대거 입국시킨 이후에 일어난 것이라고 평가하였다.

휴먼라이츠워치 역시 위와 같은 탈북자 실태파악을 바탕으로 다음과 같은 탈북자 보호방안을 국제사회에 제시하고 있다.

• 북한의 역할
- 월경한 주민들에 대한 처벌의 집행을 즉각 중단하고 투옥, 감금, 강제 노역, 거주 제한, 공식적 차별 또는 이와 유사한 강제력을 허가한 법, 법령, 규정, 그리고 명령 등을 철폐할 것

---

www.hrw.org/english/docs/2006/10/10/nkorea14381.htm(검색일: 2006년 10월 13일).
95 Human Rights Watch, "Invisible Exodus."; Human Rights Watch, "North Korea: Border-Crossers Harshly Punished on Return," March 6, 2007.

- 제3국으로 떠난 사람의 가족 구성원에 대한 처벌(연좌제)을 중단할 것
- 북한으로부터 이주 또는 난민을 돕기 위한 행동과 관련되어 구금된 사람을 석방할 것
- 탈북자 체포를 중단하고 주민들이 북한 안팎으로 이동하는 자유를 허락할 것

• 국제사회의 역할
- 중국과 인권대화에 참여하는 국가들의 정부는 탈북자와 망명하고자 하는 북한사람들에 대한 문제를 양자 간 모든 회담의 의제로 삼을 것
- 탈북자의 유입에 영향에 받는 국가들은 수용시설을 허용할 것
- 북한에 이웃한 국가들은 반인권적 처우가 우려되는 북한의 탈북자들 송환 요청을 거부할 것
- 중국 내 재외공관을 가진 각국은 탈북자들의 지위 결정 및 북한으로의 송환 방지를 위해 난민최고대표사무소에 협조를 요청할 것

• 중국정부의 역할
- 탈북자 강제송환을 중단할 것
- 탈북 난민 보호를 위해 난민최고대표사무소와 협의에 착수할 것
- 베이징 내 외국 공관에 진입하는 탈북자 방해를 중단하고, 외교지역 내에 있는 북한인과 난민최고대표사무소의 접촉을 허용할 것
- 탈북자들을 일괄적으로 불법 경제 이주자로 분류하여 송환하는 일을 중단할 것

휴먼라이츠워치도 최근 국제사면위원회, 주빌리캠페인(Jubilee Campaign) 등과 함께 반인도적 범죄를 비롯해 북한인권 침해자들의 책임 규명에 적극 나서고 있다. 이 국제인권단체가 냉전 시대 공산국가의 인권 문제에 초점을 두고 발전해온 이력을 감안할 때 북한인권 문제에 대해 매우 적극적인

태도는 충분히 이해할 수 있다. 이 단체는 1990년대 후반 북한인권 문제를 국제인권기구에 공론화하는 데 기여하였다. 다만, 북한의 자유권에 비해 사회권에 대한 관심이 낮고 북한인권 문제와 관련된 인도주의, 평화, 개발 문제는 소홀히 다루고 있다.

휴먼라이츠워치와 국제사면위원회, 이 두 단체에서 발견되는 공통점은 2005년에 들어 비교적 활발한 북한인권 활동에 나섰다는 점이다.[96] 물론 두 단체는 북한인권 결의안이 처음 유엔 인권위원회에 상정된 2003년 인권위원회 회기 중에 언론보도문을 내거나 북한인권 결의안 채택을 촉구하는 캠페인을 벌인 바 있다. 이들 두 단체가 국제인권운동에서 차지하는 높은 위상을 고려할 때 이들은 그동안 국제사회에서 과잉정치화된 북한인권 논의를 관망해왔다고 볼 수 있다. 그러다가 유엔에서 계속되는 북한인권 결의안 채택과 미국의 북한인권법 제정 등의 상황을 보면서 보다 적극적인 참여 필요성을 갖기 시작한 것으로 판단된다. 이 중 휴먼라이츠워치가 상대적으로 더 적극적인 자세를 보이는데 최근 들어 정치적 접근방법까지 취하고 있다. 2006년 9월 16일 휴먼라이츠워치는 북한인권시민연합 등 다른 단체와 공동으로 유엔 안전보장이사회가 향후 한반도 관련 논의 시 북한인권 문제를 포함할 것을 요청하는 서한을 안보리 회원국들 대표에게 전달하였다.[97] 이때는 유엔 인권위원회에서 인권이사회로 전환된 지 몇

---

96 2005~2006년 사이 두 단체 본부 인사들이 북한인권 관련 자료수집 및 한국사회의 동향 파악차 한국을 방문한 바 있고, 휴먼라이트워치는 2006년 5월 4일 서울 프레스센터에서 북한인권 보고서 "A Matter of Survival: The North Korean Government's Control of Food and the Risk of Hunger"를 발표한 바 있다.

97 서한 전문은 휴먼라이츠워치 웹사이트에서 볼 수 있다. http://hrw.org/english/docs /2006/09/16/nkorea14198.htm(검색일: 2006년 9월 25일). 이 서한에 서명한 단체는 휴먼라이츠워치 외에 미국 북한인권위원회, Refugees International(미국), Anti-Slavery International(영국), 북한인권시민연합(한국)이다.

달이 지나지 않은 시기였다. 전반적으로 이 두 단체는 오늘날 북한인권 관련 국제여론을 조성하는 데 큰 역할을 하고 있다.

다. 미국 내 민간단체들의 활동

북한인권에 관한 관심은 특히 미국 내 민간단체들이 많이 갖고 있다. 자유권을 중심으로 인권운동을 벌여온 프리덤하우스(Freedom House)는 북한인권 상황을 비난해왔다. 이 단체는 미 국무부의 지원으로 '북한인권국제대회'를 주관해왔는데 2005년 워싱턴, 서울 대회에 이어 2006년에 들어서도 브뤼셀, 로마에서 대회를 갖고 북한의 인권 상황에 대해 북한정부를 강도 높게 비판해오고 있다.

미국 북한인권위원회는 2001년 북한인권 문제를 전담하는 단체로 설립되었는데 수용소, 식량 접근, 탈북자 실태 등에 관해 관심을 갖고 실태조사를 해왔고 그 결과를 책자로 발간하고 있다. 또 이 단체의 랜들러(J. Randler)는 북한인권시민연합이 2002년 2월 9~10일 도쿄에서 개최한 제3회 '북한인권·난민 국제회의'에 참가해 '북한인권 국제캠페인: 활동과 계획'을 발표하여 유엔 등 국제사회에서 북한인권 문제를 제기할 때 필요한 행동전략을 한국 측 참가자들에게 교육한 바 있다. 미국 북한인권위원회는 2006년 12월 7일 발간한 보고서에서, 중국정부의 탈북자정책(단속, 강제송환 등)이 변하지 않고 있다고 평가하고 중국이 국제적 의무 준수를 호소할 것을 국제사회에 촉구하였다.[98]

국제종교자유위원회도 종교의 자유는 물론 북한인권 전반에 깊은 관심을 보이고 있다. 2003년 6월 상원 북한인권 관련 청문회에서 이 위원회는

---

[98] US Committee for Human Rights in North Korea, *The North Korean Refugee Crisis: Human Rights and International Response*(December 7, 2006), pp. 49~51.

북한인권정책을 체계적으로 제시한 바 있다. 구체적으로 위원회는 미 행정부와 의회에 ① 대북 라디오 방송을 통해 외부정보를 북한주민에게 공급하고, ② 관련국들과 국제사회에 탈북자를 난민으로 인정하도록 하고, ③ 민간단체의 대북 지원 규모를 확대하고 지원의 투명성을 확보할 것과 ④ 북한인권단체 및 북한인권 상황 홍보를 위한 재정 지원 등을 권고하였다.[99]

허드슨 연구소와 방위포럼재단, 미국을 걱정하는 여성들(CWA) 등 13개 종교·인권단체들은 북한의 인권 및 민주주의 향상을 목표로 2003년 6월 북한자유연합(North Korea Freedom Coalition)을 결성하였다. 이들은 북한자유화법안의 의회 상정을 추진하다가 이 법안이 너무 강경하다는 비판에 직면하자 그 대신 북한인권법안을 준비해 미 의회에 상정·통과시키는 데 깊이 관여한 것으로 알려졌다.[100] 북한인권법의 의회 통과에는 재미 한인 기독교단체들도 관여해온 것으로 알려졌다. 미국 내 북한인권운동에는 한국교회연합(KCC), 아시아태평양인권협회, 북한해방(LiNK) 등과 같은 재미 한인(기독교) 단체들이 큰 역할을 하는 것으로 알려져 있다. 특히 한국교회연합은 북한인권법 통과에 깊이 관여하였다.[101] 또 2000년대에 들어 미국 내에서 북한인권 문제를 정가의 관심사로 부각시킨 데에는 방위포럼재단의 숄티(S. Scholte) 회장, 허드슨 연구소의 호로위츠(M. Horowitz) 연구원의 '역할'을 꼽지 않을 수 없다. 이들은 북한인권 상황을 독일 나치통치 시기와 유사하고 북한인권 개선을 위한 궁극적인 방법은 북한정권 교체라

---

99 Senate Foreign Relations Committee, Subcommittee on East Asian and Pacific Affairs, Hearing on "Life Inside North Korea," Statement by the U.S. Commission on International Religious Freedom, June 5, 2003.

100 ≪시민의 신문≫, 2004년 10월 29일. http://www.ngotimes.net.

101 한국교회연합은 미 상원에 볼튼(J. Bolton)을 유엔대사로 인준할 것을 촉구하는 서한을 보내는 일도 하였다. 이 단체의 정치적 성향을 짐작할 수 있는 일이다. ≪연합뉴스≫, 2005년 5월 13일.

고 공공연히 주장해왔다. 이들은 또 탈북자를 난민으로 간주하고 탈북자의 강제송환 중단을 위해 베이징 올림픽 개최반대운동을 계획하고 있다고 한다.

또 북한인권조사위원회 설치에 큰 공헌을 한 북한반인도범죄철폐국제연대(ICNK)는 유엔 북한인권조사위원회 설치 이후 위원회의 활동을 지원하기 위해 조사위 사무국 직원들을 대상으로 북한 이해를 위한 설명회를 가졌다. 재유럽조선인총연합회는 영국, 이탈리아, 독일, 네덜란드 등 4개국에서 제1회 유럽 북한자유주간 행사를 2013년 10월 초에 개최하기도 했다.[102] 이렇게 북한인권 문제에 관한 국제 비정부기구들의 관심이 높아지고 그 활동은 조직화되는 양상을 띠고 있다.

이상 소개한 북한인권 관련 해외 단체들은 국제사면위원회를 제외하면 북한인권을 주로 자유권을 중심으로 인식한다는 특징(혹은 한계)을 갖고 있다. 북한의 식량난이 지속되고 있는 점을 감안할 때 생존권 회복을 위한 인도주의적 지원 활동도 비정부기구의 북한인권운동에 포함할 수 있을 것이다. 대북 인도주의적 지원 활동을 전개하고 있는 국내외 단체들은 1999년부터 2005년까지 '대북협력국제NGO회의'를 네 차례 가졌는데, 2005년 베이징에서 가진 제4회 회의에서는 인도주의적 지원에서 벗어나 지역평화와 개발지원의 필요성에 공감대를 가진 것으로 알려졌다.[103]

북한인권에 관한 국제사회의 동향을 간단하게 말하기는 어렵다. 그러나

---

102 이금순·이규창·한동호·홍민, ≪북한인권: 국제사회 동향과 북한의 대응≫, 제8권 2호(2013), 16, 18쪽.

103 대북민간단체협의회, '제4회 대북협력국제NGO회의'(2005. 5. 28~31, 북경) 자료집 참조. 이 외 2006년도 상반기 북한인권 관련 국내외 동향은 임순희·이금순·김수암, ≪북한인권: 국제사회 동향과 북한의 대응≫, 제1권 1호(서울: 통일연구원, 2006) 참조.

대체로 다음 몇 가지로 잠정 평가해보면 ① 북한인권 상황의 전반적 심각성에 따라 비판과 폭로 위주의 접근이 주를 이루고 있는데, 이것만으로는 북한인권의 실질적 개선에 한계가 있고, ② 자유권 중심의 논의는 국제인권의 불가분성과 상호의존성과 거리가 있을 뿐만 아니라 북한의 안보논리를 강화시켜주고 있으며, ③ 북한의 당면한 생존권·평화권·발전권 향상을 위한 접근은 찾아보기 어렵다. 국제사회의 북한정부에 대한 부정적 인식, 보편성 및 자유권 중심의 주류 북한인권 평가, 인도주의적 지원에 대한 피로 현상 등으로 단기적으로 이와 같은 움직임에 큰 변화를 예상하기는 어렵다. 그러나 이런 상황에서 국제사회 각 행위자별 주요 관심사를 역할분담 혹은 상호보완 관계로 인식할 때 국제사회의 북한인권 개선 노력은 실효를 거두기 시작할 것이다. 물론 북한인권 상황에 대한 모니터링 작업은 그 전제가 되어야 할 것이다.

3. 북한인권을 둘러싼 쟁점

여기서는 북한인권 문제를 둘러싼 국내의 쟁점을 여섯 가지 주제로 나누어 살펴보고자 한다. 이를 통해 북한인권에 관한 우리 사회의 갈등 지점을 이해하고 북한인권 개선방향을 생각해보고자 한다. 북한인권을 둘러싼 다섯 가지 논의 쟁점은 북한의 인권실태, 북한인권의 발생 원인, 소위 기획 탈북의 문제, 북한인권법의 실효성, 북한인권 개선방향 등이다.

1) 북한의 인권 실태

북한의 인권 상황이 국제인권협약의 기준에서 볼 때는 물론 다른 국가들에 비해서도 크게 낮다는 지적에 이견이 거의 없다. 북한은 자유권규약, 사회권규약, 아동권리협약, 여성차별철폐협약, 장애인권리협약 등에 가입하고 각 협약위원회에 보고서를 제출한 바 있다. 북한은 또 유럽연합과 스웨덴, 영국 등 유럽연합의 일부 국가와 인권대화를 하거나 아동권리위원회 등 일부 국제인권기구의 관계자들을 초청하는 등 제한적이나마 국제사회에 인권개선 노력을 보여주기도 하였다. 또 북한은 2000년대에 들어여러 차례의 1998년, 2004년 형법 개정을 통해 거주 및 여행의 자유 보장, 정치적 처벌 조항의 대폭 정비, 경제적 이유로 인한 탈북자 처벌 완화등 인권침해 조항을 개정한 바 있다. 그럼에도 국제적 기준에서 볼 때북한의 인권 상황은 크게 개선되지 않고 있으며, 오히려 국제사회의 인권개선 요구에 반발하기까지 하였다. 대표적으로 유엔 인권위원회와 총회는 2003년 이후 북한인권결의안을 채택했으나 북한은 이를 무시해왔다. 또북한은 2004년 7월 이후 유엔 인권위원회(혹은 인권이사회)가 지명한 북한인권 특별보고관의 방북을 현재까지 허용하지 않고 있다.

그렇다면 북한의 인권 실태는 어떠한가? 북한의 인권 상황도 크게는자유권과 사회권 양 측면에서 살펴볼 수 있다. 북한인권을 모니터해온국내외 인권단체들은 북한에서 자유권이 대단히 열악하다는 데 큰 이견이없다. 대표적으로 통일연구원이 매년 펴내고 있는『북한인권백서』는 북한의 자유권 실태를 생명권, 신체의 자유, 법의 보호를 받을 권리, 평등권, 참정권, 여성의 지위 등으로 나누어 살펴보면서, 북한에서 이러한 권리가크게 침해받고 있다고 한다. 예를 들어 백서는 신체의 자유와 관련하여불법구금 및 고문, 교화소 내의 인권유린 등을 고발하고, 평등권에서도출신 성분에 의한 사회적 차별이나 장애인에 대한 차별이 벌어진다고 말하고 있다.[104]

북한의 인권을 자유권 측면을 중심으로 파악하는 것은 문제가 있다는 지적도 적지 않다. 자유권을 중심으로 한 논의는 서양의 시각을 반영한 것으로 북한의 사회권, 특히 생존권을 애써 무시하는 것이라는 비판이 그것이다. 그럼에도 불구하고 사회권 측면에서도 북한의 인권 상황이 열악하기는 마찬가지이다. 위에서 말한 『북한인권백서』와 북한인권단체인 '좋은벗들'이 펴낸 일련의 북한 보고서들은 공통적으로 북한의 사회권이 열악하다고 지적하고 있다. 예를 들어 '좋은벗들'의 보고서들은 북한에서 사회권은 식량난과 겹쳐 어린이, 여성 등 취약 집단의 건강권과 교육권이 위협받고 있고 개인의 경제활동권이 이동의 자유 제한, 개인영농의 권리 제한 등의 측면에서 침해받고 있다고 지적한다.

또 북한의 인권 상황은 북한의 경제발전단계와 북한이 놓인 국제정치적 상황과 관련지어 생각해볼 수도 있다. 북한의 경제상황은 3대 경제난(식량난·전력난·외화난)이 말해주듯이 매우 어렵다. 그렇기 때문에 북한주민들에게 최소한의 기본적 필요(basic needs)를 충족시키는 것이 가장 시급한 일이라고 볼 수 있다. 그것은 다름 아닌 의·식·주와 직결된 식량·의약품·의복·난방시설 등을 말한다. 말하자면 북한에 대한 인도주의적 경제지원은 당면한 북한주민의 인권개선에 큰 도움이 된다고 볼 수도 있다. 이를 국가 차원에서 보면 현재 북한은 저발전국으로서 발전을 추구할 권리(the right to development)가 더 중요한지도 모른다.[105] 또 북한은 미국으로부터 안전을 위협받고 있기 때문에 주민 개개인으로서는 생명권, 국가 차원에서는 체제의 안전보장 등 평화로운 삶을 영위할 권리를 침해받고 있다고 말할 수도 있다. 말하자면 평화권(the right to peace)은 자유권·사회권 등 모든 영역의 권리를 실현하는 밑바탕이 되는 권리로서,[106] 북한은 미국이 안전보장을

---

104 물론 북한인권상황을 담은 보고서들은 대부분 정보당국의 자료나 탈북자의 증언에 의존하고 있기 때문에 확인되지 않는 부분이나 과장된 점이 없지 않다.

105 발전권은 1986년 12월 4일 유엔 총회 결의안 41/128로 채택된 바 있다.

해주지 않을 경우 국제사회의 인권개선 요구에 소극적일 가능성이 높다.

이와 같이 북한인권은 자유권·사회권으로 대표되는 보편적 인권과 발전권·평화권 등 북한이 놓인 사정과 관련된 특수한 인권 양 측면으로 구성되어 있다고 말할 수 있다. 북한인권 실태를 둘러싼 국내 논쟁은 자유권을 강조하는 쪽과 사회권, 나아가 발전권·평화권을 강조하는 쪽이 대립하면서 전개되고 있다. 예를 들어 자유권을 북한인권의 핵심으로 간주하는 사람들은 북한의 정치범수용소, 공개처형, 종교의 자유 제한 등을 비난하는 반면, 식량부족에 주목하는 사람들은 북한정권의 무능을 지적하면서도 생존권 회복을 위한 국제적 지원을 강조한다. 말하자면 북한인권이 전반적으로 열악하다는 공감대는 있지만,[107] 강조하는 내용이 서로 다른 것이다. 그런 차이는 북한인권을 발생시킨 가장 큰 원인이 무엇(혹은 누구)인가 하는 실문으로 이어진다. 그런 입장 차이 이면에는 북한에 대한 인식의 차이가 작용하고 있다.

2) 북한인권의 발생 원인

북한인권이 전반적으로 열악하게 된 원인을 둘러싼 논의는 그 원인을 인식하는 방법과도 관련된다. 핵심 원인을 중심으로 파악해야 한다는 주장과 전반적인 이해가 필요하다는 주장이 맞서고 있다.

핵심 원인을 강조하는 쪽에서는 북한의 인권 상황이 악화된 데에는 여러 가지 원인이 작용했다는 점을 부인하지 않지만, 문제해결을 위해서 1차적(혹은 기본적) 요인이 중요하다고 본다. 그 핵심 원인은 북한의 정치체

---

[106] 평화권은 1984년 11월 12일 유엔 총회 결의안 39/11로 채택된 바 있다.

[107] 물론 일각에서는 오늘날 국제사회에 알려진 북한인권상황이 북한의 전체 인권상황인지 의문을 제기하기도 한다.

제, 즉 수령독재 체제를 꼽는다. 다음은 수령독재 체제를 북한인권을 침해하는 1차적 원인이라고 주장하는 사람들의 논리이다.

> 북한인권 문제는 대단히 복잡하고 중층적이다. 북한은 규모나 질에서 세계 어느 곳과도 비교할 수 없는 인권유린이 존재한다. 먼저 90년대 중반 이후 지금까지 계속되고 있는 식량 문제가 가장 심각하다. 최소 200만에서 300만이 이르는 우리 민족의 소중한 생명들이 굶어 죽었다. 그게 가장 큰 인권 문제다. 우리는 '수령절대주의 독재체제'가 이들을 죽인 것이라고 생각한다. 단순히 경제적인 어려움 때문에 나온 문제가 아니다. …… 본질은 무엇인가. 북한인권 문제는 가혹하고도 철저한 수령독재가 낳은 부산물이다.[108]

이상과 같이 북한의 인권 문제를 북한정권의 책임과 무능에서 찾는 것은 단순명쾌한 논리이다. 그 대신에 이런 주장에는 북한이 분단상황 및 미국과의 적대관계로 인해 국방정책을 강조하지 않을 수 없는 지정학적 조건이나, 1990년대 이후 사회주의 경제권 붕괴와 같은 지경학적(geoeconomic) 상황, 연이은 자연재해 등은 거의 다루어지지 않는다. 북한정권의 책임론을 강조하는 쪽에서 그런 점들을 언급하는 경우에는, 북한정권이 정권의 영구화를 위해 경제개혁이나 국제사회와의 활발한 경제교류를 하지 않은 점을 부각한다. 다시 말해 북한인권을 열악하게 만든 기본 원인은 지정학적·지경학적 조건이 아니라 북한체제의 속성에 있다는 것이다.

한편 북한인권 상황(주로 생존권)의 1차적 책임을 대외적 요인에서 찾는

---

108 이광백(시대정신 편집장), ≪시민의 신문≫, 2004년 11월 4일. http://www.ngotimes. net.

이들도 있다. 이들은 북한인권이 열악해진 것은 구조적으로 한반도의 군사적 긴장, 구체적으로 미국의 대북 봉쇄정책에 기인한다고 주장한다. 이런 주장은 북한인권 상황이 '더욱' 어려워진 매개요인(intermediate variance)을 부각시켜 인권개선에 우호적인 대외적 환경의 중요성을 강조하는 의미가 있지만 북한의 인권 상황 발생의 1차적 요인으로 보기는 어렵다고 하겠다.

반면에 북한인권 문제의 발생 원인을 포괄적으로 보아야 한다는 주장도 만만치 않다. 북한체제를 극히 단선적으로 바라보면 북한의 복잡한 인권 상황을 이해하지 못하며 나아가 인권개선을 위한 다양한 해결책을 찾을 수 없다는 것이다. 북한의 인권 상황이 열악해진 1차적 원인을 북한정권에 돌릴 경우에는 북한정권에 대한 비판이나 심지어는 북한정권 타도가 북한 인권 개선방안이 되는데, 현실적으로 그것은 북한인권 개선을 추구하는 과정에서 물리적 충돌 우려가 있어 북한인권을 악화시키는 모순에 빠지게 된다는 것이다. 말하자면 북한인권이 열악해진 원인에 북한정권의 책임이 반드시 거론되어야 하지만, 그 원인은 그렇게 단순하지 않고 대내외 정치적·경제적 요인이 복합적으로 작용하고 있다는 것이다. 그리고 북한정권 책임 론이 주장하듯이 북한체제가 완벽하게 대중의 생활과 사고를 통제하고 있다고만 보는 것도 무리라 볼 수도 있다. 예를 들어 북한의 젊은이들이 삼수, 사수를 하며 머리를 싸매고 김일성종합대학에 입학하려고 하는데, 그것은 그들이 평양에 살고 싶어 하기 때문이지 꼭 수령을 위해 김일성대학 을 가려는 건 아니라고 볼 수 있다는 것이다.[109] 더구나 2000년대에 들어 북한에서는 시장이 묵인되거나 합법화되고 외부세계와 접촉이 증대되면서 북한주민들을 수령체제의 부속물로만 보는 것은 북한사회의 변화를 무시하

---

[109] 오창익(인권연대 사무국장), ≪시민의 신문≫, 2004년 11월 4일. http://www.ngotimes. net.

는 것이라는 지적도 제기되고 있다.

따라서 북한의 인권 상황이 전반적으로 문제가 많지만, 그것을 수령체제로만 다 설명하기는 어렵다는 주장도 제기될 수 있다. 물론 수령체제가 북한주민을 통제하고 생산에 동원하는 기능을 담당하고 그 과정에서 북한주민의 인권이 무시되는 측면도 적지 않을 것이다. 그러나 그것만으로는 설명할 수 없는 여러 현상들이 실제로 나타나고 있다. 그런 주장의 하나로, 북한은 미국의 고립·봉쇄정책으로 경제제재를 받고 있다는 점을 강조한다. 이들의 주장은 북한의 인권 상황을 악화시킨 데에는 북한체제의 모순은 물론 경제적 고립, 사회주의권 몰락, 자연재해 등 다양한 요인을 보자는 것이다.

이상에서 알 수 있는 바와 같이 북한의 인권 상황이 전반적으로 악화된 원인은 대내외적으로 다양하게 찾을 수 있지만, 그 1차적 요인을 둘러싸고는 의견이 일치되지 않고 있다. 이에 대한 입장 차이는 결국 북한인권 개선방향을 둘러싼 논의로 번지고 있다.

3) 기획 탈북 문제

소위 기획 탈북이란 극심한 식량난에 처한 북한주민들이 불가피하게 생존을 찾아 탈북한 경우와 달리, 제3자의 권유나 지원을 받아 목적의식적으로 탈북하여 한국 등으로 들어오려는 시도를 말한다.[110] 기획 탈북을 돕는 사람들 중 상업적 목적을 띠고 있는 사람들은 '브로커(broker)'로 불리기도 하는데, 중국의 조선족이나 한국인 혹은 한국에 들어온 탈북자, 심지어

---

110 모든 탈북이나 탈북자의 한국행이 '기획'일 수밖에 없다는 주장도 있는데, 여기서 기획 탈북은 식량난으로 어쩔 수 없이 중국 등지로 넘어오는 경우와 구분하여 말하고 있음을 밝혀둔다.

는 북한인들도 관계하는 것으로 알려져 있다. 거기에는 당연히 금전적 대가가 따르게 마련이고 그 대가의 크기에 따라 탈북 및 한국 입국의 시간과 안전성이 달라진다고 한다. 그 돈은 대개 먼저 한국에 들어온 탈북자의 정착금 혹은 한국에 들어가 받을 정착금, 그리고 미리 입국한 이산가족의 주머니에서 나온다고 한다.

기획 탈북에 관한 논란의 핵심은 그 순수성과 효과 등 두 가지 문제로 압축하여 생각해볼 수 있다. 기획 탈북을 관여하는 측에서는 자신들이 탈북자들에 대한 동정에서 출발하고 있다고 말하며, 그들을 국제적 난민으로 규정받게 하고 피난처를 만들어 거기서 살 수 있도록 하거나 원하는 나라로 보낸다는 주장을 하고 있다. 기획 탈북에 관여하는 이들은 탈북이 북한에서 살기를 거부하고 한국(혹은 중국)에 있는 가족·친지와 함께 살거나 더 나은 삶을 위해 탈출하려는 북한주민의 의사를 존중하고 그들을 도와주는 인도주의적 행동이라는 것이다.

반면에 기획 탈북을 비판하는 쪽에서는 그것이 중국에 임시 체류한 상태에서 돈을 벌거나 식량을 얻어 북한으로 되돌아갈 날을 기약하는 대다수 탈북자들의 신변을 위험에 빠뜨리게 한다고 주장한다. 이들은 나아가 기획 탈북이 탈북자들에게 남한사회에 대한 환상을 불어넣어 북한을 등지도록 종용하고 새로운 이산가족을 만들어낸다고 비판한다. 그리고 북한사람을 탈출시켜 남한에 무조건 입국시키려고 하는 것은 대다수 재외 탈북자들의 인권 상황을 악화시킬 뿐만 아니라, 국내의 탈북자 수용 여건을 고려할 때 부작용을 초래할 수 있다고 본다. 나아가 기획 탈북을 비판하는 측에서는 기획 탈북이 북한정부의 반발을 초래하여 남북관계 개선에 부정적 영향을 미치고,[111] 그것은 결국 남북관계 개선을 통한 북한인권 개선 노력에 장애를

---

[111] 한국정부는 2004년 7월 하순 베트남에 은신하고 있던 탈북자 460여 명을 한국으로

초래할 수 있다고 지적한다. 물론 이들 사이의 논란은 북한정권에 대한 인식 차이를 반영하고 있다. 이런 논란에도 불구하고 기획 탈북은 탈북 지원단체를 재정적으로 지원한다는 미국에서의 북한인권법 제정과 브로커의 활동, 이동전화의 보급 등으로 활성화되고 있다. 또 먼저 탈북해 입국한 사람이 그 가족의 탈북을 직접 주선하고 있는 것은 기획 탈북에 대한 찬반을 넘어 폭넓게 검토할 문제로 부상해 있다.

탈북자 문제를 둘러싼 논란은 결국 이것을 어떻게 해결하느냐의 문제로 귀결된다. 탈북 현상이 북한의 심각한 경제적 궁핍에 의해 발생하였고 탈북자를 전통적인 난민이 아니라 불법 이주자로 간주하는 쪽에서는, 북한의 경제회복을 대안으로 제시한다. 그에 따라 남한과 국제사회는 북한에 인도주의적 지원을 확대하고 북한과 경제협력을 확대해야 한다고 주장한다. 가령 중국정부가 재중 탈북자들에게 관대하게 조치하도록 요청하고 북한이 경제적 어려움에서 벗어날 수 있도록 해주어야 한다는 것이다. 북한의 경제회복은 북한주민의 최소한의 인권을 보호하는 것이고 장기적으로는 통일비용을 절감하는 것이라고도 말할 수 있다.

반면에 기획 탈북을 지지하는 측에서는 탈북자들을 난민으로 간주하는 경향이 있다.[112] 이들에 따르면 탈북 현상이 경제적 요인이 작용한 것을 부인하기 어렵지만, 그렇다고 하더라도 탈북자들은 대부분 북한정권에 대한 염증과 북한으로 되돌아갈 경우 처벌의 두려움이 있다는 것이다. 이들은 그래서 탈북 문제를 근본적으로 해결하려면 북한정권의 태도 변화 혹은 북한의 민주화를 주장한다. 이들에 따르면 탈북자 문제를 해결하는

데려와 남북관계가 1년여 간 중단된 적이 있다. 이후 북한과 중국은 양국 간 국경경비 및 재중 탈북자 단속을 강화한 적이 있다.

[112] 이 표현이 말의 순서를 바꿔 탈북자를 난민으로 간주한다면 모두 기획 탈북에 관여한다는 뜻이 아님을 밝혀둔다.

근본적인 방안은 북한이 국제난민협약에 가입하고 그 의무를 이행할 것,
더 나아가 그렇지 못할 경우 북한정권을 '평화적'으로 타도하는 것이라고
주장한다.[113]

요컨대 북한의 경제재건을 해결방안으로 제시하는 쪽에서는 탈북 현상
의 억제를, 북한 민주화를 제시하는 쪽에서는 탈북 현상의 불가피성에
무게를 두고 있다고 하겠다. 그러나 양측의 주장은 탈북자 인권 문제 해결의
일면만을 강조한다는 비판을 살 수 있다. 왜냐하면 다양한 탈북 원인을
고려할 때 문제해결도 다양한 방법을 조화시켜야 할 것이기 때문이다.
탈북자 문제의 해결은 해당 북한인의 처지에 따라 달라질 수 있겠지만,
전체적으로 볼 때 ① 탈북 발생원인의 약화 차원에서 인도주의적 지원,
경제개발, 북한 내 인권향상, ② 체류국 탈북자의 경우 생존권 보장, 강제송
환 중단, ③ 재정착지 선택에서 당사자 의사 존중 및 정착 지원 등 종합적인
접근이 필요하다.

여기서 한 가지 흥미로운 점은 국내에 들어온 탈북자의 정착 문제가
이들 사이의 논란에 큰 관심사로 부각되지 않는다는 점이다. 물론 기획
탈북을 비판하는 쪽에서 우리 사회가 탈북자의 국내 정착을 위한 물질적
준비와 포용심이 부족하다는 점을 지적하고 있다. 그럼에도 탈북자의 국내
정착을 돕는 일은 거의 정부기구와 사회복지단체들의 몫이 되고 있다.

탈북자 문제는 이제 새로운 국면을 맞이하고 있다. 중국과 북한 정부가
탈북자 및 탈북지원단체에 대한 단속을 강화하기 시작하였고, 이에 반해
미국에서는 북한인권법이 발효되고, 일본에서는 사실상 대북 제재법이라
할 수 있는 북한인권법을 제정하였다.[114] 탈북 입국자들에 의한 가족 탈북

---

113 이러한 입장을 취하는 단체들은 북한인권 개선운동을 북한민주화운동 곧 북한정권
　　타도운동과 관련짓고 있다.
114 일본의 북한인권법은 2006년 6월 13일과 16일 중의원과 참의원을 각각 통과하였다.

주선이 일어난 지도 오래되었다. 그에 따라 탈북 현상은 탄력을 받게 되었다.

4) 북한인권법에 대한 반응

국내에서 북한인권법 제정을 둘러싼 논란은 미국과 일본에서 관련법이 제정된 것이 계기가 되었다. 미국에서 북한인권법 제정(2004년) 1년 앞서 북한자유화법안이 상정되었다. 당시는 노무현 정부였고 17대 국회는 여소야대로 출발해 야당인 한나라당은 북한인권 문제를 새로운 대북정책 사안으로 부각시키며 정부·여당을 압박하기 시작했다.

17대 국회부터 지금까지, 특히 이명박 정부에 들어서부터 정부와 여당은 북한인권 개선을 명목으로 한 북한인권법 제정을 도모하고 있다. 19대 국회에서도 새누리당에서 윤상현 의원안, 황진하 의원안, 이인제 의원안, 조명철 의원안, 심윤조 의원안으로 북한인권법안이 발의되어 있다. 민주당에서는 심재권 의원안과 윤후덕 의원안 등이 발의되어 있다. 2014년 11월 들어 여야는 관련 법안들을 각각 통합해 여당 측은 '북한인권법안'(김영우 의원 등 34인), 제1야당 측은 '북한인권증진법안'(심재권 의원 등 26인)을 국회 소관 위원회에 접수한 상태이고, 이를 갖고 양측이 통합 입법 가능성을 협상하기 시작했다.

국내에서 북한인권법 제정을 둘러싸고 정치적 입장과 대북정책 정향에 따라 경쟁적인 목소리들이 나오고 있다. 그렇지만 다른 야당이나 시민사회에서 적대하는 분단 상황에서 일방이 타방의 인권 문제를 공개적·법적으로 접근하는 태도의 진정성과 실효성에 의문을 제기한다는 점도 경청할 필요가 있다. 새누리당과 제1야당이 내놓은 북한인권 관련 법안은 그 접근방향

법안 전문(개요)은 평화네트워크 홈페이지를 참조. http://www.peacekorea.org.

과 주 관심사에 대한 차이에도 불구하고, 기본적인 인권론(인권의 불가분성과 상호의존성 등)에 부합하지 않고 정치적 접근이라는 비판을 다 같이 받을 수 있다. 새누리당 측의 법안들은 북한주민의 자유권에 주 관심을 두고, 북한을 대상화시켜놓은 상태에서 비판과 압박을 주된 방법으로 채택하면서, 2005년 12월 29일 여야 합의로 제정한 '남북관계 발전에 관한 법률'[115]에 근거한 북한인권 개선 노력을 적극 추진하지 않은 가운데 일방적인 접근을 시도한다는 비판에 직면해 있다. 그에 비해 제1야당의 관련 법안들은 사회권, 특히 생존권에 주된 관심을 두고, 북한과의 협력관계를 염두에 두며 지원과 교류를 주요 방법으로 채택하고 있으나, 전반적으로 북한인권 문제를 소홀히 다루고 있다.

북한인권법 제정을 둘러싼 논쟁은 여러 측면에서 전개되어왔다. 첫째, 법 제정으로 북한인권정책을 안정적으로 전개할 수 있느냐, 아니면 북한과의 대립을 가져와 인권개선과 거리가 멀어지느냐, 둘째, 법 제정으로 민간 북한인권운동이 재정 지원을 받아 더 활발해지느냐, 아니면 정부 관변단체들의 난립을 초래할 것이냐는 문제이다. 요점은 정책의 실효성이다. 그런 논쟁의 이면에는 북한인권법 제정이 대북정책 전체 틀에서 어떤 의미와 역할을 하느냐, 그리고 북한인권법을 어떤 내용으로 담을 것이냐 하는 문제에 대한 입장 차이가 자리한다. 북한인권법 제정을 둘러싸고 지난 10여 년 동안 논쟁이 거듭되어왔지만, 그런 문제에 대한 입장 차이는 크게 줄어들지 않고 있다. 그렇다면 북한인권법 제정 여부와 함께 북한인권법이 어떤 정책 환경에서 다른 정책수단들과 조화를 이룰 것인지도 진지하게 검토할 필요가 있다.

---

115 남북관계 발전에 관한 법률 제9조 ① 정부는 한반도 분단으로 인한 인도적 문제해결
　　과 인권개선을 위하여 노력한다.

북한인권법 제정을 지지하는 측에서는 법 제정으로 ① 북한인권 문제에 관한 국민적 공감대를 형성하고, ② 북한에 인권침해 중단 압력을 높이고, ③ 북한인권정책을 안정적이고 초당적으로 전개할 수 있다고 주장한다. 그런 입장에는 북한인권 문제는 남북관계와 구분해 국제사회와 발맞춰 '보편적'인 문제로 인식하고 접근해야 한다는 판단이 작용하고 있다.

그러나 북한인권법 제정을 반대하는 측에서는 ① 법 제정이 북한인권 개선보다는 북한을 압박하는 것이고, ② 따라서 북한과의 대결을 가져와 인권개선을 더 어렵게 할 수 있고, ③ 북한인권=자유권=북한정권 교체의 등식으로 북한인권문제를 과도하게 정치화시킬 우려가 있다고 주장한다.

그런 가운데 이명박 정부 등장 이후 제1야당은 반대→ 인도주의적 지원 중심의 법안 마련 → 북한인권 전반에 대한 우려 등 북한인권법 제정을 둘러싸고 입장을 변화시켜왔다. 물론 인도주의적 지원을 통한 북한주민의 생존권(혹은 삶의 질) 개선 노력이 필요하지만 그것을 중심으로 북한인권 문제를 접근하는 것도 한계가 분명하다. 한편, 정부·여당 측이 지지하는 북한인권법안에 담긴 방법들 중 북한인권재단 설치를 제외하고는 법 제정 없이도 정부의 정책 의지와 국회의 예산 증액을 통해서 충분히 할 수 있는 방안들이다. 그리고 통일부를 주무부서로 한 북한인권법 제정은 '조용한 접근'을 통한 북한인권 개선을 어렵게 하고 정부의 대북정책 전반에 경직성을 노정시킬 수도 있다.

이상과 같은 입장 차이와 장단점이 있음에도 북한인권법 제정에 대한 높은 관심과 여야의 입법 노력을 감안할 때 입법화 노력은 지속될 것으로 전망된다. 만약 여야가 북한인권재단 설치 제외에 합의한다면 통합 입법이 가능할지도 모른다. 혹 재단 설치와 인도주의적 지원을 동시에 삭제하고 상징적 수준의 북한인권법 제정을 검토할 수도 있을 것이다. 그러나 재단 설치 주장이 크기 때문에 그런 통합 입법이 가능할지는 의문이다. 그런 점을 염두에 두고 병행 입법 필요성이 일각에서 제기되지만 동일 사안에 대한 동시 입법 가능성은 높지 않다. 그렇게 본다면 팽팽한 입장 차이로 입법이 계속 유예될 수도 있다.

5) 북한인권 개선방향

북한인권을 둘러싼 위 논란들은 결국 그 해결책에 관한 논의로 모아지고 있다. 그러나 북한인권 개선방향에 관해서도 앞에서 계속 소개한 두 입장은 공통점을 찾기보다는 입장 차이를 종합해서 보여줄 뿐이다. 북한인권 개선의 궁극적 방향도 북한 민주화, 즉 북한정권 타도를 주장하는 쪽과 한반도 평화와 병행하는 가운데 북한의 생존권 향상을 강조하는 쪽이 평행선을 달리고 있다.

먼저, 북한 민주화론은 북한인권을 정치적 자유를 중심으로 파악하는 경향이 있다. 예컨대 이들은 북한에서는 주민들의 집회·결사·종교·표현의 자유 등이 보장되지 않고 있으며, 정치범 수용소가 운영되고 공개처형이 자행된다고 주장한다. 그리고 북한주민들의 경제적 궁핍도 북한정권의 독재와 무능에서 그 원인을 찾고 있기 때문에 북한인권 개선을 위해서는 북한정권의 '평화적' 타도가 필요하다고 주장한다.

북한민주화론에 대한 근본적인 비판은 인권은 어떤 체제에서든 인간 존엄의 저지선, 곧 체제의 목적 추구에 대한 한계라는 철학적 입장이다. 그렇기 때문에 인권을 어떤 특정 체제를 지지하거나 전면 부정하는 것으로 이해해서는 곤란할 것이다.[116] 또 현실적 차원에서 북한민주화론을 비판하

---

116 정태욱, 「북한의 인권문제에 대한 국제적 책임」, 국가인권위원회 주최 '북한인권 국제세미나'(서울, 2005년 11월 3일) 자료집, 35, 40쪽.

는 쪽에서는 북한인권 문제 역시 정치적 자유의 가치를 부정할 수 없지만, 현 단계에서는 주민들의 생존권이 우선이라고 주장한다. 이런 주장에 따를 경우, 현재 북한주민들에게 시급한 것은 먹고 치료받을 수 있는 권리, 장사할 권리, 뙈기밭을 경작할 권리 등이라고 말할 수 있다. 이런 입장에 서 있는 사람들은 북한정권이 북한주민들의 인권을 악화시킨 책임에서 벗어날 수 없는 것이 분명하지만 미국의 경제제재와 봉쇄, 자연재해 등 다른 요인들과 함께 논의되어야 한다고 지적한다.

둘째, 북한인권 개선의 주체에 관한 문제도 논란거리이다. 북한 민주화론은 외부의 역할을 강조하고, 생존권을 강조하는 쪽은 북한주민 스스로의 역할을 한다. 북한민주화론은 북한인권을 생각할 때 북한정권에 대한 인식이 매우 중요하다고 지적하면서, 북한정권은 반인권적 집단이기 때문에 경제지원과 남북 교류협력은 정권 연장만 도울 뿐 북한의 인권 상황을 더욱 악화시킬 뿐이라고 말한다. 이런 주장을 하는 쪽은 원칙적으로 일국의 인권개선은 그 나라의 시민이 당사자로 나서야 하지만, 북한인민들이 정권 타도투쟁에 나서기 어렵다고 판단하고 있다. 즉, 북한의 정치상황은 1970년대 한국보다도 더 엄혹하기 때문에 북한이 인민의 투쟁과 의식화를 통해 바뀔 것을 기대하기 힘들기 때문에 외부의 지원이 큰 역할을 할 것이라고 보고 있다.

생존권을 강조하는 쪽은 북한인권향상에서 북한 정권에 대한 호불호(好不好)가 중요한 것이 아니라 정권 타도운동이 북한주민의 생명을 위협함으로써 북한의 인권향상에 심각한 역효과를 초래할 것이라고 우려한다. 물론 생존권을 강조하는 측에서도 국제사회의 역할을 부정하지는 않는다. 예를 들어 북한주민들의 의·식·주 생활에 도움을 주는 식량이나 의약품 등의 지원과 생산력 향상을 위한 경제기술 교육, 그리고 인권분야의 기술협력(technical cooperation)과 같은 영역에서는 국제사회의 역할이 확대되어야 한다고 인정한다.[117] 그러나 북한의 인권향상을 명분으로 북한 당국의 국내 정책에 대한 간섭이나 심지어 정권 교체를 추구하는 것은 부당할 뿐만 아니라 장기적으로 북한주민들의 인권을 향상시키지 못할 것이라고 보고 있다.

북한인권 개선에 누가 주체인가 하는 질문과 관련하여 현실적으로 북한 정권과 주민을 구별할 수 있는지, 또 그것이 바람직한지에 대한 반론도 제기되고 있다. 예컨대, 북한주민과 정권을 같이 보는 인식도 살펴볼 바가 있지만 정권과 인민을 완전히 별개로 보는 사고도 문제가 될 수 있다는 것이다. 즉, 정권을 타도하면 북한주민을 해방시킬 수 있다는 생각은 전형적인 이분법일 뿐이며, 나아가 누가 누구를 해방시킨다는 생각 자체가 위험하고 불가능하다는 것이다. 또 프랑스 대혁명 이후 인권신장과 민주화는 당사국 시민들의 투쟁으로 가능했다는 점에서, 북한의 인권 상황 개선도 북한인민 스스로가 1차적 주체이고 국제사회는 그들을 돕는 역할에 초점을 두어야 한다는 것이다.

북한민주화론은 북한의 인권 문제를 해결하려면 북한체제를 근본적으로 바꾸는 것이 전제가 되는데, 이때 인도주의적 지원은 필요하지만 남북경협 같은 비인도주의적 지원은 다른 원칙으로 접근해야 한다고 주장한다. 왜냐하면 대북 지원을 북한인권 개선과 연계하지 않고 진행할 경우, 그것이 북한정권을 연장시킬 수도 있다고 보기 때문이다. 이에 반해 북한민주화론을 비판하는 쪽에서는 북한인권 개선을 북한정권 타도운동으로 환원하는 것은 북한주민의 인권향상보다는 북한 붕괴를 겨냥한 정치적 접근이지

---

117 인권분야 기술협력이란 유엔 인권최고대표사무소가 유엔 회원국의 요청으로 그 나라의 인권증진에 필요한 국내구조를 수립·강화할 목적으로 수행하는 각종 협력사업을 말하며 1955년부터 진행되고 있다. http://www.ohchr.org/english/countries/coop/index. htm(검색일: 2007년 2월 5일).

순수한 인권개선운동이 아니라고 주장한다. 즉 북한민주화 논리를 따라가다 보면 남는 건 결국 정권 타도를 위한 분쟁만 생긴다는 것이다. 북한민주화론에 대한 비판은 하나의 인권 문제를 해결하기 위해 또 다른 인권 문제를 일으키는 건 너무나 위험하다는 지적으로 요약할 수 있다.

한편, 북한인권은 한반도 평화와 밀접하게 연관되어 있다는 점도 지적된다. 북한의 생존권 향상을 우선시하는 쪽에서는 북한주민의 생명권, 나아가 한반도 전체의 평화를 북한인권 개선에서 매우 중요한 과제로 제기한다. 그래서 정전체제를 평화체제로 전환하고, 한반도의 비핵지대화를 실현하고, 남북한이 공존하며 살아갈 수 있는 모델을 만들어내면 북한의 자유화·민주화·인권신장도 따라올 수 있다고 본다. 이런 입장에서는 남북 화해협력 지속, 대북 안전보장 및 북한의 개혁·개방 지원, 북한인권 개선 등이 서로 맞물려 있다고 보고 있다.[118] 이에 대해 북한민주화론은 원칙적으로 한반도 평화를 부인하지 않으나 실제로는 한반도 평화보다는 북한인권 문제를 우위에 놓고 있다. 그 이유는 평화체제가 북한정권을 연장시킬 가능성이 있고 현실적으로도 북한정권은 북한의 장래 비전을 제시할 능력과 의지가 없다고 보기 때문이다.

북한인권은 우리 사회에 매우 복잡하고 민감한 현안으로 다가와 있다. 북한의 인권 실태를 어떻게 파악하느냐, 그 원인을 무엇으로 찾느냐 하는 데서부터 서로 다른 입장을 보인다. 최근 부쩍 관심이 높아진 탈북 현상과 북한인권법 제정 문제에 관해서도 마찬가지이다. 그에 따라 북한인권을 개선하는 방향과 접근방법에서도 공통분모를 찾기 어렵다. 이는 추상적인

---

118 박경서, 「한반도 평화정착과 북녘 인권문제」, 국가인권위원회 주최 '북한인권 국제세미나' 자료집(서울, 2005년 11월 3일), 7~13쪽; 서보혁, 「한반도 평화와 북한인권: 통합적 이해와 포괄 접근을 위한 시론」, ≪민주법학≫, 통권 25호(2004), 144~166쪽 참조.

차원에서의 숭고한 인권을 구체적으로 실현해나가는 과정상의 어려움을 웅변해주고 있다.

위에서 살펴본 다섯 가지 북한인권 논의에서 알 수 있는 점은, 첫째로 북한정권에 대한 입장 차이가 구체적인 논의의 밑바닥에서 크게 작용하고 있으며, 둘째로 자신의 입장에 대한 강한 자신감과 상대 입장에 대한 배타심이 동전의 양면처럼 드러나고 있다는 점이다. 물론 북한인권의 발생 원인을 둘러싸고 북한정권의 책임을 지적할 수 있지만 북한정권에 대한 인식이 북한인권에 관한 합리적 논의를 해쳐서는 곤란하다. 또 북한인권의 범주와 그 원인, 탈북 현상에 대한 이해 등에 관한 입장 차이는, 역설적으로 어느 한쪽의 주장이 아니라 양쪽의 입장을 동시에 취할 때 온전한 이해와 합리적 접근이 가능함을 말해준다. 또 우리에게 북한인권은 인권 자체만이 아니라 전반적인 남북관계 개선과 한반도 평화라는 과제와 동시에 모색해야 할 것이다. 요컨대, 북한인권 개선은 균형적인 인식을 바탕으로 합리적인 방법으로, 포괄적이되 단계적으로 모색해나가는 것이 바람직하다고 하겠다. 그럴 경우 북한인권을 둘러싼 우리 사회의 의견 차이는 대북 정책을 둘러싼 국론 분열의 씨앗이 아니라 실질적인 북한인권 개선에 기여하는 다양한 자원으로 기능할 것이다.

북한인권정책의 모색

1. 한반도 평화와 북한인권

1) 문제제기

탈냉전기에 들어 나타난 북한의 핵개발과 북한 식량난은 한반도 질서가 여전히 불안정하고 불확실하다는 사실을 말해준다. 아직까지는 한반도에서 21세기의 화두인 평화정착과 인권향상이 요원해 보인다. 그러나 2000년 대에 들어 제2차 북핵 사태와 잇따른 유엔에서의 북한인권 결의안 채택으로 한반도의 평화와 인권에 대한 국제적 관심을 동시에 불러일으키고 있다. 그런데 평화와 인권은 이론적으로나 경험적으로 별개의 영역으로 이해되어 온 것을 부정할 수 없으며, 이런 인식상의 한계는 작금의 현실에서 전개되는 북핵 사태와 북한의 식량난에 대한 통합적 이해와 접근을 어렵게 하고 있다. 가령, 보수진영에서 평화와 인권 문제는 북한정권에 대한 부정적 인식과 강경 대응으로 나타나고 있다. 북한 정권의 교체에 의해서만 두 문제의 궁극적 해결이 가능하다는 근본주의적 발상은 단순논리의 명쾌함 뒤에 평화와 인권에 대한 협소한 이해와 정치적 의도가 존재한다. 진보진영 내에서도 북핵 사태의 평화적 해결과 북한의 식량난 해결은 미국의 대북 (핵)공격 가능성 반대와 인도주의적 지원의 시급성에 의해 두 문제의 발생 원인에 대한 접근은 방기하고 있다. 이렇게 입장이 대립되는 양측은 한반도 평화와 북한인권 문제의 상호연계성과 그에 따른 구조적 이해가 결여되어 있다는 점에서 공통점이 있다. 물론 이런 양 극단을 피하고 합리적인 해결책 을 모색하는 시도가 나타나는 것은 사실이지만 양극단의 대립구도를 극복 하고 하나의 대안을 제시하고 있다고 보기는 어렵다.

이 글은 이상과 같은 문제의식에서 한반도에서 평화와 인권이 양립 가능한지를 이론적·경험적으로 검토하고 양자에 대한 포괄적 접근의 당위 성을 보색하는 데 그 목적이 있다. 이를 위해 먼저, 평화와 인권에 대한 이론적 논의를 개념의 발전과정을 중심으로 살펴봄으로써 양자가 각각 특정 측면 중심에서 포괄적으로 이해되는 방향으로 나아가고 있다는 점을 밝히고자 한다. 둘째, 앞의 논의에 기초하여 북핵 사태와 북한의 식량난을 사례로 평화와 인권을 상호 연계하여 인식할 필요성을 밝히고, 셋째, 한반도 라는 현실적 맥락에서 북한인권 문제를 단계적·포괄적으로 접근하는 방향 을 시론적으로 제시해보고자 한다.

2) 평화와 인권의 양립 가능성

현실주의 국제정치학에서 평화 문제는 주로 안보 문제로 치환되어 권력 정치(power politics)가 작동하는 군사적 영역으로, 인권 문제는 규범적 영역 으로 구분되어 이해되어왔다. 물론 이 두 문제는 교류나 상호의존을 강조하 는 자유주의 시각으로도 분석될 수 있다. 그런데 냉전 붕괴 이후 다른 문제

영역(issue area)과 마찬가지로 이 두 문제도 국가 단위의 경계가 약화되고 두 문제 사이에서 상호 침투성이 높아지고 있다. 아래에서는 먼저 평화와 인권의 두 개념이 각각 어떻게 정의되어왔는지를 살펴보고, 거기서 두 개념 간의 연계 고리를 발견하여 이후 구체적인 사례를 분석하는 기초로 삼고자 한다.

(1) 평화: 물리성, 국가중심성의 극복

평화라는 말은 자유, 정의라는 말과 같이 추상성과 보편성을 가지면서도 그 정의는 구체적인 적용 대상이나 논자의 관점에 따라 다양하게 정의될 수 있다. 먼저 서양에서 이해되는 평화를 살펴보고자 하는데, 평화라는 말의 어원이 되는 pax라는 용어에도 두 가지 의미가 공존한다. 그 하나는 "조약은 지켜져야 한다(pacta sunt servanda)"로 풀이되는 이상주의적 시각이다. 이에 따르면 평화는 계약에 의해 이루어지고 상호 합의에 의한 것으로 오늘날 국제법 전통의 원천이 된다. 다른 하나의 해석은 "평화를 원하거든 전쟁을 준비하라(si vis pacem, para bellum)"로 풀이되는 현실주의적 시각이다. 이는 잠재적 침략세력에 대한 억지 혹은 명시적 침략세력에 대한 응징으로 구체화되는데, 국제정치 현실이 무정부적(anarchic)이라는 인식에 기초한 평화론의 근간이 되어왔다.[1] 이와 같은 서양의 평화 개념은 서로 상반되어 보이면서도 다음과 같은 공통점이 있다. 첫째, 서양에서 전통적인 평화 개념은 어떤 시각에 서 있든지 간에 전쟁 혹은 전쟁 위협의 부재로 이해되면서 물리력을 동반하는 직접적인 폭력 혹은 그에 대한 두려움으로부터의 탈피를 의미한다. 둘째, 서양의 평화 개념은 주로 정치군사적 측면을 중심으

---

1 Johan Galtung, "Peace," in Joel Krieger(et al., ed.), *The Oxford Companion to Politics of the World*(Oxford: Oxford University Press, 1993), p. 688.

로 파악되어 경제적 측면은 간과되고 있다. 셋째, 서양의 평화 개념은 국가중심적이며 동시에 위로부터의 시각에서 정의된다는 점이다. 이는 왕권신수설, 사회계약론에 의한 국가 이해를 전제로 하는데, 평화는 국가만이 부여할 수 있다거나 국가의 고유 의무라는 관념을 반영하고 있다.

물론 20세기 중반 이후 서양 내에서 위와 같은 경향에 대한 자기반성이 일어나면서 폭력에 대한 구조적 이해를 계기로 인식상의 한계를 극복할 가능성을 열어놓고 있다. 즉, 갈퉁(J. Galtung), 젱하스(D. Jenghasa)를 비롯한 일단의 연구자들은 새로운 평화론을 제시하면서 '구조적 폭력'과 '비문명화'가 국가 내 혹은 국가 간 관계에서 경제적 착취와 정치적 탄압, 그리고 사회적 갈등의 형태를 띤다고 주장하면서, 이를 단순한 물리적 폭력과 구별한다. 동시에 직접적 폭력과 구조적 폭력은 모두 폭력 행사를 정당화하는 데 사용되는 문화저 폭력과 문명 간 상호 불인정을 수반할 경우 내재화될 수 있다는 점도 지적한다.[2] 그럼에도 서양의 지배적인 평화 개념이 제한적이라고 할 때 다른 지역에서의 평화 개념을 살펴볼 필요가 있는데, 왜냐하면 후자의 개념이 서양의 그것을 보완할 수 있기 때문이다.

이슬람권에도 평화 개념을 예로부터 찾을 수 있는데, 로마의 pax와 달리 그리스의 shalom, 아랍의 salam은 모두 "정의와 함께하는 평화"로 풀이된다. 여기서 평화는 권력의 부산물이거나 계약의 결과라기보다는 경제적 평등을 포함하여 아래로부터의 시각이 논의될 수 있는 여지가 발견된다. 또 힌두 문화권에서 shanti, ahimsa라는 말도 서유럽의 평화 개념과 다른 측면을 보여준다. shanti는 물질과 정신의 분리가 없는 내적 상태를 말하며,

---

2 Johan Galtung, *Peace by Peaceful Means: Peace and Conflict, Development and Civilization*(London: Sage, 1996); 디터 젱하스, 『문명 내의 충돌』, 이은정 옮김(서울: 문학과지성사, 2007).

해롭게 하지 않는다는 뜻을 지닌 ahimsa는 비폭력 투쟁의 기초이자 직접적 폭력에 대한 대안으로 이해할 수 있다. 한자 문화권의 '平和' 개념에도 그 뜻을 더듬어볼 때 내면적·사회경제적 측면을 내재하고 있다.[3]

　이상에서 알 수 있듯이 평화라는 말은 다양하고 복합적인 의미를 담고 있으며, 우리가 부지불식간에 받아들이고 있는 서양의 pax 개념은 다른 지역의 평화 개념과 보완적 관계에서 이해될 필요가 있다. 왜냐하면 pax에는 구조적·내적 평화와 비폭력, 문화의 다양성 등에 대한 관심이 부족하기 때문이다.

(2) 인권: 극단적 논쟁의 완화

　평화 개념 못지않게 인권 개념 역시 오랜 논쟁을 해오고 있다. 물론 인권이 "인간이 인간으로서 누려야 할 천부적이며 양도할 수 없는 기본적인 권리"라는 추상적 정의에는 누구도 이의를 제기하지 못할 것이다. 이런 점에서 인권 개념에는 보편적인 합의가 있는지도 모른다.

　그러나 인권 개념의 구체적 성격과 현실에의 적용을 둘러싼 보편주의 대 상대주의 논쟁을 상기해보면 인권 역시 손쉽게 동의할 수 있는 단순한 보편개념이 아님을 알 수 있다. 가령, 인권의 보편성은 역사적으로 확립되고 이론적으로 정당화되었기 때문에 인권은 그 적용 대상의 특수한 조건이나 맥락과 관계없이 실현되어야 한다는 극단적 보편주의(radical universalism)는 실제로는 문화적 특성과 당면한 우선 과제 등을 명분으로 하는 관련 국가의 반발로 인해 현실에서 보편성을 획득하지 못하는 경우가 적지 않다. 또 극단적 보편주의론은 문제시 되고 있는 특정 인권 문제 해결에 필요한 맥락, 조건, 역사, 이해관계 등을 무시하는 관념적·일방적 접근으로 나타날

3　Galtung, "Peace," p. 689.

수도 있다. 반면, 극단적 상대주의(radical relativism) 입장에서 볼 때 인권의 보편성은 그것을 내세우는 국가 혹은 정치세력의 이익을 대변하는 것에 지나지 않는다고 반박하면서 각국의 역사적 배경과 당면 과제를 고려하여 선택적으로 접근해야 한다고 주장한다. 그러나 상대주의적 주장은 인권의 보편성을 인정하는 것과 그 적용 과정을 혼동하고 있으며 그 이면에는 그런 주장을 하는 국가 혹은 정치세력의 반인권성을 은폐한다는 지적을 받을 수 있다. 이런 점에서 극단적인 입장에 있는 보편주의와 상대주의는 모두 인권을 정치적 이익 획득을 위한 '인권정치'의 수단 혹은 명분으로 삼는다는 비판을 초래할 수 있다. 양자는 서로 상대방을 제국주의 혹은 권위주의로 비난하고 있지만, 양자가 '인권정치'를 통해 결국 실질적인 인권향상에는 유용하지 않다는 점에서 동전의 양면이라고 할 수도 있다.

이상과 같은 논쟁은 인권 개념이 양극단 사이의 일정한 지점에서 다시 인식될 필요성을 보여준다. 실제로 인권 논의에서 그런 모색이 시도되어 왔는데, 인권 및 모든 가치는 원칙적으로 문화적 특수성에 종속된다는 강성 상대주의(strong relativism)와 인권의 보편성을 인정하며 어느 정도의 문화적 속성은 제한적으로 인정되어야 한다는 온건 상대주의(weak relativism)가 그것이다. 전자가 상대주의의 입장에서 보편주의를 수용하는 입장이라면 후자는 그 반대로 볼 수 있다. 인권 개념의 확립과 관련해서 이상의 논의는 진일보한 것으로 평가할 수 있다. 다만 그런 논의 구도가 인권의 보편성과 특수성 중 어느 하나를 중심으로 다른 하나를 흡수하는 절충주의적 수준을 벗어나지 못하고 있다는 점에서 극단적 입장의 완화라고 볼 수도 있다. 따라서 앞으로 논의의 초점은 보편성과 특수성의 상호 침투 방식 및 통일성의 획득 기제에 관한 것으로 발전해야 할 것이다.

다른 한편, 인권의 중심 내용을 무엇으로 볼 것이냐 하는 논의 역시 인권 개념에 대한 합의 도출을 어렵게 하고 있다. 먼저, 1세대 인권이라고 불리는 자유권은 프랑스 혁명을 계기로 한 근대사회 형성기에 시민들의 재산과 자유로운 사회·경제적 활동을 정치적으로 보장할 필요성에서 출발하였다. 자유권은 오늘날 자본주의 사회에서 인권으로 등치될 정도로 지배적인 규범적 지위를 확보하고 있으며 위 보편주의 대 상대주의 논쟁에서 보편주의의 역사적·정치적 논거가 되고 있다.[4]

그러나 이후 파리 코뮌과 러시아 혁명을 거치면서 2세대 인권으로 불리는 경제적·사회적·문화적 권리(사회권 혹은 경제권) 개념이 부상하기 시작했다. 사회권은 서유럽의 노동운동과 동유럽의 사회주의체제 형성을 계기로 최소한의 경제적 생존, 사회보장 문제 등 대중의 기본적 생활 조건에 대한 국가의 책임을 강조한다. 자유권이 국가의 축소를 지향하는 반면 사회권은 국가의 책임을 강조하는 경향이 있다. 국제관계에서 사회권은 주로 사회주의권과 제3세계 국가들에 의해 강조되었지만 국제법적 장치는 자유권보다 약한 상태이다.[5]

인권 문제를 둘러싼 제3세대 논쟁은 1960년대 이후 제3세계 국가들의 국제무대 진출, 군비경쟁 격화, 세계 자본주의의 불균등 성장 등을 배경으로 하는데 1·2세대의 인권 논의가 개인 혹은 계급을 중심으로 했다면 3세대 인권은 약소국을 주요 행위자로 하는 집단적 성격을 보인다. 예를 들어 평화권, 자결권, 발전권, 문화적 유산의 존중, 인도주의적 지원 등이 3세대

---

4 여기서 미국 국무부가 매년 발간하는 세계 각국에 대한 「연례 인권 보고서」 내용이 사회권을 배제하고 자유권을 중심으로 다루어지고 있다는 점은 시사하는 바가 크다.

5 물론 자유권과 사회권은 둘 다 국제인권규약 및 선택의정서(사회권은 협정 초안)로 제시되어 있지만 구체적인 이행을 담은 관련 국제법과 국제기구는 자유권 쪽이 상대적으로 많은 상태이다. 특히 국제인권법이 국가, 계급 같은 집단보다는 개인 중심의 접근이 지배적이라는 점도 국제사회에서 서방의 개인주의적 자유권의 우세를 말해준다.

인권 논의에서 주로 다루어졌다. 그러나 3세대 인권은 많은 부분 국제법으로 발전하지 못한 상태이며, 다만 오늘날 경제의 세계화에 따라 관심이 다시 부각되고 있다.6 이와 달리 차별받지 않을 권리(non-discriminatory rights)'는 앞서 말한 자유권, 사회권, 발전권 등 모든 권리 영역에 적용되는 기본 원칙으로서 성·나이·계급·국적 등을 초월하는 기본권으로 자리 잡기 시작하였다.

인권의 주요 내용을 둘러싼 이상의 논의에서 알 수 있는 것은 ① 입장에 따라 강조점이 다르기는 하지만 결과적으로 그 범주가 확대되어왔으며, ② 사회적으로나 국제적으로 약자의 입장이 그 범주에 반영되기 시작하였고, ③ 적어도 형식적 수준에서는 자유권이 보편적 지위를 획득하는 가운데 사회권과 약소국의 입장이 보편적 지위에 도전하고 있다는 점이다. 특히 냉전 이후 국가주권이 초국가적 규범에 의해 약화되고 자본주의 경제가 세계화되면서 세 번째 현상이 두드러지고 있다. 이는 인권 개념의 각 구성요소 간 관계는 권력정치의 성격을 반영하고 있다. 따라서 인권 개념의 보편성 획득은 각 구성요소에 담긴 특정한 이익을 어떻게 조화시킬 수 있느냐의 문제에 달려 있다고 하겠다.

(3) 평화와 인권의 만남

그렇다면 이상의 논의에서 개념적으로나 경험적으로 별개로 이해되었던 평화와 인권을 어떻게 연계시킬 수 있으며 나아가 상호보완적 관계로 파악할 수 있는가? 이 질문에 대한 답을 모색하기에 앞서 이런 문제제기가

---

6 '발전에 관한 권리선언'은 1986년 12월 4일 유엔 총회에서 채택된 바 있으나, 국제협약에서 발전권이 인정되는 곳은 아프리카헌장뿐이다. 발전권과 세계화에 관한 논의는 Freeman, *Human Rights*, pp. 149~166 참조.

왜 필요한가를 검토하는 것이 순서일 것이다.

먼저, 이론적 측면에서 평화와 인권을 연계시킬 필요성은 앞서 두 개념의 논의에서 유추해볼 수 있다. 우선, 양자는 각각 군사적·규범적 차원의 개념 범주를 확장함으로써 사회적·경제적 측면에서 만날 수 있다. 구조적으로 볼 때 평화와 인권 모두 국내적·국제적 두 차원에서 사회적 안정과 경제적 필요가 충족될 때 실현될 수 있다. 또 소극적 의미에서 볼 때도 평화정착과 인권향상은 상호 간에 최소 필요조건이 될 수 있다. 다음으로, 평화와 인권에 관한 기존의 제한적 정의를 벗어날 때 두 개념은 아래로부터의 시각을 확보할 수 있다. 아래로부터의 시각에서 볼 때 평화는 단지 국가의 사회질서 유지 혹은 국가 간 전쟁 부재로 한정되지 않으며, 인권 역시 특정 정치세력이나 계급의 이익을 대변하는 인권으로 간주하지 않고 대중의 사회적 지위와 경제적 필요의 충족을 포함할 수 있다. 이는 결국 두 개념에 대한 정치적 혹은 규범적 이해가 한계가 있음을 의미하며 정치경제학적 접근을 통해 동시에 인식할 필요를 제기하고 있다.

둘째, 경험적 측면에서도 평화와 인권은 상호 연계하여 이해할 필요성이 높아지고 있는데, 이는 21세기 세계의 화두가 평화와 인권이라는 말에서 잘 알 수 있다. 현실에서도 평화와 인권은 각각 그 내용에서 중첩되는 부분이 발견된다. 가령, 냉전 붕괴 이후 더욱 늘어나는 소수민족의 분리독립 운동이나 민족·종교(종파) 분쟁은 해당 지역의 평화와 대중의 인권이 긴밀히 연관되어 있음을 알 수 있다. 오늘날 우크라이나, 시리아, 이라크, 팔레스타인, 수단 등 각지에서의 동시다발 분쟁이 그렇다. 그에 따라 유엔과 국제비정부기구 등 국제사회는 평화와 인권, 인도주의, 개발을 통합적으로 파악하고 이를 다자적·지역적 방식으로 추진하려는 논의를 활발하게 전개하고 있다.[7]

아래에서 살펴볼 북핵 사태와 북한 식량난 문제에서도 이 점을 발견할 수 있다. 북한이 미국과의 물리적 대결보다는 대화를 통한 평화적 해결을 선호하는 것은 기본적으로 북한이 약소국이라는 점에서 1차적 이유를 찾을 수 있지만, 당면한 식량난이 그런 입장을 촉진하고 있는 것이 사실이다.[8] 만약 북한이 1980년대 후반 이전 상황처럼 식량부족이나 국제적 고립에 처하지 않았다면 북핵 사태는 보다 높은 긴장을 초래했을 수도 있을 것이다. 북핵 문제를 평화적으로 해결하지 못하고 대북 제재가 파상적으로 진행되는 가운데 북한이 핵무장한 오늘날의 상황도 같은 이치이다.

다른 한편, 평화와 인권의 상호 연계 및 침투는 냉전 붕괴 이후 가속화되는 국제정치의 국내화, 국내정치의 국제화 현상에서도 볼 수 있다. 탈냉전 이후 더욱 영향력이 증대하는 비확산·마약·테러·생태계 등의 문제에 대한 초국가적 행동규범이 각국의 관련 정책결정에 개입함으로써 국가주권이 제약을 받게 되었다. 오늘날까지 국제적 관심사로 주목받는 북한의 핵개발 문제가 북한의 사회주의 국가들과의 우호동맹관계의 소멸을 배경으로 부상했지만, 동시에 핵 비확산 규범에 의해 국제적 제약을 받으며 전개되고 있다는 점도 유의할 필요가 있다. 마찬가지로 북한의 식량부족 현상 역시 국제정치와 국내정치의 상호 작용을 발견할 수 있다. 북한의 동맹세력 소멸과 미국의 지속적인 대북 경제제재가 1990년대 중반 이후 북한에서 지속되는 식량난의 국제적 영향에 해당한다. 반면, 북한의 식량난으로 탈북자가 양산되고 이것이 한반도 국제질서에 새로운 변수로 작용함으로써 '북한 문제'에 대한 국제협력의 필요성을 불러일으키고 북한의 대남 관계개

---

7 서보혁 편저, 『유엔의 평화정책과 안전보장이사회』(서울: 아카넷, 2013) 참조.
8 2004년에 들어서 북한은 외무성과 관영언론을 통해 6자회담 및 북·일 협상 재개 등 미국·일본과의 관계개선 의사를 표명하고 있다. 이 역시 2003년 말 미국의 식량지원 재개에 촉진되거나, 북·일 수교협상을 통한 식민통치 배상금 획득 및 국제경제기구로의 차관 도입 등을 겨냥한 전략적 포석으로 분석할 수 있다.

선 및 대미 협상전략에 영향을 미쳤다고 볼 수 있다. 말하자면 '북한 문제'는 국내적 - 국제적 상호 작용의 맥락에 있다고 하겠다.

그러므로 평화와 인권은 이론적으로나 경험적으로 상호 경쟁적이거나 배타적인 것이 아니라 상호 보완적이거나 의존적 관계에 있다고 말할 수 있다. 그 때문에 편의에 따라 특정 현상을 어느 하나의 개념을 중심으로 파악한다고 하더라도 실제로는 다른 하나의 개념과 맞물려 작동한다는 점에 유의할 필요가 있다. 이상의 논의를 전제로 하여 북한 핵 문제와 식량난을 사례로 하여 평화와 인권의 상호 연계성을 구체적으로 살펴보고자 한다.

3) 북핵 사태와 식량난의 연계성

(1) 갈등 구도

탈냉전기 국제질서의 불확실성과 불안정성은 냉전 시기에 억제되어 있던 다양한 갈등요소들의 분출과 함께 두 국제규범 간의 경합에서도 찾아볼 수 있다. 냉전기까지 국제질서는 주권평등 및 내정불간섭 원리에 따라 유지되어왔지만, 냉전 붕괴 이후 경제의 세계화와 초국가적 이슈의 증대로 초국가적 행위규범이 국가주권 원리에 도전하는 가운데 이 두 규범 중 어느 하나가 압도적인 지위를 획득하지 못하면서 경쟁하고 있다.

북핵 사태 역시 초국가적 규범과 주권 원리가 제로섬 게임 구도를 형성하고 있다. 북한은 주권평등 원리를 강조하며 핵개발이 '자주권' 옹호의 일환이라고 주장하며 이에 대한 국제적 개입은 주권 침해라고 반발하고 있다. 반면, 미국은 북한의 주장을 일축하고 핵 문제는 대량살상무기의 비확산에 관한 초국가적 관심사이므로 주권 제한이 불가피하다는 입장이다.

미국의 입장에서 대량살상무기의 확산은 탈냉전기에 들어 표출된 다양한 위협 사이의 연결고리로 인식되었다. 클린턴 정부는 이러한 과제를 기존의 억지전략을 대체하는 예방전략으로 실현하고자 하였다.[9] 그러나 탈냉전 초기 미 행정부의 비확산정책은 체계적으로 확립되지 못한 상태였고, 거기에 핵개발 우려국가로 분류된 국가들에 대한 부정적 고정관념이 합리적 핵정책 수립에 제약을 가하였다. 미국은 소련 붕괴 이후 국제질서를 불확실성과 불안정성으로 특징짓고 그 대응방향을 모색하는 과정에서 주요 위협세력을 '불량국가'로 설정하고 이들 국가의 대량살상무기 확산의 위험으로부터 자기 정체성을 강하게 부여받았다.[10] 말하자면 북한에 대한 미국의 적대적 정체성은 국제사회의 비확산규범의 강화 노력과 결합하여 북한에 대한 절대주의적 핵외교의 배경으로 작용하였다.

한편, '자주성' 옹호를 제일의 대외정책 원칙으로 일관되게 유지해온 북한은 탈냉전기에 들어서도 주권의 지속성을 강조히고 이를 초국가적 규범의 침투 가능성에 대응하는 수단으로 이용해왔다. 북한이 주권평등을 국가 정체성으로 활용하는 배경은 그것이 주권국가의 불완전성을 만회할 수 있다고 보기 때문이다. 먼저, 주권평등론은 북한의 자주성 테제와 상응한다.[11] 다음으로, 북한은 주권평등 규범이 약화되는 탈냉전기에 들어서 "세계에 큰 나라와 작은 나라는 있어도 높은 나라와 낮은 나라가 따로 있을

---

9 애쉬튼 카터·윌리엄 페리, 『예방적 방위전략: 페리구상과 러시아, 중국 그리고 북한』, 박건영 외 옮김(서울: 프레스 21, 2000), 30쪽.

10 David Campbell, *Writing Security: United States Foreign Policy and the Politics of Identity*(Minneapolis: University of Minnesota Press, 1992), pp. 2~8.

11 김일성은 사회주의권이 붕괴되어가던 1990년 "자주성은 자주독립국가의 생명이며 모든 국제관계의 기초"라는 기존의 입장을 재확인하고, 외부세계의 체제위협적인 요소에 맞서는 대립항으로 '민족자주성'을 제시하였다. 김일성, 「우리나라 사회주의의 우월성을 더욱 높이 발양시키자(1990년 5월 24일)」, 『김일성저작집 42』(평양: 조선로동당출판사, 1995), 320쪽.

수 없다"라는 논리로 주권평등 원리를 일관되게 국제질서의 근간으로 인식해왔다.[12] 북한의 이런 입장은 주권원리를 강조함으로써 약소국의 생존을 유지하고 강대국 혹은 국제사회의 압력에 의한 독립성의 훼손 가능성을 차단하는 데 효과적이라고 판단하고 있음을 의미한다.

결국 북핵 문제의 평화적 해결은 비확산규범과 주권원리의 상호 존중하에서 양자 간 상호 작용을 협력구도로 전환하는 데서 모색되어야 할 것이다. 다만 오늘날 비확산규범이 국제적 영향력을 높여가고 있다는 점을 감안할 때 북한이 비핵화를 이행하도록 유도하는 방안 모색이 문제해결의 초점이라고 할 수 있다. 그런 점에서 대북 핵 선제공격 옵션과 중국 봉쇄를 겨냥하면서도 북한위협을 거론하며 한·미·일 군사협력을 추구하는 미국의 한반도 정책은 반평화적일 뿐만 아니라 대북 인권개선 요구의 정당성도 의심케 한다. 그러나 2006년 말부터 미국 내에서 나타나기 시작한 한국전쟁 종전 선언 및 평화협정 체결 가능성과 6자회담에서 북핵 폐기와 북·미 관계 정상화 등을 논의하기 시작한 것은, 한반도에서 비확산규범과 주권원리를 상호 존중하면서 국제협력이 이루어질 수 있음을 보여준다. 6자회담이 중단된 것은 그런 접근의 어려움과 중요성을 동시에 말해준다.

둘째, 북한의 식량난을 둘러싼 갈등구도 역시 국가 및 세계적 차원의 경제활동 양식 간의 갈등과 그에 대한 북한의 정책 대응 능력의 문제에 기인한다. 사실 북한의 식량난은 1980년대부터 나타난 식량생산의 경향적 하락에서 잠복해 있었으며 1990년대부터는 외화 부족으로 식량 구매력이 크게 떨어졌다. 그리고 1995년 유례없는 수해를 시작으로 한 연이은 자연재해는 북한의 식량난을 가속화시켰고 급기야 북한은 '자립경제'의 체면을

---

12 김일성, 「일본 교도통신사 사장이 제기한 질문에 대한 대답(1991년 6월 1일)」, 『김일성저작집 43』(평양: 조선로동당출판사, 1996), 76쪽.

뒤로 하고 국제사회에 원조를 요청하기에 이른다.[13] 북한은 그로부터 2000년대에 이르기까지 매년 100만 톤 내외 수준의 만성적인 식량부족 상태에서 벗어나지 못하고 있다. 북한의 식량난은 다른 산업부문을 악화시키는 부정적 파급효과를 야기할 뿐 아니라 사회·군사 부문에까지 영향을 미쳐 노동당의 주민통제력과 군사연습에도 차질이 있는 것으로 알려졌다. 2010년대에 들어 북한은 서서히 식량부족 상태를 극복해 부족분이 크게 줄어들었다고 평가된다.[14] 그러나 그런 평가는 유엔이 권장하는 영양섭취 수준은 아니다.

북한 식량난의 발생 원인을 놓고 미국과 북한은 물론 북한 연구자들 사이에서도 논란이 계속되고 있다. 그러나 이에 대해 관련 당사국은 물론 연구자들도 대북 인식, 대북 정책 방향 등이 결부되어 편향적인 입장을 보이는 경우가 없지 않다. 일부에서는 북한의 계획경제체제를, 혹자는 미국의 경제제재를 북한 식량난의 주요 원인이라 한다. 전자를 강조하는 경우는 북한의 본격적인 개혁·개방과 체제전환 없이는 식량난을 비롯한 북한의 경제난은 해결되기 어려울 것이라는 입장으로 연결되는데, 그 이면에는 북한경제가 자본주의 세계경제 질서에 편입되는 것이 유일한 생존의 길이라는 인식이 반영되어 있다. 반면 북한의 식량난을 미국의 대북 경제제재에

---

13 북한의 국제사회를 향한 공식적 식량지원 호소는 1995년 1월 한국과 일본에 요청한 것이 처음이지만, 1990년대 초 남한에 쌀 50만 톤의 비공개 지원을 요청한 바 있다. 돈 오퍼도퍼, 『두개의 코리아』, 뉴스위크 한국판 뉴스팀 옮김(서울: 중앙일보사, 1997), 339~340쪽.

14 미국 농무부는 북한의 식량부족분이 지난 2010년 100만 톤에서 2011년 81만 톤, 2012년 84만 톤, 2013년 44만 톤, 2014년 7만 톤으로 전반적으로 감소했다고 추정했다. ≪통일뉴스≫, 2014년 7월 17일. 2000년대 이후 북한의 식량증산 추이는 Special Report, "FAO/WFP Crop and Food Security Assessmetn Mission to the Democratic Republic of Korea," 28 November 2013, FAO/WFP 참조.

서 찾는 논의는 북한 식 개혁·개방 정책의 가능성을 열어놓으면서도 그것을 촉진하기 위해 미국의 대북 정책이 전환되어야 한다고 주장한다. 북한 당국의 공식 입장이기도 한 이런 입장은 국가주권이 안보영역만이 아니라 경제 영역에서도 적용된다는 사고가 반영되어 있다. 그러나 이상과 같은 이분법적 접근에서 벗어난다면 현실적으로 위 두 요인이 상호 작용하여 북한의 식량부족 상태를 초래했다는 점을 부인할 수 없을 것이다. 이는 북한의 경제정책 변화와 미국의 대북 제재 해제가 동시에 이루어질 때 북한주민의 식량권 개선과 한반도의 평화정착이 가능하다는 점을 암시해준다.

북한 당국은 이와 같은 경제적 위기상황에 직면하여 '고난의 행군'을 벌였고 그 이후 경제·핵 병진노선으로 국가발전을 수정하였다. 또 이모작, 토지정리사업, 감자의 주식화, 수력발전 확대 등 생산증대 노력을 전개하는 한편, 대외 경제개방 및 국제지원을 추진해오고 있다. 북한은 제네바 합의와 남북정상회담 이후 미국·남한과 각종 회담에 임하면서 회담 의제와 무관하게 식량지원을 계속해서 요청하였다. 예를 들어 북한은 4자회담 참여, 남북 및 북·일 수교회담 재개, 미국의 금창리 핵의혹 시설 참관 등을 대규모 식량지원과 연계시킨 바 있다.[15] 북한 당국이 식량 부족량을 남한이나 여타 국제기구보다 훨씬 높게 잡거나 국제사회에 식량지원 요청을 반복하는 것도 북한의 식량난이 심각하고 그만큼 외부세계에 의존해야 하는 현실을 말해준다. 그러나 2010년대에 들어 식량난이 완화되면서 북한의 대외원조 요구는 줄어들고 있다.

---

15 서보혁, 「탈냉전기 북미관계에 관한 구성주의적 접근」(한국외국어대학교 박사학위 논문, 2003), 174, 207, 213, 222쪽.

(2) 상호 연계

북핵 사태가 한반도 평화와 직결되는 문제라는 점은 잘 알려져 있지만, 그것이 단지 북·미 간의 군사적 차원만이 아니라 북한의 경제재건과 남북 경제협력과도 관련된다는 점은 소홀히 다루어져 왔다. 북핵 사태가 북한의 안보는 물론 경제를 포함한 체제의 생존과 직결된 문제라는 점은 북한의 공식 입장에서 계속해서 확인되고 있다. 오늘날 제2의 북핵 사태는 2002년 10월 3~5일 미 국무부의 켈리(J. Kelly) 동아태 담당 차관보가 방북한 이후 조성되었다. 그러나 그의 방북이 양국 간 관계개선의 계기가 아니라 관계악화의 출발이 되어버린 상태에서, 북한 당국은 북핵 사태에 임하는 입장을 "자주권과 생존권에 대한 위협의 제거"라고 제시한 바 있다. 북한은 그에 따라 핵협상의 조건으로 미국의 대북 주권 인정, 불가침 확약, 경제발전의 장애 해제 등 세 가지를 들었다.[16] 또 북한은 2003년 8월 27~29일 개최된 북핵 6자회담에서도 이런 입장을 유지하면서 북핵 사태의 포괄적 해결을 위해 소위 '일괄타결 도식'과 '동시행동 순서'를 제시하면서 북·일/남북 경제협력 담보, 경수로 제공지연으로 인한 전력손실 보상 및 경수로 완공, 대폭적인 식량지원 등 경제적 내용을 포함시켰다.[17] 이후 북한은 세 차례의 핵실험을 거치면서 핵보유국을 자처하며 미국과 핵군축 협상을 주장하고 있고, 안으로는 핵무장의 과학기술적 파급효과와 정치·외교적 자신감을 경제발전으로 전환시키려 하고 있다.

이상과 같은 사실은 북한이 핵 사태를 안전보장은 물론 경제지원 및 대외개방을 위한 지렛대로 삼고 있음을 말해준다. 동시에 복합적 동기를

---

16 북한 외무성 대변인, 「조미사이의 불가침조약체결이 핵문제 해결의 합리적이고 현실적인 방도」, ≪조선중앙통신≫, 2002년 10월 25일.

17 「조미사이의 핵문제에 관한 6자회담 개최」, ≪조선중앙통신≫, 2003년 8월 29일.

갖는 북한의 핵정책은 북한의 핵 포기에서 가능하다는 점에서 문제해결을 어렵게 하고 있다. 북한의 입장에서 핵, 미사일 등과 같은 대량살상무기에 안전보장, 경제적 실리 확대, 국제적 위신 및 협상력 제고 등 다각적인 가치를 부여한 것은 각 분야에 필요한 국가자원이 소진된 상태에서 대량살상무기가 유일한 가용자원으로 남았기 때문이다. 그러나 북한이 미국으로부터 안전보장을 확보할 수 있다고 판단할 경우 경제적 실리 획득을 위한 협력적인 대외관계를 추구한 것에 주목할 필요가 있다. 그러나 2008년 이후 남북·북미 관계의 동반 악화와 북한의 핵무장력 강화로 북한이 협력적인 태도를 언제 회복할지는 미지수다.

그렇다면 북한의 식량난은 한반도 평화에 어떤 영향을 줄 것인가? 식량난은 1990년대 중반 이래 전력난, 외화난과 함께 북한의 3대 부족현상의 하나이다. 그 결과 각급 단위의 경제조직이 제 기능을 하지 못하면서 군대가 치안과 생산건설에 직접 투입될 수밖에 없는 상황이 조성되었고 그에 따라 전투력 및 사기 약화, 민간인과의 마찰이 발생하기도 하였다.[18] 한반도의 군사적 긴장이 북한의 군사적 위협 때문이라는 입장에서 본다면 이와 같은 현상은 한반도의 긴장완화에 기여할 것이라고 말할 수도 있을 것이다. 그러나 앞에서 본 바와 같이 현 상황에서 북한이 체제생존을 위해 대량살상무기에 걸고 있는 기대가 높기 때문에 그런 전망은 단순하다는 비판을 받을 수 있다. 오히려 북한은 대내적으로 선군정치(先軍政治),[19] 대외적으로 대량살상무기의 외교수단화에 더욱 집착할 수 있다는 점에서 북한의 식량난

---

[18] 서보혁, 『북한 정체성의 두 얼굴』(서울: 책세상, 2003), 131~133, 138~141쪽 참조.
[19] 북한은 '선군정치'를 '김정일 정치의 기본방식'이라고 하면서 그 특징을 군사 선행 방식, 군에 의거한 혁명정치로 요약하고 있다. 김철우, 『김정일장군의 선군정치』(평양: 평양출판사, 2000), 26~45쪽. 북한은 2012년 4월 13일 헌법 개정을 통해 '선군정치'를 지도이념에 포함시켰다.

이 한반도 평화에 부정적인 영향을 미칠 수도 있다는 점에 유의할 필요가 있다.[20]

식량난이 북한군에 미치는 영향과 함께 주민들에 미치는 영향도 한반도 평화와 직결된다. 계속되는 아사자와 탈북자의 발생이 그것이다. 식량난으로 인한 아사자와 탈북자의 규모에 대해서는 다양한 분석이 나오고 있지만 적어도 1990년대 후반 5년간 최소한 수십만 명에서 수백만 명에 이르는 것으로 추정된다. 그러나 더 주목할 부분은 이런 현상이 탈북 행렬로 오늘날까지 지속되고 있다는 사실과 그것이 남북한은 물론 주변국들에게 지역안정의 위협 요인으로 받아들여진다는 점이다. 물론 탈북자 문제에 대한 관련국들의 반응은 자국의 이익에 따라 다양하게 나타나지만, 이 문제가 군사적 긴장과 같은 전통적 안보 문제와 함께 역내 새로운 안보 현안으로 대두하는 것은 부인할 수 없다.

이상의 논의에서 보듯이 한반도 평화와 북한인권의 상호 연계성은 이론적 측면은 물론 현실적 측면에서도 확인할 수 있다. 북핵 사태와 식량난은 선과 후, 혹은 중심과 부차를 논하는 식으로 상호 배타적인 것이 아니라 포괄적으로 병행 해결해야 할 보완적인 관계에 있다고 하겠다.

---

20 이런 점에서 1990년대 이후 북한이 불리한 여건에도 불구하고 군사력 사용을 '합리적 선택'으로 간주할 가능성에 주목할 필요가 있다. 그럴 조건으로는 외부로부터의 심각한 공격 위협, 적대적 이미지 혹은 오인(misperception)에 의한 오판, 현상유지에 대한 인내심 고갈 등 세 가지 경우를 꼽을 수 있다. Victor D. Cha, "The Problem of Post- Cold War Policy Templates and North Korea," in Han S. Park(ed.), *North Korea: Ideology, Politics, Economy*(New Jersey: Prentice-Hall, 1995), pp. 234~240.

2. 식량난과 탈북자 문제: 대안안보의 시각

1) 문제제기

오늘날 한반도를 둘러싼 안보 환경은 냉전 시대와 큰 차이를 보인다. 냉전 시대 한반도의 안보는 세계적 차원의 진영 대결과 남북 간 적대관계에 바탕을 둔 국가 중심의 군사적 대치 상태가 지배적이었다. 그러나 냉전이 붕괴하면서 다른 지역과 마찬가지로 한반도와 주변국들 사이에서도 비국가적 행위자들이 관련된 비군사적 문제들도 안보 관심사로 부상하기 시작하였다. 예를 들어 황사, 불법 마약 및 무기, 테러, 교역조건의 재조정 등에 대한 지역 내, 지역 간 공동 대응의 필요성이 그것이다. 이런 문제들은 물론 국가가 직간접적으로 관련되는 것은 사실이나, 문제의 발생 원인이나 해결 방안 등에 걸쳐 개인, 기업, 전문가집단, 시민운동단체 등과 같은 비정부기구와 국제기구의 관여와 책임이 높아지고 있다. 물론 탈냉전기 한반도의 안보 환경이 다른 지역, 특히 유럽의 안보 환경과 같은 다자안보협력이 아직은 어려운 실정이다. 한반도를 포함한 동북아의 군비는 냉전 시대보다 증대하고 있다. 말하자면 한반도에서 냉전 해체는 세계적 수준에서의 해체에 비하면 속도와 심도 면에서 지체되고 있다. 그럼에도 냉전 붕괴 이후 한반도와 주변 국가들의 군사안보 역시 경제적 여건 혹은 필요와 더욱 깊이 연계되고, 군축 및 비확산과 관련한 국제규범의 제약을 받고 있다. 또 위에서 말한 것과 같은 비전통적 안보 문제들이 군사분야 중심의 기존의 안보정책에 변화를 강제하고 있으며 실제 그런 문제들에 대한 국가 간 협력의 필요성이 높아지고 있다. 말하자면 한반도에서 냉전 해체가 지체되고 있긴 하지만 그 추세를 되돌리지는 못하고 있다 할 것이다.

탈냉전기 한반도의 안보환경이 지속성과 변화를 동시에 보이고 있다한다면 전통적 안보와 비전통적 안보 문제는 상호 어떤 연관성이 있는가? 여기서는 비전통적 안보를 중심으로 그것과 전통적 안보와의 관계, 국가와 비국가 행위자의 역할, 문제해결 전략으로 '대안안보'를 논의해보고자 한다. 이런 이론적 논의를 바탕으로 북한의 식량난과 탈북자 문제를 접근하고 해결하는 길을 찾아보려 한다. 북한의 식량난과 탈북자 문제는 비전통적 안보 문제에 속하면서도 전통적 안보와 관계가 있으며, 이 문제에 국가와 비국가 행위자 혹은 국내정치와 국제정치가 연계되어 있어 복잡성을 띤다. 실제로 이 문제는 단기적으로 해소될 전망이 적고 계속해서 지역의 안정에 영향을 줄 것으로 예상되어 안보 문제에서 목표, 성격, 행위자, 접근방법 등을 포함하여 대안적 안보를 모색할 필요성을 높여준다.

2절에서는 먼저 비전통적 안보 문제가 대두한 배경과 그 특징을 전통적 안보와 관련지어 살펴보고 양자가 상호 어떤 관계에 있는지를 이론적으로 검토할 것이다. 이는 본 논의의 사례를 분석하는 준거 역할을 할 것이다. 3~4절에서는 북한의 식량난과 탈북자 문제에 관련된 행위자들이 어떻게 대응하고 있는지를 검토하여 문제점을 도출해보고자 한다. 이를 바탕으로 5절에서는 이 문제를 대안안보의 시각에서 접근하는 원칙과 전략을 제시해보고, 맺음말에서는 이상의 논의를 요약하고 북한의 식량난 및 탈북자 문제를 대안안보의 시각으로 접근하는 데서 요구되는 과제를 제시해보고자 한다.

2) 비전통적 안보 문제의 특징

비전통적 안보에 대한 관심은 냉전 시기에도 유럽 등지에서 간헐적으로 존재하였다. 예를 들어 급진좌파조직의 테러나 아프리카에서 들어오는 난민 문제 등이 국가안보와 사회질서에 미칠 영향에 대한 우려가 그것이었다. 그럼에도 냉전 시기에는 여전히 군사력을 바탕으로 한 국제질서의 현상유지를 전제로 한 전통적 국가안보가 주된 관심이었으며, 따라서 당시 비전통적 안보 문제는 치안유지 차원의 제한적 의미에 국한되었다. 이는 냉전 시기에 비전통적 안보 문제가 없었다는 것이 아니라 전통적 안보가 지배적인 국제질서에 의해 그 표면화가 억제된 것에 지나지 않았다는 의미이다. 그런 점에서 냉전 붕괴는 비전통적 안보라는 판도라 상자를 열어놓았다. 냉전 붕괴가 신세계질서의 도래가 아니라 불확실성과 불안정성이 팽배한 혼돈으로 파악한 일단의 분석은 유감스럽지만 틀리지 않은 것이었다.

냉전 붕괴가 비전통적 안보 문제를 부각시킨 것은 대외적으로는 초강대국의 패권정치의 쇠퇴, 대내적으로는 국가권력의 대중 통제 및 억압의 약화, 그리고 세계적 차원에서 인류 공동의 책임이 요구되는 환경 문제 등이 부각되기 시작했다는 판단을 근거로 하고 있다. 첫째, 미소 두 강대국에 의한 국제질서 유지에 공백이 발생함으로써 지역분쟁 혹은 약소국의 독자노선이 발생할 가능성이 높아지고 그 과정에서 대규모 난민, 종족 간 대량학살, 마약 거래, 테러 등 주로 종래와는 다른 안보 문제들이 분출하기 시작하였다. 그리고 국가의 대내적 통제 및 억압기능의 약화는 선진국의 경우 마약·난민 등의 문제를 사회화하였다. 그러나 선진국보다는 민주화 도상에 있는 국가 혹은 '실패한 국가(failed state)'의 사회 그리고 분리 독립국이나 분리독립운동이 벌어지는 지역에서 발생하는 난민·테러·마약·대량살상무기·종족분쟁 등이 더 심각한 위험을 양산하고 있다. 그 과정에서 이상과 같은 문제들에 대한 상이한 인식과 이해는 강대국 - 약소국, 지역 국가 간, 관련국 정부와 대중 혹은 반군세력 사이의 대결로 구체화되고 있다.

비전통적 안보는 전통적 안보와 비교하여 그 뜻과 성격을 생각해보아야할 것이다. 왜냐하면 전자는 후자 이후에 나타난 용어이고, 그 표현에서 보는 바와 같이 전통적 안보와 갖는 차이를 부각시키고 있기 때문이다.

전통적 안보란 국가가 주 행위자가 되어 군사력을 사용하여 국가안보를 달성 혹은 유지하는 일련의 행동 및 그 계획을 말한다. 이에 비해 비전통적 안보는 그 성격·범주·주 행위자·목표·접근방식 등에 걸쳐 전통적 안보와 일정한 차이를 보인다.

먼저, 행위자 측면에서 볼 때 전통적 안보에서는 국가가 주 행위자인 반면, 비전통적 안보에서는 국가보다는 개인·기업·비정부기구·테러단체 등 비국가 행위자들이 두각을 나타낸다. 전통적 안보에서는 국가가 다른 행위자들의 역할을 압도하거나 억제하면서 거의 유일한 행위자로 남아 있었다. 물론 이때 국가는 정치권력을 장악하고 있는 세력이 국가를 대변하기 때문에 정책결정구조에 따라 국가 내 정책 갈등은 존재할 수 있다. 그러나 비전통적 안보에서는 비국가 행위자가 국가의 통제에서 벗어나 독자적인 싼난을 깄고 행동히며 국가와 협력하거나 대립하기도 한다. 또 비전통적 안보에서 행위자들이 국가의 경계 혹은 '국가들 사이의 관계의 장으로서 국제정부기구(intergovernmental organization as an area of inter-state relations)' 에 국한되지 않고 자유롭게 활동하는 것도 특징이다.

둘째, 범주의 측면에서 전통적 안보가 군사영역에 주안점을 두었다면 비전통적 안보에서는 비군사영역에 대한 관심이 높다. 양자의 차이는 전통적 안보가 주로 국가 간 상호 갈등과 대립에서 비롯되지만, 비전통적 안보는 경제주체로서 기업의 이윤동기나 국제사회의 가치체계 모순, 혹은 소수종족의 독립을 위한 폭력 행사 등으로 인해 국가 이외의 다양한 행위자 간의 상호 작용 속에서 위협이 발생하고 있으며, 그 대응방식도 국가가 주도적인 입장을 취할 수 없다는 점이다.[21] 물론 비전통적 안보에서도 군사영역이

---

21 전웅, 「군사안보와 비군사안보의 상관관계」, ≪국제정치논총≫, 제37집 제2호 (1997), 254쪽.

배제되지 않지만 이때 군사영역은 경제적 이익이나 개인의 존엄, 집단의 정체성 등 다른 영역과의 상호 의존 혹은 상호 연계의 한 축으로 이해된다.

셋째, 행위자와 범주의 측면에서 전통적 안보와 비전통적 안보 간의 차이는 양자 간 목표의 차이에서 비롯된다. 전통적 안보는 군사력·동맹관계·외교력 등을 이용하여 외부로부터의 국가안보를 최우선으로 한다. 물론 전통적 안보도 국내 사회를 향해서도 나타날 수 있지만 국가안보를 명분으로 사회에 대한 통제·동원·억압이 정당화될 수 있다는 점에서, 외부로부터의 안전보장이 1차적인 관심사로 상정된다. 만약 대내적으로 국가안보를 위협할 수 있는(혹은 국가를 대변하는 정권을 위협할 수 있는) 요소가 발견될 경우, 그것을 외부적 위협의 침투로 간주하여 실제 위협세력의 제거를 정당화할 수 있다. 이와 달리 비전통적 안보는 단일화되고 성역으로 여겼던 국가안보에 의문을 나타내면서 각 이익집단의 이해나 공동체 전체의 공공선을 목표로 한다. 여기서 알 수 있듯이 비전통적 안보는 ① 국가안보의 단일성 테제를 부정하는 대신, ② 내부적으로 사적 안보와 공적 안보 등 상호 모순적인 두 측면으로 구성되어 있다. 따라서 규범적 측면에서 볼 때 비전통적 안보가 전통적 안보보다 반드시 우위에 있다고 말하기는 어렵다.

넷째, 전통적 안보와 비전통적 안보 간의 목표 차이는 목표 달성을 위한 접근방식의 차이로 이어지지만, 폭력을 사용한다는 점에서 양자 간에 유사성도 존재한다. 그러나 전통적 안보의 경우 국가안보가 위협에 처할 때 군사력 사용이 정당화될 수 있는 반면, 비전통적 안보에서 폭력은 정당화되기 어렵다. 전통적 안보에서는 분쟁의 평화적 해결을 위해 협상이나 중재가 사용될 수 있지만 그것이 일정한 해결책을 마련하지 못할 경우에는 군사력 사용이 불가피할 뿐만 아니라 정당화되는 경우도 있다. 물론 그에 대한 국제법적 구속력은 시대와 경우에 따라서 다를 수 있지만 대체로 사후적으로 이루어지는 것이 통례이다. 반면에 비전통적 안보에서도 테러집단이나 종족 분쟁에서 보듯이 폭력이 이용되기는 하지만 그것은 처음부터 인정되지 않는 불법적인 방법이다. 경제적 이익이나 생태계 보전, 마약 거래, 난민 발생 등에서 보듯이 비전통적 안보 문제에서는 문제 발생 및 해결 과정에서 흥정·합의·규제·보호·비난 등과 같은 비폭력적 방법이 대다수를 차지한다.

이상과 같이 전통적 안보와 비전통적 안보를 이념형으로 구분한다고 할 때, 중요한 것은 그것이 현실에 그대로 적용할 수 있느냐의 문제가 발생한다. 이는 다음 두 가지 질문으로 구체화될 수 있다. 첫째, 전통적 안보와 비전통적 안보는 상호 어떤 관계에 있는가 하는 것인데, 특히 전통적 안보에서 국가안보와 비전통적 안보에서 공적 안보의 관계가 관심을 끈다. 둘째, 비전통적 안보에서 사적 측면과 공적 측면의 관계는 무엇인가 하는 점이다. 이 두 가지 질문에 대한 가설적 답의 하나로, 양자 가운데 어느 하나가 우선이라는 식으로 이해하는 것이 가장 쉬운 방법이다. 두 번째 생각할 수 있는 가설적 답은 양자 간 친화성의 여부 혹은 그 정도에 따라 상호 보완적 혹은 상호 갈등적으로 파악하는 경우이다. 그러나 어느 경우에도 각각의 가설 성립을 위한 조건과 작동방식은 여전히 남는 문제이다. 다만 여기서는 전통적 안보와 비전통적 안보, 그리고 비전통적 안보 내 사적 측면과 공적 측면이 별개가 아니라 상호 관련성이 있다는 기초적인 가설을 제시하고 그 구체적인 관계의 내용과 전개방식은 사례연구를 통해서 도출해내고자 한다. 가령, 본 연구의 사례로 삼고 있는 북한의 식량난과 탈북자 문제는 북한을 비롯하여 관련 국가들의 이해가 밀접히 반영되어 있는 문제인 동시에 북한 대중을 비롯하여 기업, 비정부기구, 정치사회 등 비국가 행위자들의 이해도 동시에 개입해 있다. 따라서 이 문제는 북한 등 관련 국가의 안보, 북한 대중의 생존, 한반도의 평화, 비정부기구의 역할 등이 맞물려 전개되는 역동적인 성격을 띠고 있다.

3) 북한의 식량난과 대북 지원

북한의 식량부족이 국제사회에 알려진 것은 1990년대 중반 이후 잇따른 자연재해가 계기가 되었다. 이에 '자립경제' 노선을 천명해온 북한 당국도 1995년 1월 한국과 일본에 식량지원을 공식 요청하기에 이른다. 그러나 북한은 이보다 앞선 1990년대 초 남한에 쌀 50만 톤을 지원해줄 것을 비공개로 요청한 바 있다.[22] 실제로 북한이 1990년대 중반 이후 자연재해 요인을 제외하더라도 식량부족 현상에서 벗어나지 못했다는 분석도 나온 바 있다.[23] 북한은 1980년대 이래 식량생산의 경향적 하락을 보여왔고 1990년대부터는 외화 부족으로 식량 구매력이 크게 떨어졌다.[24] 그리고 1995년 유례없는 수해를 시작으로 한 연이은 자연재해는 북한의 식량난을 가속화시켰고 급기야 북한은 국제사회에 원조를 공식 요청하기에 이르렀다. 세계농업기구(FAO)와 세계식량계획(WFP)의 발표에 따르면 북한은 1995년 이후 지금까지 만성적인 식량부족 현상에서 벗어나지 못하고 있다. 2010년대에 들어 북한의 식량부족 현상은 완화되고 있지만 북한 자력으로 해결될 가능성은 매우 낮다. 북한은 그에 따라 대내적으로 자립경제정책노

---

22 돈 오버도퍼, 『두개의 코리아』, 339~340쪽.

23 황의각, 「북한의 경제침체」, 황의각 외, 『북한 사회주의경제의 침체와 대응』(서울: 경남대학교 극동문제연구소, 1995), 20쪽; FAO/WFP, "Crop and Food Supply Assessment Mission to the Democratic People's Republic of Korea," Special Report, December 22, 1995.

24 Kim Woon-keun, "Recent Changes of North Korean Agricultural Policies and Projected Impacts on the Food Shortage," *East Asian Review*. Vol. 11, No. 3(Fall 1999), pp. 93~110.

제Ⅵ장 | 북한인권정책의 모색 307

선을 기각하지 않으면서도 개혁적 조치와 경제·핵 병진노선 등 일련의
정책 전환을 취하고,25 대외적으로도 국제사회의 투명한 식량배분 및 그를
위한 현지접근에 일부 협조하고 있다.

　북한 당국은 식량부족에서 벗어나기 위해 다각적인 방법을 강구해왔다.
예를 들어 북한은 배급량을 줄이거나 끼니 거르기 운동을 전개하는 것과
같은 지경에 이르렀다. 1995년 5월부터는 다른 지역에 비해 우대를 받아오
던 평양에 대해서도 주민의 식량 배급량이 기존의 절반가량으로 줄어들었
고,26 1998년 초에 들어서는 성인 하루 배급량이 100g(예년 700g, 1997년
300g)으로 줄어 최악의 상황이 발생하기도 하였다.27 다른 한편, 북한은
남한을 비롯하여 국제사회에 식량지원을 호소하여 일부 부족분을 메워오고
있으나 그것은 절대적으로 한계가 있으며, 자체적으로 식량난 극복을 위해
가족 단위의 농작 허용이나 농민시장의 확대 등을 추진하고 있으나 토지·비
료·농기구 등 농업기반이 부실한 상태에서 뚜렷한 성과를 거두지 못하고
있다. 이 과정에서 북한은 서방국가들과 관계개선을 벌여나갔다. 그러나
북한 핵 문제와 인권 문제 등 서방국가들의 대북 불신과 지속적인 대북
지원의 어려움으로 현재 국제사회의 대북 지원은 침체상태에 있다. 소위
'지원 피로' 현상이 발생하고 있다. 이런 상황에서 북한은 식량지원을 지속
하고 있는 남한 및 중국과의 관계를 발전시키는 데 이해관계가 많다고

25　김연철, 「북한의 선군체제와 경제개혁의 관계」, ≪북한연구학회보≫, 제17권 제1호
　　(2013), 31~55쪽; 권영경, 「북한시장의 구조화 과정과 김정은 정권의 경제개혁 가능
　　성」, ≪동북아경제연구≫, 제25권 제4호(2013), 165~196쪽.

26　FAO/WFP, "Crop and Food Supply Assessment Mission to the Democratic People's
　　Republic of Korea," Special Report.

27　"THE DPRK REPORT," No. 11(January-February 1998), Center for Nonproliferation
　　Studies(CNS, California) and The Institute for Contemporary International Problems
　　(ICIP, Moscow).

볼 수 있다. 한국정부는 북한의 식량 및 의료 상황 개선을 위한 국제기구의 호소에 부응하여 대북 지원 사업에 적극 동참해왔다. 특히 북한의 영유아 (230만 명)와 임산부·수유부(100만 명)를 대상으로 한 영양개선, 질병관리, 건강개선 사업을 관련 국제기구와 협력하여 지속적으로 추진하고 있다.

냉전 붕괴 이후 더욱 어려워진 북한 경제에서 식량난은 다른 산업부문을 악화시키는 부정적 파급효과를 야기하였다. 1990년대 이후 북한 당국이 산업생산에서 전통적으로 역점을 두어온 전력·석탄·철강 생산도 계속해서 감소하였다. 2000년에 들어서도 전력생산량은 1990년의 1/4~1/3 수준에 머물러 산업생산도 1990년 대비 11~30% 하락한 것으로 분석되었다.[28] 이런 경향은 현재까지 크게 개선되지 않은 것으로 보인다. 신년 사설에서에서 전력·석탄·금속공업과 철도운수 등 인민경제부문의 혁신을 강조하고 있다는 것, 그러나 그에 앞서 국방공업을 우선시하는 태도에 변함이 없다는 점 등이 그런 판단을 가능하게 해주고 있다. 농업부문과 관련하여 북한정부가 밝히고 있는 것은 당의 종자혁명방침, 감자농사혁명방침, 두벌농사방침의 구현과 대규모 토지정리사업 등인데, 북한 당국이 지금까지 밝히고 있는 성과는 토지정리사업이 제시될 뿐 위 세 가지 농업 관련 방침에서는 가시적인 성과가 아직 제시되지 않고 있다.[29] 개선되지 않는 북한의 경제난은 생산, 사회질서, 심지어 군대 등 북한 전체에 영향을 주지만 결국에는

---

28 David Von Hippel, Timothy Savage, and Peter Hayes, "DPRK Energy Sector: Estimated Year 2000 Energy Balance and Suggested Approaches to Sectoral Redevelopme," Special Report, Nautilus Institute (September 13, 2002). pp. 90~107 참조.

29 토지정리사업은 1998년 김정일 국방위원장의 '대자연개조 구상'에 따른 것으로 5만여 정보의 경지를 증대하였고 현재 평안남도, 평양시, 남포시 일대에서 2단계 사업이 추진 중에 있다. 통일부 정보분석국, ≪주간북한동향≫, 제663호(2003년 10월 3~9일), 12~13쪽.

북한 대중의 온전한 삶이 희생되게 한다. 주민들의 식량 확보를 위한 생활 및 생산 지역 이탈로 당의 주민통제력은 급격히 약화되었고, 군사훈련 및 무기생산에도 차질이 발생하였다.

그러나 북한은 '고난의 행군'을 거친 이후 생산의 정상화, 가격 및 임금의 현실화 정책을 추진하면서 경제난 극복에 전력을 투구하고 있다. 특히 2007년 북한의 관영언론들이 발표한 '신년공동사설'은 2007년 목표를 "사회주의 경제강국 건설"로 내세우고 인민생활 향상, 경제 현대화 및 경제 잠재력의 발양을 주된 과업으로 제시하였다. 이 사설은 또 농업을 3년 연속 최우선적인 역점사업으로 설정하는 한편 경공업 혁명을 4대 경제선행 부문[30]보다 앞서 강조함으로써 인민생활 향상에 선차적 노력을 기울일 것임을 밝혔다.[31] 특히 2002년 7·1 경제관리개선조치를 전후로 북한에서 급속히 확산된 시장화는 계획경제와 공존하며 북한경제구조를 변화시키고 있다. 또 김정은 정권 들어서 추진되는 중앙 및 지방 양 차원에서의 경제개혁정책은 경제성장을 촉진하고 있다. 개인과 집단에 생산의욕을 자극해 식량부족 현상을 완화시키려는 것이다.[32]

남한을 비롯한 국제사회는 그동안 인도주의 차원에서 북한에 식량지원을 계속해오고 있지만 농업기술 협력이나 생산능력 전수 등과 같은 농업 생산력 향상을 위한 기반조성보다는 단순 지원이 지배적이다. 물론 대북 지원과정에서 옥수수 육종사업, 감자종자개량, 젖염소 목장, 채소의 수경재배 등 일련의 생산지원사업이 전개되고 있지만,[33] 이런 사업들은 국내외

---

30 4대 경제선행 부문은 전력·석탄·금속·수송을 말하는데, 이는 북한이 계속해서 강조하는 산업 부분이다.

31 통일부, 《주간북한동향》, 제821호(2006년 12월 29일~2007년 1월 4일), 4쪽.

32 양문수, 『북한의 계획경제와 시장화 현상』, 주제가 있는 통일강좌 40, 통일부 통일교육원(2013) 참조.

대북 지원단체들 간의 협력체계 없이 전개되는 것일 뿐 아니라 북한의 농업정책 개혁 및 국제사회와의 협력이 동반되지 않아 식량난을 근본적으로 해결하기에는 한계가 있다. 그런 가운데 최근에 들어서 대북 지원활동을 전개하고 있는 국내외 기구 및 단체들이 북한의 자활능력 향상을 염두에 둔 개발지원에 관심을 갖기 시작한 것은 고무적인 현상이다.[34] 그러나 대북 인도적·개발 지원 사업은 북한의 협력적 태도가 필수적이고 남한의 참여가 관건인데 그런 조건이 조성되지 않아 본격적으로는 전개되지 못하고 있다.

북한 핵 문제와 인권 문제 등을 계기로 한 북한과 국제사회의 갈등은 대북 식량지원을 둘러싼 국제사회의 소극적 태도를 초래하고 있다. 그것은 구체적으로 한국의 대북정책을 둘러싸고 나타나는 관련국들 간의 입장 차이와 각국(특히 한국) 내의 갈등으로 나타난다. 첫째, 물론 자국의 이익은 다르지만 중국 식량지원에 우호적인 반면, 한·미·일 3국은 대북 제재 차원에서 식량지원을 중단하였다. 둘째, 현재 대북 식량지원을 둘러싼 남한 내의 갈등은 정치권, 여론, 비정부기구 등 사회 전반적으로 확산되어 있다. 물론 이런 현상이 북한의 국제적 규범 준수나 지원과정의 투명성을 확보하는 데 긍정적인 역할을 하는 측면도 없지 않다. 그러나 다른 한편, 핵 개발을 외교수단화하는 북한의 '선군외교' 행태가 한반도의 긴장을 증폭시킬 뿐만 아니라 북한 대중에게 최소한의 생존권을 제공하는 데는 부정적인 영향을 주는 것도 부인할 수 없다. 이런 점에서 북한 식량난의 발생 원인을 둘러싸고 전개되는 남한사회의 갈등은 문제의 일면을 강조하는 것에 지나지 않으며 그런 갈등의 이면에 각자의 정치적 입장을 북한 문제에 투사한다

---

33 김근식, 「대북지원과 남남갈등」, 『한국인권의 현황과 과제 1』(서울: 한국인권재단, 2003), 400~402쪽.

34 예를 들어 국내외 대북 지원단체들이 2005년 5월 28일~31일 북경에서 가진 '제4회 대북협력국제NGO회의'에서 주요 관심사가 개발지원이었다.

는 비판을 받을 수 있다. 왜냐하면 북한의 식량난이 발생한 데에는 비효율적인 북한의 농업정책과 경제시스템 그리고 한·미·일 등 국제사회의 대북 경제제재 모두 그 요인으로 작용하고 있기 때문이다.

4) 탈북자 문제의 정치화

1990년대 중반 이후 계속된 북한의 식량난은 결국 탈북자를 양산하였다. 식량난이 북한 경제의 구조적 한계로 지속될 것으로 예상되고 외부정보 유입 및 가족 재결합 등 탈북 요인이 다변화하고 있다고 할 때 탈북자는 앞으로도 발생할 것이다. 그렇다면 탈북자 문제에 대한 대책은 예방을 위한 구조적 접근, 재외 탈북자들에 대한 긴급구호활동, 입국자에 대한 보호 및 석응훈련 등 종합적으로 전개되어야 할 것이다. 예방을 위한 구조적 접근은 대북 식량지원은 물론 북한농업 개선을 위한 영농기술 지원, 개혁· 개방 지원, 경제제재 해제, 송환자 처벌 중단 및 이동의 자유를 포함한 인권개선 등 다각적인 방안이 강구될 필요가 있다. 현지 탈북자 보호는 탈북자가 유입하는 중국, 몽고, 베트남 등 탈북자 체류국과 북한, 그리고 제일 입국 대상으로 선호되고 있는 남한 등 다자간 협력이 가장 중요한 과제로 부상하고 있다. 탈북자 보호를 위한 다자간 협력을 좀 더 생각해보자.

탈북자 보호 및 정착과 관련한 국제협력은 탈북자를 어떻게 규정할 것이냐의 문제에서 출발한다. 그러나 이와 관련한 국제법적 규정이 모호할 뿐만 아니라 그에 대한 관련국의 상이한 입장이 문제를 더 복잡하게 하고 있다. 먼저 국제법적 측면에서 1954년 발효된 국제난민협약(the Convention Relating to the Status of Refugees)은 난민을 "인종, 종교, 국적, 특정 사회나 집단의 구성신분 또는 정치적 의견을 이유로 박해를 받을 우려가 있다는 충분한 이유가 있는 공포로 인해 국적국 밖에 있는 자로서, 그 국적국의 보호를 받을 수 없거나 그런 공포로 인해 그 국적국의 보호를 받을 것을 원하지 않는 자, 상주국 밖에 있는 무국적자로서 종전의 상주국으로 돌아가는 것을 원하지 않는 자"(제1조 2항)로 규정하고 있다. 이에 따라 유엔난민최고대표사무소(OHCR)가 난민 문제를 전담하는데 난민의 국제적 보호를 위한 원칙으로 강제송환 금지, 피난처 제공, 불법입국 혹은 불법체류에 대한 처벌 중지 등을 제시하고 있다.[35] 이때 탈북자가 난민협약상의 난민 규정에 해당하느냐의 문제가 제기되는데, 엇갈린 반응이 나온다. 대부분의 탈북자는 식량부족으로 인해 국경을 넘은 일시적 불법체류자이며 정치적 이유로 탈북하거나 귀국을 두려워하는 것은 아니라고 본다면 탈북자를 난민이라 볼 수는 없다.[36] 중국과 북한의 입장이 여기에 해당하며 한국정부도 1999년 이전까지 이와 가까운 태도를 보여왔다. 한편 한국·미국·일본 등지의 시민단체와 여론에서는 탈북자들이 난민협약의 범주에 해당한다고 주장하고 있으나 이 협약의 명시적 조항과는 거리가 있는 것이 사실이다.

그러나 난민협약상의 조항을 기준으로 탈북자를 판단하는 것은 법 형식 논리에 지나지 않으며 지속적이고 항상적인 문제가 되어버린 탈북자 문제를 외면하고 있다는 비판이 제기되어왔다. 자국 내에 정치적 탄압이나 사회적 차별이 없더라도 환경파괴나 정부의 자연재해 방지 및 대처능력 부족 등 복합적 요인으로 곤경에 처한 사람들이 국경을 "떠나지 않으면 죽을 수밖에 없는" 한계 상황에 처할 수 있기 때문이다. 그에 따라 최근 학계와 국제사회는 그런 유형에 해당하는 사람들도 광의의 난민으로 간주하고, 이들을 고전적인 (정치)난민과 구별하여 '경제난민' 혹은 '환경난민'

---

35 최성철 편, 『북한인권의 이해』(서울: 북한인권개선운동본부, 1996), 414쪽.
36 그러나 탈북자들이 탈북 및 체류과정에서 남한사람이나 기독교단체 등의 도움을 받을 경우 북한 귀환 시 처벌이 예상되기 때문에 이들은 '현장난민'으로 간주할 수도 있다.

으로 부르고 있다. 실제로 탈북자들에게 탈북 동기가 정치적인가 경제적인가 하는 것으로 난민 지위를 부여하는 것은 현실과 괴리감이 있을 뿐 아니라 비인도적 처사라는 지적도 일고 있다.[37] 이와 같은 논리로 난민최고대표사무소와 국제사면위원회 등 국제인권단체는 탈북자를 광의의 범주에서 난민으로 간주하며, 탈북자의 강제송환 및 처벌과 관련하여 중국·북한을 비난하고 이들에 대한 실태조사를 위한 현지접근과 인권보호를 요구하고 있다. 한국은 1999년 3월 25일 제55차 유엔 인권위원회에서 처음으로 탈북자 문제를 언급하면서 탈북 현상 방지를 위한 북한 당국의 주민들에 대한 생존권 보장 및 탈북자 문제에 대한 국제사회의 관심을 촉구한 바 있다. 실제 그해 10월 한국정부는 한국행을 원하는 탈북자를 수용한다는 입장을 밝혔다. 한국정부는 2000년 3월 제56차 유엔 인권위원회에서 탈북자를 난민으로 규정한다고 공시적으로 밝힘으로써 탈북자를 광의의 난민규정에 포함시켰다.[38]

그럼에도 그동안 한국정부는 탈북자 문제가 남북관계·한중관계·인도주의 등 여러 측면이 관련된 복잡한 문제로 판단하고, 제3국(주로 중국)에 체류하고 있는 탈북자 중 한국행을 원하는 사람들을 수용하면서도 정책적으로 탈북자의 한국행을 추구해오지 않고 있다. 이 과정에서 한국정부는 중국정부와 '조용한 외교'로 원만한 문제해결을 전개해왔다. 그러나 정부의 이런 입장이 해외체류 탈북자 보호에 소극적이라는 비판이 계속해서 제기되어왔다. 그런데 노무현 정부가 2004년 7월 정부가 베트남 체류 탈북자 460여 명을 베트남 정부와 2개월에 걸친 '조용한' 협상을 통해 대거 한국에

---

37 이신화, 「대량 탈북사태에 대한 조기경보」, ≪국제정치논총≫, 제38집, 제2호(1998), 84쪽.

38 정영선, 「탈북 난민들의 인권문제와 국내외적 대응」, ≪호남정치학회보≫, 제12집 (2000), 12쪽.

입국시킨 것은 '조용한 외교'의 개가라는 평가도 있다. 이명박 정부, 박근혜 정부에 들어서 한국정부는 정상회담, 외교장관회담 등을 통해 중국에 탈북자 문제 해결에 대한 협력을 촉구해왔다.

다른 한편, 탈북자를 난민으로 규정할 것이냐의 여부가 탈북자의 당면한 고통을 해결하는 데 법적·정치적으로 한계가 있다는 지적에 따라 탈북자에 대한 실질적 보호를 위해 '일시적 난민' 개념이 제시되고 있다. 이에 따라 제시되는 일시 보호제는 관련 당사국 간의 합의하에 피난민을 보호하는 방법의 하나로서, 난민보호상의 의무인 난민인정 절차 및 난민의 제반 권리 유보 그리고 문제의 원인 소멸 시 자발적 귀환 등을 전제하고 있어 관련국들의 정치적 부담을 덜면서 난민을 보호하는 장점이 있다.[39] 그러나 일시적 난민으로의 접근이 국제법상의 규정보다는 관련국들의 정책에 의존한다는 점에서 불안정한 약점이 있다.

탈북자의 규모에 대해서는 연구자(혹은 기관)에 따라 수천 명에서 수십만 명까지 편차가 크지만 탈북이 계속 이어지고 있다는 점, 탈북 동기가 다양해지고 있다는 점, 북한으로의 귀국 의사가 적지 않은 가운데도 한국행을 선호하는 비중이 높아지고 있다는 점 등을 공통적인 사항으로 꼽을 수 있다. 한국행 탈북자의 수는 2007년에 들어 총 1만 명을 돌파하고 2014년 10월 말 현재 2만 7,200명을 상회하고 있다.

탈북자 문제를 비롯한 북한인권 문제에 대한 관련국들의 입장을 살펴보면, 이들이 탈북자 문제를 한반도에서 자국의 영향력을 제고하려는 수단으로 이용하거나 방치하고 있는 것을 알 수 있다. 예를 들어 중국과 러시아는

---

39 일시적 보호는 1992년부터 OHCR이 개별국의 신속하고 융통성 있는 탈북자 보호를 유도하기 위해 제시되었으나 6개월의 일시적 방안이므로 장기적으로는 실효성이 낮다는 단점이 있다. 이금순, 「북한이탈주민들의 법적 지위와 현실」, http://www.jungto.org/gf/kor.html(검색일: 2004년 6월 25일).

탈북자 문제가 국제적 관심사로 부상하게 되면서 탈북자들의 체류나 한국
행을 묵인하는 경우도 있지만, 2000년 1월 유엔 난민최고대표사무소로부터
난민으로 인정받은 탈북자 7명을 북한으로 강제송환하는 등 탈북자 문제가
인접 국경지대에 미칠 영향과 북한과의 관계를 고려해 소극적인 태도로
일관하고 있다. 특히 중국은 탈북자들이 집중적으로 체류하고 있다고 판단
되는 동북 3성 지역에서 탈북자 문제가 조선족과 결합하여 사회치안 문제
증대 등 통제력 약화를 우려하고 있기 때문에, 탈북자 문제를 북·중 관계
혹은 국내 문제로 간주하여 국제적 간섭을 차단하려 하고 있다.[40] 그에
비해 미국정부는 탈북자를 난민으로 간주하고 탈북자 수용 및 정착촌 건립
등을 검토할 방침을 피력하면서도 정작 중국 내 미국 공관을 통한 탈북자
망명은 허용하지 않아왔다.[41] 탈북자의 난민 인정 비율도 높다고 볼 수
없다. 일본정부 역시 탈북자를 난민으로 간주하면서도 망명을 거의 허용하
지 않고 납치자 문제에만 집중하고 있다.

이런 상황에서 북한 당국은 탈북자 단속을 위한 국경감시와 함께 중국·러
시아와 탈북자 송환을 위한 외교적 협조를 전개하는 한편, 식량을 구하기
위해 탈북했다가 되돌아온 주민에게는 처벌을 완화하는 경우도 있다고
한다. 북한의 이런 조치는 탈북자 문제를 체제 압력의 구실로 삼고자 하는
외부세력을 견제하고 국가와 사회의 통합성을 높이려는 것으로 분석할
수 있다. 그러나 탈북자 문제를 자국의 이해에 따라 접근하는 주변국들의
태도나, 탈북자 발생의 근본 원인보다는 대증요법을 취하고 있는 북한

---

40 이진영, 「탈북자 기획망명 사태에 대한 중국의 반응」, ≪정세와 정책≫, 통권 72호
(2002년 7월), 4~5쪽.

41 2004년 9월 27일 탈북자로 추정되는 사람 9명이 중국 상하이 미국 국제학교로
진입했지만 학교 측은 중국 경찰이 이들을 데리고 가게 하였다. ≪연합뉴스≫, 2004
년 9월 30일.

모두 탈북자 문제를 정치적으로 이용하고 있을 뿐 인도주의적 접근이나 문제해결을 위한 적극적인 자세를 취하고 있다고 말하기 어렵다. 여기서 남한정부와 국내외 비정부기구의 역할이 더욱 요구된다고 할 것이다.

5) 대안안보 기제의 수립

(1) 대안안보의 성격과 형성

이상 북한의 식량난과 탈북자 문제의 성격과 현황을 간단히 살펴보았다. 그렇다면 그 과정에서 나타나는 문제점들을 극복하는 데 서론에서 제기한 대안안보적 접근은 어떤 대안을 제시할 수 있는가?

여기서 말하는 대안안보란 안보 개념에 대한 통합적 이해를 바탕으로 하고 인간안보를 목표로 한 새로운 행동전략을 말한다. 안보 개념에 대한 통합적 이해는 전통적·비전통적 안보 개념과 같은 이분법적 접근을 비판하는 것에서 출발한다. 이는 오늘날 안보 현실이 그 성격과 행위자 그리고 범주 등 여러 측면에서 복잡성을 띠고 있다는 점을 반영한 문제의식이다. 탈냉전 이후 발생하는 아프리카와 발칸 반도 등지의 종족갈등과 그로 인한 대량학살은 그 자체로 세계적 차원의 인도주의적 문제임과 동시에 해당 지역 차원의 안전 문제이기도 하다. 이때 행위자도 국가와 비국가 행위자가 모두 개입하고 있다. 마찬가지로 북한의 식량난과 탈북자 문제도 북한 대중의 삶과 직결된 인도주의 문제임과 동시에 지역의 관련 국가들의 이해가 개입된 안보 문제이기도 하다. 따라서 오늘날 안보 문제는 그 범주와 행위자 등에서 통합적 이해와 접근을 요구받고 있다. 물론 대안안보가 상호 이질적인 전통적·비전통적 안보 개념을 모두 흡수한다고 통합적 접근이 보장되지는 않는다. 이는 2절에서 제기한 전통적 안보와 비전통적 안보, 비전통적 안보에서 공적 측면과 사적 측면 간의 상호 관계 문제와 직결되는 것으로, 대안안보가 인간안보를 목표로 한다는 점에서 이들 간의 관계는 재구성된다. 이런 점에서 전통적 안보가 1차적으로 비판되거나 해체될 필요가 있지만 인간안보를 달성하는 데 전통적 안보의 구성요소들 중 일부가 재해석될 필요가 있다. 예를 들어 전통적 안보에서 국가는 군사력을 주요 수단으로 하여 외부로부터의 침략을 막아내는 데 1차적 관심을 두어왔다. 이때 국가는 국민의 생명과 자유 옹호를 명분으로 하지만 실제는 국가 자체가 권력의 원천이자 안보의 목표였다. 그러나 인간의 생명과 자유를 목표로 하는 대안안보에서는 국가는 폐기되지 않고 수단으로서 그 성격이 새롭게 부여된다. 이때 국가와 비국가 행위자는 기존의 이분법적 안보 개념상의 갈등관계에서 인간안보라는 목표를 공유하면서 공존하고 협력할 수 있다.

또한 비전통적 안보 개념 내의 공적 측면과 사적 측면 역시 인간안보를 중심으로 여과과정을 거치게 되는데 이럴 경우 공적 측면이 우위에 놓인다. 여기서도 국가의 도구적 역할이 나타날 수 있는데, 만약 사적 측면이 공적 측면을 압도할 경우 국가가 공적 측면을 대변하여 사적 측면을 견제할 수 있다. 물론 비전통적 안보에서 사적 측면이 무조건 배척되거나 공적 측면에 복속되어야 하는 것은 아니다. 예를 들어 북한 식량 문제나 탈북자 문제에서 기업이 대북 지원을 병행하면서 기업활동을 할 때 사적 측면은 공적 측면과 공존할 수 있다.

그러나 여기서 이질적 목표와 수단 간의 절충성, 대안안보의 현실성이 문제로 대두할 수 있다. 첫째, 목표와 수단 간의 절충성은 형식논리상으로는 지적될 수 있으나 세계정부나 이상사회가 수립되기 이전까지는 불가피한 절충이다.[42] 사실 중요한 문제는 두 번째 문제이다. 가령, 국가가 자기

---

[42] 가령, 난민의 인권 문제도 실제로는 인간안보가 아니라 국가안보 이익의 관점에서

관성을 갖고 계속해서 국가안보를 추구할 경우 어떻게 국가를 인간안보의 관점에서 재구성하여 수단화할 수 있는가의 문제이다. 이는 결국 인간안보 레짐의 형성 및 지속 과정에서 국가의 역할을 규명하는 문제이다.[43] 이에 관해서는 국가주의·제도주의적 관점 등으로 제시되고 있지만 레짐(regime)의 진화과정에 따라 국가의 성격 변화를 둘러싸고 국가와 비국가 행위자 간의 경쟁이 전개된다. 그 분기점은 국내적·국제적 양 차원에서 국가(관계)의 민주화이고, 따라서 국내외 사회에서 대안안보 담론의 권력화가 필요하다. 여기서 상정되는 주요 정치 형태는 권력정치가 아니라 지지를 받는 정책을 확산하고 제도화하는 '명성의 정치(politics of fame)'와 비인권 혹은 반인도적 행동을 고립시키는 '수치의 정치(politics of shame)'이다. 따라서 대안안보에서 국내외 비정부기구와 기성 정부간기구(Inter-Governmental Organizations: IGOs)의 역할이 중요시되며, 이때 국가는 약화되는 것이 아니라 이들과 건설적인 협력관계로 그 역할이 재구성된다. 대안안보란 결국 인간의 존엄성 옹호 및 실현을 중심으로 기존의 상이한 안보 개념 및 접근을 재구성함으로써 새로운 목표에 대한 현실주의적 접근을 접목하는 데 그 특징이 있다.

(2) 북한의 식량난 및 탈북자 문제에서 대안안보

북한의 식량 및 탈북자 문제를 대안안보의 관점에서 논하기 위해서는 먼저 3~4절을 통해 나타난 문제점을 상기할 필요가 있다. 대북 식량 지원

만들어져 왔기 때문에 실현 가능한 난민보호정책 역시 국제체계에 대한 인식을 바탕으로 모색되어야 한다. Emma Haddad, "Refugee Protection: A Clash of Values," *The International Journal of Human Security*, Vol. 7, No. 3(Autumn 2003), pp. 1~26.

[43] 서보혁, 「인간안보와 국가의 역할」, 서보혁 엮음, 『인간안보와 남북한 협력』(서울: 아카넷, 2013), 81~107쪽.

〈표 Ⅵ-1〉 대안안보의 관점에서 본 북한 식량 문제와 탈북자 문제

구 분	내 용
목 표	북한 대중의 생존과 자유
목 적	탈북자 난민 지위 인정, 북한 농업 기반조성 및 국제규범 준수
전 략	정부와 비정부기구의 협력, 구조적 접근과 긴급구호 병행
방 안	식량지원, 외교적 압력, 여론 조성, 북한의 국제협약 가입, 기술협력
지 향	북한의 개혁·개방, 동북아 안보협력

문제는 핵, 인권 문제에 대한 국제사회와 북한의 갈등에 영향을 받아 일부 국제 인도주의적 지원 단체의 지원을 제외하고는 정치적으로 연계되어 있고 남한사회 내에서도 갈등을 빚고 있다. 이 과정에서 국제사회에 식량 원조를 요청하면서도 식량부족이 미국의 제재에 기인하고 있다는 북한의 이중적 태도 역시 식량 문제를 해결하는 데 제약이 된다. 또 탈북자 문제에서 1차적으로 문제가 되는 것은 탈북자에 난민 지위를 부여할 것이냐의 문제이다. 이에 대해 관련국들은 자국의 이해관계에 따라 각기 다른 입장을 보인다. 그 결과 탈북자들의 고통을 해결할 방안이 국가 간에 합의되지 못한 채 개별적 혹은 임의적 대응이 전개되고 있다.

이런 문제점을 고려하여 대안안보의 시각에서 북한 식량 및 탈북자 문제를 접근하는 방안을 구성해보면 <표 Ⅵ-1>과 같다. 북한 식량 및 탈북자 문제에 접근하는 궁극적 목표는 북한인민대중의 생존과 자유를 실현하는 것이다. 물론 이 문제에 관련되어 있는 국가/비국가 행위자들의 입장은 다양하지만 중요한 사실은 이들이 이 목표를 부정하지 못한다는 점이다. 실제로 이 목표를 갖고 활동하는 행위자는 일부 국제인권단체에 지나지 않는다. 따라서 이와 관련한 비정부기구들의 모니터 활동에는 식량 배분의 투명성 문제만이 아니라 국제사회의 대북 지원 및 탈북자 관련

정책의 실효성도 포함시켜야 할 것이다.

비정부기구가 할 수 있는 '수치의 정치'에는 구체적으로 다음과 같은 것들을 생각해볼 수 있다. 중국과 북한이 탈북자를 단속하거나 강제송환하는 것은 명백한 비인도적·반인권적 처사라는 점에서 비판할 뿐만 아니라 지역 안보와 관련해서도 탈북자 문제의 해결에 긍정적이지 못하다는 점을 강조할 필요가 있다. 국내외 비정부기구들이 이를 국제사회에 여론화하여 중국과 북한이 그런 행동을 반복하는 것이 국가 이미지와 국제적 협력에 이롭지 못하다고 깨닫게 해야 한다.[44] 또 미국과 일본이 이 문제를 이유로 북한정권을 비난하고 압박수단으로 삼고 있을 뿐 실제로는 식량지원을 중단하는 등 인도주의적 역할을 방기하고 있다는 점도 지적할 필요가 있다.

북한 식량 문제에서 현 단계 목적은 식량 지원 및 농업생산 기반조성이고, 이것은 탈북자 문제 해결의 전제가 된다. 탈북자 문제와 관련해서 현 단계 목적은 탈북자 체류국이 탈북자의 기본권을 보호하고 난민협약에 가입(북한) 및 이행(중국)을 하는 것이다. 여기서 알 수 있듯이 이 문제는 문제의 심각성을 반영하여 긴급구호와 함께 문제발생 원인의 해소를 겨냥한 구조적 접근을 병행하는 것이 중요하다. 따라서 이는 관련국 정부와 유엔 등 정부간기구 그리고 국내외 비정부기구 간의 협력을 요구하고 있다. 예를 들어 비정부기구는 탈북자 문제에 대해 관련국들이 이해의 차이로 직접적으로 협력에 나서지 못한다면 그 역할을 대신할 수 있도록 자유로운 접근과 재정 지원을 받을 수도 있을 것이다. 그러나 그런 접근보다는 탈북자 체류국

---

[44] 난민 문제 해결은 인권레짐과 난민레짐 간의 상호 보완 속에서 OHCR과 비정부기구 간의 상호 협력을 더욱 필요로 하고 있다. Gil Loescher, "Refugees: a global human rights and security crisis," in Tim Dunne and Nicholas J. Wheeler(eds.), *Human Rights in Global Politics*(Cambridge : Cambridge University Press, 1999), pp. 244~251.

에 난민 지위 인정 및 탈북자에 대한 보호 책임을 요구하고, 그것을 바탕으로 북한의 국제규범 준수를 더 강력하게 요구하는 것이 비정부기구의 위상에 알맞은 행동전략이 될 것이다. 마찬가지로 식량 문제에 관해서도 비정부기구는 인도주의적 지원에 주력하고 관련국 정부는 지원을 둘러싸고 각기 다른 입장을 보인 채 북한의 농업 기반조성에 무관심한 것은 식량난 지속 → 탈북자 발생 → 지역불안정과 같은 악순환을 지속시킬 것이다. 말하자면 북한 식량 및 탈북자 문제에 대한 구조적 접근과 긴급구호 활동은 정부와 비정부기구 간의 역할분담 차원에서 상호 보완적으로 전개되어야 한다. 이런 점에서 우선적으로 절실한 것은 현재 비정부기구가 진행하는 대북 지원, 북한의 농업기술 개선, 탈북자 긴급구호 활동에 국제기구와 관련국이 동참하도록 하는 협력망을 형성하는 일이다.

여기서 북한 식량 및 탈북지 문제의 목표를 개인주의적 자유권에 국한하여 이해하는 것은 문제해결의 일면일 뿐이라는 데에 유의할 필요가 있다. 예를 들어 기획 탈북 및 입국은 탈북자의 자유를 위한 일반적인 방안이 될 수 없을뿐더러 재외 탈북자나 북한 대중(혹은 잠재적 탈북자)을 더욱 고통에 빠뜨릴 수 있다. 또 북한 대중의 인권 유린을 명분으로 한 대북 제재의 지속도 같은 이유로 정당화될 수 없다. 따라서 북한 대중의 생존과 자유 실현을 위해서는 북한체제를 인권친화적인 방향으로 유도하는 능숙한 접근이 바람직하며, 국제사회는 그런 목표 실현을 위해 북한 대중의 자생력 형성을 위해 교류 및 지원 확대로 자기 역할을 잡는 것이 필요하다. 그렇게 할 때 대안안보의 시각에서 북한의 개혁·개방과 동북아 협력안보를 전망할 수 있을 것이다.

3. 헬싱키 프로세스의 교훈

1) 들어가는 말

북한인권 상황에 대한 국제적 관심과 우려는 이제 새삼스러운 일이 아니다. 북한인권 상황은 탈북자 증언이나 국내외 인권단체는 물론 북한정부가 유엔 국제인권협약 심사위원회에 제출한 보고서를 통해서도 국제사회에 알려지고 있다. 국제사회는 유엔 인권이사회 및 총회의 북한인권 결의안 채택을 통해 깊은 우려를 표명해왔다. 북한은 유엔과 미국, 일본의 그러한 움직임을 체제전복에 이용하는 것이라고 반발하고 있다. 이제 북한인권에 대한 국제사회의 관심과 공론화 과정은 충분히 이루어졌다고 말할 수 있다. 그렇다면 문제는 효과적이고 실질적인 북한인권 개선방법이라고 할 수 있다.

이와 관련하여 국내외 일각에서, 냉전기 유럽에서 형성·이행한 바 있는 '헬싱키 프로세스(Helsinki Process)'를 북한인권 문제 해결에 적용할 수 있다는 주장이 나와 주목을 끌고 있다. 이는 단순히 정책제안 수준이 아니라 미국의 북한인권법이 다루고 있는 것처럼 구체적인 적용 가능성을 타진하는 수준이다. 이에 따라 국내에서도 최근 들어 이 문제에 대한 관심이 생기고 부분적으로 연구가 진행되어왔다. 그러나 그나마 수행된 연구는 대부분 북한인권 해결을 위한 국제적 접근방법의 하나로 헬싱키 사례를 소개하거나 역사적 교훈을 살피는 데 그치고 적용타당성에 대한 본격적인 검토는 이루어지지 않고 있다. 일부 적용을 시도한 연구물이 나오고 있는데,[45] 두 사례

---

[45] 김민서, 「헬싱키 프로세스와 미국의 북한인권법」, ≪국제법학회논총≫, 제50집 3권 (2005), 47~75쪽; 이종철, 「헬싱키 프로세스의 북한 인권 적용 가능성과 함의: 소련 및 동구 변화의 동학으로부터」, ≪대한정치학회보≫, 제17권 제3호(2010), 285~312

간의 차이는 물론 경쟁 국가군을 지역협력구도로 수렴하는 과정 속에서 인권 문제에 접근한 방식 등에 대한 진지한 고려가 미흡한 감이 있다.

이 글은 헬싱키 프로세스를 북한인권 문제 해결에 적용할 수 있는지를 판단하는 것을 목적으로 한다. 들어가는 말에 이어 2)~3)에서는 유럽안보협력회의 최종협정(Conference on Security and Cooperation in Europe Final Act: 일명 헬싱키 협정)의 채택 및 이후 이행 과정을 나누어 살펴보면서 평가와 함께 북한인권에 주는 시사점을 찾고자 한다. 이에 기초하여 4)에서는 헬싱키 프로세스가 북한인권 문제 해결에 적용할 수 있는지를 성립조건, 관련국들의 입장 등을 검토하여 판단하고자 한다. 결론에서는 이상의 논의가 한국에 주는 시사점을, 서독과 미국이 헬싱키 프로세스에서 보인 행동을 참고하며 제시하고자 한다. 본 논의를 위해 관련 선행연구를 주로 참조하면서 헬싱키 최종협정과 이행 논의과정에서의 결정문은 원 자료를 살피고,[46] 동독의 인권 상황은 당시 관련 인사들의 증언을 참고하였다.

2) 헬싱키 협정의 채택과 그 의의

(1) 제안 배경과 채택 과정

제2차 세계대전 이후 등장한 동서 냉전은 유럽에서 4대 전승국(미·소·영·불)에 의한 베를린 분할 통치로 윤곽을 드러냈다. 미국과 소련은 유럽을 양 진영으로 분할하여 체제 경쟁에 들어갈 조건을 조성하였다. 이때 소련이 주도하는 동유럽 사회주의진영 형성이 동유럽 국가들의 공산정권 수립과정

쪽; 이인배, 「헬싱키 프로세스와 북한인권 문제 개선 전략」, ≪세계지역연구논총≫, 제29권 제3호(2011), 117~138쪽.

46 헬싱키 협정을 포함한 주요 10대 문서와 해제는 서보혁 편저, 『유럽의 평화와 헬싱키 프로세스』(서울: 아카넷, 2012) 참조.

으로 서유럽 자유주의진영보다 늦었다. 소련으로서는 2차 대전 후 중동부 유럽으로 영향권(sphere of influence)을 확대하였지만 그것을 서방측으로부터 인정받지 못한 상태였다. 1950년대에 들어 소련이 서방권을 향해 유럽의 집단안보 구상을 제의한 것은 이런 배경에서 나온 것이었다.

1954년 2월 10일 소련의 몰로토프(V. Molotov) 외상이 베를린 4개국(미·소·영·불) 외상회의에서 동서 군사블록을 전유럽안전보장기구(미국은 참관국)로 대치할 것을 최초로 제안하였다. 서방측이 이 제안을 거부하자 소련은 1955년 5월 바르샤바조약기구(WTO)를 조직하여 서방의 군사동맹에 대응하는 동시에, 그해 11월 미국을 참여시키는 대신 양 진영의 군사블록을 대체하는 유럽집단안보기구 설립을 제안하지만, 이 역시 서방측에게 거부당한다. 이번에 서방측은 소련의 제안을 단순히 반대하는 데 그치지 않고 '인적 차원의 문제(human dimension)'에 관한 제안을 내놓았다. 1955년 8월과 11월 두 차례의 4개국 회담에서 3개 서유럽 국가는 정보의 자유로운 흐름, 정보 센터의 설립, 그리고 전문·과학·문화적 부문에서의 사고 및 인적 교류 등을 소련에 제안하였다. 이번에는 소련이 내정 간섭과 국가 주권 존중을 이유로 거부하였다.[47]

1960년대에 들어 소련은 중소분쟁을 겪으면서 유럽과 아시아 양측으로부터 협공을 받게 되자 긴장완화정책을 내놓게 되는데, 이때 서독에서는 브란트(W. Brandt) 수상이 등장하여 동서화해를 위한 동방정책(Ostpolitik)을 추진한다.[48] 소련은 긴장완화책의 일환으로 1966년 7월 6일 부카레스트 WTO 수뇌회의에서 전유럽안전보장회의 개최를 제안한다. 소련은 이 제안

---

47 Alexis Heraclides, *Security and Co-operation in Europe: The Human Dimension 1972-1992* (London: Frank Cass & Co. LTD, 1993), pp. 3~4.
48 브란트의 동방정책에는 동서독이 함께 CSCE와 유엔에 참가하는 계획이 포함되어 있었다.

에서 동독·폴란드의 국경을 서방으로부터 인정받고 과학·기술·예술·문화 분야에서 동서협력을 위한 회의를 미국·캐나다를 참석시키지 않는 가운데 소집하자고 하였다. 소련의 제안은 2차 대전 이후 이룩한 성과, 즉 동유럽의 사회주의체제와 두 개의 독일을 서방으로부터 인정받자는 것이었다. 1960년대 후반에 이르러 동서 간 긴장이 완화되면서 서방진영은 소련의 제안을 긍정적으로 검토하기 시작하였다. 서방측은 1969년 12월 유럽안보에 관한 북대서양조약기구(NATO) 이사회 선언을 통해 소련이 베를린 문제에 협력한다면 전 유럽안보 문제를 다루는 다자간 동서교섭에 응할 것이라고 대응하였다.[49] 거기에는 미국·캐나다가 참석하는 것으로 되어 있었다. 서방측은 동서 간 협력에 관한 소련 측의 제안에 환경을 추가시켰고 최초로 사람·정보·사상 교류도 의제로 포함시켰는데, 그것은 향후 회의에서 '인적 차원의 문제'에 관한 논의의 씨앗이 되었다. 이어 1971년 9월 23일 미·소·영·불 4개국 베를린 협정과 1972년 5월 닉슨 대통령의 소련 방문을 통해 소련이 중부유럽에서 상호 균형감군(Mutual Balanced Force Reduction: MBFR)에 동의함으로써 서방국가들은 유럽안보협력회의(CSCE)에 참여하기로 하였다.[50]

헬싱키 협정은 다자준비회담(1972. 11. 22~1973. 6. 8 헬싱키), 1단계 회담(1973. 7. 3~7, 헬싱키), 2단계 회담(1973. 9. 18~1975. 7. 21 제네바), 3단계 회담(1975. 7. 30~8. 1, 헬싱키) 등 4개 단계를 거쳐 진행되었다.[51]

동서 양 진영 간 CSCE 개최 합의로 1972년 11월 22일 핀란드 헬싱키

---

49 NATO 이사회 선언은 같은 해 3월 부다페스트에서 열린 동유럽권 정상회담에서 기존 두 진영의 군사동맹 해체 주장이 삭제된 것을 계기로 나온 반응이라고 할 수 있다.

50 이장희, 「Helsinki '인권'규정이 분단국가에 주는 의미」, 36~37쪽.

51 Ki-Joon Hong, "Negotiation for CBMs in the Helsinki Final Act of 1975: Its Implication for the Korean Peninsula", ≪유럽연구≫, 제15호(2002년 여름), 294~295쪽.

근교 디폴리에서 유럽의 33개국과 미국, 캐나다 등 35개국 대표가 참가한 다자준비회담(Multilateral Preparatory Talk: MPT)이 개최되었다. 회담에서 제기된 다양한 테마는 세 개의 바스켓(Basket)으로 분류되었다. 바스켓 Ⅰ은 국가들의 상호 관계에서 지침이 될 원칙들과 안보 문제를 다루었다. 바스켓 Ⅱ는 경제·기술분야 교류와 관련된 문제를 다루었고, 바스켓 Ⅲ은 인적 교류에 관한 부분이었다.

바스켓 Ⅰ에서 가장 어려웠던 것은 참가국 간 관계를 규율하는 원칙들을 결정하는 것이었다. 소련과 동유럽 국가들은 규범을 정하는 협약 또는 법적 구속력이 있는 원칙을 만들고, 그 핵심으로는 국경의 신성불가침, 내정불간섭, 무력 사용 금지, 자주 독립 및 영토 보존, 경제·기술·문화적 협력 등을 주장하였다. 서유럽 국가들은 법적 구속력을 가진 원칙을 용납하지 않으면서 인권과 자결의 원칙을 강조하고 국경의 신성불가침을 별도의 원칙으로 인정하지 않았다. 결국 국경의 신성불가침·인권·자결은 각각 별도의 원칙들로 제정되었고, 그 의미는 회담에서 해석하기로 하였다. 바스켓 Ⅰ에서 안보에 관한 협상은 신뢰구축조치(Confidence Building Measures; CBMs)를 중심으로 협상이 진행되었다. 주요 군대이동 및 군사훈련의 사전 통보와 참관단 교류 문제가 의제에 올라 서로의 의견을 교환했으나 심각한 입장 차이로 결론을 내리지 못하였다.[52]

그러나 갈등은 바스켓 Ⅲ에서 가장 많았다. 미국을 제외한 서유럽진영, 특히 유럽공동체(EC)의 9개 회원국들은 정보·인적 교류를 동유럽권을 점진적으로 변화시킬 수 있는 부분으로 보았기 때문에 바스켓 Ⅲ를 앞으로의 회담에서 가장 중요한 이슈이자 협상 카드로, 또는 회담에 찬성하는 결정적인 조건으로 여겼다. 결국 소련은 처음 바스켓 Ⅲ를 반대했으나 바스켓 Ⅰ,

---

52 같은 글, 298~299쪽.

Ⅱ를 얻기 위한 고육책으로 이를 수용하는 것을 검토할 수밖에 없었다·

1973년 7월 3~7일 헬싱키에 CSCE 회원국 외무장관들이 모인 1단계 회담은 다자준비회담의 결과인 회의절차, 의제 등을 승인했을 뿐 다른 합의는 없었다. 이때 다자준비회담에서 남긴 '헬싱키 협의에 대한 최종 권고(Final Recommendations of the Helsinki Consultations; 또는 일명 'Blue Book')'라는 간략한 문서가 공식 채택되었다. 거기에는 CSCE의 운영절차와 관련한 다섯 가지 기본규칙이 담겨 있는데,[53] 그중 '이의의 부재'로 정의되는 합의의 원칙이 이후 CSCE 진행과정에서 큰 역할을 하였다.

제네바에서 열린 2단계 회담은 CSCE 과정에서 가장 복잡하고 어려운 절차를 따랐는데, 논의는 조정위원회(Coordinating Committee)와 감독 기구, 3개의 바스켓위원회, 그리고 5개 실무그룹 등에서 진행되었다. 참가국들은 회의에서 작성할 문서는 법적 구속력 대신에 도덕적·정치적 구속력을 가지는 것으로 합의하였다.[54]

군사적 신뢰구축 관련 논의에서 NATO 측은 CSCE의 맥락 안에서 군사적 조치를 제한적으로 다루기를 원했다. 특히 미국은 CSCE에서 병력과 무기를 다루는 것에는 관심이 없었는데 소련과 추진한 전략무기감축협상(Strategic Arms Limitation Talks: SALT)과 상호균형감군(Mutual and Balanced Force Reductions: MBFR)과 같은 다른 안보레짐이 더 적합하다고 생각했기 때문이다. 이런 사정을 반영해 WTO 측에서도 루마니아를 제외하고 CSCE에서 구체적인 군사적 조치들이 다루어지는 것을 원하지 않았다. 그러나 비동맹 중립국들은 CSCE를 군사안보 문제들이 논의되는 포럼으로 간주하고 장차

---

53 Heraclides, *Security and Co-operation in Europe*, pp. 11~12.

54 합의 문서를 '최종협정(Final Act)'로 부르기를 제안한 나라는 영국과 미국이었다. 그렇게 부름으로써 법적 구속력이 없다는 것을 드러내고자 한 것이다. 같은 책, p. 21.

CSCE가 군사동맹을 대체할 범유럽 집단안보체제가 되기를 기대하였다.[55] 결국 CSCE를 바라보는 각 국가군의 견해차이로 사전 통보 및 참관 교류 등 군사적 신뢰구축 조치들에 대해 결론을 내리지 못하였다. 그러나 1975년에 들어 소련 측의 양보와 비동맹 중립국 측의 중재로 참가국들은 군사적 조치에 관한 사전 통보에 한정하여 그 범위·활동반경·기간 등에 관해 합의점을 마련하였다.[56]

2단계 회담에서 첨예하게 쟁점이 된 분야가 인권 관련 논의였는데, 자결권·소수민족 문제·종교의 자유 등이 대표적 관심사였다. 그런 가운데 종교자유, 정보 교류, 임의적 구금 금지 등에 관한 사항은 동서 양 진영 간에 합의점을 갖지 못하였다. 바스켓 Ⅲ에 대한 협상은 제네바 회의에서 진행된 협상 중 가장 길고 힘들었다. WTO 측이 바스켓 Ⅲ를 용납하지 않았기 때문이다. 동유럽은 특정 인도주의 문제와 문화·교육 교류에 대한 관련국 정부 간 협력 이상을 수용하지 않았다. 그나마 합의된 바스켓 Ⅲ 내용은 주로 EC 측의 노력이 컸다. EC 회원국 대부분은 비교적 동유럽의 인권 문제에 적극적인 관심과 강경한 태도를 취했지만, 서독은 조심스러운 자세를 취하였다. 처음 회담이 시작될 때 소련은 바스켓 Ⅲ에 대해 논의를 회피하려 하다가 나중에는 바스켓 Ⅲ를 하나의 문서로 작성하되 합의가 아닌 권고의 성격을 주고, 주권평등과 내정간섭의 금지, 국내 법률 존중 등을 포함한 서문이 있어야 한다고 주장하였다. 이에 대해 서방진영은 정반대의 입장을 보였다. 동유럽은 합의문 서문에 주권평등과 내정간섭 금지 등을 포함하는 것에 서유럽권이 합의한다면, 국가 간 상호 관계에

---

55 John J. Maresca, *To Helsinki: The Conference on Security and Cooperation in Europe, 1973-1975*(London: Duke University Press, 1985), pp. 169~170.

56 Hong, "Negotiation for CBMs in the Helsinki Final Act of 1975," pp. 301~305.

관한 '원칙' 모두를 인정하여 협력을 증진하도록 하겠다고 했다.[57]

(2) 헬싱키 협정의 요지

헬싱키에서 열린 3단계 회담은 이상과 같은 협의과정을 거쳐 1975년 8월 1일 최종협정을 내놓았다. 협정은 원칙 선언과 안보 문제, 경제·과학기술·환경 분야에 관한 협력, 인적 교류분야에 관한 협력 등을 세 개의 바스켓에 담았다.[58]

이 중 바스켓 I에서 제시된 '참가국 간 상호 관계를 규율하는 10대 원칙'은 양 진영의 기본입장을 모두 담고 있는데, 각 원칙 사이에 잠재적인 충돌 가능성이 있었다. 협정은 상기 10대 원칙들 간 충돌이 있을 때를 가정하여 "모든 원칙들은 매우 중요하다"라고 밝혀 10개 원칙이 각각 똑같이 중요하고 서로 분리할 수 없으며, 다른 원칙을 희생하여 어떤 원칙을 강조할 수 없고 반대로 어떤 분야도 낮은 지위로 무시할 수 없음을 분명히 하였다. 이는 서방측이 동유럽의 인권 문제에 개입할 수 있는 근거로 활용되었다. 또 헬싱키 협정은 유엔 헌장상 의무와 다른 국제조약상 의무 조항들 사이에서 충돌이 발생할 경우에 대해서는 "유엔 헌장 103조에 따라 유엔 헌장의 규칙들이 선행함을 인정한다"라고 명시하였다.

10대 원칙 중 서독이 가장 민감하게 반응했던 원칙은 국경불가침과 자결권의 인정, 두 가지였다. 첫째, 불가침원칙과 관련하여 서독은 통일의 가능성을 고려하여 협력, 평화적 수단, 국제법이라는 세 가지 조건을 받아들이면서 소위 '평화적 국경 변경'을 협정에 포함시키는 데 성공했다. 둘째,

---

57 Heraclides, *Security and Co-operation in Europe*, pp. 32~34.

58 최종협정의 영문 명칭은 "Conference on Security and Cooperation in Europe, Final Act"이고, 한글 전문은 서보혁 편저, 『유럽의 평화와 헬싱키 프로세스』, 91~169쪽.

330   개정판 | 북한인권

자결의 원칙 또한 서독의 입장에서는 통일의 길을 열어놓는 데 불가결한 원칙이었다. 소련은 연방 내 소수민족의 분리독립운동을 초래할 현실적 우려 때문에 자결권을 반대했다. 결국 협정은 국가들의 영토고권과 관련된 국제법을 위반하지 않는 범위 내에서 자결의 원칙을 수용하기로 했다.[59]

헬싱키 협정에서 인권은 10대 원칙 중 제7원칙에, 바스켓 Ⅲ에 인도적 문제를 포함하여 담겨 있는데, 이는 동서 냉전질서의 현상유지와 경제·기술 협력 등으로 체제안정화를 추구한 소련 및 동유럽의 이해를 서방측이 수용한 대가로 볼 수 있다. 제7원칙은 "사상, 양심, 종교와 신념의 자유를 포함한 기본적 자유와 인권에 대한 존중"을 말한다. 바스켓 Ⅲ는 인적 접촉, 정보·문화·교육분야의 교류와 협력을 담고 있다. 제7원칙을 미국이 선두에 선 절대적 접근이 구현되었다고 한다면, 바스켓 Ⅲ는 서유럽 국가들, 특히 서독이 선호한 점진적 접근을 보여주고 있다 하겠다. 이 둘은 헬싱키 인권 이행 프로세스에서 상호 보완적인 역할을 했는데, 제7원칙은 공산국가의 인권침해 현상을 비판하고 개선을 요구할 수 있는 근거가 되었고, 바스켓 Ⅲ는 서방의 인권 개입과 동유럽 시민들의 외부 접촉을 가능하게 한 기회로 작용하였다.

(3) 협정 채택 과정의 평가

소련의 입장은 헬싱키 협정 채택을 통해 서유럽 주둔 미군 철수 외에는 영토보전, 중동부유럽에 대한 영향권의 공식화, 서방으로부터 기술도입 등 대부분의 목적을 달성했다고 평가할 수 있다. 그런 점에서 미국과 서유럽 국가 내에서는 협정 채택을 비판하는 여론이 적지 않았으나, 헬싱키 협정은 서방진영에게 동유럽 진영과 인간·정보·문화의 교류를 통한 인권증진, 국경선의 평화적 변경을 통한 독일통일 가능성에 대한 기대를 불러일으켜

---

59 이장희, 「Helsinki '인권'규정이 분단국가에 주는 의미」, 40~41쪽.

동서 간 손익계산을 일방적으로 평가하기 어려웠다.[60] 헬싱키 협정은 동서 간 이해관계의 범위를 정하고 그에 관한 기본인식과 원칙적 이행방향을 제시했다는 점에서 진영 간 국제협력의 출발점이 되었다.

협정이 채택되는 데 소요된 시간은 동서 간 대립관계와 많은 참가국에 따른 다양한 입장을 조정하는 과정을 보여준다. 진영 간 입장 대립으로 인해 협상은 주고받는 식(tit-for-tat)으로 나타나는 상호주의(reciprocity) 협상 전략이 적용되었고, 복잡한 이해관계의 조정을 위해 중재국의 역할이 주목을 받았다. 그리고 같은 이유로 협상과정에서 이슈 간 연계현상이 두드러졌다. 최종협정의 세 개의 바스켓은 그런 과정을 통해 만들어졌다. 동서 양 진영 간에는 '내정불간섭'과 '인권' 사이에 복잡한 연계를 추진하였다.

헬싱키 협정 채택의 의의를 살펴볼 때 먼저 최종협정을 낳은 CSCE의 성립 조건을 주목할 필요가 있는데, 세력균형과 이익균형이 동시에 존재했다는 점을 꼽을 수 있다. 냉전 이후 국제질서, 특히 유럽질서는 미국을 중심으로 한 서방의 NATO와 소련을 중심으로 한 WTO가 팽팽한 세력균형을 이루었다는 점은 주지의 사실이다. 1969년 3월 WTO 진영이 부다페스트 선언에서 유럽 주둔 미군 철수를 포기한 점, 1972년 5월 미국과 소련이 중부유럽에서 상호 균형 병력감축에 동의한 것은 유럽에서 세력균형을 확립한 조치이자 그에 기초하여 양 진영 간 이익균형을 추구할 발판을 마련한 것으로 평가할 수 있다. 그 이후 그로미코(A. Gromyko) 소련 외상과 키신저(H. Kissinger) 미 국무장관은 CSCE 협상 타결에 나섰고, 비동맹 중립국들의 중재 노력도 힘을 얻게 되었다. 소련은 서방으로부터 동유럽에 대한 영향권을 인정받고, 동유럽은 서방과 경제 및 과학기술 교류를 통해 경제발전을 추구하였고, 미국을 포함한 서방권은 사회주의진영의 서진(西

---

60 박봉식, 「헬싱키 체제 이후 미소의 세계전략」, 《북한》, 제46호(1975), 29~30쪽.

進)을 막고 접촉을 통해 동유럽의 인권개선 및 체제변화를 추구하였다. 그러한 상이한 이해관계는 선후가 아니라 하나의 틀에서 동시에 논의될 필요성이 동서 간에 공감대를 이루었다.

CSCE 논의과정과 그 결실로서 헬싱키 협정 채택은 현대 국제사회의 다양한 관심사를 포괄적으로 인정하고 공동 해결을 모색하기로 합의한 점에 가장 큰 의의가 있다. 헬싱키 협정은 정치적으로 2차 대전 이후 폴란드, 독일의 국경선 유지를 전제로 한 것이고, 도덕적으로는 근본적인 인권 기준이 지속 가능한 평화의 주요 토대라는 점을 밝히고 있다. 그럼에도 CSCE의 다양한 구성과 복잡한 이해관계, 그에 따라 조정 및 타협에 필요한 절차와 시간 비용 등은 헬싱키 협정의 합의 수준, 구속력, 이행과정에 한계를 가져다주었다. 그러나 CSCE가 조약이나 법적 구속력 있는 기구가 아니라는 점이 CSCE의 효과적 운영에 기여한다는 역설이 발생한 점을 무시할 수 없다. CSCE의 유연성은 규칙 형성 과정이 대내적인 법적 제약을 받지 않으면서 각국의 인권 상황을 감시할 수 있었다.

인권 관련 분야의 합의를 평가할 때, 가장 먼저 지적할 수 있는 점은 그것이 진영 간 상호 관심사의 상호 인정 과정에서 이루어진 정치적 타협의 산물이라는 점이다. 서방측은 바스켓 Ⅲ가 다방면의 교류를 통해 동유럽을 개방사회로 변화시킬 수 있다고 확신하였고, 소련 및 동유럽은 인권조항의 삽입에 반대했다가 내정불간섭, 경제·기술협력의 효과를 획득하기 위해 불가피하게 수용하였다.

그럼에서 헬싱키 협정에 인권 관련 내용을 포함시키는 것은 주권평등 원리를 기초로 한 당시 냉전 국제질서에서는 파격적이었던 것이 사실이다. 그 의의는 협정이 일국의 인권 문제를 국제적 관심사로 부각시킨 데 있다. 헬싱키 협정에서 인권 관련 분야는 협정이 아직까지 중요한 문서로 남는 이유 중 하나다. 협정의 인권 관련 부분은 우선, 국제관계에서 인권보호를 정당한 국제적 관심사로 부각시켰고, 둘째, 시간이 지나면서 기존의 인권 관련 국제법상의 의무를 구체화하였고, 셋째, 동서관계를 손상시킬 위험을 감수할 정도로 동유럽에 인권 존중의 개념을 심어줌으로써 동유럽에게는 '트로이의 목마' 같은 역할을 하였다. 협정상의 인권 존중은 다자 차원에서, 그리고 '평화에 필수적인 요소'로서, 국제적 우호관계와 협력의 규범으로서 최초로 인정되었다. 또한 협정은 인권보호를 내정불간섭 위반으로 해석하지 않을 수 있는 기반을 제공하였다.

3) 헬싱키 인권 이행 프로세스와 그 영향

헬싱키 협정 체결 이후 참여국들이 협정 이행에 즉각 나서지 않았다. 오히려 참가국들은 CSCE에 대한 관심이 적었다. 헬싱키 협정의 내용 구성, 이후 긴 이행 회담은 CSCE가 하나의 '제도'라기보다는 자기발전을 해나가는 '과정'이라는 점을 보여준다. CSCE는 1975년부터 1990년까지 일련의 후속회담에서 이루어지는 각 문서들에 기반을 두고 운영되었다. CSCE가 정기적인 후속 회담을 갖기로 한 것은 1983년 9월 마드리드 회담 최종문서에서였다. 최종협정 채택 이후 헬싱키 프로세스는 주요 회담, 후속 회담, 주요 중간회담, 소규모 중간회담 등 네 가지 종류의 회담을 통해 전개되었다.

(1) 인권분야 회의 경과

헬싱키 인권 이행 프로세스 차원에서 처음 열린 벨그레이드 회의(1977. 10. 4~1978. 3. 8)에서 소련 및 동유럽의 인권침해를 둘러싸고 진영 간 논쟁이 있었다. 이때 미국은 기존의 태도와 달리 인권분야에서 균등한 진전 없이 군사안보분야의 실무회의는 헬싱키 프로세스의 심각한 불균형을 초래할 것이라고 주장했는데,[61] 이는 카터 행정부 등장으로 국제인권 문제에

대한 관심 증대가 크게 작용하였다.[62]

두 번째 인권 관련 회의로 마드리드 재검토회의(1980. 11. 11~1983. 9. 9)가 열렸다. 벨그레이드 재검토회의가 아무런 결실 없이 끝난 이후 소련의 아프가니스탄 침공(1979), 레이건 정부 등장(1980), 폴란드 정권의 비상계엄 선포(1981) 등으로 마드리드 회의는 수차례 중단을 거듭하며 3년간 계속되었다. 서방측은 소련의 인권 상황 악화 및 아프가니스탄 침공을 비난하며 소련의 국제안정 및 상호 신뢰회복 노력 없이는 무역 및 과학 협력은 최소수준을 벗어나지 못할 것이라고 경고하였다. NATO 회원국들은 또 동독 정권이 독립노조운동 관계자 및 정치범 석방, 교회와 독립노조와의 대화, 계엄령 해제를 하지 않을 경우 회의를 계속하지 않겠다고 경고하였다. 이에 대해 소련 및 동유럽 국가들은 평화와 긴장완화를 인권보호의 선결과제라고 주장했지만, 서방측의 인권 문제 거론에 대해 벨그레이드 회의 때보다는 덜 강경하게 반응하였다.[63] 그 결과 마드리드 회의 결정문이 채택되었다.

마드리드 회의의 결정문에는 시민적·정치적·경제적·사회적·문화적 권리와 자유 존중과 이들의 효과적 실현에 관한 일반적 언급 외에 사상, 양심, 종교 및 신념의 자유에 대한 보호 및 신장을 강조하였고, 그런 맥락에서 "각 개인이 자신의 권리와 의무를 알고 그에 따라 행동할 권리"가 특별한 주목을 받았다.[64] 또 헬싱키 협정처럼 마드리드 결정문 자체가

---

61 John Fry, *The Helsinki Process: Negotiating Security and Cooperation in Europe* (Honolulu, University Press of the Pacific, 1993), pp. 37~38.

62 예를 들어 벨그레이드 회의에서 골드버그(A. Goldberg) 미국 측 대표가 처음으로 소련과 동유럽에서 처형된 인권활동가와 그 탄압 국가들을 거명했는데 그런 행동은 다른 서방국가들에게도 영향을 미쳐 이후 마드리드 회의, 빈 회의로 이어졌다. 같은 책, pp. 24~25.

63 같은 책, pp. 50~56.

64 OSCE Office for Democratic Institutions and Human Rights(ODIHR), *OSCE Human*

해당 정부에 끊임없는 경고가 되고, 국제적 차원에서 원용할 기초를 마련하였다. 그러나 사회주의국가들은 국제법을 절대적 주권의 산물로 보고 국제법은 국내법으로 변형되어야 원용할 수 있다는 입장을 고수하고 있었다. 그런데 마드리드 문서의 공식적인 원칙목록 속에 사회주의국가들이 폴란드 자유노조(Solidarita)를 경험한 이후에도 노조활동의 자유를 동의했다는 것은 놀랄 만한 일이었다.[65] 또 하나 마드리드 회의는 인권 문제에 관한 동서 양 진영의 입장 차이를 줄이는 노력의 하나로 인권과 인적 접촉을 구분하여 먼저 인적 접촉을 추진하기로 하여 인도적 문제 해결에 성과를 가져오기 시작하였고,[66] 그것은 이후 인권 문제 해결의 발판이 되었다.

이상 두 차례의 인권재검토회의 이후 두 차례의 전문가모임이 개최되었는데, 회의는 논의사항에 대한 결론을 내리지는 못했으나 양 진영 전문가들 사이에 처음으로 깊이 있는 토론의 장이 되었다. 오타와 인권전문가모임(1985. 4. 23~6. 17)에서 양 진영은 인권의 성격, 범주 및 강조점, 국제관계와의 우선순위 등을 둘러싸고 논쟁이 있었다. 인적 접촉과 관련한 베른 전문가모임(1986. 4. 15~5. 27)도 개최되었다. 이 모임은 인권전문가모임보다는 의견 대립이 상대적으로 적어 결정문 작성 직전까지 갔으나 미국 대표단이 본국 지침에 따라 동의를 철회하여 결렬되었다.[67] 미국은 CSCE 과정을 진영 대 진영, 강대국 대 강대국의 시각에서 파악하는 동시에 인적 교류보다는 개인의 자유권, 특히 소련의 인권 문제에 주목하였다.

  Dimension Commitments, Vol. 2: Chronological Compilation, Second edition (Warsaw: 2005), pp. 33~41.

65 이장희, 「Helsinki '인권'규정이 분단국가에 주는 의미」, 52쪽.

66 김병로, 『북한인권문제와 국제협력』(서울: 민족통일연구원, 1997), 40~42쪽.

67 Heraclides, *Security and Co-operation in Europe*, p. 79; Fry, *The Helsinki Process*, p. 103.

소련에서 개혁·개방 정책을 천명한 고르바초프의 등장 이후 열린 빈 (Wien) 재검토회의(1986. 11. 4~1989. 1. 15)는 그에 앞서 열린 스톡홀름 신뢰·안보 구축(CSBMs) 회의를 바탕으로 한다. 스톡홀름 회의 안팎에서 미국과 소련은 군사활동 사전 통보, 훈련 참관, 감시 수준 및 규모, 재래식 군사력에 의한 공격 가능성 축소 등에 합의하였다.[68] 빈 회의는 1989년 1월 15일 정보 교류, 인권 관련 정보 요청 수용, 인권 관련 양자채널 활용 등에 관해 합의하고 폐막하였다.[69]

CSCE는 빈 재검토회의 이후 제1차 파리 회의(1989. 5. 30~6. 23), 제2차 코펜하겐 회의(1990. 6. 5~29), 제3차 모스크바 회의(1991. 9. 10~10. 4) 등 세 차례의 인권 관련 모임을 가졌다. 당시는 소련과 동유럽 사회주의국가들의 체제전환이 급속하게 진행되고 있었던 터라, 인권 논의는 동유럽 국가들에서 나타난 주민 탈출로 인해 관련국 간 문제, 사회주의국가들 내 소수민족 보호 문제, 인권보호 기제 수립, 인도주의적 문제, 자유선거, 법치 확립 등이 주요 관심사였다.[70] 그런 과정을 거쳐 유럽에서 진영 간 인권 문제는 사라지고 인권의 보편성이 확립되는 것처럼 보였다.

(2) 동유럽 사회주의권의 인권에 미친 영향

헬싱키 협정 채택 이후 동유럽에서 느리지만 변화가 일어나기 시작했다. 우선 헬싱키 협정이 시민들에게 알려지면서 이를 근거로 자국의 인권 상황을 모니터링하는 소위 헬싱키 감시단체들이 결성되기 시작하였다. 소련에

---

68 최의철·홍관희·김수암, 『동북아 지역인권체제(포럼) 구성 추진』(서울: 경제·인문사회 연구회, 2005), 42~43쪽.

69 OSCE ODIHR, *OSCE Human Dimension Commitments*, p. 62.

70 A. H. Robertson and J. G. Merrills, *Human Rights in the World*(New York : Manchester University Press, 1996), pp. 184~187.

서 오로프(Y. Orlov)가 소비에트 헬싱키 감시기구를 미국에서 헬싱키 위원회가 결성된 지(1976. 6) 1주일도 지나지 않아 발족했는데, 이를 필두로 우크라이나·리투아니아·조지아·아르메니아 등 소련 내 각지에서도 같은 조직이 만들어졌다. 시민들과 노동자들의 움직임도 일어나기 시작했다. 1976년 동독인들은 서독의 가족들과 재결합하기 위해 10만여 명이 동독 정부에 이주 허가서를 신청하기에 이르렀다. 또한 1976년 폴란드에서는 노동자들에 대한 경찰의 폭행에 대항하여 노동자 보호위원회(자유노조의 모태)를 조직하여 감금된 노동자들의 석방과 폭행에 대한 시위를 벌였는데, 그들은 헬싱키 협정 제7원칙을 자신들의 행동 근거로 삼았다. 체코슬로바키아에서는 300여 명의 시민들이 '77 헌장' 조직을 결성하여 인권 관련 조항을 법제화할 것을 요구하였다.[71]

헬싱키 협정 채택 이후 특히 거주이전의 자유, 가족 재결합 등의 측면에서 개선이 일어났다. 소련에서 유대인의 외국으로의 이민은 당시 월 평균 1,150명이었는데 1976년에 들어서는 매달 1,800명으로 증가하였고, 불가리아 정부는 가족 재결합정책에 대한 규제를 완화하였고, 체코슬로바키아에서도 1968년 이후 해외 망명인사들에 대해 1977년 사면을 선언하고 미국계 가족의 재결합을 추진하기도 하였다.[72] 1971년 유대인의 해외이주 정책에 대한 규제를 완화한 소련은 1975년 이후 이를 평화프로그램 차원에서 확대하였다.

그러나 헬싱키 프로세스에서 나타난 동유럽 각국의 인권 상황 변화는 동일하게 나타난 것이 아니라 국가 - 사회 간 역학관계, 경제적 조건, 소련의 정책 수정 여부 등에 따라 다르게 나타났다. 예를 들어 폴란드의 경우,

---

[71] 최의철 외, 『동북아 지역인권체제(포럼) 구성 추진』, 40, 47쪽.
[72] Fry, *The Helsinki Process*, p. 30.

반정부진영의 압력과 야루젤스키(Jaruzelski) 정권의 반응은 정치적 공간을 조성하였고, 소련의 개혁정책은 폴란드의 경제악화와 동시에 발생하였다. 그 결과 폴란드는 근본적 인권 원리를 정치적·사회적 재건의 기초로 수용하였다. 폴란드는 정치적 활동 공간을 허용하여 독립노조 결성까지 할 수 있었다. 그 후 자유선거로 비공산주의 인물 드메지에르(de Maisiere)가 총리가 되었고 인권보호가 있는 체제로 전환했다. 1980년 8월 독립노조 결성이 그러했던 것처럼, 1989년 6월 독립노조의 성공은 동유럽 전체에 충격을 주었다. 반면에, 체코슬로바키아 공산정권은 지식인 중심의 체제비판운동에 전술적 양보로 반응하지 않고 주로 탄압에 의존하였다. 체코슬로바키아 공산체제의 붕괴는 아래로부터의 저항보다는 1988년 고르바초프가 프라하를 방문한 때부터 시작되었다. 즉, 소련의 패권이 약화되면서 체제전환의 징후를 보인 것이다.[73]

이러한 경험적 연구결과는 헬싱키 협정 채택 자체가 소련 및 동유럽의 인권 상황을 개선시킨 것이 아니라 다른 요인들의 인권개선 역할을 촉진했음을 암시한다. 실제 1975년 이후에도 공산정권의 인권 탄압은 중단되지 않았다. 공산정권 지도자들은 헬싱키 협정 채택이 가져올 부정적 영향을 경계하기 시작하였다.[74] 소련은 1977년 헬싱키 감시단의 오로프(Y. Orlov) 등 인권운동가 5명을 형법 제64조 반역죄 명목으로 체포하고, 체코슬로바

---

73 Daniel C. Thomas, "The Helsinki Accord and Political Change in Eastern Europe," in Thomas Risse, Stephen C. Ropp, and Kathryn Sikkink(eds.), *The Power of Human Rights: International Norms and Domestic Change*(Cambridge: Cambridge University Press, 1999), pp. 205~233.

74 1976년 2월 24일 브레즈네프(L. Brezhnev) 소련 공산당 서기장은 제25차 공산당 대회에 제출한 보고서에서 "일부에서 헬싱키 협정을 이용해 사회주의국가들의 내정에 간섭하여 반공산주의, 반소비에크 선동을 획책하고 있다"라고 주장하였다. 같은 책, p. 215.

키아 정부도 77 헌장운동을 탄압하고 그 단체의 대표인 하벨(V. Havel)을 체포하기도 하였다. 동독은 1970년대에 들어 거주이전의 자유를 악용하여 반체제인사들을 그들의 의사에 반하여 서독으로 강제 이주시키기도 하였다.[75] 소련과 동유럽 국가들은 헬싱키 협정 채택 직후 약간의 유화책을 취했지만 시민사회의 도전에 탄압으로 대응하였다. 특히 벨그레이드 회의와 마드리드 회의 기간 사이에는 더 심했다. 소련은 마드리드 회의가 다가올 때 150명 이상의 시민들을 체포하였고, 모스크바 올림픽 개최로 잠시 주춤하다가 그 이전에 체포된 시민들을 재판하여 중형을 선고하였다. 소련은 또 1980년 8월 20일 헬싱키 협정과 반대로 미국의 소리(VOA), BBC 등 서방 방송을 차단하였다. 특히 1979년 12월 소련의 아프가니스탄 침공은 헬싱키 협정상의 무력 불사용, 영토 불가침, 인민의 자결권 및 평등권 등 국가 간 주권평등과 관련한 사항을 위반한 것이었다. 나아가 소련과 동유럽 공산정권은 우크라이나, 조지아, 아르메니아, 리투아니아 등 자국의 각지에서 설립된 헬싱키 이행감시단체의 활동과 관련 인사들을 탄압하는 데 주력하였다.[76] 이와 같은 사실은 공산국가의 인권개선은 헬싱키 협정의 구속력은 받아 1975년부터 진행된 것이 아니라 1985년 고르바초프의 등장 이후 체제개혁의 내용이자 서방과의 관계개선의 일환으로 발전했다고 하겠다.

(3) 동서독관계에 미친 영향

헬싱키 협정 채택이 동독의 인권 상황과 동서독관계에 미친 영향은 한반도에 매우 큰 시사점을 줄 수 있다. 분단 이후 동독에서 일어나 인권침해는 자유왕래 및 거주이전의 자유를 억압한 국경봉쇄 및 가족 재상봉 거부나

---

75 통일부, 『인권관련법규 및 동·서독 사례연구』, 북한인권 자료 - I (1994), 324쪽.
76 Fry, *The Helsinki Process*, pp. 44~46.

지연을 비롯하여, 의사표현이나 양심과 종교의 자유를 억압하고 법적 보호는커녕 교도소 내에서 가혹행위가 일어나는 등 다양하게 자행되었다.[77]

서독은 동독의 인권 상황을 개선하기 위해 국제기구 및 회의를 통해 간접적인 형태로 문제를 제기하는 한편, 정치범 석방을 위한 비밀거래(Freikauf)를 '특별사업'으로 추진하는 이중정책을 전개하여 동독의 인권 상황이 개선되도록 노력하였다.[78] 그중에서 정치범 석방을 위한 비밀거래와 이산가족 상봉 노력은 서독의 동독인권정책의 중요한 두 축이 되었다. 서독 내에서는 동독정부가 전반적인 인권 상황을 개선하지 않으면 동독과의 협력관계를 동결시켜야 한다는 비판도 있었지만, 서독정부는 그러한 입장 때문에 오히려 동독이 점진적인 인권 상황의 개선마저 포기할 가능성을 고려하여 그런 여론을 수용하지 않았다.

서독의 동독인권정책은 정부 수립(1949년) 직후부터 시작되었다. 분단 이후에도 동독인의 탈출은 계속되었는데 1952년에는 하루 3,000여 명이 동독을 탈출하여 1961년에는 약200만 명의 동독인이 서독으로 이주해왔다. 그에 대한 반발로 동독은 1961년 베를린 장벽을 설치하였다. 그러나 베를린 장벽 설치 이후에도 동서독 간에 교류가 지속될 수 있었던 것은 헬싱키 협정 채택의 영향이 있었기 때문이다.[79] 베를린 장벽 설치 이후 동독은 서방으로부터 이동의 자유 요구에 직면하였다. 그런 상황에서도 동서독 간 서신 교환과 전화 통화는 가능하였고, 불가리아 등을 통해 서독 방문도 가능하였다. 1970년대 초반에 들어 동서독은 공개접촉을 시작한다. 1972년 동서독은 기본조약을 맺어 상호 체제를 공식 인정하였다. 서독은 기존의

---

77 통일부, 『인권관련법규 및 동·서독 사례연구』, 321~328쪽.

78 같은 책, 333쪽.

79 전서독 관리의 증언, 2006년 4월 6일, 베를린.

할슈타인(Hallstein) 정책80을 폐기하고 1민족 1국가 2체제 정책을 전개하였다. 그러나 이 정책은 브란트 사민당정권이 집권하면서 폐기되었다. 서독은 동독에 인권존중을 요구하기 시작했는데, 그 근거로 처음에는 기본조약 제2조81가, 1975년 이후에는 헬싱키 협정이 활용되었다.

서독의 경우 헬싱키 협정 채택은 큰 논란 끝에 근소한 차이로 연방의회를 통과하였다. 이를 계기로 서독정부는 '동방정책(Ostpolitik)'82을 적극 펼치기 시작하였고 조용하고 부드러운 접근으로 동유럽에 대해 '접촉을 통한 변화(Wandel durch Annahrung)'를 추구했는데, 거기에는 동독 인권 문제에 대한 관심이 포함되어 있었다. 그러나 서독은 동독에 직접적으로 인권 문제를 제기하지 않았다. 동독의 반체제인사들은 서독이 바스켓 III를 적극 활용하지 않는 것에 불만이었다. 당시 서독은 동독의 인권 피해자들을 데려오기 위해 동독 측과 비밀거래를 했는데, 그것은 당시 유럽의 현상유지를 전제로 한 것이었다. 만약 서독이 강하게 접근했다면 동서독 간 접촉은 단절될 수도 있었을 것이다. 서독은 동독과 신뢰를 증진하며 인도주의 및 인권문제 해결을 추진하기 위해 기본조약 체결 이후 상대를 비방하는 방송이나 전단 살포를 문서상 합의 없이도 하지 않았다.83

---

80 1950~1960년대 서독은 자신만이 독일 유일의 합법정부이고, 동독을 인정하거나 수교하는 나라(대표적으로 소련)와는 외교관계를 갖지 않는다고 밝힌 입장을 말하는데, 이를 입안한 서독 외무차관 할슈타인(Walter Hallstein)의 이름을 땄다.

81 동서독 기본조약 제2조: "독일연방공화국과 독일민주공화국은 유엔 헌장에 규정된 목적과 원칙, 특히 국가의 주권평등, 독립, 영토안전, 자결권 존중, 인권옹호, 평등의 원칙을 따르도록 한다."

82 브란트 정부의 '동방정책'에 대해서는 빌리 브란트, 「빌리 브란트: 동방정책과 독일의 재통합」, 정경섭 옮김(서울: 하늘땅, 1990) 참조.

83 에곤 바, 『독일 통일의 주역, 빌리 브란트를 기억하다』, 박경서·오영옥 옮김(서울: 북로그컴퍼니, 2014), 137쪽.

한편, 동독 정부는 헬싱키 협정 채택을 언론을 통해 알렸다. 동독이 헬싱키 협정에 서명한 것에는 소련의 결정에 따라야 하는 불가피한 점 외에도 다음 몇 가지 점들이 작용하였다. 첫째, 동독은 국제사회에서 정치체제를 인정받고 싶어 했고, 둘째, 서독의 할슈타인 원칙을 분쇄하고 유엔에 가입하고자 했으며, 셋째, 서방으로부터 경제·기술상 이익을 얻고 싶어 했고 그 점에서 서방측이 요구하는 인도주의적 조처와 인권 준수 요구를 허용 가능한 범위에서 수용하면 될 것이라고 생각하였다.[84] 그럼에도 동독 정권은 헬싱키 협정 채택이 체제에 위협을 주지 않을까 경계를 늦추지 않았다. 따라서 동독 정권은 헬싱키 협정 채택을 대외정책적 명분으로 대하였고 대내적으로는 시민 통제를 약화시키지 않았다.

헬싱키 협정 바스켓 III에 이산가족 문제가 명문화된 것은 동서독 간 이산가족 상봉을 국제적으로 보장한다는 의미를 담고 있었다. 1982년 2월 절박한 문제에 처한 여행자 왕래 규정과 1983년 9월 이산가족 상봉 및 동독 국민과 외국인 간의 결혼 문제 처리가 제기되자, 동독 정부는 바스켓 III의 기본정신을 준수한다는 취지하에 이산가족 문제에 관한 법률을 제정하였다. 이후 1985년 소련에서 고르바초프의 개혁·개방 정책이 전개되면서 동서독 간 인권 논의가 활기를 띠게 되었으며, 1989년 빈 회의를 계기로 이산가족 상봉 및 여행, 거주이전, 출국 및 귀환 등 거주이전의 자유와 인적 접촉의 자유가 더욱 신장되었다.[85] 그 결과 서독정부의 연방예산 투입하에 동독의 정치범 3만 3,755명 석방, 25만 명의 이산가족 상봉을 이끌어냈다. 이것이 가능했던 배경에는 동서독의 이익이 균형을 이루었기 때문인데 동독은 서방세계로부터 국가로서 공식 인정을 받는 것이었고,

---

84 전 동독 관리의 증언, 2006년 4월 5일, 베를린.

85 이장희, 「Helsinki '인권'규정이 분단국가에 주는 의미」, 62~63쪽.

서독 측은 동서독관계에서 인도적 문제를 우선 해결한다는 방침을 관철하는 것이었다.[86] 동독 공산정권하에서 반정부활동이 가능했던 것은 분명 헬싱키 협정 채택의 영향이 컸다. 동독 시민들은 신문을 통해 협정 체결 사실과 협정 내용을 알게 되었다. 물론 동서독 간 긴장완화도 자유화운동을 가능하게 한 환경으로 작용하였다. 그리고 동독 정권의 대내적 필요도 있었는데, 동독 정권은 동독에서도 정부와 의견이 다른 사람들의 자유로운 의사표현이 있다는 것을 서방에 보여주면서 지원과 경제교류를 획득하고자 했다.

그러나 동독에서 자유화운동은 체코슬로바키아, 폴란드 등에 비해 뒤늦었고 타 동유럽 국가들의 경험에서 힘을 얻었다고 할 수 있다. 동독의 반체제운동이 약했던 것은 비밀경찰 슈타지의 강력한 주민통제 외에도 동독이 동서 진영 간 대결의 전초기지라는 지정학적 역할, 곧 소련의 강한 통제도 크게 작용하였다. 또 동독인들은 1980년대 초까지는 사회주의체제 하에서 삶의 질 개선이 가능하다고 믿었다. 그리고 동독의 반체제운동 지도자들은 통일을 바란 대중들과 달리 체제 내 개혁을 원한 점도 기억할 필요가 있다.

4) 헬싱키 프로세스의 적용 가능성

(1) 헬싱키 프로세스 평가

먼저, 유럽에서 헬싱키 틀(Helsinki Framework)이 성립될 수 있었던 조건을 생각해볼 때 두 가지 균형에 대한 기대를 꼽지 않을 수 없다. 첫째, 세력균형

---

[86] 심익섭, 「서독의 대동독 인권정책」, 사회문화분야 1994년도 전문가 위촉과제 종합, 105쪽; 김병로, 『북한인권문제와 국제협력』, 48쪽에서 재인용.

의 안정화 요구이다. 세력균형이 헬싱키 프로세스가 진행된 과정에서 작용한 점을 지적할 수 있는데, 이때 세력균형은 객관적 상황과 전략적 목적이라는 두 가지 의미를 갖는다.[87] 객관적 상황으로서 세력균형이란 CSCE 구상의 합의와 이행이 유럽에서 동서 양 진영 간 세력균형 상태에서 진행되었다는 것을 말한다. 이는 베를린 분할과 독일 분단이 말해준다. 만약 유럽이 세력균형 상태가 아니라 특정 진영이 힘의 우위를 나타냈다면 CSCE 구상은 제기되지 않았을 것이다. 그러나 전후 유럽질서는 세력균형이 확립된 상태가 아니었다. 전략적 의미로서 세력균형이 갖는 의미가 여기에 있다. 소련이 CSCE 구상을 내놓자 서방측이 이해타산 후 이를 수용한 것은 결국 유럽에서의 세력균형 상태가 불안정하기 때문에 그것을 안정화시킬 필요를 공감했기 때문이다. 소련이 CSCE 구상을 일관되게 전후 국경선 획정, 독일의 재무장 금지, 내정불간섭의 관점하에서 내놓고, 미국 등 서방진영이 인권 관련 내용을 추가하면서도 이를 반대하지 않은 사실이 전략적 목표로서 세력균형체제가 CSCE 구상의 현실화를 가능하게 한 제일의 성립요건이라고 할 수 있다.

두 번째 균형에 대한 기대는 이익균형인데, 1975년까지 동서 간 회의는 상호 간 이익균형점 도출을 위한 의사소통 과정이었다고 할 수 있다. 세력균형이 CSCE 형성 및 헬싱키 이행을 가능하게 했다고 하더라도 그것은 하나의 필요조건이라고 할 수 있다. 왜냐하면 헬싱키 틀에 참여하는 국가들이 거기에 자국의 이익을 실현할 수 없다고 판단했다면 그 틀이 성립·이행되지 못했기 때문이다. 헬싱키 협정상의 바스켓 Ⅰ, Ⅱ, Ⅲ는 동서 양 진영과

---

87 세력균형에 관한 탁월한 논의는 Hans Morgenthau, *Politics among Nations: The Structure for Power and Peace*, Fifth edition(New York: Knof, 1972) pp. 167~229 참조.

각 진영 내 국가들의 이익이 포괄적으로 담긴 것이고, 협정 채택까지 4년이 소요된 것은 그러한 이익들 간 균형점을 찾는 데 지불된 기회비용이었다. 이때 협상이 중단되지 않고 의사소통이 지속될 수 있었던 것은 구조적 차원에서 세력균형체제, 행위자 차원에서 비동맹 중립국의 중재 역할과 참가국들의 미래의 이익에 대한 기대가 작용했기 때문이다.

이 외에도 유럽 공동체의식도 헬싱키 틀의 성립에 간접적으로 작용하고 있었다. 헬싱키 협정 서문에는 참가국들은 "공동의 역사와 전통과 가치에 대한 공통의 요소가 존재하는 것은 유럽국가들 사이의 관계를 발전시키는 데 도움을 줄 수 있다는 점을 인정한다"고 밝히고 있다. 이 점이 처음 미국이 헬싱키 협정 채택에 소극적이었던 이유, 즉 CSCE가 미국을 배제한 채 하나의 유럽으로 나아가는 출발이 될 수도 있다는 우려를 가졌던 점을 설명해준다.

다음으로 헬싱키 이행 프로세스가 성공적으로 전개된 요인을 살펴보자. 이에 대해 프라이(Fry)는 다섯 가지를 들고 있는데 이를 소개하면 다음과 같다.[88]

첫째, 공중외교(public diplomacy)의 힘이다. 예를 들어 미국은 벨그레이드 회의부터 참가국 중 압도적으로 가장 많은 대표단을 다양한 인권 관련 인사들로 구성하여 파견하였다. 미국 측은 회의 기간 동안 기자간담회를 자주 열어 소련 측은 "미국은 회담을 편협한 정치적 이익을 위해 이용하고 있다"라고 비난할 정도였다. 시간이 경과하면서 이와 같은 공중외교의 압력과 언론보도는 상호 결합하여 인권 및 인도주의 문제에 관한 동유럽의 취약성을 노출시켰다.

둘째, 창조적인 신뢰안보구축 노력이다. 헬싱키 협정이 신뢰안보구축

---

88 Fry, *The Helsinki Process*, pp. 168~170.

방법을 제시한 것은 사실이지만 그것은 보다 구체적인 행동의 출발점이었다. 그런 점에서 협정은 CSCE 참가국들이 후속회담을 통해 신뢰안보구축 조치를 구체화하는 노력을 전개하도록 만들었고, 그 결과 유럽 안보 및 다른 유럽 문제들에 대한 새로운 차원의 모델을 제시하였다. 헬싱키 협정상의 안보 논의는 감시, 검증, 무장해제 등과 같은 진전된 방안을 제시함으로써 유럽에서 무력충돌 가능성을 축소시켰다.[89]

셋째, 높은 수준의 인권 기준과 인도주의에 대한 이해이다. 헬싱키 협정이 동서 양 진영의 이해관계를 세 개의 바스켓으로 묶어냈다고 하더라도, 인권 관련 내용을 포함시킨 것은 당시 진영 간 대결상태를 고려할 때 매우 획기적인 일이었다. 바스켓 I의 제7원칙에 사상·양심·종교·신념의 자유, 인권의 보편성과 그것이 국제관계의 바탕이 된다는 점을 밝힌 것은 서방이 인권 원칙을 고수하고 동유럽에 인권개선을 요구할 수 있는 근거를 마련하였다. 헬싱키 프로세스는 인권침해국을 고발하고 헬싱키 회원국들의 인권 준수를 강제하였다. 헬싱키 프로세스가 아니었다면 당시 참가국들은 인권을 동서관계의 주요 관심사로 올려놓지 않았을 것이 분명하다. 나아가 헬싱키 협정 채택 및 이행과정은 동유럽 자유화운동을 촉발하였다.

넷째, 미국의 역할이다. 헬싱키 프로세스는 인권 문제에 대한 미국의 역할을 정당화하는 계기가 되었다. 헬싱키 이전 미국은 NATO를 통해 서유럽의 안보에 한정하여 관여했지만, 1975년 이후 유럽 전역의 인권 문제에 관여할 수 있는 발판을 갖게 되었고 실제 적극적인 역할을 하였다.

다섯째, 헬싱키 프로세스 자체의 역동성을 들 수 있다. 헬싱키 프로세스는 역동적이고 자기교정 과정으로 진화하였다. 헬싱키는 제한적인 협상이

---

89 상세한 내용은 서보혁, 「헬싱키 협정의 이행(바스켓 I): 군비통제의 기원과 동북아에 주는 함의」, ≪한국정치외교사논총≫, 제32집 1호(2010), 101~131쪽 참조.

아니라 지속적인 과정이므로 그 개방적인 틀은 회원국들 간 상호 경쟁적인 국가이익과 정치적 의지의 균형을 잡았다. 예를 들어 합의에 의한 의사결정은 장단점을 다 갖고 있었지만 균형 속에서 그 절차는 회원국들에게 헬싱키 프로세스의 유용성을 일깨워 주었다.

마지막으로 인권 이행 프로세스의 특징과 효과를 소개하면 다음과 같다.[90] 첫째, 서방측은 헬싱키 협정 이행과정에서 동유럽 국가들의 관심거리인 경제 지원과 군사 협력을 인권 문제와 연계시킴으로써 인권분야의 양보를 얻어냈다. 즉 협상국들이 가장 많은 관심을 갖고 있는 군축 및 경제적 지원을 전략무기감축 협상, 최혜국 대우와 같은 방법으로 대응하고 이를 바탕으로 인권사안을 협상하는 방식으로 진행하였다.

둘째, 인권 문제 해결에 의해 공개적 외교와 비밀외교가 적절히 활용되었다. CSCE는 전체회담 내용을 전면 공개하였고 그에 대해 동유럽 국가들은 여론의 부담과 압력을 받았다. 동시에 개별 문제는 비밀거래를 추진하여 실질적 인권개선을 추구하였다.

셋째, 동서 양 진영 간 현격한 인권 인식 차이로 인해 인적 접촉과 인권을 분리하여 협상을 추진하였다. 즉 사회주의권이 인권 문제 전반을 받아들일 준비가 되어 있지 않은 상황에서 이산가족 재결합, 해외이주, 국제결혼 허용 등 인적 교류 분야와 전반적인 인권 분야를 구분하여 우선적으로 인적 교류를 확대시키고 이를 바탕으로 점진적으로 인권에 대한 양보를 받아냈다. 제2차 마드리드 회의에서 인권과 인적 접촉 분리, 이후 전문가 토론을 바탕으로 제3차 빈 회의에서 인권의 상호 협의 및 감시기구 설치를 포함한 광범위한 합의 도달과 같은 점진적·단계적 과정이 동유럽의 실질적 인권개선에 기여하였다.

---

90 김병로, 『북한인권문제와 국제협력』, 49~51쪽.

넷째, 헬싱키 감시기구의 역할이 지대하였다. 1976년 5월 소련 내에 헬싱키 감시기구가 결성된 이후 공산국가 지역에서 결성된 헬싱키 감시기구는 미국 등 서방의 지원을 받으며 소련과 동유럽 사회주의체제의 인권탄압 실태를 감시하고 개선하는 데 결정적인 역할을 하였다.

(2) 미국과 북한의 입장

미국은 인권을 자유, 민주주의와 함께 국가이념이자 외교이념으로 채택하고 있다. 세계 각국의 인권 상황에 대한 미국의 관심은 국무부가 매년 작성, 발표하는 「세계 각국의 인권실태 보고서」(The Annual Country Reports on Human Rights Practices)를 통해 단적으로 알 수 있다. 세계 각국의 인권 상황은 미 행정부만이 아니라 의회·시민단체 등에서도 깊은 관심의 대상이 된다. 북한인권 상황도 그중 하나이지만 조지 W. 부시 행정부에 들어서 그 관심이 높아졌는데, 2004년 제정된 북한인권법이 그 대표적 사례이다.

그런데 북한인권법에서는 북한인권 개선을 위해 헬싱키 틀을 활용할 것을 언급한다. 북한인권법 제106조는 북한인권 개선을 위해 헬싱키 구도를 적용할 필요성을 아래와 같이 밝히고 있다.

① 현황 파악: 의회는 인권보호노력이 인권, 과학 및 교육 협력, 경제·통상 문제를 협의하기 위해 만들어진 지역적 구도인 유럽안보협력기구와 같은 다자적 형태를 통해 이루어질 수 있다고 본다.

② 의회의 입장: 미국은 헬싱키 과정과 같이 이 지역의 모든 국가가 인권과 근본적 자유를 존중하는 데 공통적으로 노력하는 지역적 차원의 대북 인권협상의 구도를 개발해야 한다는 것이 의회의 입장이다.

부시 정부의 대북 강경정책에도 불구하고 북핵 폐기를 위한 6자회담이 열리고, 그 과정에서 2006년 9·19 공동성명과 2007년 2·13, 10·3 합의가 이루어졌다. 이들 합의의 틀과 내용을 살펴보면 헬싱키 협정과 같이 ① 북핵 폐기, 북한에 대한 안전보장, 북·미/북·일 관계정상화 등과 같은 정치군사분야, ② 북한과 경제·에너지 협력, ③ 일본의 식민통치 사과, 일본 납치 문제 등 인도적 문제가 모두 들어 있다. 이 가운데 북한인권 문제는 9·19 공동성명의 제2항에 있는 다음 문장의 밑줄 친 부분에 숨어 있다고 할 수 있다.

조선민주주의인민공화국과 미 합중국은 상호 주권을 존중하고, 평화적으로 공존하며, 각자의 정책에 따라 관계정상화를 위한 조치를 취할 것을 약속하였다(밑줄은 필자).

실제 6자회담 미국 측 수석대표 힐(C. Hill)은 북·미 관계 정상화와 관련하여 "인권 등 북한이 현재 부응하지 못하고 있는 국제적 기준들을 충족시켜야 한다"라고 말하고 있다.[91] 미국은 처음 6자회담을 시작할 때부터 수석대표의 기조발언을 통해 북·미 관계 정상화를 위해서 북한의 미사일, 위조지폐, 인권 등의 문제를 다룰 쌍무회담이 필요하다고 언급해왔다. 또 북한인권법 제정에 영향을 미친 인사들은 최근 들어 북한인권 개선을 위해 헬싱키 구도의 적용을 강하게 제기하고 있어 이런 방안이 행정부 내에서 검토되고 있는지도 모른다. 허드슨 연구소의 호로위츠(M. Horowitz) 선임연구원은 "북한을 다루는 데서는 인권 문제가 중심에 놓여야 한다"면서 "현재 의회에서는 브라운백(S. Brownback) 의원이 동북아판 헬싱키 협약을 제안하는 결의안과 탈북자를 강제북송하는 중국에 대해 대미무역수출을 제한하도록 하는

91 ≪연합뉴스≫, 2007년 3월 27일.

결의안이 추진되고 있다"라고 말했다.[92] 공화당 소속의 브라운백 상원의원 자신도 "미국의 대북 정책이 과거 구(舊)동유럽의 인권개선을 위해 인권 문제를 부각시켰던 '헬싱키 선언'과 같은 방향으로 가고 있다"라며 "북한과의 대화에서 미 정부는 북한의 인권 문제를 협상테이블에 포함시키는 쪽으로 바뀌고 있다"라고 밝혔다.[93] 나아가 미국 내 일부 인사들은 6자회담에서 북한인권 문제를 다룰 것을 주장하는 경우도 있다.

한편 북한이 서방진영, 특히 미국이 제기하는 인권 문제와 그 개선 방법에 동의할 가능성은 현재로서는 거의 없다. 북한은 인권을 집단적 관점에서 인식하고 "국가의 자주권을 떠난 인권이란 있을 수 없다", "국권을 잃은 나라 인민은 인권도 유린당하게 된다"고 주장하면서 국가주권을 앞세우고 있다.[94] 미국으로부터 다각적이고 강도 높은 압박을 받는 상황에서 북한은 미국을 비롯한 국제사회의 인권개선 요구를 체제 압박으로 인식하고 있다.

북한은 그런 맥락에서 헬싱키 프로세스도 사회주의체제를 붕괴시킨 원인으로 보고 부정적으로 평가하는 것으로 판단된다. 황장엽에 따르면, 북한은 소련과 동유럽의 붕괴 원인으로 스탈린 개인숭배 약화, 고르바초프의 군축과 함께 헬싱키 회의에서 인권 문제에 관해 양보한 것을 꼽고 있다.[95] 만약 한국과 미국 일각에서 헬싱키 구도의 적용 필요성을 제기하는 이유가 북한인권 개선을 통해(혹은 명분으로 하여) 체제변화를 도모하는 것이라면,

---

92 《연합뉴스》, 2006년 7월 20일.

93 《연합뉴스》, 2006년 5월 11일.

94 소위 국권론은 미국의 북한인권 비판을 배경으로 나왔다. 2003년 4월 3일 북한 외무성 대변인은 미 국무부가 발표한 연례 인권 보고서상의 북한인권상황 비판을 언급하며 "인권은 곧 국권이다"고 주장하고 미국의 북한인권 문제제기를 "우리의 국권을 어째보려는 가소로운 술책"이라고 비난한 바 있다. 《조선중앙통신》, 2003년 4월 3일.

95 황장엽, 『나는 역사의 진리를 보았다』(서울: 도서출판 한울, 1998), 328~329쪽.

북한은 바로 그런 점을 의식하여 헬싱키 구도의 적용을 반대할 것이다. 북한은 헬싱키 프로세스를 사회주의체제 붕괴의 과정이었음을 반면교사로 인식하기 때문이다. 더욱이 당사국의 참여 없는 헬싱키 틀의 적용은 그 제안자의 의도와 무관하게 북한의 반발을 초래하고 소기의 성과를 기대하기 어려울 것이다. 특히 북한은 헬싱키 적용 논의가 주로 미국에서 제기하고 있다는 점을 예의 주시하고 있다고 판단된다. 이에 대한 북한의 인식은 2004년 미국에서 북한인권법이 발효된 이후 관영언론의 논평에 잘 나타나 있다.

> 인권 문제를 다른 나라들에 대한 내정간섭과 제도전복의 만능수단으로 악용하는 것은 미국의 상투적 수법이다. …… 미국은 핵문제와 인권문제를 2대 기둥으로 하여 대조선 압살야망을 실현하려는 허황한 기도를 버리고 정책변경 입장을 정립해야 한다.[96]

북한인권을 둘러싼 북·미 간 입장 대립은 위와 같은 전략적 이해관계에 한정되지 않고 상이한 인권관과 그 기초가 되는 민주주의 인식에 뿌리를 두고 있다는 점도 지적할 필요가 있다.[97]

(3) 헬싱키 프로세스의 적용 가능성

이상 헬싱키 프로세스에 대한 평가와 관련국의 입장을 고려하여 북한인권 문제 해결에 헬싱키 프로세스의 적용 가능성을 논의해보자.

---

[96] ≪로동신문≫, 2004년 12월 28일.
[97] 서보혁·이유진, 「미·북간 인권 분쟁의 이념적 기초: 민주주의론을 중심으로」, ≪비교민주주의연구≫, 제2집 1호(2006), 101~131쪽 참조.

먼저, 성립조건과 관련한 측면이다. 첫째, 현 동북아 국제질서를 미국과 중국의 경쟁 구도로 볼 수 있다면 이는 헬싱키 협정 채택 및 이행이 이루어졌던 유럽의 세력균형 질서와 대조적이다. 패권국 미국과 패권 도전국 중국 사이의 불균형적인 동북아 세력구도하에 있는 북한은 미국과의 관계정상화를 통해 체제생존을 추구하는 편승전략을 추구하고 있다. 혹은 핵 능력을 강화하면서 북한은 독자 생존을 추구하고 있는지도 모른다. 따라서 북한이 체제생존을 달성하기 이전에 자국의 인권 문제가 다자구도에서 다루어지는 것을 의심의 눈초리로 볼 것이다. 북한이 유엔에서 진행되는 일련의 인권결의와 미국의 북한인권법에 강하게 반발하는 것도 이런 점을 말해준다.

두 번째 조건인 이익균형의 측면에서 볼 때도, 현재 북한인권과 관련한 헬싱키 프로세스 적용 논의는 균형적이지 못하다 할 수 있다. 헬싱키 틀은 소련에 의해 국경불가침, 내정불간섭 등 정치군사적 문제 중심으로 제안되었고 서방진영이 이를 수용한 가운데 인권 및 인도적 논의가 반영되었다. 이런 점에 비추어 볼 때, 최근 일각에서의 헬싱키 적용 논의는 북한의 안보 관심사를 소홀히 다루거나 무시하고 있다는 점에서 헬싱키 프로세스의 이익균형과는 거리가 있다. 다른 한편, 현재 북한 문제에서 이슈 간 위계 현상이 발견되는 것도 헬싱키 프로세스의 적용 가능성을 낮추어 보게 만든다. 1994년 북·미 간 제네바 합의와 2005년 제4차 6자회담 결과로서 9·19 공동성명은 북핵 문제를 매개로 하여 양국 간 혹은 다자간 공동이익을 제시한 것이지만, 헬싱키 협정과 달리 경제분야와 특히 인적 측면은 거의 다루지 않고 있다. 최근 일각에서는 헬싱키 구상의 적용으로서 6자회담에서 북한인권 문제를 포함시켜야 한다는 주장이 제기되고 있다. 그러나 제네바 합의와 9·11 공동성명이 공동으로 시사하는 바는 관련국들이 군사안보 문제의 우선적 해결을 추구하고 있다는 점이다. 이는 북한은 물론 관련국 모두가 한반도 비핵화와 북한의 안보 문제를 해결하기 이전에, 안보논의

틀에 인권 문제를 동시에 다룰 때 발생할 부작용을 피하고 싶어 한다는 것을 의미한다. 이상 두 가지 측면을 고려할 때 북한인권 문제를 북·미 관계의 중심으로 간주하거나 인권 문제를 안보 문제와 연계하는 것은 적절한 접근이라 하기 어렵다.[98] 만약 대북 안전보장이 구속력 있게 제시되어 다자틀에서 북한인권 문제를 다룰 경우에도, 헬싱키 프로세스가 시사하는 바는 처음 인도적 문제 해결을 위주로 한 인적 접촉을 전개하고 그 과정에서 상호 신뢰를 조성한 후, 인권 문제를 점진적으로 접근하는 것이 합리적이라는 교훈이다.

세 번째 성립조건으로 언급된 공동체의식의 측면에서도 동북아 역내 인권레짐의 창출은 현재로서는 어려워 보인다. 동북아의 공통점으로 유교 문화를 꼽는 이들도 있지만 유교문화의 실체는 각국마다 다양하고, 그것을 단일하게 파악할 경우 중화문화권을 의미할 수도 있는데 미국과 동북아국가들이 동의할 가능성은 높지 않다. 그리고 근세 동북아 국가들 간 대립과 제국주의국가들에 의한 식민통치 경험은 동북아지역 차원의 공동체의식을 찾기 힘들게 한다. 특히 미국이 동북아의 실제 행위자로 관여하고 있다는 점까지 고려할 때 역내 공동체의식을 바탕으로 북한인권 논의는 할 수 없으며, 오히려 현재 동북아지역은 다양한 이념과 가치가 역내 공동체의식의 위치를 점하려 경합하고 있는 형국이라 말할 수도 있다. 그런 점에서 과거 유럽의 헬싱키 프로세스는 현 북한인권 문제에 이식하기보다는 미래 동북아 안보협력구도 창출의 전망 속에서 그 적용을 검토함이 바람직할

---

98 John Feffer, "The Forgotten Lessons of Helsinki: Human Rights and U.S.-North Korean Relations," *World Policy Journal*, Vol. 21, No. 3(Fall 2004), pp. 31~39; Alexandre Mansourov, "Approaches to the Formulation of a Human Rights Agenda in the US-DPRK Dialogue," Nautilus Institute Special Report(February 1995), http://www.nautilus.org(검색일: 2006년 12월 15일) 참조.

것이다. 이 외에도 헬싱키 협정 채택이 당시 데탕트 상황을 배경으로 유럽질서에 대한 미소 간 전략적 타협에 바탕을 두고 가능했다는 점도 현재 동북아 및 한반도 상황과는 거리가 멀다.[99]

둘째, 헬싱키 프로세스가 동유럽의 인권개선에 미친 영향과 관련한 점이다. 헬싱키 프로세스가 동유럽의 인권개선에 촉매작용을 했다는 점을 인정할 때, 북한인권 개선을 위해서도 그와 같은 국제적 접근은 의미 있는 발상이라 할 수 있다. 그러나 CSCE의 세 가지 성립조건, 저발달한 북한의 시민사회, 북한의 학습효과 등으로 인해 헬싱키 구도의 기계적 적용은 부작용을 낳을 우려가 있다. 오히려 북한인권 개선을 촉진할 국제적 접근을 시도한다면 ① 우선 북핵 문제의 평화적 해결 및 북한의 이익을 반영하는 균형적 다자틀의 모색, ② 대내적으로는 북한의 시민사회 형성, ③ 대외적으로는 북한의 개혁·개방 지원과 같이 헬싱키 프로세스를 적용할 수 있는 환경 조성이 우선적으로 요구된다. 구체적으로 이는 9·11 공동성명 이행, 한반도 평화체제 수립, 대북 인도주의적 지원 및 교류협력 확대, 국제기구와 북한의 관련 기관 사이의 각종 기술협력 등으로 나타날 수 있을 것이다.

마지막으로 관련국들의 입장을 살펴볼 때도 헬싱키 구도의 적용 가능성은 낮아 보인다. 동북아 각국의 우선적인 국가이익은 체제안전, 경제협력, 주변환경 안정, 인권과 민주주의 확산 등 다양하기 때문에 현재 북한인권에 관한 역내 동일한 인식과 접근법은 존재하지 않는다. 6자회담 진행과정에서 나타난 바와 같이 동북아 각국은 자국의 전략적 목표에 따라 행동하기 때문에 아직까지 북한인권은 그 하위 관심사 혹은 무관심한 문제로 남아 있다. 더욱이 2008년 12월 이후 6자회담이 장기 표류하고 있는 상황도

---

99 서보혁, 「동북아 안보협력체제 구축 방안: CSCE/OSCE의 경험을 바탕으로」, 평화네트워크 정책 보고서(2002). http://www.peacekorea.org(검색일: 2007년 1월 13일).

헬싱키 구도의 동북아 적용을 통한 북한인권 문제 논의를 어렵게 하고 있다. 헬싱키 프로세스를 상기해볼 때 적어도 동북아 안보협력 구도를 형성하는 단계에서는 연계전략보다는 관련국들의 이익을 균형 있게 배치하는 시도가 우선이다. 헬싱키 구도를 북한인권 문제에 적용하려는 의지를 보이는 나라는 미국뿐인데 행정부 차원에서 아직 구체적인 입장을 밝힌 경우는 없고, 최근 미국 내 탈북자의 수용은 북한인권법의 집행으로 볼 수 있어도 헬싱키 구도의 적용으로 보기는 어렵다. 당사자인 북한은 헬싱키 프로세스의 과정을 반면교사로 삼고 있는 터에 미국에서 제기되는 헬싱키 구도의 적용에 강하게 반발할 것이다.

헬싱키 프로세스의 핵심은 적대 진영 간 상호 체제 존중하에서 공동관심사를 합의에 의해 점진적 해결을 추구한 점에 있다. 따라서 다자구도의 형성 조건이 유럽에 비해 크게 부실한 동북아에서 헬싱키 구도를 적용할 때 우선적으로 정비되어야 할 것은 한반도 정전체제의 청산과 적대관계에 있는 국가들의 관계정상화이다. 물론 북핵 문제의 타결과 북·미 수교 협상이 본격화되면 북한인권 논의는 피할 수 없을 것으로 전망되므로, 한국은 국제사회에서 북한인권 논의가 외교적 압력수단으로 이용되는 것을 방지하고 지역적인 틀에서 북한인권이 다루어질 가능성에 대비해야 할 것이다. 이 경우 한국은 촉진자 및 당사자 역할을 동시에 요구받을 것으로 예상되므로 이에 대비해야 할 것이다. 촉진자의 역할이란 다자 인권틀이 북한인권 문제를 공정하게 다루고 실질적 개선에 이바지하는 방향으로 나아가도록 인도함을 말하고, 당사자 역할이란 과거 서독처럼 평화적 국경 변경과 자결권을 다자 인권논의에 담는 한편, 북한과의 교류협력을 활성화해 북한인권 개선과 통일 준비를 동시에 추진하는 것을 말한다.

4. 한국정부의 북한인권정책

여기서는 한국정부의 북한인권 문제에 관한 입장과 실제 정책 내용을 소개하고 그에 대한 평가와 과제를 논의하고자 한다. 특히 정부의 북한인권 정책을 정책 결정 및 집행 양 측면에서 살펴보고 정부의 정책과 관련한 몇 가지 쟁점에 대한 정부의 입장을 소개함으로써, 북한인권 개선에서 정부의 역할과 그 한계를 동시에 생각할 계기를 갖고자 한다.

1) 정책 현황

냉전기 남북 간 인권 문제는 체제경쟁의 소재로 활용되어왔다. 그러나 민주화, 냉전 해체, 그리고 북한의 식량난과 탈북자의 속출로 북한인권 문제에 대한 관심과 우려가 크게 높아졌다. 냉전 해체 후 1990년대 들어 남북은 남북 대화와 대결을 겪다가 김대중·노무현 정부에 들어서 남한은 북한과의 오랜 적대관계를 화해협력관계로 전환하고 시급한 북한주민의 생존을 개선하는 데 역점을 두었다. 그 과정에서 북한이 민감하게 반응하고 우리와 체제를 달리해 인식의 차이를 보이는 자유권 분야에 대해서는 국제 기구를 통해 우회하거나, 한반도 평화정착을 위해 전략적인 접근을 중점적으로 추진하였다.

그러나 북핵 문제가 악화되고 남한에서는 정권 교체가 있었으며, 무엇보다 북한인권 상황의 개선이 나타나지 않으면서 우리 정부는 북한인권 문제를 공개적이고 적극적으로 다루어나가기 시작했다. 대통령이 직접 북한인권 문제를 언급하고 우리 정부가 유엔 북한인권결의안에 찬성 투표를 일관되게 하기 시작한 것은 그런 변화의 예이다. 그러나 이명박 정부 이후 남한의 대북정책은 압박 위주로 전개되면서 남북관계 악화를 넘어 군사적 긴장을 초래해 한반도에 거주하는 모든 사람들의 평화적 생존권이 위협받는 상황에까지 이르렀다. 그런 조건에서 남한정부의 북한인권 언급은 실효적인 개선을 이끌어내지 못할 수밖에 없다. 대화가 없고 대립이 계속되고 압박이 이어지는 상황에서 북한은 남한과 국제사회의 인권개선 요구를 "공화국 모략책동"이라고 하면서 반발하고 있다.

우선, 인도적 문제를 살펴보자. 인도적 문제는 북한인권의 일부인 동시에 한반도 인권이기도 하고, 남북 간 신뢰의 징표라 할 수 있다. 그러나 인도적 문제에서도 이명박 정부 이후 답보상태를 면치 못하고 있다. 인도주의적 지원을 통한 남북 간 신뢰조성과 북한주민의 생존권 지원이 거의 이루어지지 않고 있다. 이산가족 문제 해결을 위한 정부의 노력도 크게 미진하다.

이산가족 상봉은 남한의 대북정책과 깊은 연관을 갖고 있다. 이명박 정부 이후 이산가족 교류는 민간 차원이 그 수는 적지만 계속해서 이어지고 있다. <표 Ⅵ-2>에서 보듯이 대북 포용정책을 전개했을 때와 압박정책을 전개했을 때 이산가족 상봉의 횟수와 규모는 큰 차이를 보인다. 남한의 모든 정부가 북한인권 문제의 실질적 개선을 목표로 한다고 전제할 때, 결과의 차이는 대북정책 방향에서 그 원인을 찾아볼 수 있다. 포용정책을 전개한 김대중·노무현 정부는 북한과의 화해협력을 기조로 지원과 대화를 전개해 이산가족 상봉을 빈번하게 실시해 화상 상봉이 이루어졌고, 금강산 이산가족 면회소 설치에 합의해 착공에 들어갔다. 그에 비해 북한인권 문제를 고창했지만 원칙(?)과 압박을 기본으로 한 이명박, 박근혜 정부의 접근은 이산가족 상봉을 기약하지 못하고 남북 간 필요에 의해 단속적으로 가지는 데 그쳐왔다. 이때 포용정책 기간에는 이산가족 상봉을 위해 인도주의적 지원을 실시해 남북 간 인도적 문제를 호혜적 관점에서 해결하는 관행을 형성한 반면, 압박정책을 추진하는 정권에서는 이산가족 상봉을 촉진하는 차원에서 인도주의적 지원 등 별도의 유인책을 활용하지 않았다.

〈표 Ⅵ-2〉 남북 간 당국 차원의 이산가족 교류 현황

단위: 건(명)

구분	생사확인	서신교환	방남상봉	방북상봉	화상상봉
1985~2002	1,862 (12,005)	671 (671)	331 (2,700)	735 (2,817)	–
2003	963 (7,091)	8 (8)	–	598 (2,691)	–
2004	681 (5,007)	–	–	400 (1,926)	–
2005	962 (6,957)	–	–	397 (1,811)	199 (1,323)
2006	1,069 (8,314)	–	–	594 (2,683)	80 (553)
2007	1,196 (9,121)	–	–	388 (1,741)	278 (1,872)
2008	–	–	–	–	–
2009	302 (2,399)	–	–	195 (888)	–
2010	302 (2,176)	–	–	191 (886)	–
2011	–	–	–	–	–
2012	–	–	–	–	–
2013	316 (2,342)	–	–	–	–
2014	–	–	–	170 (813)	–
계	7,653 (55,412)	679 (679)	331 (2,700)	3,668 (16,256)	557 (3,748)

* 자료: 통일부 홈페이지, 자료마당>통계자료(검색일: 2014년 12월 4일).

경직되고 일방적인 접근이 실효적인 인권개선을 가져오지 못한 것이다. 그에 따라 '특수 이산가족'이라 할 수 있는 국군포로와 납북자 문제에 대해서도 성과를 가져오지 못하고 있다. 두 문제의 진전을 위한 인도주의적

지원이 양보거나 북한정권을 돕는 것으로 인식하는 것 같다. 그 대신 별도의 접근을 시도하겠다고 했지만 적어도 별도의 성과는 없었다. 박근혜 정부가 들어선 지 2년이 가까워오고 있지만 이산가족 상봉은 한 차례밖에 없었다. 북한의 비협조가 큰 원인인 것을 무시할 수 없다. 그렇지만 이산가족 상봉에 더 큰 관심을 가진 남측이 북의 협조를 유도해내지 않고 압박 위주의 대북정책을 전개하며 신뢰 형성과 인도적 문제 해결을 추구하는 것은 연목구어(緣木求魚)와 다를 바 없다. 과거 지원을 통해 이산가족 상봉을 활발하게 전개하며 그 틀에서 납북자의 존재를 부인하던 북한의 태도 변화를 이끌어내고 납북자 상봉을 이끌어낸 성과를 이어가지 못하고 있는 것이다.

2013년 등장한 박근혜 정부는 북한인권 문제 해결을 국정과제로 발표한 바 있다. 그 일환으로 정치·안보상황과 상관없이 영유아, 임산부 등 취약계층을 대상으로 순수한 인도주의적 지원을 수행하고, 정치·안보 상황과 구분하여 국제기구와의 협의하에 시기 및 방식을 검토하겠으며, 취약 계층 대상 민간단체의 지원 품목을 확대하는 조치를 검토하겠다고 했다. 그러나 2014년 12월 현재까지 그런 공약(公約)은 대부분 공약(空約)으로 남아 있다.

인도적 대북지원은 2000년부터 늘어나 2007년 정점을 찍고 2008년 이명박 정부 출범 이래로 급감하여 2010년 천안함 사태 및 연평도 포격에 따른 5·24 대북 제재 조치로 박근혜 정부에 들어서까지 당국 차원의 직접 지원은 전무하다. 박근혜 정부는 출범 첫해에는 약 68억 원 규모의 민간단체 대북 지원을 승인했고, 2014년 4월 2일 현재 남북나눔, 섬김, 겨레사랑 등 3개 민간단체의 4억 2,000만 원 규모의 인도주의적 지원 물자 반출을 승인했다고 밝혔다. 또 2014년 7월 15일 통일준비위원회 구성을 발표하면서 30억 원 규모의 대북지원을 민간단체를 통해 추진한다고 밝히기도 했다. 정부는 '한반도 신뢰프로세스'를 천명하면서 인도주의적 지원은 남북 간 정치적 상황과 관계없이 지원하겠다고 공언했다. 그러나 실제는 그렇지

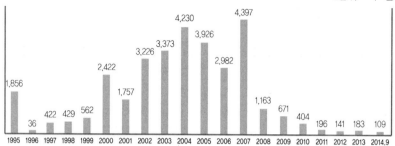

〈그림 Ⅵ-1〉 남한의 인도적 대북지원 현황

(단위: 억 원)

* 민간 차원 자원 및 식량차관 포함.
* 자료: 통일부 홈페이지, 자료마당>통계자료(검색일: 2014년 12월 4일).

않다. 박근혜 정부의 북한 영유아를 포함한 취약계층 지원에 대한 입장 표명에도 불구하고 본격적인 지원은 진행되지 못하고 있다. 2014년 1월 민간단체의 지원을 허용한 뒤 정부는 "(민간단체 대북지원을) 보다 적극적으로 확대해서 승인할 수 있도록 검토하고 있다"고 밝혔다. 정부는 영양식·의약품·영농자재 등 민간단체 자체 재원 승인 45억 원 및 국제기구를 통한 지원 142억 원 등 2014년 10월 현재 총 187억 원 상당의 대북 인도적 지원을 했다고 밝히고 있다.[100] 그럼에도 정부는 민간단체의 대북지원사업을 규제하고 있고 심지어는 반관반민기구인 민족화해협력범국민협의회의 비료 지원사업도 규제하고 있다. 박근혜 정부의 대북지원사업은 애초 공약과 거리가 커 보인다.

앞에서 17대 국회부터 지금까지, 특히 이명박 정부에 들어서부터 보수 정부·여당은 북한인권 개선을 명목으로 한 북한인권법 제정을 추진하고

---

[100] 통일부, 「업무현황 보고」, 2014 국정감사 국회 외교통일위원회 보고자료(2014년 10월 8일).

있다고 언급하였다. 조금만 더 살펴보자. 북한인권법 제정을 지지하는 주장은 2004년 미국의 북한인권법, 2006년 일본의 북한인권법 제정을 선례로 들면서 한국이 더 적극적이어야 한다는 의견에서 출발하였다. 그러나 미국과 일본에서 제정된 북한인권법이 북한인권에 실효적인 개선을 했다는 보고는 지금까지 나타나지 않고 있다. 과연 북한인권법이 제정되지 않으면 북한인권정책에 큰 차질이 발생하는가? 더욱이 남한은 미국, 일본과 달리 북한과 복잡한 관계 속에서 북한인권 개선을 추구하는 지혜가 필요하다. 실질적인 인권 개선을 목표로 한다면 그다음은 정책 의지와 수완이 가장 중요하다. 인도주의적 지원과 남북관계 회복을 통한 북한의 경제력 향상과 그에 따른 주민들의 사회권을 회복시키고, 남북 신뢰 형성을 바탕으로 한 자유권 개선을 도모할 수 있다. 박근혜 정부의 '신뢰 프로세스'와 '드레스덴 구상'은 정책 방향과 수단을 잘 설정했지만 북한의 협력을 끌어내지 못해 실행되지 못하고 있다.

북한인권 개선을 위한 남한의 접근 방법이 다양하고 그에 따라 유연해지는 것은 바람직한 현상일 것이다. 그 일환인 법적 접근이 북한인권법 제정 외에는 존재하지 않는지 의문이다. 사실 북한인권법 제정이 필요하다고 주장하는 보수 정부·여당은 인도적 문제 해결과 북한인권 개선 노력을 담은 2007년 남북관계발전법 제정에 참여했지만, 집권 이후 그 법은 유명무실하게 되었다. 또 북한인권법 제정을 주장하는 정부 및 비정부기구들 내에서는 북한인권 개선에 유용한 다른 수단, 가령 인도주의적 지원, 남북대화, 민간교류 등에 대해 소극적인 태도를 보이며 북한인권법 제정에 과도한 의미를 부여하고 있다.

남북관계발전법상의 인도적 문제 해결 및 인권 개선 조항은 매우 의미심장하다. 첫째, 위 법 제9조에서 보듯이 남북 간 인도적 문제와 북한인권을 통합적으로 접근하는 것이 타당하다. 이는 헬싱키 프로세스에서 확인된 바 있다. 물론 헬싱키 프로세스에서 두 문제는 인적 접촉 우선을 바탕으로 인도적 문제 해결, 인권문제는 지속적인 토론을 통한 상호이해 증진을 추구했다. 두 사안은 동시 병행적으로 추진해야 하고, 북한인권 개선에 관심을 둘 경우에도 인도적 문제 해결을 위한 노력은 실체와 절차 두 측면에서 모두 중요하다. 남북 간 인도적 문제 해결 과정 자체가 북한인권개선의 일부이고 그런 과정을 통해 북한인권 개선 노력을 적극적으로 전개할 발판을 돋을 수 있기 때문이다. 둘째, 남북관계발전법은 남북 간 인도적 문제와 북한인권 개선을 위한 노력은 남북관계 발전의 연장선상에서 추진하는 것이 바람직하다는 점을 말해준다. 남한의 입장에서는 남북관계 발전을 전개해야 북한인권에 개입할 정책 채널과 공간이 커지게 된다. 그렇기 때문에 남북관계와 북한인권 문제를 윈윈(win-win)의 구도로 접근함이 옳다.

이명박 정부에서부터 지금까지 남한정부는 북한 급변 사태를 예상하거나 기대하는 인상을 강하게 주고 있다. 조지 W. 부시 정부를 비롯해 미국에서는 북한을 적대시하고 악의 축(Axis of evil)으로 여겨 붕괴를 언급하는 주장을 어렵지 않게 볼 수 있다. 북한인권법 제정과 그 직전 북한정권 교체를 명시한 북한자유화법안은 그 방편으로 지적되기도 한다. 그러나 북한 체제의 전환이나 붕괴 시에 한국 정부가 북한에 영향력을 행사할 가능성이 제한적이기 때문에, 만약 제정되어도 북한인권법은 명목적으로 존재할 수 있을 뿐 실효성을 거두기 어렵다.

2) 평가와 과제

우리는 북한인권에 대해 왜 고민을 하는가? 첫째는 인도적인 관점에서 수십 년 가까이 절대 영양부족 상태에 빠져 있는 북한 '사람'들의 생명과 미래에 관심이 있기 때문이다. 둘째, 북한인권을 포괄적으로 접근하되 남북 간 신뢰조성, 평화정착, 그리고 실질적 개선 원칙을 종합 고려해 사회권과 인도적 문제는 직접적으로, 자유권은 간접적으로 접근하는 지혜가 필요하다. 여기서 북한의 자유권 문제에 대한 간접적 접근을 소극적 태도로 오해할 필요는 없다. 그런 태도는 남북 간 특수관계와 국제 협력망을 고려해 일관되고 지속적인 국제협력을 통해 북한인권 문제를 제기하되, 남북관계 발전과 북한인권 개선을 병행 추진하기 위한 전략적 사고의 발로이기 때문이다. 셋째, 평화통일의 관점에서 북한주민들도 통일의 한 주체인데, 생존권이 항상 위협받는 상태에 있거나 노동권조차 보장되지 못하는 상대와 통일을 논하는 것은 거의 불가능하기 때문이다.

북한인권을 개선하기 위해서는 우선 노약자, 영유아, 여성, 장애인 등 사회적 취약계층을 주 대상으로 하는 지원 및 협력 사업을 진행해야 한다. 이를 위해서는 남북적십자사회담, 인도주의적 지원, 개발지원을 통해 이들의 삶의 질 개선에 주력해야 한다. 그런 점에서 박근혜 정부의 모자보건사업은 좋다. 물론 관련 국제기구를 통한 지원을 하고 있지만 남북협력도 중요하다. 2차 남북고위급접촉 무산 등 정부의 남북대화 재개 노력은 부족해 보인다. 다음으로 북한과의 대화를 무조건 재개해 신뢰를 회복해야 한다. 2013년 개성공단 중단 및 재가동 사태를 돌아보면, 개성공단은 남북대화를 위한 최소한의 버팀목임을 알 수 있다. 대북지원에서 정치·안보 논리와 인도적 관점을 분리해 접근할 때 인권개선 효과를 인식할 필요가 있다. 정경분리는 민관분리와 함께 남이 북과 신뢰를 형성하고 남북관계를 지속시켜나갈 안전핀이다. 북한인권법 제정 문제는 북한인권 개선에 실효를 거두기보다는 대내적 갈등과 혼란만 부추기므로 국민적 합의를 형성해 나가는 노력이 우선되어야 한다. 또 여야 합의에 의해 제정된 남북관계발전법에 의거해 전반적인 대북정책 틀 속에서 체계적인 북한인권정책이 필요하다. 해외 탈북자의 인권 개선을 위하여 유엔과 협력하여 외교력을 발휘하는 것이 효과적이다. 또한 국군포로 및 납북자 문제는 '조용한 외교'를 기본으로 하고 강제송환에 대해서는 적극 대처하는 것이 안전한 귀환과 한국 사회에서의 재정착을 가능하게 할 수 있다.

마지막으로, 이산가족 교류 사업을 정례화하는 것은 이산가족의 행복추구권 증진을 위해서나 남북 간 신뢰회복을 위해서 시급한 일이다. 남북이 먼저 대화할 수 있어야 남북 간에 신뢰와 관련 법제도적인 논의를 할 수 있다. 우리는 분단의 질곡에 의한 인권의 결핍 상태를 당연시 여기며 살고 있다. 우리에게 북한인권은 겨레의 일부인 북한주민들의 삶의 질을 개선하고 삶에 주인의식을 불어넣어 인권친화적인 통일을 추구하는 보편사적이고 민족사적인 의미를 동시에 지니고 있다.

결론: 북한인권 개선의 길

북한인권정책은 구체적인 정책 방안과 수단을 포함하는데, 그것을 말하려면 북한인권에 접근하는 원칙과 방향을 먼저 검토해야 할 것이다. 그리고 북한인권의 복잡성과 민감성을 고려할 때 보편성의 원리에 기초하여 포괄적으로 접근하되, 북한 내 조건과 대외적 환경 등을 고려해 관련 행위자 간 협력을 전제로 단계적으로 접근해나가는 것이 적절할 것이다.

1. 접근 원칙

1) 국제인권원리 준수

북한인권 개선은 세계 다른 국가 혹은 지역의 인권 문제와 마찬가지로 보편성을 비롯한 국제인권원리에 입각하여 추진해야 한다. 특히 인권이 체제의 이념 실현과정에서 발생할 수 있는 인간 존엄성의 훼손 가능성을 경계하는 역할을 고려할 때 국제인권 원리에서 특정 국가의 인권 문제를 접근하는 것이 현실적으로도 적합하다. 이럴 경우 해당국인 북한이 내세울 수 있는 상대주의적 입장이나, 국제사회가 북한체제에 대한 불신과 인권의 보편성을 절대성으로 곡해하여 접근하는 방식 모두를 극복할 수 있다. 더욱이 북한은 유엔 회원국으로서 국제사회에서 주권국가의 일원이라는 점, 특히 5개 국제인권규약 가입국이라는 사실도 북한인권을 국제인권 원리에 입각하여 접근할 필요성을 높여준다.

나아가 국제사회가 특정 국가의 인권 문제에 관여할 때 존중과 상호성의 정신을 견지하는 것이 중요하다. 이를 바탕으로 국제인권 원리를 올바르고 균형 있게 적용해야 할 것이다. 인권의 보편성이 절대성으로 잘못 인식되어서 곤란하듯이, 인권의 총체성과 상호의존성에 입각하여 특정 인권을 선택적으로 강조하거나 무시하는 것도 경계해야 한다. 또 인권은 인류가 지향하는 가치이자 목표임과 동시에 그 달성 과정과 수단의 선택 있어서도 견지해야 할 준거이므로, 인권 개선을 위해 감시와 비판은 하되 그것을 명분으로 물리적 방법이나 강제를 행사하는 것은 삼가야 한다.

2) 인권과 평화의 조화

국제연합 헌장의 기본정신과 한반도의 전쟁 경험 및 군사적 긴장상태의 지속은 북한인권 개선이 한반도 평화정착 노력과 조화를 이루어야 함을 말해준다. 유엔은 평화와 인권 그리고 개발을 3대 기치로 표명하고 있다. 이론적으로도 평화는 인권 실현의 필수요건이자, 인권의 실체(평화권)이기도 하다. 현실적인 측면에서도 한반도의 정전상태, 미국의 대북 안보위협, 북한의 핵개발 등 한반도에서의 군사적 긴장은 남북한은 물론 세계평화에 도전이 되고 있을 뿐 아니라 건설적이고 협력적인 북한인권 개선을 어렵게 할 수 있다.[1] 그러므로 북한인권 개선 없는 한반도 평화는 공허하고 한반도 평화를 무시한 북한인권 개선 역시 무의미하다. 한반도 평화와 북한인권은 둘 중 하나를 선택하고 다른 하나를 포기할 문제가 아니라, 함께 실현해나가야 할 동시 과제이다. 그런 점에서 북한인권은 국제사회가 추구하는 보편적 가치들을 조화롭게 실현하려는 문명사적 실험이기도 하다.

3) 실질적 인권개선

북한인권을 둘러싼 모든 논의는 북한의 인권 상황을 실질적으로 향상시키는 데 복무해야 한다. 북한인권의 실질적 개선을 추구할 때 북한이 분단체제의 일부로서 통일의 대상이고, 사회주의국가이고, 안보위협에 노출되어 있고, 저발전 상태에 있다는 점이 고려되어야 한다. 이런 지적은 북한인권과 같은 국가 차원에서의 인권개선이란 인권 피해자 개개인의 권리 보호도 중요하지만 개별 인권이 전반적으로 향상될 수 있는 구조적 접근도 중요함을 의미한다. 북한인권은 이론적으로는 인권의 총체성을 재인식하고 전반적 인권개선방안을 모색하는 중요한 관찰대상일 뿐만 아니라 현실적으로도 인권의 범주를 확대하고 인권 분야 간 상호연관성하에서 국제인권의 발전을 내다볼 수 있는 중대 계기가 되고 있다.

실질적 인권개선의 원칙에서 볼 때 인권 모니터링 작업은 인권침해 현상에 한정하지 않고 인권을 다른 목적 달성을 위한 수단으로 삼는 움직임도 포함해야 할 것이다. 가령, 북한인권을 문제 삼아 북한정권을 압박하거나 심지어 정권 교체를 추구한다면 그것은 당사자인 북한(정부와 인민)의 존재

---

[1] Bo-hyuk Suh, "The Militarizationn of Korean Human Rights: A Peninsula Perspective," *Critical Asian Studies*. Vol. 46, No. 1(2014), pp. 3~14.

및 그 역할 무시, 북한정권의 반발, 예기치 않은 분쟁 발생 우려 등을 초래할 수 있으므로 실질적 인권개선에 기여할 수 없다. 이런 경우는 인권을 목적 차원에서만 이해하고 과정 및 수단 차원에서의 인권을 무시하는 오류를 보인다. 또 북한인권 개선을 특정 분야에만 한정하고 특정 방법에만 의존하는 것 — 가령 생존권 회복을 위한 인도주의적 지원이나 자유권 개선을 명분으로 한 북한민주화운동 — 도 북한의 실질적 인권개선에는 한계가 있다. 인권의 총체성과 상호의존성을 간과하기 때문이다. 실질적 인권개선의 원칙에서 볼 때 국제사회의 북한인권정책은 얼마나 북한인권을 거론했느냐가 아니라 북한의 인권개선에 얼마나 이바지하느냐로 평가된다는 것을 의미한다. 물론 그 평가는 사후적으로 이루어지는 것은 아니다. 인권을 목적·과정·수단 등 세 차원에서 보는 이유가 여기에 있다.

4) 협력적 인권개선

북한인권 개선을 위한 다양한 방법이 실질적 개선에 기여하고 실질적 개선이 안정적으로 지속되려면 북한이 스스로 인권을 보호·증진할 수 있는 의지와 능력이 높아져야 한다. 따라서 국제사회의 북한인권정책은 북한 스스로의 인권개선 과정을 감시하고 촉진하는 조력자의 역할이 적절하다. 북한에 대한 우월감이나 적대감 혹은 북한인권에 관한 비관적 판단을 바탕으로 한 무분별하고 일방적인 개입은 인권개선 명분에도 불구하고 그 결과가 비인권적(심지어 반인권적)인 방향으로 귀결될 수도 있다는 점은 많은 사례에서 찾아볼 수 있다. 국제사회가 특정 국가의 인권 문제에 관심을 갖고 개선 방향과 경험을 전달하고 모니터링하는 역할은 해당국의 인권향상에 도움을 줄 수 있는 좋은 방법이다. 이와 같은 촉진자 역할과 달리 외부적 힘이 해당국의 인권개선을 책임지겠다, 그 길을 다 만들어주겠다는 식의 접근은 해당국의 인권친화적인 역사·문화·제도에 대한 무시 그리고 해당국의 인권향상 의지 및 능력에 대한 불신이 작용하고 있기 때문에 정당성에 문제가 있다. 여기에 그치지 않고 외부의 과잉개입은 해당국의 반발 가능성과 그 나라의 역사 및 문화에 대한 몰이해, 그리고 해당국의 인권 문제에 항구적으로 관심을 갖기 어려운 한계 등으로 그 실현 가능성도 대단히 낮다. 보다 바람직한 국제사회의 입장은 인권 문제가 심각한 국가가 인권개선에 나설 수 있도록 유도하고 그 길을 돕는 역할일 것이다.

민주화, 분쟁 해결 과정과 마찬가지로 인권향상 역시 당사자의 의지와 능력이 가장 중요하고, 인권향상을 위한 긍정적 조건으로서 국제적 지원은 2차적이다. 특정 국가의 인권 문제를 해결함에서 이런 식의 역할 조정이 이루어진다면 국제인권 문제로서 해당국의 인권은 해당국과 국제사회가 협력적 방식으로 순조로운 개선의 길로 들어설 수 있을 것이다. 협력적 방식의 접근은 인권 문제를 둘러싸고 해당국과 국제사회 사이의 정치적 계산과 갈등이 억제되기 때문이다. 그런 점에서 유엔 인권기구에서 논의되는 '보호책임(R2P)'론의 북한 적용은 그 설익은 논리와 구현 체계, 그리고 정치적 위험성 등을 고려할 때 신중한 접근이 필요하다.

2. 두 가지 관점

1) 내재적 시각

국제사회가 보편적 인권과 자유의 정신에 따라 문화와 전통이 다른 나라의 인권 문제에 개입을 할 경우 상호성이 요구된다. 즉 인권적 개입은 어느 일방이 타방을 우월한 지위에서 훈계하는 것이 아니라 당사국 모두 존중해야 하는 보편성과 상호성에 기초하여 인권 문제를 서로, 다 함께 돌아보는 계기가 되어야 한다. 인권을 설득하려는 측의 자세 역시 인권과 친화적인 덕목으로 가다듬지 않으면 안 될 것이다. 이는 특히 강대국이 약소국의 인권에 관여할 때 더욱 유의할 필요가 있다.[2]

북한에도 인권보장의 원리와 법제가 없는 것이 아니다. 다만 그 인권보장은 이민위천(以民爲天), 인덕정치(仁德政治)라는 지도자의 책임과 배려 그리고 관료들의 헌신이라는 차원에서 이해되고 있다. 북한의 통치이념과 원리가 그렇다면, 국제사회가 그것을 북한인권 상황의 개선 근거로 삼지 못할 까닭은 없다. 예컨대 수용소에서의 가혹행위와 폭력은 그 체제 이념인 인덕정치와 교화라는 행형이념에 반하는 것이다. 이런 식의 내재적 접근이 북한인권 상황에 기여할 수 있는 부분은 생각보다 클 수 있다.[3]

내재적 시각은 북한의 인권 상황을 북한의 인권관, 인권 관련 법제 및 정책 등 북한의 논리에서 파악하여 이념과 실제를 판별하는 동시에, 역설적으로 그런 접근의 한계를 북한과 함께 확인하는 데도 유용하다. 외재적 시각은 내재적 접근이 파악할 수 없지만 북한이 갖고 있는 인권 상황을 설명하고 개선방안을 모색하는 데 유용할 수 있다.[4] 연구대상의 측면에서 볼 때도 두 시각은 북한의 복잡한 인권 상황을 설명하는 데 상호 보완적일 수 있다. 특히 국제인권규약의 국내적 이행의 문제는 내재적 시각으로만

---

2 정태욱, 「북한의 인권문제에 대한 국제적 책임」, 『북한인권 국제세미나』, 2005년 국가인권위원회 주최 국제세미나 자료집(서울, 2005년 11월 3일), 34, 40쪽.

3 같은 글, 43쪽.

4 여기서 내재적 시각은 행위자(북한)의 가치관, 법제 및 정책을 파악하는 그 자체가 아니라 그것을 기준으로 현상을 평가 판단하는 의미라는 점에 유의할 필요가 있다. 외재적 시각은 행위자 밖의 입장에서 행위자의 현상을 평가 판단한다는 점에서 비내재적 시각이라고 말할 수도 있을 것이다.

설명하기 어려운 영역으로서 이는 외재적 시각을 통한 보완으로 전체적인 논의가 가능할 것이다. 그러나 북한인권 개선을 내재적 접근에서 출발하는 것은, 내재적 시각이 위에서 밝힌 네 가지 접근원칙의 대부분을 반영하고 있을 뿐만 아니라 당사국의 긍정적 반응과 협력을 유도하는 데에도 용이하기 때문이다. 일국 차원에서의 인권 보호 및 개선의 가능성과 그 한계를 파악하는 것이 실질적 인권개선에 기여할 수 있는 방안 중 하나라고 한다면 그런 논의는 내재적 시각에서 출발하는 것이 적절하다.[5] 즉 북한이 스스로 밝힌 인권 관련 법·제도를 최대한 적용하여 인권보호를 기하면서 북한의 책임과 역할을 높이는 동시에, 그 과정에서 북한의 인권 관련 법·제도의 한계를 인식함으로써 자연스럽게 국제인권규범의 수용 및 국제협력의 길로 나아갈 수 있을 것이다. 이를 '2단계 연속 개선론'에 입각한 북한인권 접근전략이라 부를 수 있을 것이다.

북한에서의 인권유린은 상당부분 정부의 조직적이고 의도적인 침해도 있지만 중앙의 통제가 미치지 못하고 국가의 기강이 무너져 일선에서 야기되는 인권침해(소위 '낮은 단계에서의 인권침해')도 적지 않을 것이다. 그러나 그것으로 충분하지 않다. 북한체제의 결함을 내재적인 차원에서 해결하기에는 한계가 있으며 체제의 한계로서의 인권과 자유에 대한 각성이 요망된다.[6] 그리고 그 내용은 북한이 동의하고 국제사회가 공유하는 국제인권규범의 준수가 바탕이 되어야 할 것이다. 특히 북한이 가입한 다섯 가지 국제인권협약의 이행이 북한 스스로의 인권개선 조건 및 능력의 한계를 극복할 징검다리가 될 수 있다.[7]

---

5   서보혁, 「북한인권연구에서 내재적 시각의 의의와 한계」, ≪현대북한연구≫, 9권 1호(2006), 134~135쪽.

6   정태욱, 「북한의 인권문제에 대한 국제적 책임」, 43~44쪽.

7   서보혁, 「북한인권연구에서 내재적 시각의 의의와 한계」, 156~159쪽.

2) '한반도 인권'의 관점

위에서 밝힌 '2단계 연속 개선론'이 국제사회 일반의 북한인권 접근 시각으로 제시된 것이라고 한다면, 국제사회의 일원이면서도 북한과 특수한 관계에 있는 남한의 입장은 북한인권을 '한반도 인권'의 관점에서 접근할 것을 제안한다. 국제사회가 북한인권을 상호 존중의 자세에서 접근한다고 할 때, 남한의 입장에서 그것은 남북한이 다 함께 인권개선을 추구하고 그 과정에서 상호 협력한다는 의미를 갖는다. 이때 북한인권은 타자의 문제가 아니라 남한의 인권을 성찰하는 계기가 될 수 있고, 그 실천에서는 남북한이 각기 자기 사회 내부를 인권친화적인 제도 및 문화로 개선하여 결국에는 보편가치를 구현하는 통일을 예비할 수 있을 것이다. 실제 북한인권은 북한체제만이 아니라 분단체제에 연유하는 측면도 적지 않으므로 남북 공동해결과 국제적 지원을 전제로 한 한반도 차원의 접근이 요청된다. 이런 시각에서 북한인권은 남한인권과 별개의 관심사가 아니라 '한반도 인권'의 한 구성 부분이라 할 수 있다. 여기서 남북한이 공동으로 추구하는 인권개선 수준과 방향은 남북한의 정치적 합의에 의해 정해지는 것이 아니라 국제인권규범을 지향하는 보편적 차원에서 설정되어야 함에 유의할 필요가 있다. 이것이 한반도 인권이 보편·특수성을 갖는 이유이다.[8]

북한인권을 한반도 인권으로 접근할 때 기대할 수 있는 바는 남북한이 그동안 상호 적대시해온 법제와 관행을 함께 청산함으로써 남북 화해협력과 인권개선을 동시에 추구할 수 있다는 데에 있다. 예를 들어 남북한이 상대 체제를 존중하고 교류·협력한다는 남북 기본합의서 정신을 살려서 상대 체제를 부정해온 법(북한은 노동당 강령 및 형법, 남한은 헌법 및 국가보안법

---

8 서보혁, 『코리아 인권: 북한인권과 한반도 평화』(서울: 책세상, 2007) 참조.

등)을 개폐한다면 남북 화해협력과 함께 자유권을 신장할 수 있다. 보다 구체적인 사안으로 사형 제도를 생각해보자. 남한에서 북한의 인권침해를 거론할 때 공개처형을 빠뜨리지 않지만 본질적인 문제는 사형의 방법이 아니라 사형제 그 자체이다. 사실 남북한은 사형제 폐지에 관한 자유권규약 제2 선택의정서를 비준하지 않고 있다. 인권의 보편성에 기초한 한반도 인권의 관점에서 합당한 문제제기는 북한의 공개처형 중단이 아니라 남북 한 모두의 사형제 폐지일 것이다. 이때 남한은 지난 20여 년 동안 사형을 집행하지 않아 사실상의 사형제 폐지국가라는 호평을 사형제 폐지로 발전 시켜, 북한의 사형제 폐지를 부드럽게 압박하는 지혜를 발휘할 수 있을 것이다. 또 남북 경제협력사업으로 진행되는 개성공단사업에서 관심을 끌고 있는 북한노동자의 인권 문제도 북한정부의 임금 처리방식을 시비할 것이 아니라,[9] 한반도 인권의 관점에서 남북한이 공동으로 노동권을 보장하 는 방향으로 접근할 필요가 있을 것이다.

이 밖에도 북한인권을 한반도 인권의 관점에서 접근하면서 얻을 수 있는 효과는 첫째, 북한이 인권개선을 위해 남한을 포함한 국제사회와 협력하여 실질적 인권개선에 기여할 수 있다. 남북한을 포함한 국제사회가 북한인권을 관용과 상호성의 정신하에 접근할 때, 북한은 인권에 대한 정치적 반응이나 피해의식을 줄이고 스스로 인권개선에 나서고 부족한

---

[9] 북한이 개성공단 근로자 몫의 70~86% 가량(나머지는 세금으로 개성시 경비)을 재외동포와 개성시가 운영하는 합영회사에 지급해 근로자들의 생필품 국외 구입을 대행시키는 것으로 나타났다. 또 합영회사는 국외에서 산 물품을 개성백화점 등 개성 시내 10여 곳의 배급소에서 근로자들의 개별 수령액에 맞추어 배급하는 것으로 밝혀졌다. 그리고 이는 근로자 몫의 대부분이 북쪽 최고위층이나 노동당으로 흘러 들어간다는 일부의 의혹이 사실이 아님을 보여주는 것이다. ≪한겨레≫, 2006년 11월 6~7일(인터넷 한겨레).

부분에 관해서는 국제사회와의 협력에 나설 수 있을 것이다. 둘째, 남한이 북한인권 개선에 관여하는 것은 그 자체로 끝나는 것이 아니라 그 과정에서 남한의 인권개선도 도모하여 평화통일과 '인권통일'을 전망할 수 있고, 국제적으로는 국제인권규범의 이행에 기여할 수 있다. 세 번째 효과는 남북한 공동의 인권개선 과정을 아시아 인권레짐 형성에 기여할 수 있다는 점이다. 남한은 이러한 전망 속에서 민주화와 인권신장의 경험을 바탕으로 한반도 인권은 물론 지역 인권 발달에도 적극적인 역할을 할 수 있을 것이다.

3. 북한인권 개선 방향과 과제

이상의 논의를 바탕으로 북한인권 개선을 위한 남한의 접근 방향과 그리고 실천 과제를 밝힌다.

1) 정책 방향

첫째, 인권침해로부터의 보호와 역량강화 노력을 병행해나간다. 보호(protection)와 역량강화(empowerment)는 국제인권 공동체에서 통용되는 인권신장의 두 축이다. 이 원칙을 북한인권 문제에도 적용하는 다방면의 노력을 전개해나가야 할 것이다. 현실적으로 북한정부가 인권개선에 나서도록 감시와 비판, 대화와 지원, 교류와 협력을 병행해나간다. 특히 북한정부에 인권 개선 노력과 그 역량을 제고시키는 것이 유용하다는 점을 알려주는 일이 중요하다. 북한주민의 인권의식 함양 노력을 교류협력 사업에 반영하는 것도 중요하다.

둘째, 자유권, 사회권, 연대권 개선과 인도적 문제 해결을 통합적이고 균형적으로 추진해나간다. 다방면의 북한인권을 조화롭고 실효적으로 개선하기 위해서는 각 분야의 성격에 알맞은 주제별 접근을 시도하는 동시에 이를 통합적으로 전개해나갈 정책 틀도 필요하다.

셋째, 북한인권 문제의 근본적 해결을 위해 정전체제와 분단체제를 극복하는 노력을 기울인다.[10] 북한인권 문제의 뿌리는 분단과 전쟁에 있다. 단기적이고 현상적인 인권침해 문제에 대응하는 한편, 그 구조적, 역사적 원인을 해소하는 노력을 통해 인권을 비롯한 보편가치들을 한반도 전역에 구현하는 과정으로 '통일평화'[11]를 추진해나가야 한다.

넷째, 남북협력과 국제협력의 조화를 비롯해 북한인권 네트워크를 풍부하게 형성해 공동협력을 추진한다. 남한의 입장에서 북한인권 개선에 긴요한 두 축은 남북협력과 국제협력이다. 인권운동사에서 입증된 바 있는 네트워크를 확대해 북한의 인권침해 중단 및 인권개선으로의 전환을 꾸준히 전개한다.

2) 남북협력과 국제협력

(1) 남북협력

북한인권 개선과 관련해 남한의 정부와 인권 단체, 그리고 국가인권기구는 상호 역할분담 속에서 북한과 협력을 전개해나갈 수 있다.

---

10 이대훈, "북한인권에 대한 기존의 대안과 새로운 통합," '어떻게 북한인권 상황을 개선할 것인가? 진단과 대안' 토론회 발표문, 민주화를위한전국교수협의회 등 주최 (참여연대: 2014년 4월 30일) 참조.

11 김병로, 「한반도 통일과 평화구축의 과제」, ≪평화학연구≫, 제15권 제1호(2014), 7~28쪽.

먼저, 시민단체들은 △북한의 유관기관들과 다방면의 교류협력사업을 전개해 신뢰를 조성하고 인권대화의 기초를 닦고, △대북 인도주의적 지원 사업을 통해 생존권 개선 지원 및 신뢰증진을 꾀하고, △북한과 인권 관련 각종 대화 프로그램을 갖고, △남북한인권협력포럼을 열어 '남북한인권 협력 가이드라인'을 작성해 정부를 통해 북한에 전달하고, △유엔 인권최고 대표사무소와 협력하여 '인권기술 협력과 자문 서비스'의 기획안을 구성하 여 남북한 정부에 제시하고, △남북한의 협의 및 이행 과정을 점검할 수 있다.

둘째, 남한 정부는 △북한과 호혜적인 인도적 문제 해결을 위한 협력에 나서고, △대북 인도 및 개발 지원과 경제협력으로 북한의 사회권 개선에 나서고, △북한과 국제인권기구의 대화 및 기술협력을 촉진하고, △북한 정부, 유엔 인권최고대표사무소와 협력하여 '인권 기술 협력과 자문 서비스'의 구상을 협의하고 그 이행을 모색하는 한편, △'남북한인권 교육 협력 방안'을 마련하고, △'인권 기술 협력과 자문서비스'를 촉진할 유엔 결의안을 공동 발의할 수 있다.

그리고 남한의 국가인권기구는 △북한인권 개선을 위한 인권 교육, 인권 규범 및 정책 자문 서비스안을 작성하여 그 실행 방안을 정부에 권고하고, △유엔 인권최고대표사무소와 함께 대북 기술협력과 국가인권기구 설립을 지원할 수 있을 것이다.

이상과 같은 세 차원에서의 남북 인권협력이 활성화되려면 남북 간 신뢰조성과 호혜적인 관계 형성이 필수적이다. 인권의 보편성에 입각해 북한인권을 개선한다는 당위론이 현실성을 가지려면 모니터링 활동은 물론 북한이 인권개선 요구에 응할 수 있는 조건을 조성해야 한다. 그 주요 내 용이 북한이 대외 개방에 나설 수 있는 긍정적인 대외환경과 남북 간 신뢰 구축이다. 물론 남북 간 협력이 북한인권 개선에 중요한 역할을 하지만 그것은 북한과 국제사회의 대화·교류와 함께 어우러질 때 그 효과가 극대화될 것이다.

북한인권 문제에서 남한은 국제사회의 일원이자 남북관계의 당사자이기도 하다. 그 연장선상에서 남한은 북한인권 문제에 보편적 접근을 행하는 동시에 그것을 남북관계 발전의 방향에서 풀어나가야 할 과제도 안고 있다. 여기에 실효적 인권 개선의 원칙을 적용할 경우 남한은 북한을 향해서 일정 시점까지는 인도주의적 지원, 대화 및 접촉, 탈북자 수용 등의 방법으로 생존권, 탈북자, 남북 간 인도적 사안의 해결에 중점을 두는 것이 합당할 것이다. 물론 이 경우에도 한국정부는 국제사회와 인권단체의 북한인권 전반에 대한 감시 및 비판활동을 지지해야 할 것이다. 나아가 한반도 평화 정착을 논의하는 단계에 들어서고 북한이 국제사회와의 협력을 확대하고 개혁개방을 본격 추진하게 되면, 남한도 북한주민의 자유권을 포함한 모든 분야의 인권 문제를 북한과의 양자 접근으로 공개 거론할 수 있을 것이다.

(2) 국제협력

국제사회의 다양한 인권개선 방안은 각 행위자의 입지와 능력, 선호에 따르겠지만 이를 하나로 통합하여 적절한 역할분담을 이루어내는 것이 바람직하다. 북한인권 개선에 국제사회의 각 행위자들이 할 수 있는 역할을 생각해보자.

미국과 일본은 현재 북한과 적대관계에 있으면서 북한인권 상황을 강도 높게 비판하는 '나쁜 경찰(bad cop)' 역할을 수행하고 있다. 미국과 일본의 이런 역할은 북한인권에 대한 국제사회의 깊은 우려를 반영하고 있다고 하겠으나, 그것을 대북 인도주의적 지원과 병행하고 북한과의 관계정상화를 추구할 때 그래서 중국은 실질적 인권개선에 기여할 수 있을 것이다. 현실적으로 미국은 북한의 전반적인 자유권 침해에 깊은 우려를 표명하고 일본은 납치자 문제의 해결에 나설 것이다. 특히 정전체제 청산과 대북 관계정상화가 북한의 인권개선에 매우 중요한 환경을 조성한다는 점에서 미국과 일본의 역할이 막중하다. 이때 한반도 비핵화 문제는 별도의 채널에서 추진해 두 사안의 연계보다는 병행 추진 접근이 유용할 것이다.

중국은 북한과 같이 상대주의적 인권관을 가지고 국가주권을 인권보다 우위에 놓고 있다. 현실적 측면에서 중국은 탈북자가 가장 많이 체류하는 국가로서 탈북자 보호에 가장 큰 역할을 요청받고 있다. 중국은 탈북자를 불법 이주자로 간주하고 북한과의 외교관계를 존중해 탈북자 단속 및 강제 송환에 나서면서 탈북자들의 강제송환을 중단하고 체류기간 동안 최소한의 기본권을 보호해야 한다는 여론에 직면해 있다. 중국은 또 에너지, 식량 지원 등을 통해 북한의 인도적 상황 개선에 도움을 주고 있는데 앞으로도 이를 지속할 필요가 있다.

유럽연합은 대북 인도주의적 지원을 수행하는 동시에 유엔에서 북한인 권 결의안 상정을 주도해왔다. 또 현재 중단되어 있지만 북한과의 정치대화를 재개해 인권개선을 촉구하고 교류협력, 지원 등 관련 프로그램을 실시해왔다. 유럽연합은 이를 재개하는 방안을 강구하여 '착한 경찰(good cop)' 역할을 담당할 필요가 있다.

유엔 인권최고대표사무소와 북한의 의미 있는 접촉은 현재까지 이루어지지 않고 있다. 북한이 인권최고대표사무소와 접촉을 거부하는 명분은, 북한이 정치공세라고 주장하는 유엔 인권이사회와 총회의 북한인권결의에 인권최고대표사무소와 북한의 대화를 촉구하는 내용이 들어 있기 때문이다. 따라서 인권최고대표사무소와 북한의 기술협력이 이루어지려면 유엔의 북한인권 결의에 양자 간 기술협력 관련 문구를 삭제하거나 북한이 전향적인 태도를 취하는 수밖에 없다. 북한은 또 국제난민협약에 가입하지 않고 있고 탈북자를 난민으로 간주하지 않는 상태에서 난민최고대표사무소와 접촉하지 않고 있다. 그럼에도 난민최고대표사무소는 탈북자와의 면담과 그 결과를 국제사회에 전달하는 역할을 계속할 필요가 있다.

한편, 북한은 북한인권특별보고관의 방북 요청을 거부하고 있는데, 북한이 계속해서 특별보고관의 방북을 허용하지 않는다면 해외에서 북한과 비공개회담을 추진할 수도 있을 것이다. 이 밖에도 국제아동기금(UNICEF), 세계식량계획(WFP), 유엔개발계획(UNDP) 등도 북한인권 개선에 고유의 역할을 할 수 있다.

이와 함께 2014년 봄 유엔 북한인권조사위원회의 보고서 제출을 계기로 유엔 안전보장이사회, 국제형사재판소가 북한인권 문제를 다룰 가능성이 제기되고 있지만 그것은 불필요한 정치적 논란을 초래할 뿐 실효적 인권개선에 이바지할 가능성은 높지 않다. 오히려 그보다는 북한과 인권최고대표사무소의 기술협력, 북한과 유럽연합의 정치 및 인권 대화, 그리고 남북 간 신뢰조성과 인도적 협력 등이 북한인권 개선에 기여할 현실적인 국제협력 프로그램들이다.

국제 인권단체와 인도주의적 지원단체도 북한인권 모니터링과 생존권 향상에 기여할 수 있다. 앞으로 인권단체는 북한의 인권을 포괄적으로 다루고 국제사회의 북한인권 논의가 정치적으로 활용되는 것을 감시하는 역할까지 수행할 필요가 있다. 지원단체는 인도주의적 지원과 함께 개발지원도 병행할 필요가 있다. 평화단체도 북한주민은 물론 한반도에 거주하는 모든 사람들의 평화권을 보장하는 노력을 배가해나가야 할 것이다. 이들 과제는 모두 인권 인프라 확충을 통해 북한 스스로의 인권 역량강화로 수렴되어야 할 것이다.

4. 북한인권 개선 로드맵

북한인권 개선을 위한 방법과 경로는 관련 행위자의 인권관, 여건, 능력 등에 따라 매우 다양하게 상정될 수 있다. 여기에 북한의 장래 전망도 로드맵 작성에 큰 영향을 미칠 것이다.[12] 여기서는 앞의 논의를 반영하여 ① 포괄적 인권 범주, ② 인권과 다른 사안들과의 상호 관련성, ③ 행위자별 역할분담, ④ 북한체제의 존속을 전제로 <표 Ⅶ-1>과 같이 4단계 로드맵을 작성할 수 있었다.

이 로드맵은 다음 몇 가지 사항을 전제한다. 먼저, 당사국인 북한의 입장과 주요 관련국의 대북 정책에 이슈 간 위계(issue hierarchy)가 작용한다는 점이다. 북한은 체제의 안전보장을 가장 우선적인 대외정책 목표로 삼고 식량난 해결과 경제재건에 역점을 두고 있다. 한국·미국·중국 등 6자회담 참여국은 2차 북핵 위기 발생 이후 한반도 비핵화를 공동의 정책목표로 삼고 있는 반면, 북한인권 문제는 입장 차이와 함께 상대적으로 비중이 낮은 과제로 보고 있다.[13] 다른 각도에서 보면 "북한인권 상황을 제대로 평가하려면 국제인권기준, 민주주의, 평화, 인간안보, 비무장(즉 무장 해제), 지속 가능한 발전과의 상호 관계를 고려하는 것이 필수적"이라는 것이다.[14]

---

[12] 현 북한체제의 미래 전망에 대해서는 다양한 시각이 있을 수 있으나 여기서는 현실 사회주의권의 체제이행 경험과 평화적 이행 기대를 반영하여 위와 같이 단계설정을 해보았다.

[13] 미국은 북핵 문제에 깊은 관심을 가지고 있으면서도 북한의 인권, 마약, 위조지폐 등 다른 사안들에 대한 우려를 동시에 갖고 있다. 그러나 미국 역시 대북 정책에서 북핵 문제 등 안보 문제에 1차적인 관심을 두고 있다.

[14] Muntarbhorn, "Report on the situation of human rights in the Democratic People's Republic of Korea submitted by the Special Rapporteur of the Commission on Human Rights," p. 6.

〈표 Ⅶ-1〉 북한인권 개선 로드맵

과제 단계	목표 변수	행위자별 역할		
		북한	국제사회	남한
Ⅰ단계 (현재)	생존권 회복 평화정착	식량 증산 분배 투명성 인권법제 확립	인도주의적 지원 인권상황 모니터링 탈북자 보호	인도주의적 지원 인도적 문제 해결 탈북자 보호
	인도적 상황 군사적 긴장상태			
Ⅱ단계 (확립기)	인권 인프라 확립	국제인권협약 국 내법제화 및 추가 가입 인권교육 제도화	개발지원 인권대화 기술협력	경제협력 확대 남북군축 개시
	평화체제 구축			
Ⅲ단계 (이행기)	자유권 보호	자유권 침해 중단 군사비 민수전용	시민사회 지원(인 적·정보 교류, 교육 등)	좌동 북한인권 거론
	개혁·개방 본격화			
Ⅳ단계 (완성기)	국제인권규범 전면 이행	자유권 실질 보장 삼권 분립 국가인권기구 수립	민주화 이행 지원	좌동
	민주화			

둘째, 인권의 총체성의 관점에서 볼 때 북한인권 역시 복잡하고 다양한
분야로 구성되어 있으나 최소한의 기본권 보장이 우선적인 관심사인 점을
부인할 수 없다. 이때 최소한의 기본권이란 생존권과 안전권을 말한다.[15]
셋째, 인권신장이 모든 국가의 공통 과제라 할 때 국제사회에서 특정 국가의
인권 문제에 관여하는 것은 관여국 자신의 인권개선 노력도 동반하는 성찰
과정이어야 한다. 이와 관련해 남한은 북한과 통일평화를 추구하고 아시아
의 인권증진을 주도하려면 북한인권을 대상화하지 않고 '한반도 인권'의

---

15 슈(H. Shue)는 기본권을 이렇게 정의하면서도 생존이 가능해야 안전을 추구할 수
있다는 의미에서 생존권을 더 기본적인 권리로 보고 있다. Henry Shue, *Basic Rights:
Subsistence, Affluence, and U.S. Foreign Policy*(Princeton: Princeton University Press,
1996), p. 25.

관점에서 접근할 필요가 있다.

여기에 제시된 로드맵은 북한체제의 안정적 변화를 가정하면서 인권개선 단계를 상정하고 있기 때문에 이념형에 가깝다고 하겠다. 따라서 실제 인권개선 과정에서 단계별 시간은 다르게 나타나거나 특정 두 단계가 중첩될 수도 있을 것이다. 그러나 II～IV단계는 권위주의국가와 과거 사회주의 국가들의 경험을 반영하고 있고, I단계는 현재 한반도 상황이므로 현실성이 아주 없는 것은 아니다.

이 로드맵은 북한인권 개선을 단계적 포괄접근을 통해 추구하고 있는데 북한인권이 전반적으로 열악하고 다른 사안과 관련이 깊다는 점에서 단계적 접근이 요청되고, 북한인권 범주가 광범위하고 관련 행위자들이 많다는 점에서 포괄적 접근이 필요하다고 하겠다. 북한인권 개선 단계는 현 상황에서 출발하여 조건 확립기 → 이행기 → 완성기로 이어지는데 각 단계마다 주요 목표와 변수를 설정하고 관련 행위자별 역할을 제시하였다. 이 표에서는 북한인권 개선을 위해 II단계까지는 주로 외부변수의 역할이 큰 반면 평화체제 구축 이후에는 북한 내부변수가 부각됨을 알 수 있다.

아래 북한인권 개선 로드맵을 이해함에서 두 가지 점을 먼저 언급하고자 한다. 단계 설정은 목표와 변수에 따라 이루어졌다. 또 하나는 각 단계별 추진전략은 해당 단계에 주요 전략이긴 하지만 다른 단계에서의 전략과 배타적이지 않고 누진적 성격을 갖는다는 점이다. 가령 I단계 추진전략이 II단계에서 불필요한 것이 아니라 계속 유용한 가운데 II단계에 알맞은 새로운 전략이 추가되는 식이다. 그럴 때 이전 단계로의 역진을 막을 수 있을 것이다.

1) I 단계 추진전략

I 단계는 열악한 것으로 알려져 있는 현 북한인권 상황에서 향후 본격적인 인권개선을 위한 환경 조성, 특히 생존권 회복과 한반도 평화정착을 목표로 한다. 북한의 식량부족과 한반도의 군사적 긴장상태는 북한주민의 '평화권'을 위협하고 있다. 따라서 북한의 인도적 상황과 한반도의 군사적 대치상태가 변수로 작용할 것이다. 북한은 1990년대 후반 극심한 식량난을 겪었고, 2010년대에 들어서는 절대적 부족이 완화되고 있으나 국제적 영양기준에는 아직 크게 미흡한 것으로 알려져 있다. 그런 가운데 국제사회는 '지원 피로(aid fatigue)' 현상을 보인다. 북한은 식량증산에 힘쓰는 한편 인도주의적 지원 물품에 대한 분배의 투명성을 보장하여 국제사회의 지원을 이끌어내야 한다. 또한 오늘날 한반도 안보환경은 미국의 군사적 위협을 이유로 한 북한의 핵능력 강화로 더욱 악화되어 있다. 북한인권 개선을 위해서도 6자회담 등 외교적 방법을 통한 북핵 문제의 평화적 해결 노력은 절실하다. 한반도 비핵화가 실현되어야 평화체제 구축, 북미·북일 관계 개선의 길이 열릴 수 있고, 그럴 때 북한인권의 전면적 개선의 길이 열릴 것이다.

남한을 포함한 국제사회는 인도주의적 지원을 전개하고 북한과 신뢰관계를 형성하면서 각기 적절한 역할을 담당할 수 있다. 남한은 이산가족, 납북자, 국군포로 등 남북 간 인도적 사안의 해결을, 국제사회는 북한의 인권침해 상황을 모니터링하고 탈북자 보호에 더 적극 나서야 할 것이다. 이 단계에서 북한은 인권 법제 확충에도 힘써야 한다. 그러나 1단계 목표와 변수로 생각할 때 주요 행위자는 북한과 미국으로서 인도적 상황 개선을 정치군사적 문제와 연계하지 않고 북핵 문제의 평화적 해결의 길을 열어 북한주민의 생존권과 평화권 정착에 나서야 할 것이다.

2) Ⅱ단계 추진전략

북한인권 개선 조건 확립기로 부를 수 있는 Ⅱ단계는 북한의 실질적인 인권 개선을 위한 필요조건으로서 인권 관련 인프라 구축을 목표로 한다. 이때 북한의 호응 시점을 판단하는 데는 한반도 평화체제 구축과 북·미 관계 정상화가 주요 변수로 작용할 것이다. 2단계에 접어들면 북한은 안보문제를 이유로 인권개선을 유보하기 어려울 뿐만 아니라 본격적인 경제발전과 국제적 지위 향상을 위해서도 인권 개선이 필수적이다. 물론 한반도 평화체제가 수립되는 과정에서 많은 우여곡절이 있겠지만 그 문제와 북한인권 개선은 연계보다는 병행 추진할 수 있도록 국제사회가 북한을 견인해야 할 것이다.

평화체제 구축과정에서는 남북한과 관련국들이, 군축과정에서는 남북한의 협력이 요구되겠지만 북한인권 개선의 측면에서 볼 때 2단계부터는 북한의 역할이 더욱 높아져야 할 것이다. 이 단계에서 북한은 이미 가입한 국제인권협약 이행을 위한 국내법제 정비, 고문방지협약 등 국제인권협약 추가 가입이나 이미 가입한 국제인권협약의 선택의정서 채택에 나서야할 것이다. 또 북한은 경찰, 교정기관, 학교 등 각급 단위에서 인권교육을 실시하여 실질적 인권개선 노력을 기울여야 할 것이다. 이때 남한과 국제사회는 공통적으로 경제협력, 개발지원 등을 통해 북한주민의 지속가능한 발전을 지원해야 한다. 특히, 남한은 북한의 핵무기 폐기에 이어 다방면에서 남북한 군축을 적극 추진해 평화체제 정착을 촉진하고 북한이 사회권 증진에 나설 수 있는 제도 확립 및 자원 확보를 지원할 필요가 있다. 국제사회는 중단된 인권대화와 인권분야 기술협력을 활성화해 북한이 향후 스스로 인권개선에 나설 수 있는 능력을 배양하는 데 힘써야 할 것이다. 이때 국제기구와 인권단체들은 북한의 개발이 지속가능한 발전, 권리에 기반을 둔 발전이 되도록 관심과 개입을 높여야 할 것이다.

3) Ⅲ단계 추진전략

Ⅲ단계는 북한이 개혁·개방을 본격화한다는 상황 설정 아래 북한이 가장 유보해온 자유권 증진을 목표로 하고 있다. 이 단계에서는 북한이 사회주의 노선을 공식 포기하지 않으면서도 본격적인 개혁개방정책을 전개하는 것을 가정한다. 따라서 이 단계에서 북한은 자유권 침해 중단을 국제사회에 약속하고 그에 대한 국제사회의 모니터링에 협력하고 개선 요구에 긍정적 반응을 강제 받을 것이다. 이 단계에서 북한은 최소한 탈법적인 인권침해를 중단하여 전면적인 인권개선을 나서야 할 것이다. 이때 국제사회는 북한인권 개선을 위해 연계전략을 탄력적으로 적용할 수도 있을 것이다.

Ⅲ단계에서 남한은 국제사회와 보조를 맞춰 북한인권을 공개 거론하면서 외부의 북한인권단체 지원 방식을 넘어 북한의 시민사회 형성을 본격 지원할 수 있을 것이다. 다만, 남한의 공개적인 북한인권 거론은 체제경쟁 차원이 아니라 북한의 국제적 지위 향상 지원 차원에서 건설적 비판의 방향에서, 남북한 공동의 인권향상을 통한 한반도 공존공영을 기약하는 성찰적 자세에서 이루어져야 한다. 시민사회 지원 프로그램으로는 인적·정보 교류, 인권교육, 인권자료 보급 등이 포함될 수 있다. 이와 같은 접근은 향후 북한 스스로 인권개선을 할 수 있는 역량 구축에 목적을 두는 것으로서 정부와 시민사회의 인권 관련 역량 개발에 중점을 두어야 할 것이다. 이 단계부터 북한은 스스로 인권개선에 나설 수 있을 것이되 오랜 사회주의 경험으로 자유권 증진 방안 제시, 공적개발원조(ODA) 등 국제사회의 지원과 협력이 계속되어야 할 것이다. 그리고 국제사회, 특히 국제인권단체는 북한의 자유권 상황을 면밀히 감시하는 한편 북한주민의 인권의식 향상,

북한정부의 인권정책 수립을 지원하는 역할을 담당할 수 있을 것이다. 이 단계에서 남한은 동북아국가들과 함께 지역인권기구 설립을 추진해 북한인권을 지역인권의 일부로 접근함으로써 북한인권과 동북아인권의 동시 향상을 모색할 수 있을 것이다.

4) Ⅳ단계 추진전략

Ⅳ단계는 북한이 민주화로 이행하는 상황으로서 국제인권규범의 전면적 이행을 목표로 하고 있다.16 북한은 자유권을 실질적으로 보장할 의무가 있고 법치, 삼권분립 확립, 독립적 국가인권기구 수립에 나서야 한다. 그러나 체제전환 과정에서 독재정권 혹은 의사민주정권의 등장 가능성에 따라 인권 상황이 악화될 수도 있으므로 국제사회의 감시 역할은 계속된다. 남한과 국제사회는 중동부유럽과 구소련 지역의 체제전환국의 인권 및 민주주의 증진을 위한 유럽안보협력기구(OSCE)의 경험을 살려 선거감시, 민주주의교육 프로그램을 통해 북한이 인권선진국으로 나아갈 수 있도록 지원해야 할 것이다. 그리고 북한 정부와 시민사회가 민주성, 책임성, 참여, 투명성 등을 바탕으로 인권 보호 및 증진에 나설 수 있는 정치 제도 및 문화 형성에서도 북한과 국제사회의 협력은 긴요하다. 이럴 경우 북한인권이 더는 국제사회의 특별한 관심대상이 아니라 지역적·세계적 차원의 인권 문제의 일부에 지나지 않게 될 것이다.

---

16 Ⅳ단계에서 북한 민주화는 반드시 자유민주주의체제로의 전환이 아니라 북한 스스로 천명하고 있는 정치경제체제의 정상화를 전제로 한 민주적 제 권리의 보장을 생각해 볼 수도 있을 것이다.

제Ⅱ장 4절   서보혁. 2006. 「북한인권연구에서 내재적 시각의 의의와 한계」. ≪현대북한연구≫, 제9권 제1호, 167~208쪽.

제Ⅴ장 2절 2)항   서보혁. 2007. 「미국, 일본, 유럽연합의 북한인권정책 비교연구: 공통점과 차이점 그리고 향후 과제」. ≪북한연구학회보≫, 제11권 제1호 (2007 여름), 125~50쪽.

제Ⅴ장 3절   서보혁. 2005. 「북한인권의 이해와 해법」. 미네르바정치연구회 편. 『정치학이란』. 서울: 인간사랑, 393~411쪽.

제Ⅵ장 1절   서보혁. 2004. 「한반도 평화와 북한인권」. ≪민주법학≫, 통권 25호, 144~166쪽.

제Ⅵ장 2절   서보혁. 2004. 「대안안보의 시각에서 본 북한의 식량난과 탈북자문제」. ≪국제지역연구≫, 제8권 제3호(2004 가을), 145~168쪽.

제Ⅵ장 3절   서보혁. 2007. 「북한인권관련 헬싱키 구도의 적용 가능성 연구」. ≪국제문제연구≫, 제7권 제1호(2007 봄), 101~140쪽.

제Ⅶ장 1·4·5절   서보혁. 2006. 『국내외 북한인권 동향 평가와 인권개선 로드맵』. 서울: 통일연구원, 51~63쪽.

국문자료

구갑우. 2003. 「북한인식의 정치적 회로: 국제관계학의 오리엔탈리즘 비판」. ≪정치비
　　평≫, 제10호.

국가인권위원회. 2006. 『국가인권위원회법 해설집』. 서울: 국가인권위원회.

권영경. 2013. 「북한시장의 구조화 과정과 김정은 정권의 경제개혁 가능성」. ≪동북아
　　경제연구≫, 제25권 제4호.

김근식. 2003. 「대북지원과 남남갈등」. 『한국인권의 현황과 과제 1』. 서울: 한국인권
　　재단.

김동한. 2006. 「북한의 사법제도와 인권」. 국가인권위원회 편. 『북한인권법제연구』.
　　서울: 국가인권위원회.

김민서. 2005. 「헬싱키 프로세스와 미국의 북한인권법」. ≪국제법학회논총≫, 제50집
　　3권.

김병로. 1997. 『북한인권문제와 국제협력』. 서울: 민족통일연구원.

_____. 1998. 「조선직업총동맹 연구」. 이종석 편. 『북한의 근로단체 연구』. 성남:
　　세종연구소.

_____. 2014. 「한반도 통일과 평화구축의 과제」. ≪평화학연구≫, 제15권 제1호.

김수암. 2005. 「국제사회의 북한인권 공론화와 북한의 대응전략」. ≪통일정책연구≫,

제14권 1호.

_____. 2005. 『북한의 형사법제상 형사처리절차와 적용 실태』. 서울: 통일연구원.

_____. 2012. 「재중 탈북자 실상의 변화와 정책추진방향」, EAI Asia Security Initiative Working Paper, No. 29(2012년 12월 13일).

김수암·이금순·김국신·홍민. 2012. 『북한부패와 인권의 상관성』. 서울: 통일연구원.

김승교. 2004. 「북한자유법안 분석」. 인권운동사랑방 등 5개 시민단체 주최 NK자유법안의 문제점과 시민사회의 대응 토론회 자료집(2004. 3. 2).

김연철. 2013. 「북한의 선군체제와 경제개혁의 관계」. ≪북한연구학회보≫, 제17권 제1호.

김영철. 2006. 「북한의 형사법제 변천과 인권」. 국가인권위원회 편. 『북한인권법제연구』. 서울: 국가인권위원회.

김윤태. 2012. 「1990년대 식량난 이후 북한주민의 생애경험이 인권의식 형성에 미치는 영향 연구: 북한이탈주민을 대상으로」. 연세대학교 대학원 박사학위 논문.

김일성. 1990. 「자주성을 견지하자(1981년 9월 7일)」. 『김일성 저작집 36』. 평양: 조선로동당출판사.

_____. 1994. 「사회주의의 완전한 승리를 위하여(1986년 12월 30일)」. 『김일성 저작집 40』. 평양: 조선로동당출판사.

_____. 1995. 「우리나라 사회주의의 우월성을 더욱 높이 발양시키자(1990년 5월 24일)」. 『김일성저작집 42』. 평양: 조선로동당출판사.

_____. 1996. 「일본 교도통신사 사장이 제기한 질문에 대한 대답(1991년 6월 1일)」. 『김일성저작집 43』. 평양: 조선로동당출판사.

김정일. 1997. 「우리나라 사회주의는 주체사상을 구현한 우리식 사회주의이다(1990년 2월 27일)」. 『김정일 선집 10』. 평양: 조선로동당출판사.

_____. 1997. 「인민대중중심의 우리식 사회주의는 필승불패이다(1991년 5월 5일)」. 『김정일 선집 11』. 평양: 조선로동당출판사.

_____. 1997. 「주체의 사회주의경제 관리리론으로 튼튼히 무장하자(1991년 7월 1일)」. 『김정일 선집 11』. 평양: 조선로동당출판사.

_____. 1998. 「사회주의는 과학이다(1994년 11월 1일)」. 『김정일 선집 13』. 평양: 조선로동당출판사.

_____. 1998. 「사회주의에 대한 훼방은 허용될수 없다(1993년 3월 1일)」. 『김정일

선집 13』. 평양: 조선로동당출판사.

김철우. 2000. 『김정일장군의 선군정치』. 평양: 평양출판사.

남성욱. 1999. 「북한의 식량난과 인구변화 추이: 1961-1998」. ≪현대북한연구≫, 제2 권 제1호.

『대중정치용어사전』. 1957. 평양: 조선로동당출판사.

『대중정치용어사전』. 1964. 평양: 조선로동당출판사.

동국대학교 북한학연구소. 2005. 「탈북자 증언을 통해서 본 북한인권 실태조사」. 2004 년도 국가인권위원회 인권상황실태조사 연구용역보고서.

류은숙. 2006. 「발전권의 이론과 실천에 대하여 (1)」. ≪인권연구 창≫, 제31호. 11. 28.

문순원. 2003. 「주체의 인권관은 가장 과학적인 인권관」. ≪사회과학원학보≫, 40호. 평양: 사회과학출판사.

민주화를위한전국교수협의회·참여연대·인권정책연구소·천주교인권위원회. 2014. 「어떻게 북한인권 상황을 개선할 것인가? 진단과 대안' 자료집」. 서울: 4월 30일.

박경서. 2005. 「한반도 평화정착과 북녘 인권 문제」. 국가인권위원회 주최 북한인권 국제세미나 자료집. 11. 3.

박봉식. 1975. 「헬싱키체제 이후 미소의 세계전략」. ≪북한≫, 제46호.

박철희. 2004. 「일본인 납치문제와 북일관계 전망」. 『외교안보연구원 보고서』. 5. 27.

북한법연구회 편. 2005. 『김정일체제하의 북한법령집』. 서울: 북한법연구회.

브란트, 빌리(Willy Brandt). 1990. 「빌리 브란트: 동방정책과 독일의 재통합』, 정경섭 옮김. 서울: 하늘땅.

사회과학원 법학연구소 엮음. 2002. 『국제법사전』. 평양: 사회과학출판사.

서보혁. 2002. 「동북아 안보협력체제 구축 방안: CSCE/OSCE의 경험을 바탕으로」. 평화네트워크 정책보고서. http://www.peacekorea.org(검색일: 2007. 1. 13).

_____. 2003. 「북한인권문제에 대한 국제사회와 한국의 이중주」. 평화네트워크 보고 서. 8. 12.

_____. 2003. 『북한 정체성의 두 얼굴』. 서울: 책세상.

_____. 2003. 「탈냉전기 북미관계에 관한 구성주의적 접근」. 한국외국어대학교 박사 학위 논문.

_____. 2004. 「한반도 평화와 북한인권: 통합적 이해와 포괄 접근을 위한 시론」. ≪민주법학≫, 통권 25호.

_____. 2003. 「탈냉전기 북한의 대미 정체성 정치: 작동방식과 효과 분석을 중심으로」. ≪한국정치학회보≫, 37집 1호(봄).

_____. 2005. 「북한 인권의 이해와 해법」. 미네르바정치연구회 편. 『정치학이란』. 서울: 인간사랑.

_____. 2005. 「행위자간 협력을 중심으로 본 미국의 북한인권정책」. ≪북한연구학회보≫, 제9권 제1호.

_____. 2006. 『국내외 북한인권 동향과 인권개선 로드맵』. 서울: 통일연구원.

_____. 2006. 「북한인권연구에서 내재적 시각의 의의와 한계」. ≪현대북한연구≫, 9권 1호.

_____. 2006. 「유엔 북한인권결의안 판단기준과 한국의 선택」. 코리아연구원. ≪KNSI 현안진단≫, 제54호(2006. 11. 14). http://knsi.org/knsi/kor/center/view.php?no=2425&c=1&m=5.

_____. 2007. 「북한인권 관련 헬싱키 구도의 적용 가능성 연구」. ≪국제문제연구≫, 제7권 제1호(봄).

_____. 2007. 『코리아 인권: 북한인권과 한반도 평화』. 서울: 책세상.

_____. 2010. 「헬싱키 협정의 이행(바스켓 I): 군비통제의 기원과 동북아에 주는 함의」. ≪한국정치외교사논총≫. 제32집 1호.

_____. 2012. 「국제 평화권 논의의 추세와 함의」, ≪21세기정치학회보≫, 제22권 1호.

_____. 2013. 「인간안보와 국가의 역할」. 서보혁 엮음. 『인간안보와 남북한 협력』. 서울: 아카넷.

_____. 2014. 「진보진영은 북한인권 문제를 어떻게 다룰 것인가」. ≪창작과비평≫, 제42권 제1호.

서보혁·이유진. 2006. 「미·북간 인권 분쟁의 이념적 기초: 민주주의론을 중심으로」. ≪비교민주주의연구≫, 제2집 1호.

서보혁 편저. 2012. 『유럽의 평화와 헬싱키 프로세스』. 서울: 아카넷.

_____. 2013. 『유엔의 평화정책과 안전보장이사회』. 서울: 아카넷.

안명혁. 1990. 「미제는 세계최대의 인권유린자」. ≪근로자≫, 8호.

양문수. 2013. 『북한의 계획경제와 시장화 현상』. 통일부 통일교육원.

양쳉밍. 2004. 「중국의 탈북자 문제와 해결책」. 국가인권위원회 주최 북한인권 국제심 포지엄 자료집. 12. 1.

오버도퍼, 돈(Don Oberdorfer). 1997. 『두개의 코리아』. 뉴스위크 한국판 뉴스팀 옮김. 서울: 중앙일보사.

외교통상부 외교정책실. 1998. 『제54차 유엔인권위원회 참가보고서』. 1998년 5월.

외무부 국제연합국, 1995. 『제51차 유엔인권위원회 참가보고서』. 1995년 6월.

우병창. 2006. 「북한의 노동법과 인권」. 국가인권위원회 편. 『북한인권법제연구』. 서울: 국가인권위원회.

윤여상. 2006. 「북한인권운동과 우리의 성찰」. ≪황해문화≫, 통권 50호.

이경주. 2014. 『평화권의 이해』. 서울: 사회평론.

이규창·조정현·한동호·박진아. 2012. 『보호책임(R2P) 이행에 관한 연구』. 서울: 통일 연구원.

이근관. 2006. 「국제적 인권으로서의 평화권에 대한 고찰」. ≪인권평론≫, 창간호.

이금순. 2003. 『대북 인도주의적 지원의 영향력 분석』. 서울: 통일연구원.

_____. 2004. 「북한이탈주민들의 법적 지위와 현실」. http://www.jungto.org/gf/kor. html(검색일: 2004. 6. 25).

_____. 2006. 「국제사회와 한국정부의 북한인권정책과 그 효과에 대한 평가」. 제2차 평화재단 심포지엄 발표문. 7. 11.

이금순·김수암. 2009. 『북한인권 침해 구조 및 개선전략』. 서울: 통일연구원.

이금순·이규창·한동호·홍민. 2013. ≪북한인권: 국제사회 동향과 북한의 대응-≫, 제8 권 2호. 서울: 통일연구원.

이기현. 2012. 「중국의 탈북자 정책 동학과 한국의 대응전략」. ≪통일정책연구≫, 제21권 2호.

이대훈. 2014. 「북한인권에 대한 기존의 대안과 새로운 통합」. '어떻게 북한인권 상황 을 개선할 것인가? 진단과 대안' 토론회 발표문. 민주화를위한전국교수협의회 등 주최. 참여연대: 4월 30일.

이백규. 2005. 「북한의 개정 형사소송법의 동향과 평가」. ≪북한법연구≫, 제8호.

이샤이, 미셸린(Micheline Ishay). 2005. 『세계인권사상사』. 조효제 옮김. 서울: 길.

이신화. 1998. 「대량 탈북사태에 대한 조기경보」. ≪국제정치논총≫, 제38집 제2호.

이영환. 2007. 『고문의 공화국, 북한』. 서울: 북한인권시민연합.

이인배. 2011. 「헬싱키 프로세스와 북한인권 문제 개선 전략」. ≪세계지역연구논총≫, 제29권 제3호.

이장희. 1989. 「Helsinki '인권'규정이 분단국가에 주는 의미」. ≪통일문제연구≫, 제1권 3호.

이종석. 1995. 『조선로동당 연구: 지도사상과 구조 변화를 중심으로』. 서울: 역사비평사.

이종철. 2010. 「헬싱키 프로세스의 북한 인권 적용 가능성과 함의: 소련 및 동구 변화의 동학으로부터」. ≪대한정치학회보≫, 제17권 제3호.

이진영. 2002. 「탈북자 기획망명 사태에 대한 중국의 반응」. ≪정세와 정책≫, 통권 72호.

_____. 2005. 「중국의 개혁개방과 인권사업 토론문」. 평화네크워크·오마이뉴스 공동기획 북한인권 강좌 발표문. 11. 28.

이화진. 2010. 「탈북여성의 북한, 중국, 한국에서의 결혼생활을 통해본 인권침해와 정체성 변화과정: 탈북여성에 대한 심층면접을 중심으로」. 한양대학교 대학원 박사학위논문.

이혜영·서대교. 2005. 「탈북자 실태의 변화 추이와 합리적 해결 방향: 관점의 확대와 접근의 세분화」. 평화네크워크·오마이뉴스 공동기획 북한인권 강좌 발표문. 11. 28.

임순희 외. 2006. 『2006 북한인권백서』. 서울: 통일연구원.

임순희·이금순·김수암. 2006. ≪북한인권: 국제사회 동향과 북한의 대응≫, 제1권 1호. 서울: 통일연구원.

장명봉. 2005. 「김정일 체제하의 북한 법제의 동향과 전망」. 『남북교류와 관련한 법적 문제점 (4)』, 통일사법정책자료 2005-1. 서울: 법원행정처.

_____. 2006. 「북한의 헌법과 인권」. 국가인권위원회 편. 『북한인권법제연구』. 서울: 국가인권위원회.

장세규. 2004. 「워싱턴에서 본 열린우리당의 북한인권법 저지 지도」. ≪업코리아≫, 7. 28. http://www.upkorea.com.

잭 도넬리. 2002. 『인권과 국제정치』. 박정원 옮김. 서울: 오름.

전 웅. 1997. 「군사안보와 비군사안보의 상관관계」. ≪국제정치논총≫, 제37집 제2호.

전현준. 2003. 『북한의 사회통제 기구: 인민보안성을 중심으로』. 서울: 통일연구원.

정경수. 2006. 「북한의 국제법 인식과 인권정책」. 국가인권위원회 편. 『북한인권법제연구』. 서울: 국가인권위원회.

_____. 2004. 「북한에 대한 인도적 개입의 정당성」. ≪민주법학≫, 통권 25호.

정영선. 2000. 「탈북 난민들의 인권문제와 국내외적 대응」. ≪호남정치학회보≫, 제12집.

정정길. 1994. 『정책학원론』. 서울: 대명출판사.

정진성. 2000. 「인권의 보편성과 특수성」. 한국인권재단 엮음. 『21세기의 인권 1권』. 서울: 한길사.

정태욱. 2005. 「북한의 인권문제에 대한 국제적 책임」. 국가인권위원회 주최 북한인권 국제세미나 자료집. 11. 3.

_____. 2006. 「개성공단에 대한 미국의 시각과 북한 인권」. ≪인권오름≫, 제7호. 6. 7.

_____. 2006. 「북한의 법질서와 인권 개념」. 국가인권위원회 편. 『북한인권법제연구』. 서울: 국가인권위원회.

_____. 2005. 「북한인권문제에 대한 대안적 접근」. 인권운동사랑방 등 주최 북인권 1차 워크숍 발표문. 11. 30.

_____. 2007. 「북한의 핵보유에 대한 규범적 평가」. ≪민주법학≫, 통권 33호.

『제국주의자들이 떠벌이는 '인권옹호'의 반동성』. 1992. 평양: 조선로동당출판사.

제성호. 2002. 「해외 탈북자의 법적 지위와 처리방향」. ≪서울국제법연구≫, 9권 1호.

젱하스, 디터. 2007. 『문명 내의 충돌』. 이은정 옮김. 서울: 문학과지성사.

『조선말대사전 2』. 1992. 평양: 사회과학출판사.

좋은벗들. 2006. 『오늘의 북한, 북한의 내일』. 서울: 정토출판.

『주체의 사회주의 헌법 리론』. 1991. 평양: 사회과학출판사.

최성철 편. 1996. 『북한인권의 이해』. 서울: 북한인권개선운동본부.

최완규. 2003. 「북한연구방법론 논쟁에 대한 성찰적 접근」. 경남대학교 북한대학원 엮음. 『북한연구 방법론』. 서울: 도서출판 한울.

최의철. 2001. 『인권과 국제정치 그리고 북한인권』. 서울: 백산자료원.

_____. 2002. 『북한 인권과 유엔 인권레짐: 시민적·정치적 권리를 중심으로』. 서울: 통일연구원.

_____. 2003. 『북한의 인권부문 외교의 전개 방향』. 서울: 통일연구원.

_____. 2005. 『유럽연합의 대북인권정책과 북한의 대응』. 서울: 통일연구원.

최의철·임순희. 2003. 「북한 인권실태에 관한 미국과 국제사회의 동향」. 통일연구원. ≪통일정세분석 보고서≫. 4월.

최의철·홍관희·김수암. 2005. 『동북아 지역인권체제(포럼) 구성 추진』. 서울: 경제·인문사회연구회.

카터, 애쉬튼(Ashton B. Carter)·윌리엄 페리(William J. Perry). 2000. 『예방적 방위전략: 페리구상과 러시아, 중국 그리고 북한』. 박건영 외 옮김. 서울: 프레스21.

통일부. 1994. 『인권관련법규 및 동·서독 사례연구』. 북한인권 자료-Ⅰ.

_____. 2003. ≪주간북한동향≫. 제663호(2003. 10. 3~9).

_____. 2005. ≪주간북한동향≫. 제739호(2005. 4. 22~28).

_____. 2007. ≪주간북한동향≫. 제821호(2006. 12. 29~2007. 1. 4).

통일연구원 편. 2014. 『북한인권백서 2014』.

한인섭. 2005. 「북한의 개정형법의 동향과 평가: 죄형법정주의를 향한 일대진전인가?」. ≪북한법연구≫, 제8호.

황의각. 1995. 「북한의 경제침체」. 황의각 외. 『북한 사회주의경제의 침체와 대응』. 서울: 경남대학교 극동문제연구소.

황장엽. 1998. 『나는 역사의 진리를 보았다』. 서울: 도서출판 한울.

영문자료

Addis, Adeno. 2003. "Economic Sanctions and the Problem of Evil." *Human Rights Quarterly*. Vol. 25, No. 3.

Alston, Philip. 1983. "The Universal Declaration at 35: Western and Passe or Alive and Universal." *The Review of the International Commission of Jurists*. No. 31.

_____. 1992. "Peace as a human right." in Richard P. Claude and Burns H. Weston. eds. *Human Rights in the World Community*. Philadelphia: University of Pennsylvania Press.

_____. 2005. "Ships Passing in the Night: The Current State of the Human Rights and Development Debate Seen Through the Lens of the Millennium Development Goals." *Human Rights Quarterly*. Vol. 27, No. 3.

Alston, Philip and Mary Robinson(eds.). *Human Rights and Development: Towards Mutual Reinforcement*. London: Oxford University Press.

American Anthropological Association. 1947. "Statement on Human Rights." *American Anthropologist*. Vol. 49, No. 4.

Amnesty International. 2004. "Starved of Rights: Human rights and the Food crisis in the Democratic People's Republic of Korea (North Korea)." SAS 24/003/2004, January 17, 2004.

_____. 2005. *Amnesty International Report 2005*. Oxford: Amnesty International Publications.

_____. 2006. "North Korea: Human rights concerns." Media Briefing, November 24.

Baehr, Peter R. 2001. *Human Rights: Universality in Practice*. London: Palgrave.

Brems, Eva. 2001. *Human Rights: Universality and Diversity*. The Hague: Martinus Nijhoff Publishers.

Bureau of Democracy, Human Rights and Labor, 2007. "Country Reports on Human Rights Practices — 2006." March 6. from http://www.state.gov/g/drl/rls/hrrpt/2006/78777.htm.

_____. 2006. "East Asia and Pacific." *Supporting Human Rights and Democracy: The U. S. Record 2005-2006*. from http://www.state.gov/g/drl/rls/shrd/2005/63945.htm.

_____. 2006. "Korea, Democratic People's Republic of." *International Religious Freedom Report 2006*, September 15. from http://www.state.gov/g/drl/rls/irf/2006/71344.htm.

Bureau of Population, Refugees and Migration. 2005. "The Status of North Korean Asylum Seekers and U. S. Government Policy Towards Them." March 11.

Campbell, David. 1992. `of Identity`. Minneapolis: University of Minnesota Press.

Cassese, Antonio. 1990. *Human Rights in a Changing World*. Cambridge: Polity Press.

Center for Nonproliferation Studies(CNS, California) and The Institute for Contemporary International Problems(ICIP, Moscow). 1998. "The DPRK Report." No. 11 (January-February).

Cha, Victor D. 1995. "The Problem of Post-Cold War Policy Templates and North Korea." in Han S. Park(ed.). *North Korea: Ideology, Politics, Economy*. New Jersey: Prentice-Hall.

Chandler, David. 2002. "The Limits of Human Rights and Cosmopolitan Citizenship." in David Chandler(ed.). *Rethinking Human Rights: Critical Approaches to International Politics*. New York: Palgrave.

Citizens's Alliance for North Korean Human Rights. 2005. "Class and Gender Discrimination in North Korea." Alternative Report, July.

Commission on Human Rights, Fifty-eighth session. 2002. "Summary Report of the Human Rights Committee." E/CN.4/2002/SR.29, April 13. from http://www.ohchr.org.

Cuadros, Manuel Rodriguez. 2001. "Promotion and Consolidation of Democracy." Sub-Commission on Promotion and Protection on Human Rights, E/CN.4/Sub.2/2001/32, 5 July.

_____. 2002. "Promotion and Consolidation of Democracy." Sub-Commission on Promotion and Protection on Human Rights, E/CN.4/Sub.2/2002/36. 10 June.

European Union. 2005. "National Indicative Programme 2002- 2004, Democratic People's Republic of Korea." 국가인권위원회 편.『북한인권에 관한 국제사회의 동향자료』.

European Union Commission. 2007. "North Korea — Food Security Programme 2007 (LRRD Component)." Guidelines for grant applicants Open Call for Proposal. http://ec.europa.eu/europeaid/tender/data/d26/AOF80926.pdf(검색일: 2014년 8월 9일).

FAO/WFP. 1995. "Crop and Food Supply Assessment Mission to the Democratic People's Republic of Korea." Special Report, December 22.

FAO/WFP. 2013. "Crop and Food Security Assessment Mission to the Democratic Republic of Korea." 28 November.

Farer, Tom J. 2006. "The United Nations and Human Rights: more than a whimper, less than a roar." in Claude and Weston(eds.). *Human Rights in the World Community: Issues and Action* Philadelphia: University of Pennsylvania Press.

Field, A. Belden. 2003. *Rethinking Human Rights for the New Millennium*. New York: Palgrave MacMillan.

Feffer, John. 2004. "The Forgotten Lessons of Helsinki: Human Rights and U.S.-North Korean Relations." *World Policy Journal*. Vol. 21, No. 3.

Fein, H. 1987. "More in the middle: Life-integrity violations and democracy in the world." *Human Rights Quarterly*. Vol. 17, No. 1.

Freeman, Michael. 2002. *Human Rights: An interdisciplinary approach*. Cambridge: polity.

Fry, John. 1993. *The Helsinki Process: Negotiating Security and Cooperation in Europe*. Honolulu: University Press of the Pacific.

Galtung, Johan. 1993. "Peace," in Joel Krieger(et al., ed.). *The Oxford Companion to Politics of the World*. Oxford: Oxford University Press.

_____. 1996. *Peace by Peaceful Means: Peace and Conflict, Development and Civilization*. London: Sage.

Good Friends. 2003. "Alternative NGO Report on the Committee on Economic, Social and Cultural Rights of the Second Periodic Report of Democratic People's Republic of Korea." November 2003.

_____. 2004. "Alternative NGO Report on the Committee on the Rights of the Child of the Second Periodic Report of Democratic People's Republic of Korea." May 2004.

_____. 2005. "Alternative NGO Report on the Convention on the Elimination of All Forms of Discrimination Against Women First Periodic Report of the Democratic People's Republic of Korea." June 2005.

Graubart, Jonathan. 2013. "R2P and Pragmatic Liberal Interventionism: Values in the Service of Interests." *Human Rights Quarterly*. Vol. 35, No. 1.

Gutto, Shadrack. 2002. "Current concepts, core principles, dimensions, processes and institutions of democracy and the inter-relationship between democracy and modern human rights." Seminar on the Interdependence between Democracy and Human Rights held by Office of the High Commissioner for Human Rights, Geneva, 25-526(November 2002).

Habermas, Jurgen. 1994. "Struggle for Recognition in the Democratic Constitutional State." in Amy Gutmann(ed.). Multiculturalism: *Examining the Politics of Recognition*. Princeton, N. J.: Princeton University Press.

Haddad, Emma. 2003. "Refugee Protection: A Clash of Values." *The International Journal of Human Security*. Vol. 7, No. 3.

Hamm, Brigitte L. 2001. "A Human Rights Approach to Development." *Human Rights Quarterly*. Vol. 23, No. 4.

Hayden, Patrick. 2004. "Constraining War: Human Security and the Human Right to Peace." *Human Rights Review*. Vol. 6, No. 1(October-December 2004).

Heinze, Eric A. 2004. "Humanitarian Intervention: Morality and International Law on Intolerable Violations of Human Rights." *International Journal of Human Rights*. Vol. 8, No. 4.

Heraclides, Alexis. 1993. Security and Co-operation in Europe: *The Human Dimension 1972-1992*. London: Frank Cass & Co. LTD.

Hippel, David, Von Timothy Savage, and Peter Hayes. 2002. "DPRK Energy Sector: Estimated Year 2000 Energy Balance and Suggested Approaches to Sectoral Redevelopme." Special Report, Nautilus Institute, September 13.

Hong, Ki-Joon. 2002. "Negotiation for CBMs in the Helsinki Final Act of 1975: Its Implication for the Korean Peninsula." ≪유럽연구≫. 제15호.

Hosaniak, Joanna. 2005. "Prisoners of Their Own Country: North Korea in the Eyes of the Witnesses." Citizens' Alliance for North Korean Human Rights.

Human Rights Watch. 2004. *World Report 2005*. New York: Human Rights Watch Publications.

_____. 2006. "North Korea: Ending Food Aid Would Deepen Hunger." October 11, 2006. from http://www.hrw.org/english/docs/2006/10/10/nkorea14381.htm (검색일: 2006. 10. 13).

_____. 2007. "North Korea: Border-Crossers Harshly Punished on Return." March

6, 2007.

Humphrey, John P. 1984. *Human Rights and the United Nations*. Dobbs Ferrym N. Y.: Transnational Publishers.

International Commission on Intervention and State Sovereignty. 2001. *The Responsibility to Protect: Report of the ICISS*. Ottawa: International Development Research Center.

Isabella D. Bunn. 2000. "The Rights to Development: Implications for International Economic Law." *American University International Law Review*. Vol. 15, No. 6.

Kang, Grace M. 2006. "A Case for The Prosecution Of Kim Jong Il for Crimes Against Humanity, Genocide, and War Crimes." *Columbia Human Rights Law Review*. Vol. 38, No. 1(Fall).

Kent, Deidre. 2005. "Report to the Economic and Social Council on the Sixty-First Session of the Commission." 4 April 2005. from http://daccessdds.un.org/doc/UNDOC/LTD/G05/136/74/PDF/G0513674.pdf?OpenElement(검색일: 2007. 1. 26).

Kim, Woon-keun. 1999. "Recent Changes of North Korean Agricultural Policies and Projected Impacts on the Food Shortage." *East Asian Review*. Vol. 11, No. 3(1999).

Kristol, William and Gary Schmitt. 2002. "Lessons of a Nuclear North Korea." *Weekly Standard*. Vol. 8, Issue 7. from http://www.weeklystandard.com.

Kymlicka, Will. 1989. *Liberlaism, Community and Culture*. Oxford: Clarendon Press.

Lauren, Paul. G. 2003. *The Evolution of International Human Rights: Visions Seen*. Philadelphia: University of Pennsylvania Press.

Loescher, Gil. 1999. "Refugees: a global human rights and security crisis." in Tim Dunne and Nicholas J. Wheeler(eds.). *Human Rights in Global Politics*. Cambridge: Cambridge University Press.

Lugar, Richard G. 2003. "A Korean Catastrophe," *Washington Post*, July 17.

Mansourov, Alexandre. 1995. "Approaches to the Formulation of a Human Rights Agenda in the US-DPRK Dialogue." Nautilus Institute Special Report (February).

Maresca, John J. 1985. *To Helsinki: The Conference on Security and Cooperation in Europe, 1973-1975.* London: Duke University Press.

Minow, Martha. 1990. *Making All the Difference: Inclusion, Exclusion and American Law.* Ithaca: Cornell University Press.

Minow, Martha and Elizabeth V. Spelman. 1990. "In Context." A paper at the Symposium on the Renaissance of Pragmatism in American Legal Thought. *Southern California Law Review*(September).

Morgenthau, Hans. 1972. *Politics among Nations: The Structure for Power and Peace.* Fifth edition. New York: Knof.

Muntarbhorn, Vitit. 2005. "Report on the situation of human rights in the Democratic People's Republic of Korea submitted by the Special Rapporteur of the Commission on Human Rights." A/60/306. 29/08/2005.

_____. 2007. "A statement from human rights and social Organizations in the Republic of Korea regarding the report of Vitit Muntarbhorn, Special Rapporteur on the situation of human rights in the Democratic People's Republic of Korea." A/HRC/4/NGO/151, March 21, 2007. from http://daccessdds.un.org/doc/ UNDOC/GEN/G07/120/32/PDF/G0712032.pdf?OpenElement(검색일 : 2007. 4. 25).

_____. 2007. "Report of the Special Rapporteur on the situation of human rights in the Democratic People's Republic of Korea, Vitit Muntarbhorn." A/HRC/ 4/15, HUMAN RIGHTS COUNCIL, February 7, 2007. from http://daccessdds. un.org/doc/UNDOC/GEN/G07/106/68/PDF/G0710668.pdf?OpenElement.

Neier, Aryeh. 2000. "Economic Sanctions and Human Rights." in Samantha Power and Graham Allison(eds.). *Realizing Human Rights: Moving from Inspiration to Impact.* New York: St. Martin's Press.

OHCHR. 1984. "Right of peoples to peace." A/RES/39/11, 12. November. from http:// www.ohchr.org/english/law/peace.htm(검색일: 2007. 2. 2).

_____. 1993. "Vienna Declaration and Programme of Action." July 12. A/CONF. 157/23. from www.ohchr.org.

_____. 1996. "The International Bill of Human Rights." Fact Sheet No.2(Rev.1).

Office of the United Nations High Commissioner for Human Rights, June. from http://www.ohchr.org/english/about/publications/docs/fs2.htm (검색일: 2007. 3. 5).

_____. 1997. "Promotion of the right to democracy." Commission on Human Rights resolution 1999/57, E/CN.4/RES/1999/57, 28/04/1999.

_____. 1997. "Situation of human rights in the Democratic People's Republic of Korea." Sub-Commission resolution 1997/3, E/CN.4/SUB.2/RES/1997/3. August 21. from http://ap.ohchr.org/documents/E/SUBCOM/resolutions/E-CN_4-SUB_2-RES-1997-3.doc.

_____. 1998. "Situation of human rights in the Democratic People's Republic of Korea." Sub-Commission resolution 1998/2, E/CN.4/SUB.2/RES/1998/2, August 19. from http://ap.ohchr.org/documents/E/SUBCOM/resolutions/E-CN_4-SUB_2-RES-1998-2.doc.

_____. 2000. "Second periodic report of the Democratic People's Republic of Korea on its implementation of the International Covenant on Civil and Political Rights." 4 May. CCPR/C/PRK/2000/2. from http://www.ohchr.org.

_____. 2001. "Concluding Observations of the Human Rights Committee: Democratic People's Republic of Korea." 27/08/2001. CCPR/CO/72/PRK. August 27. from http://www.ohchr.org.

_____. 2002. "Consideration of report submitted by States Parties under article 18 of the Convention on the Elimination of All Forms of Discrimination against Women." Democratic People's Republic of Korea, CEDAW/C/PRK/1, September 11. from http://www.ohchr.org.

_____. 2002. "Implementation of the International Covenant on Economic, Social and Cultural Rights Second periodic reports of the Democratic People's Republic of Korea." E/1990/6/Add.35, May 15, 2002. from http://www.ohchr.org.

_____. 2003. "Concluding Observations of the Committee on Economic, Social and Cultural Rights: Democratic People's Repuclic of Korea." E/C.12/1Add.95, December 12. from http://www.ohchr.org.

_____. 2003. "Second periodic reports of States perties due in 1997." Democratic

People's Republic of Korea, CRC/C/65/Add.24, November 5. from http://www.ohchr.org.

_____. 2003. "Situation of human rights in the Democratic People's Republic of Korea." Commission on Human Rights Resolution 2003/10, E/CN.4/RES/ 2003/10, April 16. from http://ap.ohchr.org/documents/E/CHR/resolutions/E-CN_4-RES-2003-10.doc.

_____. 2004. "Concluding Observations of the Commitee on the Rights of the Child: Democratic People's Republic of Korea." CRC/C/15/Add. 239, July 1. from http://www.ohchr.org.

_____. 2005. "Concluding Comments: Democratic People's Repuclic of Korea." Committee on the Elimination of Discrimination against Women, CEDAW/C/PRK/CO/1, July 22. from http://www.ohchr.org.

_____. 2005. "Letter from the Permanent Representative of the Democratic People's Republic of Korea." 02/03/2005, E/CN.4/2005/G/13. from http://www.ohchr.org.

_____. 2005. "Situation of human rights in the Democratic People's Republic of Korea." E/CN.4/2005/L.30, April 14. from http://www.ohchr.org.

_____. Fact Sheet No. 27, "Seventeen frequently asked questions about the United Nations special rapporteurs." from http://www.ohchr.org/english/about/publications/ docs/factsheet27.pdf(검색일: 2007. 1. 30).

_____. 1993. "Vienna Declaration and Programme of Action." Adopted by the World Conference on Human Rights in Vienna on 25 June. from http://www.ohchr.org.

OSCE Office for Democratic Institutions and Human Rights(ODIHR). 2005. *OSCE Human Dimension Commitments, Vol. 2: Chronological Compilation, Second edition*. Warsaw.

Panizza, F. 1995. "Human Rights in the Processes of Transition and Consolidation of Democracy in Latin America." *Political Studies*. Vol. 43.

Ramcharan, Bertrand G. 2006. "Strategies for the international protection of human rights in the 1990s." in Claude and Weston(eds.). *Human Rights in the World*

Community. Philadelphia: University of Pennsylvania Press.

_____. 2002. *Human Rights and Human Security*. Hague : Martinus Nijhoff Publishers.

Robertson, A. H. and J. G. Merrills. 1996. *Human Rights in the World*. New York: Manchester University Press.

Rosas, Allan. 1995. "The Right to Development." in Asbojorn Eide, Catarina Krause, and Allan Rosas(eds.). *Economic, Social and Cultural Rights: A Textbook*. Dordrecht: Martinus Nijhoff.

Schwarz, Rolf. 2004. "The Paradox of Sovereignty, Regime Type and Human Rights Compliance." *International Journal of Human Rights*. Vol. 8, No. 2.

Sen, Amartya. 1999. *Development as Freedom*. New York: Random House.

Seymour, James D. 2005. "Cnina: Background Paper on the Situation of North Koreans in China." from http://www.unhcr.org/publ/RSDCOI/ 4231d11d4.pdf(검색일: 2006. 12. 15).

Shue, Henry. 1996. *Basic Rights: Subsistence, Affluence, and U.S. Foreign Policy*. Princeton: Princeton University Press.

Smith, Hazel. 2004. "Brownback bill will not solve North Korea's problems." *Jane's Intelligence Review*, February.

Suh, Bo-hyuk. 2014. "The Militarizationn of Korean human Rights : A Peninsula Perspective." *Critical Asian Studies*. Vol. 46, No. 1.

Sunsong Park. 2005. 「Human Rights in North Korea and U.S. Policy」, ≪북한연구학회보≫, 제9권 1호.

Taylor, Charles. 1994. "The Politics of Recognition." in Amy Gutmann (ed.), *Multiculturalism: Examining the Politics of Recognition*. Princeton, N. J.: Princeton University Press.

The Coalition to Stop the Use of Child Soldiers. 2004. "CHILD SOLDIERS: CRC COUNTRY BRIEFS." February. from http://www.crin.org/resources/infoDetail. asp?ID=4010(검색일: 2006. 12. 11).

"The Combined Third and Fourth Periodic Reports of States Parties Due in 2007." 2008. Democratic People's Republic of Korea. CRC/C/PRK/4. 15 January.

The Ministry of Foreign Affairs of Japan, 2006. *Diplomatic Bluebook 2006.*

Thomas, Daniel C. 1999. "The Helsinki Accord and Political Change in Eastern Europe." in Thomas Risse, Stephen C. Ropp, and Kathryn Sikkink(eds.). *The Power of Human Rights: International Norms and Domestic Change.* Cambridge: Cambridge University Press.

UNHCHR. 1986. "Declaration on the Right to Development." Adopted by General Assembly resolution 41/128 of December 4. from http://www.unhchr.ch/html/menu3/b/74.htm(검색일: 2007. 2. 4).

UNICEF. 2004. "Bellamy's Remarks in Seoul." March 17. from http://www.unicef.org (검색일: 2004. 3. 20).

United Nations. 1994. "Report of the Secretary-General prepared pursuant to Sub-Commission resolution 1993/29." E/CN.4/Sub.2/1994/7, June 9.

_____. 1995. "Decisions adopted by the Working Group on Arbitrary Detention." E/CN.4/1996/40/Add.1 October 31. from http://daccessdds.un.org/doc/UNDOC/GEN/G95/146/93/PDF/G9514693.pdf?OpenElement.

_____. 2005. "Palestinian Self-Determination, Human Rights in Democratic People's Republic of Korea Addressed in Texts Approved by Third Committee." 17/11/2005. from http://www.un.org/News/Press/docs/2005/gashc3840.doc.htm.

_____. 2006. "Third Committee Approves Draft Resolution Urging Full Respect for All Human Rights by Democratic People's Republic of Korea." November 17.

U. S. Committee for Human Rights in North Korea. 2006. "The North Korean Refugee Crisis: Human Rights and International Response." December 7.

U. S. Department of Justice, Executive Office for Immigration Review, Immigration Courts. "Asylum Statistics by Nationality." from http://www.usdoj.gov/eoir/efoia/foiafreq.htm(검색일: 2007. 3. 17).

Uvin, Peter. 2004. *Human Rights and Development.* Bloomfield, C. T.: Kumarian Press.

"Written statement submitted by Amnesty International, a non-governmental organization in special consultative status." 2014. A/HRC/25/NGO/185. 6 March.

지은이_ 서 보 혁

성균관대학교 신문방송학과를 졸업하고 한국외국어대학교 대학원에서 정치학 석·박사 학위를 받았다. 국가인권위원회 전문위원(북한인권 담당)을 역임하였고 이화여자대학교 평화학연구소 연구교수를 거쳐 현재 서울대학교 통일평화연구원 인문한국(HK) 연구교수로 근무하고 있다.

평화와 인권에 관한 이론과 한반도 사례를 연구해오면서 40여 편의 논문을 발표해왔고 최근에는 인권과 평화의 관계, 군사주의를 연구하고 있다. 『코리아 인권』, 『탈냉전기 북미관계사』 등 6권의 저서를 출간하고 『인간안보와 남북한 협력』, 『남북한 협력과 국제정치이론』, 『평화인문학이란 무엇인가』 등 10여 권의 편집과 집필에 참여했으며, *Civilizing an Axis of Evil?*(가제)을 출간 준비 중이다.

한울아카데미 1757

개정판 북한인권
이 론 · 실 제 · 정 책
ⓒ 서보혁, 2014

지은이 • 서보혁
펴낸이 • 김종수
펴낸곳 • 도서출판 한울
초판 1쇄 발행 • 2007년 9월 10일
개정판 1쇄 발행 • 2014년 12월 31일

주소 | 413-120 경기도 파주시 광인사길 153 한울시소빌딩 3층
전화 | 031-955-0655
팩스 | 031-955-0656
홈페이지 | www.hanulbooks.co.kr
등록번호 | 제406-2003-000051호

Printed in Korea.
ISBN 978-89-460-5757-9 93340

* 책값은 겉표지에 표시되어 있습니다.